겨레가 걸어온 길

겨레가 걸어온 길 下

발행일	2017년 11월 30일		
지은이	차 재 우		
펴낸이	손 형 국		
펴낸곳	(주)북랩		
편집인	선일영	편집	이종무, 권혁신, 오경진, 최예은, 오세은
디자인	이현수, 김민하, 한수희, 김윤주	제작	박기성, 황동현, 구성우
마케팅	김회란, 박진관, 김한결		
출판등록	2004. 12. 1(제2012-000051호)		
주소	서울시 금천구 가산디지털 1로 168, 우림라이온스밸리 B동 B113, 114호		
홈페이지	www.book.co.kr		
전화번호	(02)2026-5777	팩스	(02)2026-5747

ISBN	979-11-5987-854-1 04910(종이책)	979-11-5987-852-7 05910(전자책)
	979-11-5987-853-4 04910(세트)	

이 도서의 국립중앙도서관 출판예정도서목록(CIP)은 서지정보유통지원시스템 홈페이지(http://seoji.nl.go.kr)와
국가자료공동목록시스템(http://www.nl.go.kr/kolisnet)에서 이용하실 수 있습니다.

배달국에서 대한민국까지 한민족 일만 년의 역사

겨레가
걸어온 길

下

차재우 지음

북랩 book Lab

⊛ 일러두기 ⊛

나는 꼭 이 책을 써야 했다. 겨레가 걸어온 길이 16,000리라 하면 우리 민족이 멀고 긴 역사를 닦아서 지금까지 이어온 길을 겨레가 걸어온 길이라 할 것이다. 우리 조상은 역사와 문화를 발전시키면서 멀고 험한 길을 걸어온 과정이 무궁(無窮)하다. 우리는 이 과정을 『환단고기(桓檀古記)』라 하고 한민족(韓民族)의 뿌리 역사라 한다. 그 역사를 기록한 책은 삼성조(三聖祖 : 환인조, 환웅조, 단군조) 시대로 묶어 전해온 유구한 역사이다. 삼성조 시대는 환국(桓國, BCE 7197~BCE 3897)에서 배달국(倍達國, BCE 3897~BCE 2333)으로, 배달국에서 고조선(古朝鮮, BCE 2333~BCE 238)의 역사를, 환단(桓檀)의 역사는 한민족이 걸어온 길이 전개되었다.

중화(中華)의 근본은, 환상(喚想)의 과거사(過去事)는 우리 조상으로부터 갈림길을 걸어왔다. 그들의 최초의 조상은 배달성조(倍達聖祖)인 제5세 태우의(太虞義) 환웅(桓雄)의 아들 태호복희(太暤伏羲)이므로 중화 역시 환웅의 후예(後裔)라고 할 것이다. 그래서 중화의 한족(漢族)과 우리 한족(韓族)은 같은 족속(族屬)이라 할 것이다. 약 7천 년 전 삼성조(三聖祖, 환인 환웅 단군 왕조) 시대를 다스린 역대 임금의 이름 재위 연수(在位年數), 그 치적 등을 기록한, 시원(始原)의 역사를 『환단고기』라 하였다. 유구한 우리의 고대사(古代史)인 『환단고기』는 숨겨져 있었다. 이제서야 그 실상(實狀)을 밝혀내고 보니 지구촌(地球村) 전역에서 하나뿐인 최고 오래된 사료(史料)이고, 그 연력(年歷)은 10, 200년의 역사이다. 그 역사를 우리 겨레가 가지고 있는 것이다.

『환단고기』라 하면 환단(桓檀 : 桓=환인, 환웅 檀=단군), 고기(古記, 옛 기록)란 기록이며, 민족이 시작된 시점을 알려주는 고기(古記)이다. 『환단고기』는 고조선 이전의 국가들에 대하여 기록한 책입니다. 이 책에 의하면 우리의 역사가 5,000년이 아니라, 1만 년(10, 200년) 정도로 추정된다. 이 책은 고조선(古朝鮮) 이전에 이미 배달국(倍達國)과 12환국(桓國)들이 있었음 밝혀주는 기록이라 할 것이다.

대한국인(大韓國人)은 10, 200여 년의 유구한 역사(歷史)를 가지고 있으나. 숨겨져 있었다. 우리의 『환단고기』를 밝혀내서는 안 될 이유가 있었기에 숨겨져 있었던 것이라 할 것 같다. 고조선 후기로부터 고려조(高麗朝)에 이르러 중화의 눈치를 봐야 하므로 책으로 전하지 못하고 구전(口傳)으로 전해왔다. 우리나라의 최초 역사인 『환단고기』를 제쳐놓고 『삼국사기(三國史記)』를 먼저 쓴 것은 고려(高麗) 예종(睿宗) 때 사람 김부식(金富軾, 1075 년~1151년)이 고려 인종(仁宗, 재위 1122~1146년)의 명에 의하여 김부식이 편찬했다. 그 뒤 200여 년 후 고려 충렬왕 23년~공민왕 13년 문하시중(門下侍中)을 지낸 이암(李嵒, 1297~1364)께서 1363년 10월 3일 『단군세기(檀君世紀)』를 완성시키고 『환단고기』의 사초(史草)를 마련했으며 『환단고기』는 조선시대 그의 현손(玄孫) 이맥(李陌)에 의해 편수(編修)되었다.

김부식의 『삼국사기(三國史記)』에 대해 식민사관(植民史觀)에 기초를 둔 한국사(韓國史) 연구는 19세기 말 도쿄 제국대학에서 시작되었다. 이들이 꾸며낸 거짓 역사는 일본 신공왕후(神功皇后)가 3세기 중엽 신라(新羅)를 정벌

했다고 꾸민 것이다. 신공황후(神功皇后)의 아버지 오키나가노스쿠네(翁野す
くね, 321~384)는 임나일본부설(任那日本府說)은 일본이 침략적 도구로 사용했
다. 즉 일제는 19세기 말 한국을 침략할 때 일본이 한국을 식민지로 점령
하려는 개화천황(開化天皇)이 꾸며낸 허구이다.

이와 같이 일본은 한국 역사를 만주(滿洲)에 종속된 것으로 보는 만선
사(滿鮮史)의 역사관을 가지고 있다. 일제강점기(日帝强占期) 때 한국인에 대
한 통치를 용이하게 하기 위하여 일제(日帝)에 의해 정책적·조직적으로 조
작된 역사관(歷史觀)으로서, 일제의 한국 식민 지배를 정당화하는 역사관
을 자기들 것처럼 만들었기 때문에, 『환단고기』는 남에게 침해당하면서
도, 보물처럼 숨겨놓았다가 결국 빼앗기고 우리의 고대사(古代史)는 뒤안길
처지가 되고 말았다.

우리의 고대 역사를 모르는 사람이 절반이 되고 우리 민족의 시조(始祖)
환웅께서 어디서 왔는지 그 역사조차 잘 아는 사람이 드물다. 우리 민족
의 시조 환웅께서 파내류 고원(波奈留高原) 분지(盆地)를 천산(天山, 6,1000m)이
라 하고 하늘에서 백두산(白頭山 2,744m)까지 내려왔다고 하였다. 하늘에서
내려온 환웅은 백두산 곰과 혼인하여 단군왕검(檀君王儉)을 낳았다는 왜곡
된 지식을 인지하고 있는 사람이 70% 이상 된다고 하였으니 이래서야 되
겠습니까?

녹도문자(鹿圖文字)로 기록된 『환단고기』와 『천부경(天符經)』을 해운(海雲)
최치원(崔致遠)이 한자(漢字)로 번역하여 세상 밖으로 왜 내놓지 못하고 각
사찰에 보관해두었던 사초(史草)였다. 만약 『환단고기』 번역문을 중국(中國)
에서 알게 되면, 중국의 보복(報復)이 두려워서 내놓지 못했던 것이다. 그
이유는 이렇다. 『환단고기』에 이르기를 중국의 조상이 배달국의 제5세 태

우의환웅(太虞儀桓雄)의 막내아들 태호복희(太皞伏羲)가 BCE 3,300년경 황하(黃河)로 가서 세운 나라가 진국(辰國)이다. 그래서 진국은 배달국의 제후국이었으나 한반도는 삼한시대(三韓時代)에 이르러 중국의 강국(强國) 자존심에 두려워 『환단고기』를 세상 밖에 내놓지 못했다고 한다.,

그래서 고려시대(高麗時代)에 이르러 철성 이 씨(鐵城李氏) 행촌(杏村) 이암(李嵒) 선생께서 『환단고기』를 편수(編修)하시고 말씀하시기를, 좋은 세상 왔을 때 내놓으라고 하시면서 이암 선생은 『환단고기』를 자신의 종가(宗家) 집 장롱(欌籠) 속에 숨겨 잠자고 있다가 조선시대에 이르러 선생님의 현손(玄孫) 이맥(李陌) 선생께서 끄집어내어 다시 『태백일사(太白逸史)』를 지어서 첨부시켜 다시 보관하였던 것이다. 그리고 조선 말엽 이맥(李陌)의 현손(玄孫) 이기(李沂)께서 감수(監修) 하고 계연수(桂延壽)가 새로 출간했다. 이를 홍범도(洪範圖)와 오동진(吳東振)의 두 친구가 돈을 내어 목판(木版)하여 여러 권을 만들었으나 밖에 나가지 못하고 일본에 빼앗기고, 나머지는 또다시 보관했다가 1945년 고성 이 씨(固城李氏) 시조 이황(李璜)의 35세손 이유립(李裕笠, 이암의 후손) 씨가 세상에 공개했다고 한다.

2017년 10월

통영(統營)에서 이 책을 쓰다.

◈ 머리말 ◈

겨레가 걸어온 길은 파내류산(波奈留山)에 살던 제7세(第七世) 환인(桓仁)의 아들 우리 조상인 환웅께서 16,000리 길을 걸어 백두산에 내려오셔서 나라를 세운 그 역사 기록을 『환단고기』라 한다. 환단(桓檀)이라 함은 환인(桓仁), 환웅(桓雄), 단군(檀君) 성제(聖帝)의 『사기(史記)』라 말한다. 『환단고기』의 역사는 겨레가 걸어온 길이다. 환인(桓仁)의 부신(符信, 대나무 조각의 칙서)이 담겨 있는 화서(畵書)와 녹도문자(鹿圖文字)로 기록한 부신(符信)을 천부인(天符印)이라 하였다.

천부인 속에 담겨 있는 말씀을 경(經)이라 하였으며, 이를 『천부경(天符經)』이라 하였다. 이 경(經)속에 품고 있는 핵심을 '천(天)·지(地)·인'이라 하고. 천지인(天地人) 일체(一體)라 함은 '하늘과 우주와 사람'은 일체하였으니 이를 밝혀 말 해서 천·지·인의 요지(要旨)를 말하면, 하늘의 '우주(宇宙)는 오궁창(五穹蒼=5천체) 육계(六界=6태양계)가 있고, 지구(地球)에는 오대양(五大洋) 육대주(六大洲)가 있으며 사람에게, 오장(五臟) 육부(六腑)가 있어서 천지인(天地人)은 일체라 하였다.

그래서 '사람(我)의 심령(心靈)은 하늘에서 내려준 것이고, 입고, 먹고, 사는 의식주는 땅(地球)으로부터 얻으며. 사람(父母)으로부터 나(我) 육신이 태어(誕生)난 것이다. 사람의 평생 기운은 우주로부터 공급받는 음양(陰陽) 오행치수(五行治修)의 성(性, 성품) 명(命, 생명) 정(精, 精卵)은 음성자(陰性子)와 양성자(陽性子)로 구별되어 태어났으니 이를 운명이라 하였다. 인류 사회는 이로써 무한(無限)의 경쟁자(競爭者)와 먹고 즐기고 번식(繁殖)하며 종족(宗

族)의 범위를 넓혀 대(代)를 이어 내려왔음을 알 수 있다.

사람이 살아가면서 겪어야 할 감(感, 느낌) 식(息, 숨심) 촉(觸, 접촉)은 하늘의 천양(天陽)과 땅의 지음(地陰)이 만물(萬物)의 생과 멸을 지켜주고 타고난 생성법칙(生成法則)이 그 속에 숨어 있으니, 이를 알려면 철학적 이론으로 풀어야 하고 실타래처럼 얽히고설켜 있는 운명을 풀 어면 경(經)의 본질에서 찾을 수 있다. 이를 찾는 근본원리(根本原理)의 핵심이 천·지·인이라 하였다. 사람은 이를 얻어 인용(認容)함으로써 홍익인간(弘益人間)의 세상사(世上事)를 넓히면서 우리의 겨레는 멀고 먼 길을 걸어왔다. 그 길을 찾는다면 『환단고기』라 할 것이고, 그 핵심이 『천부경(天符經)』이며, 이 속에 숨어 있는 사생관(死生管)은 기묘(奇妙)한 신비(神秘)라 할 것이다.

제14세 치우(蚩尤) 환웅께서는 『천부경(天符經)』을 통달(通達)하고 천운(天運)을 이용하여 비와 바람을 한 곳으로 모으고, 대무(大霧, 짙은 안개)를 불러 들여 전술(戰術)에 접합(接合)시켜 병법(兵法)으로 인용하여 전쟁에서 소수의 병력으로 백전백승(百戰百勝)하였다. 뒤에 단군왕검(檀君王儉)은 태자부루(扶婁)를 시켜 순(舜) 임금께 오행치수 기법을 전하였으니. 순 임금은 마침내 이를 얻어 황하(黃河) 치수(治水)를 관리하였다고 한다.

다시 『천부경(天符經)』의 원리를 말하면 태극팔괘(太極八卦)다. 이는 우주의 법칙이기에 『천부경(天符經)』속에 담겨 있는 원리가 무속신앙(巫俗信仰)의 근원(根源)이다. 무속사상(巫俗思想)을 쉽게 말하면 『천부경(天符經)』 사상철학(思想哲學)이다. 이 철학을 풀려면 음양 원리(陰陽原理)의 전자기(電磁氣)

이론을 겸비(兼備)한 공통철학(共通哲學)이다. 이를 더 깊게 들어가면 우주공학(宇宙工學) 법칙으로 들어가야 한다. 그래서 사상철학(思想哲)을 나누어 분류(分類)하여 파고들면 뇌파운동(腦波運動)이고, 이것이 정신통일(精神統一)이라 하고, 정신(마음, 영혼) 운동이며 기(氣) 운동이라 하고 그 근본을 영(靈)의 움직임이라 한다.

『환단고기』는 너무도 어려워서 서전(書傳)보다 구전(口傳)에 의지해왔다고 하였다. 이 글은 환웅께서 신지(神誌, 역사 사관 벼슬) 혁덕(赫德, 사람 이름)을 시켜 녹서(鹿書)를 만들어 기록했으니, 후세에 이르러 이 글을 풀지 못하여 숨겨져 있었던 사초(史草)가 되었다. 이 사초의 핵심인『천부경(天符經)』은 약 2,500년간 풀지 못했으나 서기 890년경 신라 학자 고운(孤雲) 최치원(崔致遠) 선생께서 후세에 전하고자 녹서문자(鹿書文字)를 한자(漢字)로 번역하였다. 그렇지만 한학(漢學) 역시 백성들이 문맹(文盲)하여 널리 전하지 못한 것이고, 이 사초(史草)들은 사대부집 장롱(欌籠) 속에 숨겨져 잠자고 있던 것인데, 이를『환단고기』라 하였다. 이 고기(古記)는 쉽게 말하면, 거레가 걸어온 길이다. 이 속에는 무궁무지(無窮無智)한 원리가 담겨 있었다.

거레가 걸어온 길 속에 담겨 있는『환단고기』는 유구한 우리 민족의 얼이 담겨 있는 역사책이다.『환단고기』는『천부경(天符經)』속에 담겨 있었는데, 그 근원(根源)은 환인(桓仁)의 조서(詔書)다. 이 조서는 도덕(道德)이고 종교적(宗敎的)이며 문화적(文化的) 가치로서 정치 발전에 뒷받침되어 5, 910연간 먼 길을 걸어왔으니, 환국(桓國)으로부터 어언간 9, 211년이다.

고려 중엽(高麗中葉)에 편수한『환단고기』는 세상에 나오지 못하고 불가사의(不可思議)한 구전(口傳)으로 전해왔다.『환단고기』는 비유와 상징적(象徵的)인 중국 한학자(漢學者)들이 쓰는 부설문법(浮說文法)의 약칭(略稱)으로 기술하였던 부분이 있었다.

앞서 일러두기에서 거론(擧論)한 바와 같이 왜곡 역사를 바로알자! 신지(神誌)가 환단사초(桓檀史草)를 기술하면서 약칭(略稱)하여 백두산 토속부족(土俗部族)인 웅족(熊族)(=웅가〔熊加〕)을 곰(熊)같이 미련한 여성(女性)이라 하여 웅녀(熊女)라 하였고, 성질(性質)이 호랑이같이 급한 남성(男性)이라 하여 호족(虎族) 또는 호가(虎加)라 칭한 것이다. 한문 기술 상에 있어 약자로 기술하면서 웅녀(熊女)를 웅(熊)이라 기술하고, 호족(虎族) 또는 호가(虎加)를 호(虎)라고 기술하였던 것이다.

상고(上古) 시대는 사람의 성씨(姓氏)가 없었으니, 짐승 칭호(稱號)가 성씨였으므로 궁실(宮室) 신하들 역시 우가(牛加) 마가(馬加) 양가(羊加) 구가(狗加) 저가(猪加) 등으로 호칭하였다. 이와 같이 호칭을 약자(略字)를 쓰면 우(牛=소) 마(馬=말) 양(羊=염소) 구(狗=개) 저(猪=돼지)라 할 것이다. 이와 같이 웅(熊)과 호(虎) 라고 명기(明記)하였지만, 그 호칭은 미개(未開)하다는 토템(Totem)이다.

우리 민족의 조상의 나라 신시(神市) 배달국(配達國)은 일찍부터 문자는 한자(漢字)의 근본인 녹도문자(鹿圖文字)이다. 『환단고기』속에 담겨 있기를, 중국 고대 삼황오제(三皇五帝) 모두가 배달국 환웅의 후손(後孫)이고, 그들이 다스린 삼황오제의 나라는 국호 없이 제황(帝皇)의 이름을 국호로 삼았다. 그들은 배달국 환웅의 제후국이었다. 신라시대(新羅時代) 최치원(崔致遠) 선생이 기술하여 각 사찰에 분산(分散) 보관시켜놓았던 것인데, 그 사초(史草)를 후에 스님들이 찾아낸 것인데, 그 속에서 『환단고기』와 『천부경(天符經)』이 나온 것이다.

숨겨놓은 사초(史草)를 고려시대(高麗時代) 행촌(杏村) 이암(李嵒) 선생께서

『환단고기』를 편수(編修)하여 세상 밖으로 내놓지 못한 것은 국세(國勢)가 강한 중국이 두려웠기 때문이다. 한자로 번역한 『환단고기』를 우리글 한글로 번역하기 전, 일제강점기 때 일본이 가지고 가서 일어(日語)로 먼저 번역하였으니 우리나라 고대 역사를 우리 국민들조차 알지 못하고 일본 왜곡시킨 그대로 고대 역사를 배워왔다. 그랬으니 『삼국사기(三國史記)』와 역년 연도(歷年年度)가 1~10년간 어긋난 점이 간혹 보인다.

역자(譯者)는 고서(古書)에 관심이 있었기에 부산 보수동 헌 책방에서 일본사람 녹도천(鹿島昇こき/ノクドチョン)이 일본어(日本語)로 번역한 『환단고기』 사본(寫本), 홍망사(興亡社)의 (桓檀古記, 写本(しゃほん); マニュスクリプト興亡史)를 구입해 와서 인용하여 우리 글로 번역하였다. 서토(西土, 중국) 사초(史草)는 고려 종성(高麗宗姓) 원파록(源派錄)에서 인용하였고, 연도는 60년 만에 그 해가 되돌아오는 60갑자(60甲子) 간지(干支) 연도로 계산(計算)하여 찾아 기술하면서, 우서(雨書, 내려쓰기)였던 원문(原文)을 가로 쓰기로 고쳐 쓰고, 원문 한자(原文漢字) 아래 우리글 한글 토(吐)를 달았으며, 우리말 단어(單語) 옆 괄호 안에 한자를 넣었다 이러한 문사(文詞)의 단어(單語) 또는 숙어(熟語)의 해석을 쉽게 이해하도록 하였다. 그래도 이해하기 어려운 한자(漢字) 단어에도 뜻을 달았으니 주(註)를 쓰지 않았지만 겨레가 걸어온 길은 쉽게 이해하리라 생각합니다.

우리의 조상 제1세 환웅은 파내류산(波奈留山) 환국(桓國)에서 16,000리 길을 걸어 이주하여 백두산(白頭山, 혹 태백산)에 내리시어 지금의 중국 하얼빈(Harbin)에 도읍 신시(神市)를 차리고 국호를 배달국이라 했다. 그 뒤 환웅의 자손은 제각기 흩어져 시베리아(Siberia)로 가서에스키모(Eskimo)로, 일부는 아메리카(America)로 가서 인디안(Indian)으로 흩어졌다. 그래서에스키모

(Eskimo)와 아이누(Ainus), 인디안(Indian)들은 우리 한반도 습관이 비슷하다.

　제18세 환웅에 이르러 아들 왕검(王儉)은 국호를 단군조선(檀君朝鮮)으로 개칭하여 47세로 이었으며 단군조선(檀君朝鮮)은 다시 국호를 부여(夫餘)로 개칭하여 내려오다가 삼국시대(三國時代) 고구려, 신라, 백제로 이어오다가 고려로, 다시 조선시대로 이어왔다. 그러나 잠깐 일제강점기에서 조국(祖國) 해방으로, 지금의 남북(南北)으로 갈라진 것이다. 언젠가는 후세에 이르러 통일 조국(祖國) 시대가 올 것으로 바라는 바이다. 이 책을 저술한 사람은 일제강점기 초등학교 1학년 때 2차 대전 종말과 조국 해방을 함께 겪고 조국 분단(祖國分斷)으로 젊고 어려운 시절에 살아남기 위해 산전수전(山戰水戰) 모두를 겪었다. 천학비재(淺學鄙才)한 역자(譯者)는 팔순(八旬)에야 고향 통영(統營)으로 찾아와서 외롭게 홀로 앉아 한적한 시간이 있어 여러 해 걸쳐 이 글을 썼다.

저자 차재우(車在祐)

❀ 목차 ❀

제12장 3·1 운동~8·15 해방

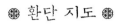

환단 지도

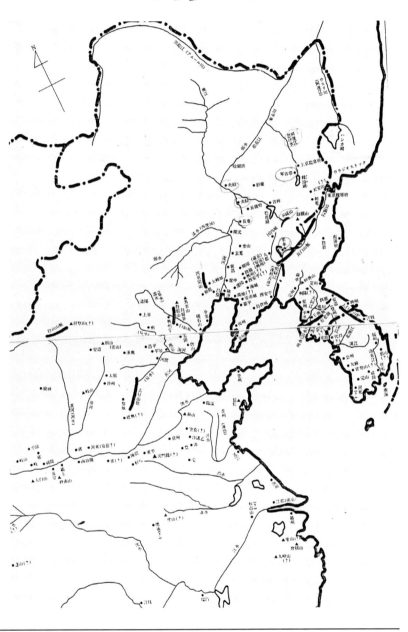

제8장

불안한 삼국통일

고구려 부흥(復興)의 대진국 건설

『삼국사기(三國史記)』의 신라 문무왕 10년 서기 670년 6월 조(粗)에 의하면 수림성(水臨城) 사람 대형(大兄) 모잠(牟岑)은 고구려 유민을 수합(收合)하여 궁모성(窮牟城 평양 부근)에서 패강(浿江, 지금의 대동강) 남쪽에 이르러 당의 관사(官司)와 법안(法安) 등을 죽인 뒤 신라로 향하였다. 신라는 삼국(三國)을 통일했지만 당나라 군대가 고구려 땅에 남아서 신라와 싸울 준비 태세였다. 그 눈치를 알아낸 신라는 당(唐)나라 군사를 먼저 습격하였으나 당나라는 고구려 영토(嶺土)였던 압록강 이북과 두만강(豆滿江) 이북 땅을 차지하였다. 그러나 서(西) 압록강 유역에서 고구려 장군 대중상(大中像)의 아들 대조영(大祚榮)이 아버지가 세웠던 대진국(大振國)을 이어받아 발해국(渤海國)을 세워 세력을 확장 하여 요동(遼東) 반도(半島)로부터 두만강(豆滿江) 이남과 압록강 이남까지 깊숙이 통일신라 땅을 빼앗고 고구려 유민들의 부흥운동마저 예사롭지 않았다.

고구려 부흥운동(復興運動)

망국(亡國)후 고구려 유민들은 백제 사람들의 경우처럼 의분(義憤)에 불타올라 곳곳에서 국가 부흥운동(復興運動)을 일으키는 파(派)가 있었다. 그 중 저명(著名)한 것은 검모잠(劍牟岑)의 활동이다. 신라로 향하던 도중 서해

(西海)의 사야도(史冶島, 지금 저득군도) 소야도에 이르러 '신라에 항복한 연정토(淵淨土)의 아들' 안승(高安勝)을 회견(會見)하고 그를 받들어 한성(漢城, 지금 재녕)으로 나와 왕을 삼고, 그곳을 근거지로 하여 부흥을 도모하는 동시에 사람을 신라에 보내 원조(援助)를 청했다. 서기 670년 이때 안승의 무리는 4,000여 호(戶)였다. 신라는 안승을 국서(國西) 금마저(金馬渚=지금 익산)에 거주하게 하여 고구려 왕으로 봉하고 양미(糧米)와 기타 물품을 보내 주었으니, 이것은 신라가 고구려의 유중(遺衆)을 받아들여 당의 세력을 반도(半島)에서 구수(驅逐)하려는 의사(意思)의 표시였다. 그래서 신라와도 자연 충돌하게 되었다. 안승은 그 후 보덕왕(報德王)의 봉작(封爵)을 받고 신라 문무왕 14년 서기 674년 문무왕 생질녀(甥姪女)을 아내로 맺어 고구려 부흥운동을 달랬다.

발해국(渤海國) 건설

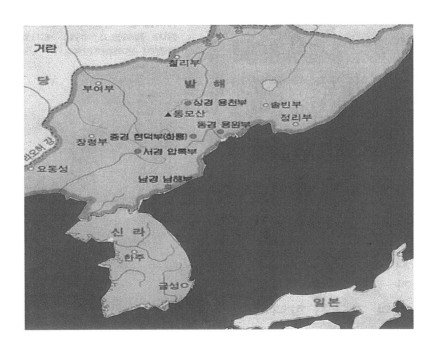

- 신라와 당나라가 밀약(密約)하여 고구려를 쳐서 멸망하자, 고구려 장수 대중상(大仲象)이 압록강변(鴨綠江邊)을 지키다가 군사를 일으켜 대진국을 세워 당나라와 싸우다 전사(戰死)했다. 그의 아들 대조영(大祚榮)이 발해 연안으로 가서 세력을 확장했다. 그 나라를 발해국(渤海國)이라 하였다.

- 서기 700년 건인월(建寅月)로서 다시 정월(正月)로 정했다. (5월) 이손경영(伊飧慶永)이 모반했다가 복주(復州)했다.

- 서기 701년 (5월) 영암 태수(靈岩太守) 일길손(一吉飧) 제일(諸逸)이 유배되었다.

- 서기 702년 (7월) 신라 효성왕(孝成王)이 승하하고 제35대 성덕왕(聖德王=융기[隆基])가 즉위했다. 그리고 승(僧) 의상대사(義湘大師)가 입적했고, 아손원훈(阿飧元訓)을 중시(中侍)로 삼았다.

- 서기 703년 (7월) 아손원문(阿飧元文)을 중시(中侍)로 삼고 (7월) 아손 김사(阿飧 金思讓)을 당나라에 보냈다.

- 서기 704년 (3월) 김사양(金思讓)이 당나라에서 귀국하여 최승왕경(最勝王經)을 바쳤다. 이해 김대문(金大問)은 한산주총관(漢山州摠管)이 되었다.

- 서기 705년 신라 고승(高僧) 도론(道論)이 『유가론기(瑜伽論記)』를 저술했고 발해 대문예(大文藝)를 당나라에 보내어 입시(入侍)케 했다.

- 서기 706년 (1월) 이손(伊飧) 인품(仁品)을 상대등(上大等)으로 하였다. 나라에서는 황복사(皇福寺) 석탑 내 금동불상(金銅佛象)이 조성되었다.

- 서기 707년 (1월) 굶어 죽는 자가 많으므로 1인 1일 3되(升)의 조를 진급(賑給)했다. (12월)에는 당나라에 사신(使臣)을 보냈다.

- 서기 708년 (4월) 대사령(大赦令. 죄인 대사면)를 발포(發布)했다.

- 서기 709년 (6월) 당나라에 사신을 보내고 김신복(金信福)을 일본에 보냈다.

- 서기 710년 (1월) 당나라에 사신을 보냈다.

- 서기 711년 (11월) 왕은 백관잠(百官箴)을 만들어 군신(君臣)에게 보였으며 12월에는 당나라에 사신을 보냈다.

- 서기 712년 (2월) 당나라에 사신을 보냈다. (3월) 당나라에서 왕명(王名)을 고치게 하므로 피제휘(避帝諱) 왕휘(王諱) 융기(隆基)를 홍광(興光)으로 고쳤다.

- 서기 713년 (2월) 전사서(典祀署)를 설치하고 당나라에 사신을 보냈다. 그리고 (12월) 개성에 성을 쌓고 대진국 국호를 발해로 고쳤다.

- 서기 714년 상문사(詳文司)를 통문박사(通文博士)로 개칭하고, 왕자 김수충(金守忠)을 당나라에 숙위(宿衛)케 하였다.

- 서기 715년 (3월) 김풍후(金楓厚)를 당나라에 사신으로 보내고 (12월) 왕자 중경(重慶)을 봉하여 태자로 하였다.

- 서기 717년 의박사(醫博士) 산박사(算博士) 각각 1명을 두었으며, 김수충(金守忠)이 당나라에서 돌아와 공자(孔子) 10철 72제자도(孔子 十哲 七十二 弟子圖)를 바침으로 이를 대학(大學)에 보관했다.

- 서기 718년 (6월) 처음으로 누각(樓閣망루)을 만들고, 누각(樓閣망루)전(典, 전고典故)을 설치했다. (10월) 한산주(漢山州) 관내(管內)의 여러 성을 축조하고 연사전(煙舍典)을 설치했다.

- 서기 719년 (2월) 중아손(重阿湌) 김지성(金志誠) 감산사(甘山寺)를 창건하고, 발해 고왕(高王)이 서거(逝去)하고 무왕(武王)이 즉위하여 연호를 인안(仁安)이라 하였다.

- 서기 720년 (1월) 대아손(大阿湌) 배부(裵賦)를 상대등(上大等)으로 삼았으며 황룡사(皇龍寺) 9층 탑을 중수했다.

- 서기 721년 (7월) 아슬라도(阿瑟羅道)의 장정(壯丁)을 징발(徵發)하여 북경(北境)에 장성을 축조했다.

- 서기 722년 (8월) 백성에게 정전(丁田)을 반급(班級)하고, (10월) 모벌군(毛伐郡)에 성을 쌓아서 일본의 침입을 막았다. 그리고 소내학생(所內學生)을 두었다.

- 서기 723년 (4월) 당나라에 사신을 보내어 과복마(果卜馬) 등을 바치고 나라는 쌍계사(雙磎寺)를 창건했다.

- 서기 724년 (12월) 당나라에 사신을 보내어 포정(抱貞) 정완(貞婉) 2녀(女)를 바쳤다. 그리고 상원사(上院寺)를 창건했다.

- 서기 725년 (4월) 이손윤충(伊飡允忠)을 중시(中侍)로 삼고 법천사(法泉寺)를 지었다.

- 서기 726년 (4월) 김충신(金忠臣)이 당나라 사신으로 갔다. 한편 발해(渤海)왕의 아우 문예(門隸)를 보내어 흑수(黑水) 말갈을 치게 했는데 문예(門隸)는 당나라로 도망갔다.

- 서기 727년 혜초(慧超) 스님은 인도 성적(聖蹟)을 순례(巡禮)하고 귀국하여『왕오천축국전(往五天竺國傳)』3권을 지었다.

- 서기 728년 (7월) 왕제(王弟) 김사종(金嗣宗)을 당나라로 보내 자제들이 국학(國學)에 들어가는 것을 청하였다.

- 서기 730년 (2월) 왕질(王姪) 지만(志滿)이 당나라에 들어가 숙위(宿衛)했다.

- 서기 731년 (2월) 김지양(金志良)을 당나라에 사신으로 보냈다. (4월) 일본은 병선(兵船) 300척으로 동변(東邊)을 침략하니 이를 대파시켰다.

- 서기 732년 경성주작전(京城周作典)을 설치했고 발해는 당나라의 등주(登州)를 쳤다.

- 서기 733년 (7월) 당나라가 발해 정벌을 청했으나 눈이 많이 와서 싸우지 못하고 돌아왔다. 나라에 경성주작전(京城周作典)에 경(卿) 6인을 두었다.

- 서기 735년 (1월) 김의충(金義忠)을 당나라 하정사(賀正使)로 갔다. (2월) 당

나라는 신라의 저강(沮江) 이남 영유(領有)를 승인하였다.

- 서기 736 (6월) 당나라에 사신을 보내어 저강(沮江) 이남의 땅을 준 것을 진사(陳謝)했다. 윤충(尹忠) 등을 평양 우두(牛頭) 2주(州)의 지세(地勢)를 조사했다.

- 서기 737년 (2월) 사손(沙湌) 김포질(金抱質)을 당나라의 사신으로 보내고 성덕왕(聖德王)이 승하하여 34대 효성왕(孝成王)이 즉위했다. 발해는 무왕(武王)이 서거하고 문왕(文王)이 즉위했다.

- 서기 738년 (4월) 당나라가 신라에 사신을 보내어 노자『도덕경(老子道德經)』등의 서적(書籍)을 바쳤다.

  문무왕 20년 서기 680년 신라의 총은(寵恩, 총애)을 입음이 있거니와, 이에 앞서 고구려 사람 내투(來投)가 육속(陸續)하였던 것이다. 고구려 민중은 이분(二分)되어 일파는 신라인(新羅人)과 합작(合作)하여 당인(唐人)과 싸워 당의 세력을 몰아낸 뒤 신라의 국민이 되었고, 또 일파는 말갈(靺鞨=만주족)과 합류(合流)하여 오랫동안 항당운동(抗唐運動)을 계속하면서 발해국(渤海國)을 일으켰다 고구려는 일찍이 수·당의 대 침입(大侵入)을 여러 번 물리치고, 민족의 역사를 빛나게 했던 고구려 강국(强國)이 마침내 붕멸(崩滅)된 까닭은 위의 서술(敍述)로써 짐작될 것이다. 다시 요약한다면 고구려의 2대 적국(敵國)인 당과 신라는 신흥국가라 할 것이다.

  신라는 가라국(伽羅國)과 통혼(通婚)으로 통합한 왕조(王朝)로서 김유신(金庾信)은 가라국(伽羅國)왕손(王孫)으로서 김춘추(金春秋) 태종무열왕(太宗武烈王)의 처남(妻男)이고, 김유신(金庾信)은 문무왕의 친외숙(親外叔)으로 똘똘 뭉친 혁신(革新) 조정(朝廷)이었다.

- 서기 743년 (3월) 당나라에서『어주효경(御注孝經)』1부(部)를 가져왔다. (5월) 당(唐)나라에서 사신 위요(魏曜)를 보내어 신라 왕을 책봉하였다.

- 서기 744년 (1월) 이손유정(伊飡惟正)을 중시(中侍)로 삼았고,
- 서기 745년 (7월) 사정부(司正府) 소년감전(少年監典) 예궁전(穢宮典)을 설치했다.
- 서기 746년 내사정전(內司正典)을 두었고, 이손 김사인(伊飡 金思仁)이 종(鍾) 1개를 만들어 무진사(无盡寺)에 시입(施入)했다.
- 서기 747년 (1월) 집사성(執事省)의 중시(中侍)를 시중(侍中)으로 고치고 국학(國學, 나라에서 운영하는 학당)에 제업박사(諸業博士) 조교(助教)를 두었다. 다음 국학을 태학(太學, 지금의 대학교)으로 개칭했다.
- 서기 748년 (5월) 정찰(貞察) 1명을 두어 백관(百官)을 규정(糾正)하고 대곡성(大谷城) 등을 14군(郡)과 현(縣)을 설치했다.
- 서기 749년 (3월) 천문박사(天文博士) 1명 누각박사(漏刻博士) 6명을 두었다.
- 서기 750년 (1월) 이손조양시(伊飡朝良侍)를 시중(侍中)으로 하였으며 (2월) 어용성(御龍省)에서 봉어(奉御) 2명을 두었다.
- 서기 751년 대상(大相) 김대성(金大城)이 불국사(佛國寺)를 창건했고
- 서기 752년 (8월) 동궁위관(東宮衛官)을 두었고 창부사(倉部史) 3명을 보강(補講)했다.
- 서기 753년 (8월) 일본 사신이 왔으나 왕이 만나지 않았다.
- 서기 754년 (5월) 성덕왕비(聖德王碑)를 세웠고, (7월) 왕명(王命)으로 영흥원정(永興元廷) 2절을 수리하고 황룡사(皇龍寺) 종(鍾)을 주조했다.
- 서기 755년 효자(孝子) 행덕(向德)에게 조(組) 300곡(斛=10말) 구분전(九分田) 약간을 주었다. (4월) 당나라에 사신을 보냈다. 한편 분황사(芬皇寺)의 악사동상(樂師銅像)을 주조하였다.
- 서기 756년 발해가 도읍을 상경용천부(上京龍泉府)에 옮겼다. 신라는 당나라에 견사하여 당나라 현종(玄宗)을 위문했다.
- 서기 757년 (3월) 신라는 내외간(內外官)의 월봉(月俸)을 없애고 다시 녹

읍(綠邑)을 주기로 했다. 12월에는 신라 전국에 9주(州)를 두고 군(郡)과 현(縣)의 명칭을 고치기로 했다.

- 서기 758년 (2월) 신라는 내외관(內外官)의 휴가일이 60일 이상 되는 자는 해관(解官)케 하였다. (4월) 신라는 율령박사(律令博士)을 두었다.

- 서기 759년 음성서(音聲署)의 향(鄉)을 사악(司樂)으로 대사(大舍)를 주부(主簿)로 개칭하고 1월부터 신라 관호(官號)를 개정했다.

- 서기 760년 (7월) 신라 왕자 건운(乾運)을 태자에 봉했다.

- 서기 762년 (5월) 오곡(五谷) 휴암(鵂岩) 장새(獐塞) 한성(漢城) 지성(池城) 덕곡(德谷) 6성을 쌓고 각각 태수(太守)를 두기로 했다. (9월) 당나라에 견사했다.

- 서기 764년 영묘사(靈妙寺) 장육상(丈六象)을 다시 만들고 고달사(古達寺)를 세웠다.

- 서기 765년 (6월) 경덕왕(景德王)이 서거하고 36대 혜공왕(惠恭王) 건운(乾運)이 즉위했다. 그리고 국학(國學)에 사(師) 2인을 더 두고 또 충담사(忠談師)가 '안민가(安民歌)'를 지었다.

- 서기 766 년(5월) 승(僧) 진표(眞表)가 금산사(金山寺) 금당(金堂)에 미륵장육상(彌勒丈六象)을 주조하여 안치했다.

- 서기 767년 (7월) 당나라에 견사하여 청책(請策)하고 (9월) 김포현(金浦縣)에서 화미(禾米)가 실임(實稔. 풍년) 들었다.

- 서기 768년 현음(顯愔)으로 『신라국기(新羅國記)』 1권을 지었다. 7월에는 일(一吉湌) 대공(大恭), 아손(阿湌), 대겸(大廉)이 모반하다가 복주(伏誅)하였다.

- 서기 770년 (1월) 왕께서 서원경(西原京)에 순행(巡幸)하였고 (8월) 대아손(大阿湌) 김융(金融)이 모반하다가 복주(伏誅)했다. (12월) 승(僧) 진포(眞表)가 발연사(鉢淵寺)를 창건했다.

- 서기 771년 (12월) 성덕왕(聖德王) 신종(神鐘)을 주조하여 봉덕사(奉德寺)에 바쳤다.
- 서기 772년 김표석(金標石)을 당나라에 사신으로 보냈다.
- 서기 773년 (6월) 당나라에 견사했다.
- 서기 774년 (9월) 아손(阿飡) 김양상(金良相)을 상대등(上大等)으로 삼고 고선사(高仙寺)에 원효대사(元曉大師) 비(碑)를 건립하게 되었다.
- 서기 775년 이손(伊飡) 김은거(金隱居)가 모반하다가 사형당했고, 8월 이손(伊飡)겸상(廉相) 시중(侍中) 정문(正門)이 모반하다가 사형당했다.
- 서기 776년 (1월) 백관(百官)의 칭호(稱號)를 복구하고 (3월) 창부사(倉部史) 8명을 더 두었으며, 대학감(大學監)을 다시 국학(國學)으로 고쳤다.
- 서기 777년 (4월) 상대등(上大等) 김양상(金良相)이 상소하여 시정(時 政)을 논하고 (10월) 이손(伊飡) 주원(周元)을 시중(侍中)으로 하였다.
- 서기 778년 왕은 효자(孝子)에게 조(組) 300석을 내렸다.
- 서기 779년 (3월) 백좌법회(百座法會)를 베풀었으며 (10월) 스님 신행(神行)이 죽었다.
- 서기 780년 (4월) 이손(伊飡) 지정(志貞)이 모반하여 혜공왕(惠恭王)을 시해했다. 김양상(金良相)이 신라 제37대 선덕왕(宣德王)으로 즉위했다.
- 서기 781년 (7월) 사람을 보내어 저강(沮江) 이남 주(州)와 군(郡)을 안무(按撫)했다.
- 서기 782년 (2월) 한산주(漢山州)에 행차하고 민호(民戶)를 저강진(沮江鎭)으로 옮기고 저강진전(沮江鎭典)에 전두상대감(典頭上大監) 1명을 두었다.
- 서기 783년 (7월) 아손(阿飡) 체신(體信)이 대곡진군주(大谷鎭軍主)가 되었다.
- 서기 784년 승(僧) 명적(明寂)이 사신 김양공(金讓恭)을 따라 당나라에 갔다.
- 서기 785년 1월 선덕왕(善德王)이 승하하고 상대등(上大等) 경신(敬信)이

신라 제38대 원성왕(元聖王)으로 즉위하고 총관(總管)을 도독(都督)으로 고치고 승관(僧官)을 두고 정법전(政法典)이라 하였다.

- 서기 786년 발해 도읍을 동경(東京) 용원부(龍原府)로 옮겼다. (4월) 김원전(金元全)을 당나라에 사신으로 보냈다.

- 서기 787 소년서성(少年書省) 2명 혜영(惠英) 범여(梵如)를 두었다. 서기 788 독서 출신과(讀書出身科)를 설치했다.

- 서기 789년 문적 출신(文籍出身)이 아닌 자도 당나라 유학생(留學生)은 관직에 채용키로 했다.

- 서기 790년 전주(全州) 등 7주(州)의 백성을 징발(徵發)하여 벽골제(碧骨堤)를 증축(增築)하고 전읍서(典邑署)에 경(卿) 2인을 두었다.

- 서기 791년 (1월) 이손(伊飡) 제공(悌恭)이 모반하다가 사형되고 김생(金生)이 사망했다.

- 서기 792년 (7월) 당나라에 사신을 보내어 미녀(美女)를 바쳤다. (8월) 상대등(上大等) 충겸(忠廉)이 죽고 (8월) 왕자 의영(義英)을 봉하여 태자로 하였다.

- 서기 793년 발해 문왕(文王)이 승하하고 제4대왕 원의(元義)가 즉위했다.

- 서기 794년 (7월) 연회국사(緣檜國師)가 봉은사(奉恩寺)를 창건했다. 발해는 의(元義)를 죽이고 제5대 성왕(成王=중흥〔中興〕)이 즉위했다.

- 서기 795년 발해 성왕(成王)이 승하하고 제6대 강왕(康王. 승린(崇隣))이 즉위한 후 연호를 정력(正歷)으로 고쳤다.

- 서기 796년 (4월) 시중(侍中) 언승(彦昇)을 병부령(兵部令)으로 하고 이손(伊飡) 지원(智原)을 시중(侍中)으로 삼았다.

- 서기 797년 좌리방부(左理方府)의 사(史) 15명에서 5명을 감원(減員)했다.

- 서기 798년 (12월) 원성왕(元聖王)이 승하하여 제39대 소성왕(昭聖王=준옹〔俊邕〕)이 즉위했다.

- 서기 799년 (3월) 청주(靑州) 노거현(老居縣)을 학생의 녹읍(綠邑)으로 하여 학전제(學田制)의 시초가 됐다.
- 서기 800년 소성왕(昭聖王)이 승하하고 제40대 애장왕(哀莊王=청명〔淸明〕)이 즉위했다.
- 서기 801년 (3월) 5묘(五廟)의 제도를 고쳐 어용성(御龍省) 사신(私臣)을 두었다.
- 서기 802년 (8월) 가야산(伽倻山) 해인사(海印寺)를 창건하고 감은사(感恩寺)를 창건했다.
- 서기 803년 (4월) 일본과 교빙(交聘)했다.
- 서기 804년 (6월) 일본이 신라에 사신을 보내서 황금 300냥(兩)을 바쳤다. (7월) 림해전(臨海殿)를 중수했다.
- 서기 805년 (8월) 공식 20여 조(二十餘條)를 반포(頒布)하고, (11월) 위화부(位府)의 금하신(衿荷臣)을 영(令)으로 영창궁성전(永昌宮成典)의 상당(上堂)을 경(卿)으로 각각 고쳤다.
- 서기 806년 (3월) 조원전(朝元殿)에서 일본 사신을 인견(引見)하였고 불사신창(佛寺新創)을 금하고 수리만 하도록 허용했다.
- 서기 807년 (1월) 이손(伊飡) 김헌창(金憲昌)을 시중으로 삼았다.
- 서기 808년 (2월) 일본은 신라에 사신을 보냈으며, (2월) 12도(道)에 사신을 보내어 군(郡)과 읍(邑)의 경계를 정했다. 그리고 김역기(金力奇)를 당나라에 사신으로 보냈다.
- 서기 809년 (7월) 애장왕의 숙부(叔父) 김언승(金彦昇)과 이손(伊飡) 제옹(悌邕) 등이 난을 일으켜 조카 애장왕(哀蔣王)을 죽이고 언승(彦昇)이 제41대 헌덕왕(憲德王)으로 즉위했다.
- 서기 810년 (2월) 국내 각 제방을 수리하고 (10월) 왕자 김헌장(金憲章)을 당나라에 보내어 금은 불상(佛像)과 불경(佛經)을 바쳤다.

- 서기 811년 (2월) 이손(伊湌) 웅원(雄元)이 완산주(完山州) 도독(都督)이 되었다. (4월) 왕께서 처음으로 평의전(平議殿)에서 청정(聽政)했다.
- 서기 812년 (9월) 급손숭정(級湌崇正)을 북국(北國=발해)에 사신으로 보냈다.
- 서기 813년 (1월) 이손(伊湌) 김헌창(金憲昌)이 무진주(武珍州) 도독(都督)이 되었다. 발해 정왕(定王)이 승하하고 8대 희왕(僖王)이 즉위하고 연호를 주작(朱雀)이라 고쳤다.
- 서기 814년 (5월) 나라 서쪽에 홍수로 1년간의 조세(租稅)를 면제했다. 그리고 승(僧) 혜철(慧徹)이 입적했다.
- 서기 815년 (8월) 서쪽 주(州)와 군(郡)에서 기근이 늘어나자 도적이 일어났다.
- 서기 816년 (1월) 검헌창(金憲昌)은 청주(淸州) 도독(都督)이 되었다. 흉년이 들어서 당나라 절동(浙東)에 가서 걸식하는 자가 생겼다.
- 서기 817년 왕자 김장염(金張廉)을 당나라에 사신으로 보냈다. 흉년으로 아사자(餓死者)가 주(州)와 군(郡)의 창곡(倉穀)을 풀어주었다. 발해 희왕(僖王)이 승하하여 제9대 간왕(簡王)이 즉위했다.
- 서기 818년 발해 간왕(簡王)이 서거하자 제10대 선왕(宣王=인수〔仁秀〕)가 즉위했다.
- 서기 819년 초적(草賊)이 일어나서 주(州)와 군(郡)에 명령하여 이를 토평(討平)했고, 김웅원(金雄元)으로 당나라 이사도(李師道)의 반란을 평정하게 하였다.
- 서기 820년 (11월) 당나라에 사신으로 보내고 한재(旱災)로 대기근이 일어났다.
- 서기 821년 봄 기근이 심하여 자손을 팔아서 생활하는 일이 생겼다. 그리고 승(僧) 도의(道義)가 당나라에서 귀국하여 남선(南禪)을 전했다.
- 서기 822년 (3월) 웅천주(熊川州) 도독(都督) 김헌창(金憲昌)이 반란을 일으

켜 국호를 장안(長安)이라 하니 왕께서 토벌 명을 내리니 헌창(憲昌)이 자살했다.

- 서기 823년 (1월) 당나라는 신라인을 사서 노비로 하는 것을 금하고 이미 당나라에 있는 자들을 돌려보내게 하였다. (2월) 당은현(唐恩縣)을 수성군(水城郡)에 합했다.

- 서기 825년 (1월) 범문(梵文)이 평양으로 도읍을 정하고 반란을 일으켜 북한산주(北漢山州)를 쳐들어 왔다. (5월) 왕은 김흔(金昕)을 당나라에 사신으로 보냈다.

- 서기 826년 한산(漢山) 북쪽 여러 군의 백성을 징발하여 저강(泪江)의 장성 300리를 쌓았다. 이때 헌덕왕(憲德王)이 승하하고 제42대 흥덕왕(興德王)으로 즉위했다.

- 서기 827년 (2월) 신라 중초사(中初寺) 당간석주(幢竿石柱)를 완성하고 (3월) 구덕(丘德) 스님이 당나라로부터 불경(不經)을 가지고 돌아왔다.

- 서기 828년 (4월) 장보고(張保皐)가 청해진 대사(淸海鎭大使)가 되었다. (1월) 대염(大廉)이 당나라에서 차(茶)의 종자를 가져와서 지리산(智異山)에 심게 했다.

- 서기 829년 (2월) 당은군(唐恩郡)을 당성진(唐城鎭)으로 하였다. 집사부(執事部)를 집사성(執事省)으로 고쳤다. 그리고 원곡양전(原谷羊典)을 설치했다.

- 서기 830년 혜초(慧超) 스님이 당나라로부터 돌아왔다. 발해의 선왕(宣王)이 승하하고, 제11대 왕 이진(彛震)이 즉위하고 연호를 함화(咸和)라 하였다.

- 서기 831년 (1월)신라 이손(伊飱) 윤분(允芬)은 시중(侍中)이 되었다. (4월)신라에 사신을 보내어 왕을 책봉했다. (11월) 신라는 당나라에 견사했다.

- 서기 832년 (8월) 신라는 기근으로 도적이 일어나므로 왕은 감선(減膳)하고 대사령(大赦令)을 발포(發布)했다.

- 서기 833년 (3월) 신라는 청주(淸州)의 연지사(蓮池寺)에 종(鐘)을 만들었다. 이 종(鐘)은 일본에서 가지고 갔다.
- 서기 834년 (1월) 신라 우징(祐徵)은 시중(侍中)이 되고, (10월) 신라왕 남쪽 주군(州郡)을 순행(巡幸)하고 백성들의 복색(服色) 제도를 발표했다.
- 서기 835년 (2월) 신라 김균정(金均貞)이 상대등(上大等)이 되고 대아손 김명(大阿飡 金明)은 시중(侍中)이 되었다.
- 서기 836 (12월) 신라 홍덕왕(興德王)이 승하하고 왕제(王弟) 균정(均貞)과 조카 제융(悌隆)의 왕위 다툼으로 제융(悌隆)이 균정(均貞)을 죽이고 제43대 희강왕(僖康王)으로 즉위했다.
- 서기 837년 (1월) 신라 김명(金明)이 상대등(上大等)이 되고 아손리홍(阿飡 利弘)이 시중(侍中)이 되었다.
- 서기 838년 (1월) 신라의 상대등 김명(金明) 시중 이홍(利弘) 등이 난(亂)을 일으켜 희강왕(僖康王)을 사살하고, 김명이 자립(自立)하여 제44대 민애왕(閔哀王)으로 즉위하니, (2월) 신라의 김양(金陽)은 김우징(金祐徵)을 추대하고 청해진(淸海鎭)에서 궁부(宮府)의 군사로 모반했다.
- 서기 839년 (윤 1월) 신라의 김우징(金祐徵)과 김석(金陽)이 달구벌(達句伐)에서 왕궁(王宮)을 대파하고 민애왕(閔哀王)을 피살하고 (4월) 신라의 우징(祐徵)이 제45대 신무왕(神武王)으로 즉위한 후 (7월) 또 신무왕(神武王)이 승하하고 제45대 문성왕(文聖王)이 즉위했다.
- 서기 840년 (1월) 신라 예징(禮徵)이 상대등이 되고 (2월) 신라 승(僧) 체징(體澄)이 당나라에서 돌아왔다. (4월) 당나라는 신라의 볼모 및 학생 105명을 돌려보냈다.
- 서기 841년 신라의 일고손(一古飡) 홍필(弘弼)이 모반하다가 사형되고 (7월) 신라의 김진경(金震卿)이 당나라로부터 돌아왔다.
- 서기 843년 (1월) 이손양순(伊飡良順)을 시중으로 삼았다.

- 서기 844년 (3월) 대아손(大阿湌) 김녀(金茹)를 시중으로 하였으며 (8월) 혈구진(穴口鎭)을 두었다.

- 서기 845년 (3월) 청해진대사(淸海鎭大使) 장궁복(張弓福)의 딸을 왕비로 삼으려 했으나 신하들이 반대했다. 이때 승(僧) 무염(無染) 스님이 당나라에서 돌아왔다.

- 서기 846년 (봄) 청해진(淸海鎭) 대사(大師) 장궁복(張弓福)이 청해진(淸海鎭)에서 반란하므로 무주인염장(武州人閻長)이 장궁복(張弓福)을 죽였다.

- 서기년 847 (2월) 평의전(平議殿) 임해전(臨海殿)을 중수했다. (5월) 양순(良順) 홍종(興宗)이 모반하다가 복주(伏誅)했다. 승(僧) 범일(梵日), 도윤(道允) 2명이 당나라에서 돌아왔다.

- 서기 848년 파진사(波珍飼) 김계명(金啓明)이 시중이 되었다.

- 서기 849년 (1월) 의정(義正)을 상대등(上大等)으로 삼았고, (9월) 이손(伊湌) 김식(金式) 대흔(大昕) 등이 모반하다가 처형되었다.

- 서기 850 (1월) 혜초(慧超) 스님이 사망했다.

- 서기 851 (2월) 청해진(淸海鎭)을 없애고 그곳 사람들을 벽골군(碧骨郡)에 옮겼다.(4월) 원홍(元弘)이 당나라에서 불경(佛經) 등을 가지고 돌아왔다.

- 서기 852년 (2월) 파진손(波珍湌) 진량웅(眞亮熊)이 주(州)도독(都督)이 되고 (7월) 명학루(鳴鶴樓)를 중수했다.

- 서기 854년 쌍계사(雙溪寺)를 건립했다.

- 서기 855년 (1월) 관원(官員)을 파견하여 서남주군(西南州郡)의 백성을 안무(安撫)했고, (윤 4월) 창림사(昌林寺)에 무구정탑(無垢淨塔)을 세웠다.

- 서기 856년 (8월) 규흥사(窺興寺) 종(鐘=일본에서 가지고 간)을 주조했다. 대통(大通) 스님은 하정사(賀正使)를 따라 당나라에 들어갔다.

- 서기 857년 (8월) 시중(侍中) 김양(金陽)이 사망했고, (9월) 문성왕(文聖王)이 승하하여 제47대 헌안왕(憲安王)이 즉위했다. (신라에서 최치원[崔致遠]이 탄

생했다)

- 서기 858년 순지(順之) 스님이 사신을 따라 당나라에 들어갔다. 발해는 12대 이진왕(彝震王)이 승하하고 제13대왕 건황왕(虔晃王)이 즉위했다.
- 서기 859년 (4월) 제방(堤坊)을 수리하고 농업을 장려했다.
- 서기 860년 (9월) 왕녀(王女=왕의 딸)를 선겸(琁廉)에게 시집보냈다.
- 서기 861년 (1월) 신라의 헌안왕(憲安王)이 승하하자 왕의 사위 선겸(琁廉)이 제48대 경문왕(景文王)으로 즉위했다. (2월) 혜철(慧哲) 스님이 입적했다.
- 서기 862년 (8월) 당나라에 들어가던 사신 아손(阿飡) 부양(富良) 등이 바다에서 익사했다.
- 서기 863년 (2월) 왕께서 국학(國學)에서 청강(聽講)하시고 (11월) 영하 부인(寧花夫人, 왕비)의 동생을 차비(次妃)로 삼았다.
- 서기 864년 (2월) 왕은 감은사(感恩寺)에서 바다를 구경하셨다. (4월) 일본 사신(日本使臣)이 내조(來朝)했다.
- 서기 865년 (1월) 철원군(鐵原郡) 도피사(到彼寺)의 나불 철상(鐵象)을 주조하였다. (4월) 당나라 사신 호귀후(胡歸厚) 등을 보내어 헌안왕(憲安王)을 조제(弔祭)했다.
- 서기 866년 (1월) 왕은 황룡사(皇龍寺)에서 관등(觀燈=촛불 등잔)을 보았다. (10월) 윤흥(允興)의 아우 숙흥(肅興) 제흥(提興)과 모반하다가 발각되어 잡혀죽었다.
- 서기 867년 (1월) 임해전(臨海殿)을 중수했다. (8월) 큰 홍수가 있었다. 승(僧)보조(普照) 스님이 완주군(完州郡) 송광사(松廣寺)를 세웠다.
- 서기 868 (1월) 김예(金銳) 김현(金鉉) 등이 모반하다가 사형되다. (4월) 도윤(道允) 스님이 입적하고 (9월) 조원전(朝元殿)을 중수했다.
- 서기 869년 (7월) 왕자인 소판(蘇判) 김윤(金胤) 등을 당나라에 사신으로

보냈다. (11월) 현욱(玄昱) 스님이 입적했다.

- 서기 870년 (2월) 김인(金因) 스님을 당나라에 보내 숙위(宿衛)케 했다 발해왕 건황왕(虔晃王)이 승하하여 14대 경왕(景王, 현석(玄錫))이 즉위했다.
- 서기 871년 (1월) 황룡사(皇龍寺) 탑을 개조했다.
- 서기 872년 (2월) 상루(上樓)를 중수하고 낭공대사(朗空大師)가 당나라에 유학 갔다.
- 서기 873년 봄 기근과 질병이 유행(流行)하여 국가에서 구제하였고 (9월) 황룡사(皇龍寺) 9층 탑을 수조(修造) 이룩했다. 9층 탑은 23장대(長大)다.
- 서기 874년 (5월) 근종(近宗)이 반역(反易)하여 궁궐에 침입했으나 금군(禁軍)에게 패하여 사형되었다. 이 해에 최치원(崔致遠)이 당나라에서 과거에 올랐다. 초월산(初月山) 숭복사(崇福寺)를 창건했다.
- 서기 875년 (2월) 당나라의 연호를 건부(乾符)를 사용했다. (7월) 경문왕(景文王)이 승하하여 제49대 헌강왕(憲康王)이 즉위했다.
- 서기 876년 (2월) 왕은 황룡사(皇龍寺)에서 백고좌(百高座)를 베풀고 불경(佛經)을 강론했다.
- 서기 877년 왕건이 송악군(松岳郡)에서 출생했다.
- 서기 878년 (4월) 당나라에서 사신을 보내어 신라 왕을 책봉했다. (7월) 당나라에 사신을 보내려다가 황소(黃巢)의 난이 일어나 그만두었다. (8월) 일본에서 신라에 견사했다.
- 서기 879년 (3월) 왕은 국동(國東) 주(州)와 군(郡)에 행차하셨다. (6월) 신홍(信弘)이 모반하다가 사형되었다. 지증국사(智證國師)가 문경군(聞慶郡)에 봉암사(鳳岩寺)를 창건했다.
- 서기 880년 (4월) 체징(體澄) 스님이 입적하고 시호(詩號)를 보조선사(普照禪師)라 했다.
- 서기 881년 (3월) 임해전(臨海殿)에서 신하들에게 연회(宴會)를 베풀었다.

- 서기 882년 (4월) 일본이 신라에 사신을 보내어 황금(黃金)과 명주(明珠. 옷감)를 바쳤다. (5월) 당나라의 연호 중화(中和)를 사용하게 하였다.

- 서기 883년 (2월) 왕은 삼랑사(三郞寺)에 가서 문신(文臣)에게 각각 시(詩) 1수를 짓게 하였다. (10월) 대통(大通) 스님이 입적했다.

- 서기 885년 (3월) 최치원(崔致遠)이 당나라에서 돌아와서 시독염(侍讀廉) 한림학사수병시랑(翰林學士守兵侍郞)이 되었다. 행적(行寂) 스님이 당나라 에서 귀국했다.

- 서기 886년 (6월) 황룡사(皇龍寺)에 백고좌(百高座)를 열었다. 당나라의 연 호가 광계(光啓)를 쓰게 하였다. (7월) 헌강왕(憲康王)이 승하하여 제50대 정강왕(定康王)이 즉위했다.

- 서기 887년 한주(漢州)의 이손 김요(伊湌 金堯)가 모반하다가 사형되고 (7 월) 정강왕(定康王)이 승하하여 제51대 진성여왕(眞聖女王)이 즉위했다.

- 서기 888년 (2월) 위홍(魏弘)에게 명하여 대구(大矩) 화상(畵像)과 더불어 추가(秋歌)를 수집하여 〈삼대목(三代目)〉을 짓게 했다. (11월) 무염(無染) 스님이 입적했다.

- 서기 889년 여 고을에서 공부를 마치지 않아 국가 재정이 궁핍해졌고 원종(元宗)과 애노(哀奴) 등이 사벌주(沙伐州)에서 반란을 일으켰다.

- 서기 890년 (1월) 왕은 황룡사(皇龍寺) 관등(觀燈)하고 최승우(崔承祐)가 당 나라에 들어가 국학(國學)에 입학했다.

- 서기 891 (10월) 양길의 부하 궁예를 보내어 신라의 군(郡)과 현(縣)을 공 격했다. 승(僧) 형미(逈微)와 도유(道有)가 당나라에 유학 갔다.

- 서기 892년 견훤이 완산주(完山州)에서 반란을 일으켜 무진주(無珍州)를 쳐서 스스로 왕을 칭하고 후백제를 건국했다.

2

견훤의 후백제 건설

견훤(甄萱, 867~936)은 서기 867년 상주(尙州) 성주(城主) 아자개(阿慈介)의 장자(長子)로 태어났다. 신라의 군대로 출정하여 서남방위(西南 防圍)에서 공을 세워 비장(裨將)이 되었는데, 892년 진성여왕(眞聖女王 6년)나라가 혼란한 틈을 타서 반기(反旗)를 들고 여러 성을 공략하고 무진주(지금의 광주)를 점령하더니 기반을 닦아, 900년(효공왕(孝恭王) 4년) 완산주에 입성하여 스스로 왕이라 칭하고 국호를 후백제라 하였다.

- 서기 893년 병부시랑(兵部侍郎) 김처해(金處海)가 당나라에 가다가 풍랑(風浪)으로 익사했다. 한편 최승우(崔承祐)는 당나라 과거에 등과(登科)했다.

궁예가 일어나 태봉국을 세우다

궁예가 일어나니 후삼국(後三國) 시대가 열렸다.

궁예의 출생 비밀

궁예(弓裔, 미상~918년)는 신라인(新羅人)인데, 후고구려의 건국자(建國者) 왕으로서. 재위(在位, 901~918년)을 궁궐에서 태어나서 옷자락에 쌓았다 하여 궁(弓)과 예(裔)를 이름 지어 궁예이고, 성은 김 씨(金氏)이다. 탄생설화(誕生說話)는 다음과 같다.

부친은 신라 제47대 헌안왕(憲安王)이고, 모친(母親)은 헌안왕빈(憲安王嬪) 실기성명(失其姓名)이다. 월홍 탄생(月虹誕生, 연도 미상) 5월 5일 단오날(端午日)에 궁예가 태어나던 날, 궁궐 지붕에는 긴 흰 무지개가 하늘 높이 드리워 불길(不吉)한 일이 생길까 두려워서, 왕은 고심 끝에 태어난 아기를 즉시 내다버리도록 명했다. 버려진 과정에서 잘못하여 손가락이 아기의 한쪽 눈을 찌르게 되어 궁예는 한쪽 눈을 잃었다. 한밤중에 시녀(侍女)는 아기를 안고 멀리 산골짝으로 달아나 유모 보살이 되어 사찰에서 키웠다.

- 서기 891년 궁예가 13살 때 신라 성주(新羅城主) 양길의 부하가 되어 모반하여 신라의 현(縣)과 군(郡)을 공격하기 시작하였다.
- 『사기(史記)』에 의하면 궁예를 신라 헌안 왕자(憲安王子) 혹은 경문왕(景文

王)의 왕자라 하나 분명하지 않다. 그는 일찍이 세달사(世達寺)의 승(僧)
이 되어 자칭 선종(禪宗)이라 하더니, 난을 일으켜 양길과 함께 원주(原
州)에서 나라를 세워 왕이라 하였다. 그러나 『고기(古記)』에서는 안승의
손자고 문무왕의 외증손자라 한다

- 서기 894년 궁예는 자칭 후고구려 왕이라 하였다.

왕건의 출현(出現)

서기 877년 송악군(松嶽郡)에서 출생한 왕건이 자라서 궁예의 부하 장수
가 되었다가 후에 왕건이 고려 태조 왕이 된다.

견훤의 아버지

- 후백제를 세운 견훤의 아버지 아자개(阿慈介)의 성은 이 씨(李氏)다. 그는
  힘이 센 장사(壯士)로서 신라군(新羅軍)의 장수가 되어 상주성(尙州城)을
  지키는 성주(城主)가 되었다.
- 서기 862년 견훤은 아재개의 본처 소생으로 출생했다. 둘째는 능애(能
  哀)였다. 아재개의 본처가 일찍 죽고 계처(繼妻)가 낳은 아들이 둘이고
  딸이 하나다. 아자개는 상주성(尙州城) 성주(城主)로서 많은 농사를 지
  어 큰 부자였다.
- 견훤은 어려서부터 활쏘기와 무도(武道)가 남달리 뛰어나서 일찍이 신
  라 군졸(軍卒)로 나갔다. 그가 세운 전공(戰功)이 있어 서남해(西南海) 변
  방의 비장(卑將)이 되었다. 그는 아우 능애(能哀)를 데리고 갔다.

- 서기 892년 신라 51대 진성여왕(眞聖女王) 때 서남해에서 동란(動亂)에 올라 군사를 일으켜 광주(光州) 지방을 취하고, 다시 완주(完州=지금의 전주)에 이르러 주민들의 성대한 환영을 받아 후백제라 칭하고 자칭 왕이라 하였다.

궁예의 외가(外家)

후고구려를 세운 궁예(857~943)는 서기 857년 5월 5일 외갓집에서 태어났는데 앞서 말한 바와 같이 『사기(史記)』에 이르기를 신라 47대 헌안왕(憲安王, 857~861)의 아들이라 하였고 그의 어머니 이름이 미상(未詳)하나 궁녀라고 한다. 어떤 이는 신라 46대 문성왕(文聖王, 839~857)의 아들이라 하는 사람이 있다고 한다. 궁예는 문성왕(文聖王)이 857년 서거한 같은 해에 태어났고, 헌안왕(憲安王)이 즉위하고 태어났으니 그런 말이 있을 수 있으리라 생각된다. 그러나 모두가 낭설(浪說)일 뿐 헛된 말이라 할 것이다. 궁예가 태어나서 궁궐에 들어가지 못하고 유모 손에서 크다가, 유모마저 목숨을 부지하지 못하고 세달사(世達寺)의 보살이 거두어 키웠으므로 중이 되었다. 선종(善宗)이란 법명(法名)이 있었는데 궁예는 무술(武術)을 좋아하여 양길의 부하가 됐다.

- 양길(梁吉)은 신라 변방의 성주(城主)였다. 양길 역시 신라 조정(朝廷)에 반기(反旗)를 들었던 장군이다 궁예는 양길의 군사를 이끌고 여러 성을 공략하면서 왕건의 아버지 왕륭(王隆)의 협조를 받아 후고구려를 세우고 왕이라 자칭하고 898년 양길을 타도했다. 궁예는 904년 국호를 마진(摩辰)으로 고치고 연호(年號)를 수덕만세(壽德萬歲)라 하였는데, 왕건

을 부하장수로 삼아 많은 전공(戰功)을 세워 궁예의 나라는 승승장구하여 또 911년 국호를 태봉(泰封)이라 하였으며, 914년 연호(年號)를 전개(全開)라 하고 자신을 미륵불(彌勒佛)이라 하였으며, 두 아들을 보살이라 하였다.

- 태봉국왕(泰封國王) 궁예의 그 선조(先祖)는 앞서 말한 바와 같이 후고구려를 세웠던 안승이다. 안승의 아들 대문(大文)이 아들 황소(黃巢)와 같이 서기 878년 모반하여 왕이라 칭하니, 신라가 그들을 정벌하여 주살(誅殺)했다. 황소(黃巢)의 처가 갓 낳은 아들 궁예를 어느 비구니에게 맡겼다. 보살님이 받아가서 키우면서 궁예에게 모두 알려준 말에 의하면, 어머니가 궁녀였는데 역시 신라에 잡혀가서 죽었다는 것이다.

- 궁예가 사찰에서 원한을 품고 자라면서 불교무술(武術)을 익혔다. 궁예가 청년시절 마을로 내려가서 시주(施主)를 받으면서 신라 청년들과 사귀게 되면서 배현경(裵玄慶)과 신숭겸(申崇謙), 복지겸(卜智謙), 유검필(庾黔弼) 윤신달(尹莘達) 등을 아우로 삼았다. 배현경(裵玄慶)은 신라 알평 6촌장 중 배 씨(裵氏) 후예(後裔)였지만, 나머지 4사람은 성씨가 없었다. 이들은 신라 조정(朝廷)에 출병(出兵)하지 못한 사람들이라 궁예를 형님으로 모시고 궁예를 따라 후고구려를 세우기로 하고 나선 사람이다.

  궁예가 태어나서 궁궐에 들어가지 유모 손에서 크다가 유모마저 목숨을 부지 못하고 세달사(世達寺)의 보살이 거두어 키웠으므로 중이 되어 선종(禪宗)이란 법명(法名)이 있었는데, 궁예는 무술(武術)을 좋아하여 양길의 부하가 됐다.

- 서기 894 (2월) 최치원(崔致遠) '시무십여조(時務十餘條)'를 왕께 올렸다.

- 서기 894 궁예 무리 3500여 명을 이끌고 장군이라 칭하였다.

- 서기 894 양주군(楊州郡)에 보광사(普光寺)를 창건했다.

궁예가 개성 예성강(禮成江) 유역으로 가서 왕륭(王隆)을 만나게 되어 자금(資金)을 마련하여 후고구려를 세우게 된 것이다. 왕륭이 선뜻 궁예에게 큰 자금을 댄 이유가 있었다.

왕건 장군 두각(頭角)을 나타내다

왕륭(王隆)의 조고(祖考) 왕공도(王恭道)는 신라 사람이고, 성이 차 씨(車氏)이며 이름이 차공도(車恭道)였는데, 헌덕왕(憲德王)은 조카 애장왕(哀莊王, 김청)을 죽이고 왕이 되었으니 반대했다.

- 이는 소성왕(昭聖王)의 명을 받고 7살 되는 애장왕을 차건신 승상(丞相)이 섭정(攝政)하여 12살에 이르러 친정(親政)했다. 차공도(車恭道)는 조부(祖父) 차건신의 공덕(功德)이 쌓인 애장왕의 원수를 갚고자 하다가, 외숙김 씨(外叔 金氏=왕족)에 의해 누설(漏泄)되어 망명(亡命)와서 성을 왕 씨(王氏)로 변성(變姓)하고 살면서, 큰돈을 모아 부호(富豪)가 되어 3대를 이어 왕륭(王隆)에 이르러 아들 왕건이 태어났다. 왕륭 궁예를 도우면서 아들 왕건을 궁예의 동생으로 삼게 하고 보낸 것이다.

- 서기 895년 (8월) 궁예 스스로 왕이라 칭하고 내외(內外) 관직을 설치하고 왕건이 궁예에게 스스로 부하로 들어왔다.

- 서기 896년 궁예는 승령(僧嶺)과 임강(臨江) 2현(縣)을 쳐 빼앗고 발어참선(勃禦塹城)을 쌓아 왕건을 성주(城主)로 삼았다.

- 서기 897년 진성여왕(眞聖女王)이 승하하고 신라 52대 효공왕(孝恭王)이 즉위했다.

- 양길은 신라 변방의 성주(城主)였는데, 양길 역시 신라 조정에 반기(反旗)을 들었던 장군이다 궁예는 양길의 군사를 이끌고 여러 성을 공략하면서 왕건의 아버지 왕륭(王隆)의 협조를 받아 후고구려를 세우고 왕

이라 자칭하고 898년 양길을 타도했다.

- 서기 898년 (7월) 궁예 송악(松嶽)에 도읍을 옮기고 (11월) 궁예는 처음으로 팔관회(八關會)를 행했다.
- 서기 898년 도선(道詵) 스님 입적했다.
- 서기 899년 (3월) 신라 제52대 효공왕(孝恭王)은 이손부겸(伊飡父謙)의 딸을 왕비로 삼았다. (7월) 신라는 궁예를 치다가 패배했다.
- 서기 900년 (11월) 궁예는 왕건을 보내어 국원(國原), 청주(靑州) 등을 빼앗았다.
- 서기 900년 후백제 견훤은 완산(完山)에서 후백제 왕이라 칭하고 각 관직을 두었다.
- 서기 901년 (8월) 후백제는 대야성(大耶城)을 공격했으며,
- 서기 901년 궁예는 자립하여 왕이라 칭하였다.
- 서기 901년 발해의 경왕(景王)이 승하하고 제14대 애왕(哀王)이 즉위했다.
- 서기 902년 (3월) 신라는 대아손(大阿飡) 효종(孝宗)을 시중(侍中)으로 삼았다.
- 서기 903년 (3월) 왕건은 단사(丹師)를 거느리고 금성(錦城) 등 10여 성을 공취(攻取)하고 금성(錦城)을 나주로 개명했다.
- 서기 904년 궁예는 국호를 마진(摩震)으로 연호를 무태(武泰)라 하였다.(7월) 궁예는 상주(尙州) 등 30여 현(縣)을 취하였다.
- 서기 905년 (7월) 마진(摩震) 궁예는 철원(鐵圓)에 들어가 궁실(宮室)을 수리하고, 성책(聖冊)을 고치고 평양성에 들어서니, 평양 성주(城主) 검용(黔用)이 궁예에게 투항했다.
- 서기 906년 (4월) 마진은 왕건을 보내어 상주(尙州) 사화진(沙火鎭)에서 견훤과 싸워 이겼다.
- 서기 906년 신라 승(僧) 현선(玄禪)스님은 당나라에 갔다.

- 서기 907년 후백제는 일선군(一善郡) 이남 10여 성을 쳐 빼앗았다.

- 서기 907년 발해는 양(梁)나라에 사신을 보냈다.

- 서기 908년 (7월) 신라 승(僧) 여엄(麗嚴) 스님은 당나라로부터 귀국했다.

- 서기 909년 (6월) 왕건은 나주에 진(鎭)을 두고 (6월) 왕건은 오월(吳越)로 가는 후백제 사신의 선박을 잡았다. 왕건은 진도(珍島) 및 고이도(皐爾島)를 점령했다.

- 서기 910년 마진(摩震)의 왕건은 나주포구(浦口)에서 견훤 군사를 대파했다.

- 서기 911년 (1월) 궁예는 국호 마진을 다시 태봉(泰封)으로 고치고 연호를 수덕만세(水德萬世)라 하였다.

- 서기 911년 신라 승 이엄(利嚴)이 중국에서 돌아와 조동정종(曹洞正宗)을 전했다.

- 서기 912년 (4월) 신라 효공왕(孝恭王)이 승하하고 아달라왕(阿達羅王)의 후손(後孫) 박경휘(朴景暉)가 신라 제53대 신덕왕(神德王)으로 즉위했다.

- 서기 912년 견훤은 궁예의 군대와 덕진포(德眞浦)에서 싸웠다.

- 서기 913년 (4월) 태봉(泰封)의 왕건은 파진찬(波珍湌) 겸 시중이 되었으나 궁예가 두려워 외직(外職)을 희망했다.

- 서기 914년 태봉(泰封)의 왕건은 백홍장군(百紅將軍)이 되어 수군(水軍)을 거느리고 나주에 출진(出鎭)하였다. 궁예는 태봉(泰封) 연호를 정개(政開)라 고쳤다.

- 서기 915년 태봉(泰封)의 궁예는 부인 강 씨(康氏)의 비행(非行)을 간언(諫言)하고, 궁예는 강 씨 부인 및 두 아들까지 셋을 그 자리에서 죽였다. 궁예는 왕건을 나주에 파견하여 순무(巡撫)하게 했다.

- 서기 916년 (2월) 신라의 행적(行寂) 스님이 입적했다. (8월) 후백제는 대야성(大耶城)을 공격했으나 이기지 못했다.

- 서기 917년 (7월) 신라의 신덕왕(神德王)이 승하하여 승영(昇英)이 신라 54
대 경명왕(景明王)으로 즉위했다.
- 서기 917년 신라 형철(逈徹) 스님이 입적(立嫡)했다. 그리고 홍계(弘繼) 스
님이 흥륜사(興輪寺) 벽(壁)에 선현보살상(善賢菩薩像)을 그렸다.
- 서기 918년 (6월) 왕건은 부하 장군들의 추대를 맡아 즉위하고 국호 를
고려라 하고 연호를 천수(天授)라 하였다. 왕건이 왕이 된 것은 궁예가
점점 성격이 난폭해지고 백성들을 피곤하게 하며 부하들을 함부로 희
생시켰기 때문이다. 부하들이 봉기(蜂起)하여 궁예는 도망가다가 피살
되어, 왕건을 앞세워 정변(政變)을 이르켰다
- 고려를 세운 왕건은 태봉국에서 역성 혁명하여 부하 장군들의 추대를
받아 왕건이 왕으로 추대되어 즉위한 다음 국호를 고려(高麗)라 하고
연호를 천수(天授)라 하였다. 그래서 궁예는 호탕(浩蕩) 방일(放逸)한 생
을 마친 것이다.

고려 개국

- 정변(政變)으로 왕건(王建, 877~943)이 서기 907년 즉위하고 국호를 고구려의 약칭(略稱)으로 고려라 하였다. 고려 태조 왕건은 유화정책(宥和政策)으로 여러 호족(豪族)들과 국사(國事)를 도모하여 부국강병(富國强兵)하였다.

- 서기 919년 (1월) 고려는 송악(松岳)을 도읍으로 정하고 (10월) 고려는 평양성을 축조했다.

- 서기 919년 거란은 요양(遼陽) 고성(古城)을 수축하고 발해 백성을 이주시켰다.

- 서기 920년 (1월) 신라는 고려에 사신을 보내어 교빙(交聘)했다.

- 서기 920년 (9월) 후백제는 고려에 사신을 보냈다.

- 서기 921년 (2월) 흑수(黑手) 말갈 추장(酋長) 고자라(高子羅)는 고려에 투항했다. (10월) 고려는 대흥사(大興寺)를 창건했다.

- 서기 922년 (7월) 신라의 명주(溟州)장군 순식(順式)이 고려에 투항했다.

- 서기 922년 고려 태조 왕건이 서경(西京=평양)에 거동하여 관부(官府)를 설치하고 재성(在城)을 쌓게 했다.

- 서기 923 (6월) 고려의 윤질(尹質)이 양(梁)나라에서 돌아와 오백라(五百羅) 한화상(漢畵象)을 바쳤다.

- 서기 923년 (7월) 신라의 명지성(命旨城) 경산부(京山府) 고려에 투항했다.

- 서기 924년 (2월) 신라는 황룡사에서 백좌(百座)를 베풀고 (8월) 신라의

경명왕(景明王)이 승하했다. 그래서 신라의 55대 경애와(景哀王)이 즉위했다.

- 서기 924년 발해는 거란을 쳐서 요주자사(遼州刺史)를 죽였다.
- 서기 925년 발해의 갑덕(甲德) 등 500인이 고려에 투항했다.
- 서기 925년 고려는 후백제의 연산진(燕山鎭) 임존군(任存郡)을 공취(攻取)했다.
- 서기 925년 거란은 발해의 부여성(扶餘城)을 포위했다.
- 서기 926년 (2월) 거란은 발해국(渤海國) 국도(國都) 홀한성(忽汗城)을 쳐 빼앗고 발해를 멸망시킨다.

대진국 발해 멸망

고구려의 장수 대중상(大仲象)이 압록강을 지키다가 고구려 멸망 소문을 듣고 군사를 이끌어 서기 669년에 대진국(大震國=발해국)을 세워 적과 싸우다가 전사하여, 아들 대조영(大祚榮)이 서기 669년 즉위하여 발해에 가서 14세 애제(哀帝)까지 전했으나 서기 926년 거란에게 멸망했다.

대진국(발해) 왕조표

왕대	묘호	시호	연호	이름	왕대	묘호	시호	연호	이름
1	세조	진국열황제	중광	대중상	9	강종	희황제	주작	언의
2	태조	성무고황제	천통	대조영	10	철종	간황제	태시	명충
3	광종	무황제	인안	무예	11	성종	선황제	건흥	인수
4	세종	광성문황제	대흥	흥무	12	장종	화황제	함화	이진
5			원희		13	순종	안황제	대정	건황
6	인종	성황제	중흥	화흥	14	명종	경황제	천복	현석
7	목종	강황제	정력	숭린	15		애제	청태	인선
8	의종	정황제	영덕	원유	16				

- 서기 926년 (4월) 후백제의 질자(質子) 진호(眞虎)가 고려에서 죽고 견훤은 고려의 질자(質子) 왕신(王信)을 죽이고 고려를 쳤다.
- 서기 926년 고려는 장빈(張彬)을 후당(後唐)에 보냈다.

- 서기 926년 (11월) 후백제 견훤이 신라 금성(金城)을 침입할 때 신라 경애왕(景哀王)은 포석정(鮑石亭)에서 궁녀들 속에서 술에 취해 견훤이 쳐들어오는 것도 몰랐다. 이때 견훤이 포석정(鮑石亭)에 있는 경애왕(景哀王)을 자살시키고 경순왕(敬順王)을 신라 56대 왕으로 세웠다.

고려와 백제의 팔공산(八公山) 싸움

- 왕건이 건국하고 이듬해 견훤을 대파했다. 그로부터 18년 뒤 927년 신라를 도우려 뛰어든 것은 동수회전(桐藪會戰)이다. 공산(公山)의 동화사(童畵寺)의 파계사(把溪寺) 부근은 견훤 군의 근거지였다. 왕건은 그들의 복병(伏兵)이 있는 것을 모르고 걸려들어 공격을 받아 위험에 처했다.

- 서기 927년 고려 태조는 공산(公山) 동수(桐藪)에서 견훤에게 대패했다. 왕건을 구해내기 위해 신숭겸(申崇謙)이 왕건의 용포(龍袍)를 바꾸어 입고 진두지휘(陣頭指揮)하여 싸우고, 왕건은 평복(平服)을 입고 탈출하여 살아났다.

  왕건의 땀과 고통이 배어 있는 이 산의 이름이 공산인데, 왕건의 8공신(功臣)이 희생된 산이라 하여 팔공산(八公山)이라 하였다. 왕건 군대가 크게 패했던 영(嶺)을 파군령(破軍嶺), 왕건이 피신하여 살았다 하여 왕산(王山), 왕건이 앉았던 바위를 옥좌(玉座)라고 했다. 왕건이 도망칠 때 노인들은 피하고 아이들만 있었다 하여 불노동(不老洞), 위험에서 찌푸린 얼굴을 활짝 편 곳이라 하여 해안동(解顔洞) 등의 이름이 생겨났다. 탈출한 밤 달빛을 반야월(半夜月) 마음을 안정시켰다 하여 안심리(安心里), 왕건이 병사들에게 경계를 게을리하지 말고 태만하지 말라고 지시했던 곳을 무태(無怠)라 하였다.

  신숭겸(申崇謙)과 김락이 팔공산에서 죽었는데 흩어진 시신(屍身)을 모아 묘소(墓所)를 능(陵)처럼 만들고 사당(祠堂)을 지어 보존하였다 한다.

묘(墓)를 쓴 곳이 그 부근인데 강원도 춘천시 서면 산 91번지 소재라 한다. 고려시대로부터 왕건을 살리고 자신이 사지(死地)로 뛰어든 신숭겸은 전라남도 곡성군(谷城郡) 모사동면(木寺洞面) 구룡리(九龍理)에서 태어난 사람이다. 천민 출신으로 성씨가 없었다. 어린 시절 활을 만들어 쏘았는데, 백발백중했다. 신숭겸은 처음 신라 출신 배현경(裵玄慶)과 궁예의 부하로서 궁예를 받들었던 장수였으나 궁예가 정신병자가 되어서 부하들을 함부로 죽이니, 배현경, 복지겸(卜智謙), 박술희(朴術熙) 등을 설득시켜 왕건을 추대했다.

그는 왕건과 각별하였는데 왕건과 같이 사냥 나갔다가 하늘에 기러기가 날아가는 군데 3마리를 한꺼번에 맞히기 내기를 하고 쏘았는데, 과연 그 3마리를 떨어뜨렸다. 왕건이 그 들판을 평산(平山)이라 이름 지어 본관(本貫)으로 하여 숭겸(崇謙)이 신궁(申弓)이라 하여, 신 씨 성(姓)을 사성(賜姓)하고 그 들판을 식읍(食邑)으로 내려 평산 신 씨(平山申氏)라 하였으니, 신숭겸이 시조가 되었다. 이 시대 신라는 자중지란(自中之亂)으로 나라는 쇠약했고 후백제와 고려는 새로운 전성시대를 맞게 되었다. 여러 차례 정변(政變)으로 쇠약해진 신라는 견훤에 의해 멸망 위기에 몰렸다. 그런 신라를 도우면서 항복받아 고려가 흡수 병합(倂合)하였다.

신라의 멸망

- 서기 928년 (5월) 후백제 견훤은 강주(康州)를 공격했고,

- 서기 928년 (8월) 고려 승 홍경(洪慶)은 후당(後唐)에서 돌아와 대장경(大藏經)을 바쳤다.

- 서기 928년 (11월) 견훤은 고려의 악곡성(岳谷城)을 공격했다.

- 서기 929년 고려에 천축국(天竺國)의 삼장마후라(三藏摩候羅)가 왔다.

- 서기 929년 견훤은 의정부(議政府) 순주(順州)를 공격했고,

- 서기 929년 고려 안수(安水) 홍덕(弘德)이 성을 쌓았다.

- 서기 929년 견훤은 고창군(古昌郡)을 공격했다.

- 서기 930년 (1월) 고려는 고창군(古昌郡)에서 견훤을 대파했다. (8월) 고려 청주(靑州)에 나성(羅城)을 쌓았다. (12월) 고려는 서경(西京, 평양)에 학교를 창설했다.

- 서기 931년 (2월) 태조는 신라 서울을 방문하고 (8월) 고려보윤(甫尹) 선규(善規) 등을 신라에 보내어 예물을 주었다.(11월) 태조께서 서경(西京=평양)에 거동(擧動)하셨다.

- 서기 932년 (6월) 후백제의 공직(龔直)이 고려에 투항했다.

- 서기 932년 (7월) 고려는 일모산성(一牟山城)을 정벌했다.

- 서기 932년 (9월)후백제 상귀(相貴)는 예성강(禮成江)을 공격했다.

- 서기 933년 (3월) 후당(後唐)은 고려에 사신을 보내어 고려가 후당의 연호를 사용토록 하였다.

- 서기 933년 고려는 병금관(兵禁官)을 설치했다.
- 서기 933년 (5월) 견훤의 병력이 의성부(義城府)에 침입했으나 고려 유금 필(庾黔弼)이 이를 격파했다.
- 서기 934년 (7월) 발해의 세자 대광현(大光現)이 수만 명의 군중(群中)을 이끌고 고려에 투항해왔다. 후백제의 웅진(熊津) 등 30여 성이 고려에 투항해왔다. (7월) 고려의 선박이 당나라 등주(登州)에서 무역을 했다.
- 서기 935년 신라 경순왕은 세상 보는 눈이 있어 신라 궁실(宮室) 재산(財産)을 마차에 싣고 고려를 찾아가서 태조 앞에 무릎 꿇고 항복하니, 왕건이 아래로 내려가서 위로하고 받아들여 국사(國師)처럼 우대하였다고 한다. 그래서 신라는 문을 닫았다.

신라 왕조표

왕대	왕명	재임 기간	왕대	왕명	임 기간
1	혁거세(赫居世)왕	BC 57~서기 4	29	태종무열왕 (太宗武烈王)	서기 654~661
2	남해차차웅 (南解次次雄)	서기 4~24	30	문무왕	서기 654~661
3	유리 이사금 (儒理尼師今)	서기 24~57	31	신문왕(神文王)	서기 681~691
4	탈해 이사금 (脫解尼師今)	서기 57~80	32	효소왕(孝昭王)	서기 692~702
5	파사 이사금 (婆娑尼師今)	서기 80~112	33	성덕왕(聖德王)	서기 702~737
6	지마 이사금 (祇摩尼師今)	서기 112~132	34	효성왕(孝成王)	서기 737~742
7	일성 이사금 (逸聖尼師今)	서기 132~164	35	경덕왕(景德王)	서기 742~765
8	아달라 이사금 (阿達羅尼師今)	서기 164~184	36	혜공왕(惠恭王)	서기 765~780
9	벌휴 이사금 (伐休尼師今)	서기 184~196	37	선덕왕(善德王)	서기 780~785

10	내해 이사금 (奈解尼師今)	서기 196~230	38	원성왕(元聖王)	서기 785~798
11	조분 이사금 (助賁尼師今)	서기 230~247	39	소성왕(昭聖王)	서기 798~800
12	첨해 이사금 (沾解尼師今)	서기 247~261	40	애장왕	서기 800~809
13	미추 이사금 (味鄒尼師今)	서기 261~284	41	헌덕왕(憲德王)	서기 809~928
14	유례 이사금 (儒禮尼師今)	서기 284~298	42	흥덕왕(興德王)	서기 928~836
15	기림 이사금 (基臨尼師今)	서기 298~310	43	희강왕(僖康王)	서기 836~838
16	흘해 이사금 (訖解尼師今)	서기 310~356	44	민애왕(閔哀王)	서기 838~839
17	내물 이사금 (奈勿尼師今)	서기 356~402	45	신무왕(神武王)	서기 839~839
18	분성 이사금 (賁聖尼師今)	서기 402~417	46	문성왕(文聖王)	서기 839~857
19	눌저 마립간 (訥祇麻立干)	서기 417~458	47	헌안왕(憲安王)	서기 857~861
20	자비 마립간 (慈悲麻立干)	서기 458~479	48	경문왕(景文王)	서기 861~875
21	소지 마립간 (炤智麻立干)	서기 479~500	49	헌강왕(憲康王)	서기 875~886
22	지증 마립간 (智證麻立干)	서기 500~514	50	정강왕(定康王)	서기 886~887
23	법흥왕(法興王)	서기 514~540	51	진성여왕(眞聖女王)	서기 887~897
24	진흥왕(眞興王)	서기 540~576	52	효공왕(孝恭王)	서기 897~912
25	진지왕(眞智王)	서기 576~579	53	신덕왕(神德王)	서기 912~917
26	진평왕(眞平王)	서기 579~632	54	경명왕(景明王)	서기 917~924
27	선덕여왕(善德女王)	서기 632~647	55	경애왕(景哀王)	서기 924~927
28	진덕여왕(眞德女王)	서기 647~654	56	경순왕	서기 927~935

• 후백제의 견훤왕(甄萱王)은 아들이 10여 명 있었는데, 견훤은 늙고 장자
  (長子) 신검(神儉)과 갈등 관계가 심화되었다. 후계를 서자(庶子) 금강(金

岡)에게 전위(傳位)하려 하자 신검(神劍)은 같은 배로 태어난 동생 양검(良劍), 용검(龍劍)과 도모하여 아버지를 금산(金山) 불사(佛寺)에 가두고 금강을 죽인 후 스스로 왕이라 하였다.

- 견훤은 고려 왕건과 수차로 싸웠으나, 때로는 왕건과 형님 아우로 지내기도 했다. 왕건이 견훤의 소식을 듣고 사람을 보내 안부(安否)하고 견훤을 고려에 모시기로 하였다. 견훤 역시 받았으니 왕건 견훤을 고려로 모셔와서 상부(尙父)라 하고, 후백제의 신검을 멸망시켰다. 신검이 죽고 고려가 서기 918년 삼한을 통일했다.
- 서기 935년 (3월) 후백제 신검(神劍)이 왕이 되었다.
- 서기 935년 (6월) 견훤이 고려에 투항하고,
- 서기 935년 (12월) 신라 경순왕이 고려에 투항하고 신라가 멸망했다. 신라 태자는 개골산(皆骨山)에 들어가 종신(終身)했다.

후백제 멸망

- 서기 936년 (2월) 견훤의 여서(女婿) 박영규(朴英規)가 고려에 투항했다. 견훤에게는 배다른 아들이 많아 부자(父子)·형제 사이에 불화와 반목(反目)이 그치지 않았는데, 견훤은 넷째 아들 금강(金剛)을 유독 사랑하여 장차 왕위를 물려주려 하였다. 이를 눈치 챈 신검(神劍) 등 다른 아들들은 935년 견훤을 금산사(金山寺)에 가두고 금강(金剛)을 죽인 다음, 신검이 왕위에 올랐다. 그러나 3개월 후 탈출하여 고려 왕건에게 투항하고 상보(尙父) 칭호(稱號)와 양주(楊州)를 식읍(食邑)으로 받았다.

- 서기 936년 (9월) 고려 왕건에게 신검(神劍)의 토벌을 요청하여 10만 대군으로 후백제를 침탈(侵奪)하므로 후백제는 건국한 지 45년 만에 멸망하고 말았다. 그래서 고려가 3국을 통일했다.

  그러나 고려의 왕건이 신검 등을 우대하는 것을 보고 분을 못 이겨 앓다가 얼마 뒤 황산(黃山: 충남(忠南) 논산군(論山郡) 연산면(燕山面)) 불사(佛寺)에서 등창이 나서 죽었다.

고려 삼한통일(三韓統一)

- 서기 937년 (5월) 김부(金傳)는 진평왕(眞平王)의 옥대(玉帶)를 바쳤고, (9월) 진공대사(眞空大師)가 입적했고, (10월) 진철대사(眞澈大師)가 보월승공탑비(寶月乘空塔碑)를 세웠다. 나라를 바친 경순왕 김부(金傳)를 고려는 특별 우대하여 왕건의 딸 공주를 경순왕의 아내로 삼게 했다.

- 서기 938년 (3월) 서천축국(西天竺國)의 스님 홍범(洪梵)이 진(晋)나라로부터 고려에 들어왔다. (7월) 진(晋)나라의 연호를 사용하게 하였고, (12월) 탐라국(耽羅國) 태자 말노(末老)가 고려에 왔다. 이 해에 북계양암성(北界陽岩城)을 축성했다.

- 서기 939년 (4월) 보제사(菩提寺)에 대경대사(大經大師) 현기(玄機)의 탑비를 세우고 대안주성(大安州城)을 쌓고 공신당(功臣堂)을 세웠다. 후진(後晋)의 책사(冊使)가 고려에 왔다.

- 서기 940년 (3월) 慶州를 대도독부(大都督府)로하고 주(州), 부(府), 군(郡), 현(縣)의 이름을 고치고, (7월) 역분전(役分田)을 정했으며 신흥사(新興寺)를 중수하여 공신당(功臣堂)을 두었다.

- 서기 941년 (4월) 대광(大匡) 유검필(庾黔弼) 사망하고 태상(太相) 왕갑일(王甲一)을 진(晋)나라에 사신으로 보냈다.

- 서기 942년 (10월) 거란이 고려에 사신을 보내 낙타 50필을 보내왔다. (10월) 태조께서 거란 사자(使者)를 해도(海島)에 유배하여 굶겨 죽였다.

- 서기 943년 (4월) 태조께서 박술희(朴述熙)에게 〈훈요십조(訓要十條)〉를

친수(親受)하고, (5월) 태조가 승하하여 태자 무(武)가 제2대 혜종(惠宗)으로 즉위했다. (6월) 충주(忠州) 정토사(淨土寺)에 법경대사(法鏡大師) 자등탑자(慈燈塔子) 등 탑비를 세웠다.

- 서기 944년 (5월) 오용사(五龍寺)에 법경대사(法鏡大師)와 보조자광탑비(普照慈光塔碑)를 세우고 (12월) 한림원령평장사(翰林院領平章事) 최언위(崔彦撝)가 사망했다.

- 서기 945년 (9월) 혜종(惠宗)께서 승하하시니 왕제(王弟) 요(堯)가 제3대 정종(定宗)이 즉위했다. (9월) 왕규(王規)가 박술희(朴述熙)를 죽였다. (9월) 왕규가 사형되었고, (10월) 승(僧) 윤다(允多) 경자대사(慶慈大師)가 입적했다.

- 서기 946년 (5월) 무위갑사(無爲岬寺)에 선각대사가 편광령 탑비를 세웠다. 왕은 대사원들에 곡식 70,000섬을 바치고 불명경보(佛名經寶) 광학보(廣學寶)를 두었다.

- 서기 947년 서경에 왕성(王城)을 쌓고 광군사(光軍司)를 두어 30만 군으로 거란의 침입에 대비했다.

- 서기 948년 (9월) 동여진(東女眞)은 소무개(蘇無蓋) 등을 보내어 말과 방물(訪物)을 바쳤다. 이 시대는 후한(後漢)의 연호를 사용했다.

- 서기 949년 (8월) 국초(國初)에 유공자(有功者)들에게 내리고, (9월) 주와 현의 세공액(歲貢額)을 정했다. 정종(定宗)이 전위(傳位)하여 소(昭) 광종(光宗)이 제4대 왕으로 즉위했다.

- 서기 950년 연호를 광덕(光德)이라 하고 북계(北界)의 장청진(長靑鎭)과 위화진(威化鎭)에 성을 쌓았다.

- 서기 951년 (12월) 후주의 연호 광순(廣順)을 사용했다. 성남(城南)에 대봉은사(大奉恩寺)를 창건하고 ,태조의 원당(願堂)으로 하였다. 서경 중흥사(重興寺)의 9층 탑이 불에 탔다.

- 서기 952년 봄에 북계(北界) 안삭진(安朔鎭)에 성을 쌓고 후주(後周)에 견

사했다.

- 서기 953년 (10월) 황룡사(황룡사) 9층탑에 재화(災禍)가 있었다. 후주에서 사신을 보내어 고려 왕을 책봉했다.

- 서기 954년 (7월) 태자사(太子寺)에 낭공대사(廊供大師) 백월사운지탑비(白月栖之塔碑)를 세웠다. 선비(先妃)의 추복(追福)을 위하여 숭선사(崇善寺)를 창건(創建)했다.

- 서기 955년 가을 대상(大相) 왕융(王融)을 후주(後周)에 견사했다. 광평시랑(廣評侍郎) 순질(筍質)을 후주에 견사했다.

- 서기 956년 (8월) 후주의 쌍기(雙冀)는 사신을 따라 고려에 왔다. 이 해에 호비(好婢)의 안검법(按檢法)을 제정했다.

- 서기 957년 (1월) 왕은 구정(毬庭)에서 대사(對射)하였다.

- 서기 958년 (5월) 쌍기(雙冀)의 건의로 처음으로 과거제(科擧制)를 실시하고 쌍기를 지공거(知貢擧)로 삼았다. 그리고 후주는 비단 수천 필로 동(銅)을 바꾸어 갔다.

- 서기 959년 후주에 효경(孝經) 등 경전(經典)을 보내고 후주의 쌍철(雙哲, 쌍기의 부)이 고려에 왔다.

- 서기 960년 (3월) 백관(百官)의 공복(公服)을 정하고, (3월) 개경(開京)을 황도(皇都)라 하고 서경을 서도(西都)라 하였다. 연호를 준풍(峻豊)으로 건원(建元=연호를 고침)했다. 한편 습홀(濕忽)의 송성(松城)을 축성했다.

- 서기 961년 (4월) 과거(科擧) 실시 수영궁궐부감(修營宮闕部監)을 설치했다.

- 서기 962년 (겨울) 광평시랑(廣評侍郎) 이흥우(李興祐)를 송나라에 사신으로 보냈다.

- 서기 963년 (7월) 귀법사(歸法寺)를 창건, (7월) 제위실(濟危實)을 두었으며, (12월) 송나라 연호 건덕(乾德)을 사용키로 했다.

- 서기 964년 (3월) 과학(科學)실시 진관선사(眞觀禪師) 오공(悟空)이 사망

했다.

- 서기 965년 (2월) 왕자 주(伷)를 태자로 봉하고, (5월) 봉암사(鳳岩寺)에 정진대사(靜眞大師)가 원효(元曉) 탑비를 세웠다.

- 서기 967년 낙릉군(樂陵郡)에 성을 쌓았다.

- 서기 968년 (5월) 위화진(威化鎭)에 축성하고 혜거(惠居) 스님을 국사(國師)로, 탐문(坦文)을 왕사(王師)로 삼았으며, 방생소(放生所)를 두었다. 홍화유암(弘化遊岩) 삼귀(三歸) 등 모든 절을 창건했다.

- 서기 969년 (11월) 왕제(王弟) 욱(旭)이 사망하고, 영삭진(寧朔鎭)과 장평진(長平鎭)에 성을 쌓았다.

- 서기 970년 안삭진(安朔鎭)에 성을 쌓았다.

- 서기 971년 (10월) 원화전(元和殿)에서 대장경(大藏經)을 개독(開讀)했다.

- 서기 972년 (10월) 과학 실시 (10월) 내의시랑(內議侍郞) 서희(徐熙) 등을 송나라에 사신으로 보냈다.

- 서기 973년 (12월) 공사진전(公私陳田)의 개간(開墾) 경작에 대한 수조법(收租法)을 정하고, (2월) 동계(東界)의 화주(和州) 원주(原州) 및 북계(北界)의 안융진(安戎鎭)에 축성했다.

- 서기 974년 서경에서 연가(緣可)가 모반하다가 사형되고, 국사혜거(國師惠居)가 사망했다. 승(僧) 탄문(坦文)을 국사로 삼았다.

- 서기 975년 (3월) 탄문(坦文)이 사망했다. (3월) 광종(光宗)이 서거하고 제5대 경종(景宗=주(伷))이 즉위했다. (10월) 여주(麗州) 고달사(高達寺)에 원종대사(元宗大師)가 혜진탑비(惠眞塔碑)를 세웠다.

- 서기 976년 (2월) 문(文) 무(武) 양반(兩班) 묘제(墓制)를 정했다. (11월) 처음으로 직관(職官) 산관(散官) 각 품(品)의 전시과(田柴科)를 정하고, 김행성(金行成)이 송나라의 국자감(國子監)에 입학했다.

- 서기 977년 (3월) 개국공신(開國功臣) 및 향의귀순성주(向議歸順城主) 등에

게 훈전(勳田)을 주었다. 김행성(金行成)이 과거(科擧)에 급제했다. (3월) 처음으로 진사(進士)의 시시(視試)를 시행했다.

- 서기 978년 (4월) 김전(金傳) 경순왕이 사망했다. (4월) 송나라 태자 중윤(中允)이 고려에 사신으로 왔다. (4월) 보원사(普願寺)에 법인국사가 보승탑비를 세웠다.

- 서기 979년 발해인 수만 명이 내투(來投)했으며, 청새진(靑塞鎭)에 성을 쌓았다.

- 서기 980년 (4월) 미포(米布)의 이자(利子)를 정하고 6월 왕승(王丞) 등이 모반하다가 사형되었다.

- 서기 981년 (7월) 경종(景宗)이 승하하고 제6대 성종(成宗=치(治))가 그 아버지 이름으로 대종(戴宗)이라 하였다)이 즉위했다. (11월) 연등십팔관회(撚燈十八關會) 등의 잡기(雜技)를 폐지했다.

- 서기 982년 (3월) 백관(百官=조정 문무신하)의 명호(名號)를 고쳤다. (4월) 10세 이상의 남자에게 착모(着帽)케 하고, 왕의 생일을 천춘절(千春節)로 했다. 주군현(州郡縣)의 자제들을 뽑아 서울에서 공부시켰다.

- 서기 983년 (5월) 처음으로 3성(省) 6조(曹) 7사(寺)를 정하고, (6월) 처음으로 주·부·군·현 관역(館驛)의 공수전(公須田), 지전(紙田), 장전(長田)을 정했다. 기곡적전(祈穀籍田) 예를 거행하였고 전국에 12목(牧)을 설치했다.

- 서기 984년 (5월) 처음으로 군인의 복색(服色)을 정하고 압록강 연안에 관성(關城)을 쌓고 ,여진병(兵)에 대비하여 문주(文州)에 성을 쌓았으며 3월에 기우제(祈雨祭)를 시행했다.

- 서기 985년 (5월) 송나라가 거란 정벌의 원병(援兵)을 청함으로 (10월) 집을 희사(喜捨)하여 절을 만드는 것을 금했다. (10월) 오복급가식(五服給暇式)을 제정했다.

- 서기 986년 (3월) 초(礎)를 교(敎)라 고치고, (7월) 흑창(黑倉)을 의창(義倉)

으로 개칭하고, (8월) 처음으로 12목에 처자(妻子)를 동반하고 부임하게 하였다. 계란(契丹=거란) 사신이 와서 청화(請和=화권 요청)하였다.

- 서기 987년 (6월) 주(州)와 군(郡)의 병기(兵器)를 거두어 농기(農器)로 사용하게 하고, (10월) 양경(兩京)의 팔관회(八關會)를 폐하고, (11월) 경주(慶州)를 동경유수(東京留守)로 고쳤다. (7월) 노비환천법(奴婢還賤法)을 제정하고 제촌(諸村)의 태감(太監) 제감(弟監)을 촌장(村長) 촌정(村正)이라 고쳤다.

- 서기 988년 (12월) 부도법(浮屠法)에 의해 1월 5월 9월을 3장월(長月)로 정하고 도살(屠殺)을 금했다. 처음으로 5묘(廟)를 정하여 반춘령(頒春令)을 포(公布)하고 면재법(免災法)을 제정했다.

- 서기 989년 (2월) 내외(內外) 문관(文官) 5품, 무관(武官) 4품 이상의 환자에게 약을 주게 하고(3월) 처음으로 동북, 서북면에 병마사를 두었다. (4월) 처음으로 대묘(大廟)를 짓기를 시작했다.

- 서기 990년 전주(全州) 구례현(求禮縣) 손순(孫順)은 관계를 기수(旣授)하고, 운제현(雲梯縣)기불역(祇弗驛) 사람 차달(車達)의 3형제에게 효자상(孝子賞)과 그들의 소원대로 역도(驛道)를 면출(免出)하여 주현(州縣)에 편적(篇籍)하였다. (7월) 서경에 분사(分司)를 설치하여 9월 왕이 서경에 순시(巡視)하여 (10월) 좌우 군영(軍營)을 두었다. (12월) 서경에 수서원(修書院)을 두었다.

- 서기 991년 (윤 2월) 처음으로 사직(社稷)을 세우게 하고, (4월) 한언공(韓彦恭)이 송나라로부터 대장경(大藏經) 481함(函)을 바쳤다. (10월) 처음으로 중추원(中樞院)을 설치했으며, 압록강 부근의 여진족을 강 밖으로 축출했다.

- 서기 992년 (7월) 종실(宗室) 욱(郁, 태조의 제8자)을 사천현(泗川縣)에 유배하고, (12월) 대묘(大廟)를 낙성(洛城)하고, (12월) 국자감(國子監)을 창립하였

으며 공전(公田)의 조(租)를 정했다.

- 서기 993년 (2월) 양경(兩京) 12목(牧)에 상평창(常平倉)을 두었으며, (윤 10월) 거란 소손녕(契丹蕭遜寧)이 봉산군(蓬山郡)에 침입했고, (윤 10월) 서희(徐熙)가 거란 영(營)에 가서 화약(和約)을 맺고 돌아왔다.

- 서기 994년 (2월) 거란의 연호를 사용하여, (6월) 송나라에 원병(援兵)을 청했다. 서희(徐熙)가 여진을 물리치고 장흥(長興) 귀화(歸化)의 2진 및 곽주(郭州)와 구주성(九州城)을 쌓았다. 그리고 압록강 구당사(句當使)를 두었다.

- 서기 995년 (5월) 관제(官制)를 개정하여 개주(開州)를 개성부(開城府)로 고치고, (9월) 처음으로 10도로 정했다. 그리고 서희(徐熙)는 여진족을 축출하고 안의(安義) 흥화(興化)의 두 진성(鎭城)을 축조했다.

- 서기 996년 (4월) 철전(鐵錢)을 주조했고 서희(徐熙)가 선주(宜州)와 맹주(孟州)에 성을 쌓았으며 제주(濟州) 사심관(事審官)의 인원수를 정했다.

- 서기 997년 (8월) 도고시관(都考試官)을 다시 지비거(知鼻擧)로 고쳤다. (8월) 왕이 동경(東京=경주)에 순행(巡幸)하였고 (10월) 성종께서 승하하여 제7대 목종(穆宗=송(誦))이 즉위했다.

- 서기 998년 (7월) 서희(徐熙)가 사망했다. (12월) 문무양반(文武兩班) 및 군인의 전자료(田紫料)를 개정하고 대창서(大倉署)를 두었다. 서경을 호경(鎬京)이라 개칭했다.

- 서기 999년 (7월) 진관사(眞觀寺)를 건립하고, (10월) 송나라에 사신을 보냈다.

- 서기 1000년 (10월) 숭교사(崇敎寺)를 건립하고 (10월) 덕주(德州)에 성을 쌓았다.

- 서기 1001년 (11월) 왕께서 중원부(中原府)를 순행(巡幸)하시고, 영풍(永豊) 평로(平虜)에 성을 쌓고 덕주(德州)를 덕주방어사(德州防禦使)라 칭했다.

- 서기 1002년 (5월) 6위(衛)의 군영(軍營)을 만들어 직원장사(職員將師)를 배치하였으며, (7월) 한언공(韓彦恭)이 상소(上訴)하여 전(錢)을 전용(專用)하고 잠포(鹽布)를 금하는 폐단을 논하였다.
- 서기 1003년 덕주(德州) 가주(嘉州) 위화(威化) 광화(光化) 4성을 수축하고 10도(道)에 명하여 재능 있는 학자를 천거하도록 하였다.
- 서기 1004년 (3월) 과거법(科擧法)을 개정하였고, (6월) 시중(侍中) 한언공(韓恭)이 사망했다. (11월) 왕께서 호경(鎬京, 주나라 도읍)에 행차하였고 『고려장본(高麗藏本)』을 간행했다.
- 서기 1005년 (1월) 동여진이 등주(登州)의 주진(主鎭) 30여 소(所)에 방화(放火)했다. (3월) 외관(外官)에 12절도(節度) 4도호(都護) 동서북계 방어진사(防禦陣使) 현령 진장(鎭將)만을 두었다. 동계진명현(東界鎭冥縣)에 축성했다.
- 서기 1006년 (2월) 절식자(絶食者)에게 곡식을 진급(賑給)하고 등주(登州)와 용진진(龍津鎭) 또는 귀성(龜城)에 축성했다.
- 서기 1008년 (10월) 왕께서 호경(鎬京)에 행차하시고 통천(通川) 등주에 성을 쌓았다.
- 서기 1009년 (2월) 강조(康兆)가 왕 목종(穆宗)을 폐하고, 대양원군(大良院君) 구(詢)가 제8대 현종(縣宗)으로 즉위했다. (2월) 폐주(廢主) 목종이 피살되었다. 그리고 (2월) 중추원을 폐하고 중대성(中臺省)을 두었다.
- 서기 1010년 (10월) 강조(康兆)가 행영 도통사(行營都統使)가 되어 30만군으로 통천(通川)에서 거란에 대비했다. (11월) 거란이 내침(來侵)하여 강조(康兆)를 잡아 죽였다. 그리고 팔관회(八關會)와 연등회를 회복하였다.
- 서기 1011년 (1월) 거란군이 개경(開京=개성)에 입성(入城)했다. (1월) 왕은 나주(羅州)에 이르렀다. (1월) 양규(楊規)와 정성(鄭成)이 거란군을 무찌르고 모든 성을 회복시켰다. 그 뒤 (8월) 동여진이 경주(慶州)에 침입했다.

- 서기 1012년 (1월) 12주(州) 절도사(節度使)를 폐하고 5도호(都護) 75도(道) 안무사(安撫使)를 두었다. (5월) 거란이 다시 6주(州)를 빼앗았다. 그리고 절도사를 폐하고 안찰사(按察使)를 두었다.

- 서기 1013년 (3월) 거란 사신 야율행평(耶律行平)이 와서 5성을 요구했다. (9월) 최항(崔沆)을 감수국사(監修國史) 김심언(金審言)을 수국사(修國史)로 하여금 국사(國史)를 편찬하게 하였다. (11월) 문무양반(文武兩班)의제궁 원전(諸宮院田) 30결 이상에 세액(稅額)을 정했다.

- 서기 1014년 (1월) 궁궐을 신축했으며, (2월) 철리국(鐵利國)이 여진 만두(萬豆)를 보내어 조공하였고, (9월) 거란 사신 이송무(李松茂)가 6성을 요구하였다. (10월) 거란의 숙적열(肅敵烈)이 통주(通州) 홍화진(興化鎭)에 침입했는데, 정신용(鄭神勇)과 주연(周演)이 이를 격퇴시켰다. (12월) 조세(租稅)를 반액(半額)으로 감소시켰다.

- 서기 1015년 (1월) 거란병(炳)이 홍화진(興化鎭)과 통주(通州)에 침입했다. (4월) 야율행평(耶律行平)이 또 와서 6성을 요구하므로 이를 잡아 가두었다. (7월) 금오대(金吾臺)를 폐하고 사헌대(司憲臺)를 두었다. (9월) 거란이 홍화진(興化鎭)과 영주성(寧州城)에 침입했다. 선화(宣化) 정원(定遠) 운림진(雲林鎭)에 축성했다. 곽원(郭元)을 송나라에 보내어 원병을 청했다.

- 서기 1016년 (1월) 거란의 아율세양(耶律世良) 등이 곽주(郭州)에 침입했다. (1월) 곽원(郭元)이 돌아왔다. 이 해에 거란인이 수차 항복해왔다. 선주(宣州)와 철주(鐵州)에 축성하고 송나라 연호를 다시 사용했다.

- 서기 1017년 (1월) 집을 버리고 출가하는 것과 부녀(婦女)가 니승(尼僧)이 되는 것을 금지했으며, (7월) 서눌(徐訥)을 송나라에 사신으로 보냈다. (6월) 거란이 홍화진(興化鎭)에 침입했다. 그러나 (12월) 고구려 신라 백제의 왕릉(王陵)을 수리하였으며, 안의진(安義鎭)에 성을 쌓았다.

- 서기 1018년 (8월) 안무사(按撫使)를 폐하고, 4도호(四都護) 8목(牧) 56지

주군사(知州郡事) 28진장(鎭將) 20현령(縣令)을 두었다. (12월) 거란의 장군 소배압(蕭排押)이 10만 대군으로 침입했다. (12월) 강감찬(姜邯贊)이 홍화진에서 거란군을 대파했다.

- 서기 1019년 (1월)거란병(兵)이 개경(開京)에 박두(迫頭)하여 신은현(新恩縣)에서 회군했다. (2월) 강감찬이 귀주(龜州)에서 거란군을 대파하고 (4월) 장위남(張渭男)이 해적선(海賊船)을 나포(拿捕)하였고 (4월) 정자양(鄭子良)을 일본에 보내어 해적(海賊, 도이적〔刀伊賊〕)들이 잡아온 일본인을 돌려보냈다.

- 서기 1020년 (1월) 흑수(黑水)말갈과 서(西)여진이 조공을 바쳤다. (2월) 거란에서 사신을 보내어 야진행평(耶律行平)을 돌려보냈다. (5월) 거란과 강화(講和)하고 (6월) 불나국(弗奈國)이 조공을 바쳤다. 8월) 최치원(崔致遠)을 성묘(聖廟)에 모셨다. (9월) 현화사(玄化寺) 종(鍾)을 주조했다.

- 서기 1021년 (5월) 고선사(高僊寺)와 창림사(昌林寺)의 불골(佛骨=사리)을 내전(內殿)에 안치했으며, (5월) 강감찬(姜邯贊)이 홍국사(興國寺) 석탑을 건립했다. (7월) 절에서 술 만드는 것을 금했다. (8월) 현화사(玄化寺) 비(碑)에 전서(篆書)를 쓰다. (10월) 아들이 범죄한 공음전(功蔭田)은 아들에게 주지 않고 손자에게 준다.

- 서기 1022년 (1월) 설총(薛聰)을 성묘(聖廟)에 종사케 하였고, (4월) 거란 연호를 사용했다. (6월) 동궁(東宮) 궁속(宮屬)을 두었으며, (7월) 여진에서 도망해온 우산국인(于山國人)을 예주(禮州)에 살게 했다.

- 서기 1023년 (1월) 거란인 집복(集福) 등 11호가 투항했다. (2월) 최치원(崔致遠)을 문창후(文昌侯)로 추봉(推捧)했다. (5월) 거란인이 수차 투항하고 있으며 (윤 9월) 여러 주(州)와 현(縣)에 의창법(義倉法)을 시행하였으며, 사헌대(司憲臺)를 어사대(御史臺)로 고쳤다. 그리고 요덕진(耀德鎭)에 성을 쌓았다.

- 서기 1024년 (1월) 서(西) 여진인과 동(東) 여진인 90여 명이 투항했다. (5월) 동여진인 아알나(阿剜那)가 고려에 왔다. (9월) 서성대식국인열라자(西城大食國人悅羅慈) 등 1백 명이 공물을 바쳤다. 그리고 경성(京城)의 오부방리(五部坊里)를 확정했다.

- 서기 1025 (1월) 여진인 야고가(耶古伽) 아골타(阿骨打) 모일라(毛逸羅) 등이 고려에 왔다. (9월) 대식국인(大食國人) 하선(夏詵) 라자(羅慈) 등 1명이 와서 토산물을 바쳤다. 이 해에 상음현(霜陰縣)에 성을 쌓고 목감양마법(牧監養馬法, 말 기르는 목축법)을 체결했다.

- 서기 1026년 (2월) 순덕(順德)에 성을 쌓고 (윤 5월) 동여진이 공물을 바쳤다. (윤 5월) 거란이 야율골타(耶律骨打)를 보내서 동북여진을 치는데 길을 빌려줄 것을 청하였으나 허락하지 않았다. (7월) 거란 사신이 왔다. (9월) 왕께서 해주(海州) 신광사(神光寺)에 행차하셨다.

- 서기 1027년 (2월) 흑수(黑水) 말갈의 아골아가(阿骨阿駕)가 공물을 바쳤다. (3월) 여진 사람 슬불(瑟弗) 등 백여 명이 고려에 왔다. (8월) 송나라의 강남(江南) 사람 이문통(李文通) 등이 와서 서책 597책을 바쳤다. (9월) 혜일사(慧日寺)와 중광사(重光寺)를 창건하고, 이 해에 안찰사(按察使)를 도부서(都部署)로 고쳤다.

- 서기 1028년 (1월) 여진 사람 골부(骨夫)가 500호를 이끌고 와서 투항했다. (1월) 도주현(道州縣) 종식(種植)의 상묘(桑苗)를 청하였다. (5월) 동여진이 평해군(平海郡)을 침범했다. (10월) 동여진의 적선(賊船)이 고성(高城)과 용율진(龍律鎭) 등을 침공했다.

- 서기 1029년 (3월) 동여진 적선(賊船)이 명주(溟州)에 침입했다. (6월) 탐라국(耽羅國=제주국) 세자 고오노(孤烏弩)가 고려에 왔다. (8월) 동여진 사람 쟁발(嶒拔=시끄러운 사람들) 300여 명이 투항했다. (8월) 경도(京都)의 나성(羅城)이 완성되었다. (11월) 동여진 사람 구두(求頭) 등 30명이 고려에 왔

다. 이해 위원진(威遠鎭)과 정융진(定戎鎭)을 설치했다.

- 서기 1030년 (2월) 인주(麟州)에 성을 쌓고 (4월) 철리국(鐵利國)이 조공을 바쳤다. (5월) 동여진 사람 소물개(蘇勿蓋)가 관물(官物)을 바쳤다. (9월) 영덕진(寧德鎭)에 성을 쌓았고 (10월) 거란과 해가(奚哥) 또는 발해인(渤海人) 등 500여 명이 투항했다.

- 서기 1031년 (5월) 대곡자(貸穀者)에게 원금(元金)만 받게 했다. (5월) 현종(顯宗)께서 승하하니 태자 흠(欽)이 제9대 덕종으로 즉위했다. (8월) 강감찬(姜邯贊)이 사망했다. (10월) 류교(柳喬)와 김행공(金行恭)을 거란에 사신으로 보냈다. (윤 10월) 국자감시(國子監試)를 신설했다. (11월) 거란에 하정사(賀正使. 새해인사) 보내는 것을 중지했다.

- 서기 1032년 (1월) 거란이 사신을 거절했다. (1월) 삭주(朔州)에 성을 쌓았다 (1월) 인시절(仁詩節)을 응천절(應天節)로 고쳤다. (3월) 왕가도(王可道)를 감수국사(監修國史)로 황주량(黃周亮)을 수국사(修國史)로 하여 국사(國史)를 편찬하게 하였다. (8월) 법경(法鏡) 스님을 국사(國師)로 삼았다.

- 서기 1033년 (1월) 철기국(鐵利國)이 공물을 바쳤다. (3월) 해적이 간성현(杆城縣)에 침입했다. (4월) 해적이 삼척현(三陟縣)에도 침입했다. (8월) 류소(柳韶)가 북쪽 경계에 장성을 쌓았다. (12월) 문무(文武) 각 품의 노차상우례(路次相遇禮)를 정했다.

- 서기 1034년 (4월) 양반 군한인(軍閑人)의 전시과(田柴科)를 개정하였다. (5월) 왕가도(王可道)가 사망했다. (9월) 덕종께서 승하하니 왕제(王弟) 형(亨)이 제10대 정종이 즉위했다. (11월) 팔관회(八關會)를 베풀었다. 이 해 명주성(溟州城)을 수축했다.

- 서기 1035 (6월) 동여진 사람 오어길(烏於吉) 등이 고려에 왔다. (7월) 왕의 생일을 장령절(長齡節)이라 하였다. (8월) 동여진과 서(西)여진 사람이 고려에 왔다. (9월) 서북계(西北界) 송령(松嶺)의 동쪽에 장성을 쌓았다. (9

월) 창주성(昌州城)도 쌓았다.

- 서기 1036년 백관(百官)들에게 녹패(祿牌)를 주었다. (4월) 동여진 사람 오부하(烏夫賀)와 아도간(阿道間)이 각각 고려에 왔다. (5월) 4아들 있는 자에게 1명은 스님이 되고자 함을 허가했다. (7월) 제위(諸衛)의 군인 중(郡人中) 명전(名田)이 부족한 자에게는 공전(公田)을 나누어주었다. 이 해 동서 대비원(大悲院)을 수치(修治)하였다.

- 서기 1037년 (7월) 모후(母侯=태후)의 휘진(諱辰=제삿날)에 처음으로 백관(百官, 문무신하)이 상표(上表=임금님께 올리는 글)하여 진위(陳尉=편히 베풀다)하였다. (10월) 거란의 병선(兵船)이 압록강에 침입했다. (12월) 최연술(崔延述)을 거란에 사신으로 보냈다.

- 서기 1038년 (3월) 동여진의 구지라(仇知羅) 등이 고려에 왔다. (4월) 평장사(平章事) 류소(柳韶)가 사망했다. (8월) 거란의 연호를 사용했다. (8월) 송나라 상인 진량(陳亮) 등 147명이 토산물을 바쳤다. 이 해 거란의 동경(東京) 회례사(回禮使)가 왔다.

- 서기 1039년 (2월) 유선(庾先)을 거란에 보내어 압록강 동쪽의 성을 없앨 것을 청하였다. (5월) 일본 사람 남녀 26명이 귀순했다. (6월) 압록강 물이 불어서 병선(兵船) 70척이 유실되었다. (8월) 송나라 상인 50명이 왔다. 이 해에 천자수모법(賤者隋母法)을 제정했다.

- 서기 1040년 (2월) 권형(權衡=저울 측정권)을 정하고 계량(計量)을 고르게 정했다. (10월) 동여진과 서(西)여진이 수차례 와서 숨어 있었다. (10월) 서면(西面) 병마(兵馬) 도감사(都監寺) 박원작(朴元綽)이 수질구궁노(繡質九弓弩=비단으로 싼 궁) 1장 바쳤다. (11월) 대식국(大食國=아랍국)의 상인 보나개(保那蓋) 등이 오고 있었고, 이 해에 김해부(金海府)에도 성을 쌓았다.

- 서기 1041년 (4월) 북계(北界)의 녕주(寧州) 등 33주와 동계(東界)의 고주(高州)화주(和州) 등의 세적(稅籍)을 없앴다. (8월) 동여진 사람 파을달(波乙達)

등 50명이 고려에 왔다. 이 해에 최충(崔沖)이 영원(寧遠)과 평로(平虜)에 성을 쌓았다. 이해에 회경전(會慶殿)에 장경도장(藏經道場)을 설치했다.

- 서기 1042년 (1월) 서북면(西北面)의 병마사가 압록강 이동에서 청해진(淸海鎭)까지의 번호를 조사하고 (4월) 동로둔전사(東路屯田司)에 명하여 동여진 사람에게 경우(耕牛, 밭 가는 소) 10두(頭)를 주었다. 이 해에 국자감 제업학생(國子監諸業學生) 중 나이 많고 재간 없는 자를 광군(光軍)에 보충시켰다.

- 서기 1043년 (1월) 서여진 사람 골개(骨蓋) 등 30인이 공물을 바쳤다. (2월) 최충(崔沖)은 수사사수국사(守司徒修國史)가 되었다. (4월) 여진 유원장군(女眞柔遠將軍)과 사이라(沙伊羅) 라불(羅弗) 등 494명을 이끌고 고려에 왔다. (4월) 금수(錦繡) 능라(綾羅) 등의 착용을 금했다.

- 서기 1044년 (2월) 예성강(禮成江) 병선 180척으로 군자(軍資)를 운반하여 서북계 주진(州鎭)에 실어 날랐다. (10월) 장주(漳州)와 정주(定州) 원흥진(元興鎭)에 성을 쌓아 이로써 고려 장성이 완성되었다. (12월) 공(公) 사(私) 대곡(貸穀)은 채무자가 사망하면 징수 못 하게 했다.

- 서기 1045년 (2월) 동여진의 파을달(巴乙達) 등이 말(馬)을 바쳤다. (2월) 문(文) 무(武)관 정성(定省) 소분(掃墳)의 휴가일을 정했다. (4월) 비서성(秘書省)에서 『예기정의(禮記正義)』, 『모시정의(毛詩正義)』를 간행했다. (10월) 비수(匕首, 날카로운 칼)을 가지고 다니지 못하게 하였다. 그리고 감진(監津)의 과교원(課橋院)을 자제사(慈濟寺)라 고쳤다.

- 서기 1046년 (2월) 입사적서(立嗣嫡庶)의 구분을 정했다. (6월) 동남해안(東南岸)에 성보(城堡)와 농장(農場)을 설치하여 해적을 막게 하였다. (10월) 6위군(衛軍=방비군)의 명장군령하(名將軍領下)에 200명씩을 뽑아 선봉군(先捧軍)으로 정했다. 왕정종께서 서거하심에 제11대 문종(文宗=휘[徽])이 즉위했다.

- 서기 1047년 문종(文宗) 원년(元年) (1월) 주(州) 와군(郡) 현(縣)의 수경회(輪經會)를 금했으며 (2월) 구분전(口分田)의 제도를 정했다. (6월) 최충(崔冲)으로 하여금 여러 율관(律官)을 모아 율례를 자세히 교정케 하였다. (8월) 동여진(東女眞)의 몽라고촌(蒙羅古村) 등 30여 부락 내부(部落內附)라 하였다.

- 서기 1048년 (1월) 범죄배향향인(犯罪配享鄕人)이 늙은 부모가 있을 경우에는 시양(侍養, 모시고 있는)하게 하고, 부모가 죽은 뒤에 죄를 받아 고향을 떠나게 하였다. (8월) 금강명경도장(金剛明經道場)을 회경전(會慶殿)에서 베풀었다. 그리고 각 도의 관역공수전조(館驛公須田租)를 정했다.

- 서기 1049년 (5월) 양반(兩班)의 공음전시법(功蔭田柴法)을 정했으며 (6월) 동변해적(東邊海賊)이 임도현(臨道縣)과 금양현(金壤縣)에 침입했다. 이 해는 공(公사(私)의 노비로서 3번 도망한 자는 잡아서 삽면(鈒面)하여 주인에게 돌려보내게 하였다. 그리고 질병, 기아자(饑餓者)를 동서대배원(東西大悲院)에게 구제하게 했다.

- 서기 1050년 (5월) 동북면(東北面) 병마록사(兵馬錄事) 문양열(文楊列)이 열산현(烈山縣)에 침입한 해적을 추자도(楸子島)에서 대파했다. (11월) 답험손실법(踏驗損實法)을 제정하고, (12월) 동관(東館)에 억류(抑留)하였던 여진 추장(酋長) 등을 송환했다.

- 서기 1051년 (4월) 광인관(廣仁館)에 구류(拘留) 중이던 동여진 사람 아골(阿骨) 등을 돌려보냈다. (9월) 여진이 동서(東西)북면(北面)에 침입했다. (12월) 향직(鄕職)의 전형(全形) 입명(立命) 절차를 정했다. 그리고 유음기광군(有蔭奇光軍)을 설치했다.

- 서기 1052년 (2월) 황성(皇城) 서쪽에 사직단(社稷壇)을 신축하고 (3월) 역서(曆書)를 만들었다. (3월) 탐라국(耽羅國)의 세공액(歲貢額)을 교자(橋子) 100포(包)로 고쳤다. 그리고 북계(北界) 삽철촌(三撤村)의 번적(蕃賊) 치택

역(淄澤驛)에 침입했다. (6월) 동여진의 고지문(高之問) 등이 삼척현(三陟縣)에 침입하기도 했다.

- 서기 1053년 (2월) 동여진 사람 아부한(阿夫漢)이 말을 바쳤다. (2월) 탐라국(耽羅國)이 공물을 바쳤다. (4월) 승려 결응(決凝) 원융국사(圓融國師)가 사망했다. (6월) 세미(稅米) 1석에 모미(耗米) 1되를 징수키로 하였다. 이 해에 내외 관곡(內外官斛)의 장광고방(長廣高方)을 정했다.

- 서기 1054년 (2월) 부석사(浮石寺)에 원융국사비(圓融國師碑)를 세웠다. (3월) 전품(田品) 3등급을 정하고, (7월) 거란이 처음으로 포천성동야(抱川城東野)에 궁구문난(弓口門欄)을 설치했다. (12월) 거란 사신이 왔다. (12월) 동궁시위공자(東宮侍衛公子) 시위급사(侍衛給使)를 두었다.

- 서기 1055년 (2월) 송나라 상인 섭덕총(葉德寵) 등이 향연을 베풀었다. (3월) 선덕진(宣德鎭)에 다가 신성(新城)을 쌓고 성황신사(城皇神司)를 설치했다. (5월) 거란 사신이 왔다. (7월) 거란에 궁구문란(弓口問欄)의 철전(撤殿)을 청했다.

- 서기 1056년 (2월) 덕수현(德水縣)에 흥왕사(興王寺)를 창건하고, (7월) 동로병마사(東路兵馬使) 김단(金旦)이 동여진의 둔락(屯落) 20여 소(所)를 정벌했다. (9월) 왕께서는 승려들의 폐단을 엄금(嚴禁)토록 하고, (10월) 일본국 사신이 고려에 왔다. 이 해에 서강병옥(西江餠獄)의 남쪽에 장원정(長源亭)을 건립했다.

- 서기 1057년 (3월) 거란 사신이 고려에 왔다. (5월) 수춘궁(壽春宮)에서 소재도장(消災道場)을 베풀었다. (7월) 송나라의 투화인(投化人) 장완(張琬)이 태사감후(太史監侯)가 되었다. 이 시대 귀향하여 작폐(作弊)하는 사심관(事審官)을 처벌하고, 또는 신라 백제 고구려의 능묘(陵廟) 주위의 경작을 금했다.

- 서기 1058년 (5월) 해린(海隣)은 국사(國師)로 난원(爛圓)은 왕사(王師)가 됐

다. (6월) 거란 사신이 고려에 왔다. (9월) 충주목(忠州牧)이 난경상한론(難經傷寒論)하고 신조판본(新雕板本)을 바쳤다. 15세 이상 60세 이하인 사람으로서 사면기광군(四面奇光軍)을 편성하였다.

- 서기 1059년 (2월) 안서도호부(安西都護府)가 경산부(京山府) 신조판본(新雕板本)을 바쳤다. (3월) 서북면 제주(西北面諸州)의 민전(民田)을 균정(均定)하고 (8월) 송나라 상인 황문경(黃文景) 등이 왔다. (8월) 아들이 3사람 이상이면 한 사람이 중이 될 것을 허가했다.

- 서기 1060년 (1월) 천제석도장(天帝釋道場)을 베풀었다. 이때 송나라 상인 황조(黃助) 서의(徐意) 황원재(黃元載) 등이 왔다. (11월) 팔관회(八關會)를 베풀었다.

- 서기 1061년 (2월) 형정(刑政)을 잘 처리케 하였고 (6월) 내사령(内史令)을 중서령(中書令)으로 고쳤다. 또 내사문하성(内史門下省)을 중서문하성(中書門下省)으로 고쳤다. 동서계(東西界)의 방술군(防戍軍) 징발의 수를 정했다.

- 서기 1062년 (3월) 공결봉미법(貢闕封彌法)을 처음으로 실시하고 개성부(開城府)를 다시 설치하여 도성(都省) 소관의 11현(縣)과 서해도(西海島)의 우봉군(牛峰郡)을 관할케 하였다. 서경유수(西京留守)를 다시 두고 경기 4도를 설치했다.

- 서기 1063년 (3월) 거란에서 대장경(大藏經)을 보내왔다. (3월) 탐라의 새 성주(城主) 두양(豆良)이 내조(來朝)하고 (8월) 국자감(國子監) 유생(儒生)이 재감중(在監中) 9년에도 학업(學業)을 마치지 못한 자는 퇴감(退監)시기로 하였다. (10월) 송나라 상인 임녕(林寧)과 황문경(黃文景)이 온다고 했다.

- 서기 1064년 (2월) 예성강(禮成江)의 배 107척으로 연(年) 6차에 걸쳐 용문창미(龍門倉米)를 서북 주진(州鎭)에 운반하여 군량(軍糧)에 충당시켰다. (3월) 황룡사 9층탑을 수리하고 (윤 5월) 군반 씨족(軍班氏族)의 성적장

(成籍帳)을 고쳤다. 이해는 안찰사(按察使)를 도부서(都部署)로 개칭했다.

- 서기 1065년 (5월) 왕자 후(煦)가 의천(義天) 스님이 됐다. (9월) 송나라 상인 곽만(郭滿)과 황종(黃宗) 등이 왔다. (9월) 거란에 사신을 보냈다 이해에 복시(覆試)를 폐지했다.

- 서기 1066 년(1월) 금후(今後) 3연간 전국의 도살(屠殺)을 금했다. (2월) 운흥창(雲興倉)이 불에 탔다. (4월) 근시(近侍)로써 경성(京城) 재우창(在右倉) 용문창(龍門倉) 운흥창(雲興倉)의 별감(別監)으로 삼았다. (4월) 지방의 장관(長官)이 근농사(勤農使)로 겸임시켰다.

- 서기 1067 (1월) 흥왕사(興王寺)를 완성하고 흥왕사에서 연등회를 베풀었다. (6월) 안란창(安瀾倉)의 쌀 2만 7천 600백 석을 삭북(朔北)에 배로 실어다가 군량에 충당했다. (7월) 스님 후(煦)가 대각국사(大覺國師)를 우세승통(祐世僧統)하였다. 양주(楊州)를 남경유수(南京留守) 로하고 덕주(德州)에 성을 쌓았다.

- 서기 1068년 (1월) 양자(養子) 계호(繼戶)의 법을 정하고 (7월) 송나라 사람 황신(黃愼)이 왔다. (9월) 최충(崔冲)이 사망했다. (10월) 가모(家母)의 상복식(喪服式)을 정했다. (9월) 요나라 사신이 고려에 왔다. 남경(南京)에 신궁(新宮)을 창건하고 동궁(東宮) 관속(官屬)을 정했다.

- 서기 1069년 (10월) 군인전자과(軍人田紫科)의 체립(遞立)과 무후년노자(無後年老者)의 구분전(口分田)을 정했다. 외관(外官)의 휴가(休假) 일자를 정하고 양전(量田)의 등급과 보수(步數)를 정했다. 따라서 전세(田稅)를 정했다.

- 서기 1070년 (5월) 왕자 탱(竀)이 승려(僧侶)가 되었다. (6월) 흥왕사(興旺寺) 성을 쌓았다. (11월) 경성(京城)의 4면에 고수탄철고(固守炭鐵庫)를 설치했다.

- 서기 1071년 (1월) 서북(西北) 여진에서 방물(方物)을 바쳤다. (3월) 민궁시

랑(民宮侍郎) 김제(金悌)를 송나라에 사신으로 보냈다. 송나라 상인 곽만(郭滿)과 원적(元積) 왕화(王華) 등이 왔다.

- 서기 1072년 (2월) 예복(禮服)의 제도를 개정하고 (7월) 교위(校尉)와 거신(居身)이 모반하다가 처형되었다. (11월) 요나라 사신야율직(耶律直)이 와서 3년에 1차씩 교빙(交聘)하기로 했다. (12월) 요나라 왕이 불경(佛經) 1장을 보내왔다.

- 서기 1073년 (1월) 아들이 없는 자의 공음전(功蔭田)은 사위, 조카, 양자에게 주기로 하였다. (7월) 일본 사신 왕칙정(王則貞)과 송영년(松永年) 등이 고려에 왔다. 동여진의 대난(大闌) 등 11촌이 귀순하매, 이들을 귀순주(州)에 예속시켰다. (8월) 김양감(金良鑑)을 송나라에 사신으로 보냈다.

- 서기 1074년 (6월) 송나라 양주(楊州)의 의조교(醫助敎) 마세안(馬世安) 등 8인이 고려에 왔다. 원흥진(元興鎭) 용주(龍州) 위주(謂州)에 성을 쌓았다.

- 서기 1075년 (4월) 요나라에 사신을 보냈다. (윤 4월) 일본 상인 오오에(大江) 등이 고려에 왔다. (5월) 송나라 상인이 고려에 왔다. (7월) 지중추원사(知中樞院事) 류홍(柳洪)이 요나라 사신과 함께 국경(國境)을 조사하여 확정했다. (이 해 김부식이 출생했다)

- 서기 1076년 (8월) 최사량(崔思諒)을 송나라에 사신을 보냈다. (8월) 요(遼)나라에 사신을 보내 정융진(定戎鎭) 관외(管外)에 설치한 암자의 철회를 요구했다. 이 해에 양반(兩班)의 전시과(田柴科)를 고치고, 관제(官制)를 개혁하여 녹과(綠科)를 정했으며, 등과자(登科者)의 급전제(給田制)를 정했다.

- 서기 1077년 (8월) 홍주(洪州) 소대현(蘇大縣)에 안흥정(安興亭)을 창건하고 9월) 송나라 상인 양종성(楊從盛) 등이 왔다. (12월) 요나라 사신이 왔다. (12월) 탐라국(耽羅國)이 방물(方物)을 전해왔다.

- 서기 1078년 (6월) 송나라 국신사(國信使) 좌간의대부(左諫議大夫) 안도(安

燾) 등이 왔다. (7월) 흥왕사(興旺寺) 금탑(金塔)이 세워졌고 (12월) 요나라 사신이 왔다. (12월) 송나라 제도에 의하여 치황색(梔黃色)과 담황색(淡黃色)의 옷을 금했다.

- 서기 1079년 (5월) 서(西)여진 평로관(平虜關)이 침입했다. (7월) 송나라 의관(醫官) 및 약재(藥材)를 보내왔다. (9월) 일본에 표류한 고려 상인 안광(安光) 등을 송환해주었다. (11월) 탐라 구당사(句當使)가 진주(眞珠)를 바쳤다.

- 서기 1080년 (6월) 흥왕사(興旺寺) 금탑 외호(外護)의 석탑을 만들었다. (7월) 송나라 의관(醫官) 마세안(馬世安)이 왔다. (12월) 문정(文正) 최석(崔奭) 등이 보병(步兵)과 기병(騎兵) 3만 명으로 정주성(定州城) 밖의 여진 부락을 토벌했다.

- 서기 1081년 (4월) 예부상서(禮部尙書) 최사제(崔思齊)를 송나라에 사신으로 보내고 (5월) 동여진에서 고려에 온 자의 유경일수(留京日數)를 15일로 정했다. (8월) 서(西)여진의 만두(漫豆) 등이 귀순하니, 이를 산남주현(山南州縣)에 안치(安置)했다. (11월) 이정공(李靖恭)이 참지정사수국사(參知政事修國史)가 됐다.

- 서기 1082년 (1월) 동여진 사람이 왔다. (6월) 수사공상서좌복사(守司空尙書左僕射) 김덕부(金德符)가 사망했다. (8월) 송나라 상인 진의(陳儀) 등이 왔다. (11월) 일본 쓰시마 사신이 와서 토산물을 바쳤다.(12월) 요나라 사신이 왔다.

- 서기 1083년 (2월) 군신(君臣)에게 록패(祿牌)를 주었다. (3월) 송나라에서 가지고 온 대장경(大藏經)을 개국사(開國寺)에 두었다. (7월) 문종(文宗)이 승하하고 12대 순종(順宗=훈(勳))이 즉위했다. (10월) 또 순종(順宗)이 승하하고 제13대 선종(宣宗=운(運))이 즉위했다. (11월) 이자인(李資仁)을 요나라에 사신으로 보냈다. 이 해부터 진사(進士) 이하 제업(諸業)은 3년에

1회씩 시험 보도록 하였다.

- 서기 1084년 선종 (6월) 동여진이 홍해군(興海君) 모산진(毛山鎭) 농장(農場)을 노략질해갔다. (8월) 송나라 제전사(祭奠使)가 조위사(弔慰使)로 왔다. (8월) 왕의 생일날을 천원절(天元節)이라 하였다.

- 서기 1085년 (2월) 처음으로 송나라 제도를 따라 왕의 행차 때에 『인왕반야경(仁王般若經)』을 받들어 전도(傳導)하게 하였다. (4월) 후(煦) 의천(義天) 스님이 상선(商船)을 타고 송나라에 갔다. (8월) 송나라에 사신을 보냈다. (12월) 양산(梁山) 통도사(通度寺) 근처에 국장생표(國長生標)를 세우고, 동부(同父) 이모(異母)의 자매 범가(犯嫁)의 소산은 사로(仕路)를 금했다.

- 서기 1086년 (2월) 최충(崔沖) 김원충(金元冲) 최제안(崔齊顔) 등을 종묘(宗廟)에 배향(配享)하였다. (6월) 후(煦) 스님이 송나라에서 돌아와 석전(釋典) 경서(經書) 1천여 권을 바쳤다. (6월) 흥왕사 교장도감(敎藏都監)을 두고 요(遼)와 일본으로부터 4천여 권의 불경을 구입하여 간행하였다. 요(遼)에 사신을 보내어 압록강에 각장(権場)을 세우지 말도록 요청했다.

- 서기 1087년 (1월) 임창개(林昌槪)를 요나라에 사신으로 보냈다. (2월) 대장경(大藏經)이 완성되었다. (5월) 최석(崔奭)이 수국사(修國史)가 되었다. (12월) 각 주(州)와 도(道)에 출추사(出推使)를 보냈다.

- 서기 1088년 (2월) 요(遼)나라가 먼저 압록강 연안에 각장(権場)을 두려하므로 이안(李顔)을 귀주(龜州)에 보내서 대비시켰다. (3월) 전성(甎城)에 제천단(祭天壇)을 조성하고 (5월) 송나라가 고려의 표류민을 돌려보내 주었다. (9월) 김선석(金先錫)을 요나라에 보내어 압록강 각상(権場)의 철폐를 요구하였다.

- 서기 1089년 (8월) 송나라는 고려 표류민을 돌려보냈다. (8월) 국학(國學)을 수리하고 (10월) 송나라 상인 양주(楊註)와 서성(徐成) 등이 왔다. (10월) 13층 황금탑(黃金塔)을 만들어 회경전(會慶殿)에 두었다. (10월) 국청사

(國靑寺)를 창건하고 (10월) 가매(嫁每)의 복제를 고쳤다.

- 서기 1090년 (7월) 이자의(李資義)와 위계정(魏繼廷)을 송나라에 보냈다. (8월) 의천(義天) 스님이 『제종교장총록(諸宗教藏總錄)』을 편수하여 해동유본견행록(海東有体見行錄)라 개칭했다. (9월) 요나라 사신이 왔다.(12월) 송나라가 문원영화집(文苑英華集)을 보내왔다.

- 서기 1091년 (1월) 병차(兵車)를 만들어 귀주(歸州)에 두었으며, (2월) 요나라 사신이 왔다. (6월) 송나라가 고려 사신 이자의(李資義)에게 고려의 서적을 주문했다. (9월) 국학(國學)의 벽에 72현(賢)의 초상(肖像)을 그렸다. 그리고 안변(安邊)도호부(都護府) 상음현(霜陰縣)에 성을 쌓았다.

- 서기 1092년 (2월) 탐라 성주(耽羅星主) 의인(懿仁)이 공물을 가지고 왔다. (6월) 백주(白州) 견불사(見佛寺)에서 천태종(天台宗)의 예참법(禮懺法)을 베풀었고 (7월) 최사량(崔思諒)이 사망했다. (11월) 오복상피식(五服相避式)을 제정했다.

- 서기 1093년 (2월) 송나라의 명주보신사(明州報信使) 황중(黃仲)이 왔다. (6월) 호사(弘護寺)를 창건하고 (7월) 연평도(延平島)에서 송나라가 왜(倭)의 해적선(海賊船)을 잡았다. (7월) 광인관(廣仁館)에 봉선고(奉先庫)를 설치하고, (8월) 송나라의 조하식(朝賀式)에 의하여 백관(百官) 하례식(賀禮式)을 개정했다.

- 서기 1094년 (5월) 선종이 승하하여 14대 헌종(獻宗=욱〔昱〕)이 즉위했다. (7월) 도강(都綱) 서우(徐祐) 등이 와서 가례(嘉禮)하였고 (12월) 요나라 사신이 왔다.

- 서기 1095년 헌종 (8월) 송나라 상인 진의(陳義)와 황선(黃宣) 등이 왔다. (8월) 황룡사 탑을 수리하고, (10월) 왕께서 계림공(鷄林公) 희(熙)에게 왕위를 물려주어 제15대 숙종이 즉위했다. (11월) 요나라에 사신을 보냈다. (11월) 요나라 사신이 왔다. 그리고 추원(中樞院)을 추밀원(樞密院)으

로 개칭했다.

- 서기 1096년 숙종 (2월) 소공친(小功親) 간의 소생은 벼슬을 못하게 하였고, (6월) 공친(功親) 간의 혼인을 금했다. (7월) 문덕전(文德殿) 비장(祕藏)의 문덕전(文德殿) 장령전(長齡殿) 어서방(御書房) 비서각(祕書閣)에 나누어 보관시켰다. 그리고 김위제(金謂磾)가 왕에게 남경(南京) 천도(遷都)를 건의(建義)했다. (12월) 왕사(王師) 운현(韻顯)이 사망했다.

- 서기 1097년 (2월) 국청사(國淸寺)를 세웠다. (윤 2월) 헌종이 승하했다. (6월) 송나라는 고려의 표류민을 돌려보냈다. (7월) 동여진 해적선(海賊船) 10척이 진명현(鎭溟縣)에 침입하니 병마사 김한충(金漢忠)이 이를 격퇴시켰다. (12월) 요나라 사신이 왔다. (12월) 처음으로 주전관(鑄錢官)을 두었다.

- 서기 1098년 (3월) 태자부(太子府)를 설치하고, (9월) 송나라에서 사신을 보내왔으며, (10월) 요나라에 사신을 보냈다. 이 해에 장온서(掌醞署)를 양온서(良醞署)로 고쳤다.

- 서기 1099년 송나라 제왕(帝王)은 고려의 거자보공(擧子寶貢)을 허락했다. (4월) 요나라 사신이 장경(藏經)을 바쳤다. (4월) 주(州), 부(府), 군(郡), 현(縣)에 둔전 5결을 경작하게 허가하였으며, (윤 4월) 왕께서 양주(陽州)에 행차하여 택도(宅都)의 땅을 살펴보셨다. (10월) 요나라에 사신으르 보냈다. (12월) 요나라에서 사신이 왔다.

- 서기 1100년 장자 우(俁)를 왕태자에 책립(冊立)했다. (6월) 임의(任懿) 등을 송나라에 조위사(弔尉使)로 보냈다. (7월) 회경전(會慶殿)에서 인왕도장(仁王道場)을 베풀었다.

- 서기 1101년 (2월) 외방관리(外方官吏)의 읍록(邑祿)을 공수조(公須租)로 했다. (3월) 서적포(書籍鋪)를 국자감(國子監)에 두었다. (4월) 61자(子) 21현(賢)을 문선왕묘(文宣王廟)에 종사하게 하고, (6월) 처음으로 은병(銀瓶)을 사용했다. (8월) 신라 원효(元曉) 스님, 의상(義湘)스님에게 성호(聖號)로

하사하였다. (9월) 남경(南京)에 개창도감(開創都監)을 두었다. (10월) 후(煦) 스님 대각국사(大覺國師) 의천(義天)이 사망했다.

- 서기 1102년 (4월) 여진추장(女眞酋長) 영가(盈歌)가 김목종(金穆宗)을 견사 했다. (윤 4월) 재상(宰相)이 국학(國學)을 겸할 것을 상주(上奏)하였다. (10 월) 왕께서 북숭산(北崇山) 신호사(神護寺)에 가서 오백라한재(五百羅漢齋) 를 설치하고 (10월) 기자(箕子)의 분영(墳塋=무덤)을 찾게 하였다. (12월) 해 동통보(海東通寶) 1만 5천 관을 주조했다. 그리고 서경에 문무반 및 5부 를 설치했다.

- 서기 1103년 (6월) 송나라의 국신사(國信使)가 왔다. (7월) 여진의 영가(盈 歌)에게 사신을 보내 보답했다. (8월) 대장군(大將軍) 고문개(高文蓋) 장홍 점(張洪占) 이궁제(李弓濟) 장군 김자진(金子珍)이 모역하다가 발각되어 남 예(南裔, 남쪽 변방의 땅)에 유배되었다. (11월) 팔관회를 베풀었으며, 주진(奏 陳)에 근무하는 군은 1대(代)에 둔전 1결을 주게 했다.

- 서기 1104년 (1월) 임간(林幹)에게 동여진을 치게 하였다. (2월) 임간은 여 진과 정주성(定州城) 밖에서 싸워 패전하고 (3월) 윤관(尹瓘)이 여진과 싸워 결맹(結盟)하고 돌아왔다. (3월) 요나라에 견사하여 왕태자에게 가 책(加冊)하고 (5월) 남경(南京)의 궁궐이 이룩되었다. (7월) 왕께서 남경(南 京)에 행차하였고, (12월)별무반(別武班)을 설치하고 강마군(降魔軍)을 설 치했다.

- 서기 1105년 (8월) 동명성제사(東明聖帝司)에게 제사 지내고, (10월) 숙종 서 승하하여 태자 우(俁)가 16대 예종(睿宗)으로 즉위했다. (12월) 명신(名 臣)을 보내서 군(郡)과 현(縣), 수령(守令)의 잘잘못을 살피게 하였다. 이 해 덕창(德昌) 스님을 왕사(王師)로 삼았다. 그리고 탐라국(耽羅國)을 폐 하고 군(郡)으로 하여 대성부(大城府)를 설치했다.

- 서기 1106년 (1월) 여진을 정벌코자 군법(軍法)을 신명(申明)하고 신기군

(神機軍)을 몸소 사열하셨다. (1월) 동여진 사자(使者) 공아(公牙) 등을 보내왔다. (3월) 동경(東京)의 황룡사를 중수하였고 (8월)『해동비록(海東秘錄)』이 이룩되었다. (3월) 여진이 납곡(納穀)할 뜻을 전해왔다. (4월) 우봉(牛峰) 20여 현(縣)에 감무관(監務官)을 두었다. (7월) 동여진을 치고자 군법(軍法)을 신명했다.

- 서기 1107년 (1월) 승(僧) 담진(曇眞) 스님을 왕사(王師)로 삼았고, (2월) 각도(道)에 안무사(安撫使)를 파견하였으며, (9월) 최홍사(崔弘嗣)가 서경에 창궐(創闕)을 상주(上奏)하였다. (윤 10월) 여진 토벌의 군사를 일으켰다. (12월) 윤관(尹瓘)이 5군을 거느리고 정주(定州)로부터 진격하고 여진 촌락 135처를 격파하고, 여진 점령 지역에 합주(陜州) 이하의 6성을 쌓았다.

- 서기 1108년 (1월) 윤관(尹瓘)과 오정총(吳廷寵)이 여진군(女眞軍)에게 포위되었다. 척준경(拓俊京)이 이를 구원했다. (1월) 이자겸(李資謙)의 둘째딸이 왕비 문경태후(文敬太后)가 되었다. (2월) 윤관이 전승(戰勝)을 알려오니 왕께서는 새로 6성을 설치케 했다. (2월) 윤관은 3진성(津城)을 쌓았다. (4월) 여진이 웅주성(雄州城)을 포위했다. (5월) 오정총이 웅주성을 구원했다. (7월) 윤관이 다시 출정하였다. (7월) 41현(縣)에 감무(監務)를 두었다.

- 서기 1109년 (3월) 여진이 숭령진(崇嶺鎭)을 치더니 또 길주성(吉州城)을 포위했다. (4월) 오정총(吳廷寵)을 출정시켜 길주(吉州)를 구했다.(5월) 오정총(吳廷寵)이 공첨진(公儉鎭)에서 패전했다. (5월) 윤관(尹瓘)으로 하여금 다시 길주(吉州)를 구하게 하였다. (6월) 여진이 사신을 보내서 9성을 돌려달라고 청하였다. (7월) 9성을 여진에게 돌려주었다. (11월) 윤관의 공신호(功臣號)를 삭탈(削奪)하였다. 이 해에 무학재(武學齋)를 두었다.

- 서기 1110년 (1월) 북계(北界) 번장(蕃長) 35명을 선정전(宣政殿)에서 인견(引見)했다. (5월) 재상(宰相) 최홍사(崔弘詞) 김경숙(金景肅) 등 윤관, 오정

총 등이 패군(敗軍)의 죄를 청하였다. (6월) 송나라에서 사신을 보내왔다. (9월) 제술(製述) 명경(明經) 등 제업(諸業)의 선거(仙居)를 정했다. (11월) 동여진에서 사현(史顯) 등이 왔다. (12월) 윤관과 오정총의 관직을 회복시켰다. (12월) 윤관(尹瓘)은 수태보(守太保) 문하시중(門下侍中)이 되었다.

- 서기 1111년 (3월) 서노(庶老) 및 절의(節義) 효순(孝順) 남녀를 친히 잔치를 베풀었다. (5월) 윤관이 사망했다. (8월) 전주(田主) 전호(佃戶)의 전수분급솔(田水分給率)을 청하였다. (11월) 천수사(天壽寺)의 창건을 중단하기로 하고 약사원(藥師院)에 행차하여 절터의 길흉(吉凶)을 살폈다. 그리고 김제(金堤) 금산사(金山寺)에 혜덕왕사(慧德王師) 진응탑비(眞應塔碑)를 건립하였다.

- 서기 1112년 (1월) 홍관(洪灌)을 동북 병마사로, 최홍정(崔弘正)을 서북(西北) 병마사로 하고, (2월) 천수사(天壽寺)의 공역(公役)을 정지시키고, (8월) 승 통통(僧統竅)을 거제현(巨濟縣)에 귀양 보냈다. (9월) 김경숙(金景肅)이 시중(侍中)이 되었다. (9월) 이자겸(李資謙)이 수사공(守司空) 판삼사사(判三司事)가 되고 이 해에 혜민국(惠民局)을 설치했다.

- 서기 1113년 (윤 4월) 여진의 오라골(烏羅骨) 실현(實顯) 등이 성을 돌려준 것에 대하여 사례하려 왔다. (6월) 송나라는 진도현(珍島縣)의 표류민 한백(漢白) 등 8명을 송환했다. (8월) 예의상정소(禮儀詳定所)를 설치하고, (11월) 금록(金綠) 등 『시정책요(時政策要)』 5책을 지어 바쳤다.

- 서기 1114년 (3월) 담진(曇眞) 스님을 왕사(王師)로 삼았다. (6월) 고려 사신 안종숭(安緩崇) 등이 송나라 제왕이 준 새 악기 및 보결(譜訣)을 올렸다. (8월) 왕은 국학(國學)에 가서 선성선사(先聖先師)에게 헌작(獻酌)화했다. 이 해 담진(曇眞) 스님이 입적했다.

- 서기 1115년 (2월) 왕자 구(構)를 왕태자에 책봉했다. (2월) 최사추(崔思諏)가 사망하고, (3월) 육관(六官) 제조관상알(諸曹官相謁)의 의(儀)를 정했다.

(7월) 진사(進士) 김서(金瑞) 등 5명을 송나라 대학(大學)에 입학시켰다. (8월) 요나라의 사신이 와서 출병(出兵)을 독촉하였으며, 삼사(三司) 록(綠)의 절계법(折計法)을 개정하고 담진(曇眞) 스님이 서울에 보문사(普門寺)를 세웠다.

- 서기 1116년 (4월) 요나라의 연호를 폐지하고, (5월) 관제(官制)를 개정하였다. (6월) 고려 사신이 송나라로부터 돌아왔다. 송나라 미종(微宗) 대성아락(大晟雅樂) 등을 주었다. (7월) 최치원(崔致遠)에게 내사령(內史令)을 추증(追增)하였으며, (11월) 청연각(淸燕閣)을 궁중에 옮겨 보문각(普文閣)으로 고쳤다.

- 서기 1117년 (3월) 요나라의 내원성(來遠城) 포주성(抱州城)을 수복(修復)하여 의주(義州)를 두었고, (3월) 금나라가 사신을 보내어 화친을 청했다. (5월) 진사(進士), 권적(權適) 등 4명이 송나라에서 상사(上舍)에 급제하여 귀국했다. (6월) 궁중에 천장각(天章閣)을 두었으며 의주성(義州城)을 쌓았다.

- 서기 1118년 (4월) 안화사(安和寺)를 중수하고, (7월) 송나라 황제(皇帝)가 의관(醫官) 양종립(楊宗立) 등 7명을 보내왔다. (9월) 왕비 연덕공주 이 씨(문경〔文敬〕 왕태후〔王太后〕)가 서거했다. (윤 9월) 청연각(淸讌閣)에서 한안인(韓安仁)을 명하여 노자(老子)를 강론하였다.

- 서기 1119년 (2월) 금나라 사신이 왔다. (7월) 처음으로 국학(國學)에 양현고(養賢庫)를 세우고, (8월) 조순거(曺舜擧)를 금나라에 사신으로 파견했다. 거란의 숙공청(肅公聽) 등을 사신으로 보내왔다. 동북 변경의 상성을 증축(增築)하고 동당(東堂)을 처음으로 경의(經義)를 썼다.

- 서기 1120년 (2월) 남경(南京)에 행차했다. (5월) 불골(佛骨)을 궁중에 맞아들이고 (7월) 요나라 및 송나라가 사신을 보내왔으며, (10월) 왕께서 팔관회(八關會) 때 잡희(雜戲)를 구경하며 '탁이장가(卓二將歌)'를 지었다.

- 서기 1121년 (1월) 왕태자 관례(冠禮)식이 있었고, (4월) 안화사(安和寺)에 행차하시고, (5월) 소염도장(消炎道場)을 상춘정(賞春亭) 및 여러 절에서 베풀었다. (10월) 백고좌도장(百高坐道場)을 베풀고, (11월) 주진(州鎭)의 장상(將相) 장교(將校)의 녹봉(祿俸)을 정했다.

- 서기 1122년 (4월) 왕이 승하하자 태자 해(楷)가 제17대 인종(仁宗)이 되어 즉위했다. (6월) 덕연(德緣) 스님이 국사(國師)가 됐다. (7월) 학일(學一) 스님이 왕사(王師)가 되었다. (9월)『예종실록(睿宗實錄)』을 찬수(撰修)시켰다. (12월) 대방공보(帶方公俌)를 경산부(京山府)로 쫓고 재상(宰相) 한안인(韓安仁) 등을 죽였다. 추밀원부사(樞密院副使) 문공미(文公美) 등이 유배되었다.

- 서기 1123년 (1월) 이보량(李寶諒)이 죽었다. (6월) 송나라 국신사(國信使) 노윤적(路允迪) 등을 보냈다. (7월) 김고(金沽)가 사망하고, (8월) 요나라에 사신을 보냈으나 이르지 못하고 돌아왔다. (10월) 백고자(伯固者)도장(道場)을 회경전(會慶殿)에서 베풀었다.

- 서기 1124년 (2월) 최홍재(崔弘宰)가 유배되었다. (7월) 이자겸(李資謙)을 조선공(朝鮮公)에 책봉하고 숭덕부(崇德府)를 설치했다. (8월) 이자겸(李資謙)의 제3녀를 왕비로 삼았다. (9월)왕께서 안화사(安和寺)와 현화(玄和寺)에 행차하였다.

- 서기 1125년 (1월) 이자겸(李資謙)의 제4녀를 또다시 왕비로 삼았으며, (5월) 금나라에 진숙(陳淑) 등을 보냈으나 칭신(稱臣)치 않는다고 국서(國書)를 받지 않았다.

- 서기 1126년 (2월) 김찬 등이 이자겸(李資謙)을 죽이려 했으나 이루지 못했다. (2월) 이자겸이 궁궐을 불태우고 왕을 자기 집에 모셔 모해(謀害)하려 했으므로, (5월) 왕이 이자겸을 잡아 유배시켰다. (5월) 송나라의 사신이 와서 금나라를 치게 하였다. (윤 11월) 반야도장(般若道場)을 중화

전(重華殿)에서 베풀었다. (12월) 이자겸이 사망했다.

- 서기 1127년 (1월) 금나라가 고수(高隋)를 보내어 왕의 생신을 축하하고, (3월) 척준경(拓俊京) 등을 전리(田里)에 귀양 보냈다. (8월) 묘정(妙清) 백정한(白清翰) 등의 주청(奏請)으로 왕께서 서경에 행차하셨다. (9월)신궁(新宮)을 임원역(林原驛)의 땅에 상정(相定)했다. (12월) 금사(金使) 사고덕(司古德)이 내조(來朝)하였다.

- 서기 1129년 (2월) 서경의 새 궁궐 태화궁(太和宮)이 낙성(洛城)되었다. (2월) 묘정(妙清) 등 칭제건원(稱帝建元)으로 정하고, (4월) 불골(佛骨)을 대안사(大安寺)에서 맞이하여 인덕궁(仁德宮)에 안치하고, (11월)금나라에 사신을 파견 서표(誓表)를 보냈다. 이 해에 서적소(書籍所)를 두었다.

- 서기 1130년 (4월) 송나라 사신이 와서 고려 사신의 입조(入朝)를 그만두게 하였다. (4월) 곽여(郭輿)가 죽었다. (9월) 서경 중경사(重慶寺)에 화재가 있었다. (12월) 금나라에 사신을 파견하여 보주(保州)에 들어가 사람을 추삭(追索)치 말것을 청했다. 이 해 액호도감(額號都監)을 두었다.

- 서기 1131 (3월) 노장학(老莊學) 연구를 금지하고, (5월) 백관(百官)에게 태조의 계백료서(誡百僚書)를 가장(家藏)케 했다. (8월) 서경에 임궁성(林宮城)을 쌓고 궁중 팔성당(八聖堂)을 두었다. 10연간 금수(錦繡)의 공작(工作)을 정지했다. 이 해에 첨사부(詹事府)를 두었다.

- 서기 1132년 (1월) 평양 궁궐을 수리하고, (8월) 임원고(任元鼓)가 상서(上書)하여 묘청(妙清) 등을 죽일 것을 청하였다. (11월) 신하를 서경으로 보내어 어의(御依)를 만들어 법사(法事)를 행하게 하였다. 무사자(無嗣者,자손이 없는 자)의 노비는 관청(官廳)에 속하게 하였다. 이 해 김부식(金富軾)이 중서시랑(中書侍郎) 평장사(平章事)가 되었다.

- 서기 1133년 (1월) 무학(武學)의 치상(致上) 및 재호(齋號)를 없애게 하였다. (2월) 원자(元子) 철(徹)을 황태자에 책봉했다. (11월) 문공유(文公裕) 등

이 상소하여 묘정(妙淸) 등을 추방하도록 청했다.

- 서기 1134년 (1월) 적전(籍田, 왕궁(王宮)에서 농사 짓는 밭)의 제사 처음으로 대성락(大晟樂)을 사용케 하고 (2월) 서경에 행차하셨다. (3월) 태화궁(太華宮)에 이어(移御)했다. (5월) 임완(林完) 묘청(妙淸)을 주(誅=죽임)할 것을 상소하니, 사심관(事審官) 차견(差遣)의 수를 제정하셨다. 이해에 김부식이 서경 천도(西京遷都)를 반대했다.

- 서기 1135년 (1월) 묘청(妙淸) 등이 서경에서 반란을 일으키고 국호를 대위(大爲)라 하고, 천개(天開)라고 건원(建元)을 칭하였다. (1월) 김부식을 보내서 정지상(鄭知常) 백수한(白壽翰) 등을 죽이고 서경을 치게 하였다. (1월) 서경 사람이 묘청(妙淸) 등을 죽이고 항복하였다. (1월) 서경의 조광(趙匡) 등이 또다시 반란을 일으켰다.

- 서기 1136년 (2월) 서경이 함락되자 조광(趙匡)은 스스로 불에 타 죽었으니 서경은 평정되었다. 이 해에 경기 4도를 없애고 6현(縣)을 두었으며— (9월) 특첩사(特牒使) 김치규(金雉規)를 송나라 명주(溟洲)에 보냈다.

- 서기 1137년 (1월) 금나라에 사신을 보내어 왕의 생신을 축하했다. (7월) 이공수(李公壽)가 사망했다. (9월) 왕께서 장원정(長源亭)에 나오셨다. (10월) 왕께서 서울에 들어오셨다. 이 해에 문공인(文公仁)이 죽었다.

- 서기 1138 (4월) 흥왕사(興王寺)에 행차하셨다. (5월) 여러 전각(殿閣) 및 궁문(宮門)의 이름을 고치고 액호(額號)를 내렸다. (10월) 새 대궐(大闕)에 환어(還御)하였다. (11월) 유방우(劉邦遇)를 금나라에 보내어 만수절(萬壽節)을 축하하였다. (12월) 서경유수(西京留守)의 관속(官屬)을 증치(增置)했다.

- 서기 1139년 (1월) 금나라의 야율령(耶律寧)을 보내어 왕의 생신을 축하하였다. (3월) 최사전(崔思全)이 죽었다. (10월) 불정도장(佛頂道場)을 명인전(明仁殿)에서 베풀었다. 이 해에 정완(鄭完)은 시법(試法)을 개정했다.

- 서기 1140년 (4월) 제례복장(梯禮服章=나라의 큰 제례 때 입는 옷과 축문)의 제

(祭)를 조정하고, (10월) 박순충(朴純沖)을 금나라에 보내어 왕의 생신을 축하했다. 이 해에 집주관(執奏官)을 폐하고 내시별감(內侍別監)을 감원 (減員)했다.

- 서기 1141년 (4월) 여러 도감(都監)이 각 색관(色官)의 상회의(相會儀)를 제청(提請)하며, (7월) 명주도(溟州道) 감창사(監倉使) 이양실(李陽實)이 울릉도(鬱陵島)의 이상한 과핵목엽(菓核木葉)을 바쳤다. (9월) 백고좌도장(百高坐道場)을 궁중에서 베풀었다.

- 서기 1142년 (2월) 김거공(金巨公)을 금나라에 파견하고, (5월) 금나라의 책명사(冊命使)가 왔다. (6월) 봉은사(奉恩寺)에 행차하셨다. (11월) 8도에 사신을 보내어 주(州)와 현(縣)의 관리의 능부(能否)를 살피게 했다. (12월) 봉은사(奉恩寺) 중수를 마쳤다.

- 서기 1143년 (5월) 연덕궁(延德宮)이 화재로 탔다. (11월) 이덕수(李德壽)를 금(金)나라에 보내어 방물을 헌납했다. (12월) 최자성(崔滋盛)이 죽었다. 이 해에 천녕(川寧) 등 6현(縣)에 감무(監務)를, 1선(善) 등 7항(項)에 현령 (縣令)을 두었다.

- 서기 1144년 (2월) 제민(齊民)의 효제(孝悌) 역전(力田)한 자에게 급복(給復) 하게 하였다. (2월) 척준경(拓俊京)이 죽었다. (11월) 박의신(朴義臣), 고영부 (高塋夫)를 금나라에 파견시켰다. 서경(西京) 및 동서(東西) 주전(主前)에 입거(入居)하는 군인은 잡역을 면제하여주었다.

- 서기 1145년 (2월) 서경 동대문(東大門)에 화재가 있었다. (5월) 이지저(李之氐)가 죽었다. (5월) 소재도장(消災道場)을 수문전(修文殿)에서 베풀었다. (12월)김부식(金富軾)이 편찬한『삼국사기(三國史記)』50권을 올렸다.

- 서기 1146년 (1월) 왕께서 병이 났다. (2월) 연등회에서 노래를 금했다. (3월) 무언(巫言)에 따라 김제군(金堤郡)의 벽골지(碧骨池) 둑을 훼파했다. 왕이 승하하자 태자 현(晛)께서 제18대왕 의종(毅宗)으로 즉위했다. (12월)

내년부터 연등회를 정월망(正月望)에 열기로 했다.

- 서기 1147년 (4월) 왕께서 외제석원(外帝釋院)에 행차하셨다. (8월) 임원준(任元濬)이 사망했다. (8월) 승보시(升補試)를 처음으로 시작했다. (11월) 서경 사람 이숙(李淑) 등이 모역(謀逆)하여 복주(伏誅=고백하고 죽음)되었다. 이 해부터 동성 공친혼(同姓功親婚)을 금했다.

- 서기 1148년 (1월) 제석도장(帝釋道場)을 수문전(修文殿)에서 베풀었다. (3월) 최성(崔誠) 등의 주청(奏請)으로 내시 신자(臣者) 7명을 출퇴시키고, (5월) 이심(李深) 등이 송나라 사람과 통모(通謀)하여 고려지도(高麗地圖)를 진회(秦檜)에서 바치고 복주(伏誅=형을 받음)하게 되었다. (11월) 김수웅(金守雄)의 국사이장(國史移藏)의 공을 추증(追增)했으며, (12월) 김부식에게 치사(致仕=벼슬을 내려줌)했다.

- 서기 1149년 (1월) 연등회를 베풀었다. (8월) 5군(郡)을고쳐 3군(郡)으로하 (8월) 봉획식(烽獲式)을 제정하고 (10월) 옥용사(玉龍寺)에 선각국사(先覺國師) 도선(道詵)스님의 비(碑)를 건립했다.(9월) 윤언신(尹彦頤)가 사망했다.

- 서기 1150년 (1월) 연등회를 베풀고 (9월) 남경(南京)에 행차하셨다. (9월) 구장(毬場)을 북원(北園)에 만들었다. 이 해에 수주(樹州)를 암남도호부(安南都護府)로 고쳤다.

- 서기 1151년 (2월) 김부식이 사망했다. (4월) 환자(宦者=벼슬한 사람) 정함(鄭諴)을 권지합문저후(權知閣門祗候)로 삼았다. (5월) 내시라웅(內侍郎中) 정서(鄭敍)=정과정(鄭瓜亭)를 귀양 보냈다. (6월) 한림학자(翰林學者)에 명하여 책부원귀(冊府元龜)를 교정시키고, 문첩소(文牒所)를 보문각(寶文閣)에 처음으로 두었다.

- 서기 1152년 (2월) 경시안(京市案)에 자녀소산(慈女所産)의 한직(限職)을 부기(付記)하게 하고, (3월) 스님의 자손을 서(西) 남반(南班) 7품직(品職)에 한하게 했다. (4월) 간관복각(諫官伏閣)하여 격구(擊球)를 녹지(綠止)했다.

(4월) 왕의 유관허(遊觀虛)가 무도(無度)했다.

- 서기 1153년 (3월) 보제사(普濟寺)에 행차하여 오백라한재(五百羅漢齋)를 베풀었다. (4월) 효웅(孝雄) 스님이 입적했다. (4월) 원자(元子) 홍(弘)을 왕 태자로 책봉했다. (4월) 내외 문무양반(文武兩班)에 산직(散職)을 더하고 전자(田紫)를 내렸다. (12월) 이인실(李仁實)이 죽었다.

- 서기 1154년 (1월) 왕의 동생 민(旼=신종(神宗))을 평양후(平涼侯)로 책봉했다. (5월) 과거법(科擧法)을 다시 개정했다. (6월) 금나라가 양(羊) 2천 마리를 보내왔다. (9월) 서경 중흥사(重興寺)를 다시 지었다. (10월) 홍천소태 현(洪川泰縣)에 하거(河渠=물도랑)을 팠으나 다 마치지 못했다.

- 서기 1156년 (1월) 연등회를 베풀었다. (11월) 금나라의 사신이 와서 왕의 생신을 축하하였다. (12월) 송나라가 고려 표류인 30여 명을 송환했다. (12월) 경필(庚弼)이 죽었다.

- 서기 1156년 (3월) 김존중(金存中)이 사망하고, (4월) 왕께서 흥왕사(興王寺)에 행차하셨다. (8월) 한속(漢續)을 금나라에 보냈다. (9월) 김원후(金元厚)가 사망했다. (10월) 충허각(沖虛閣)에서 곡안(曲案)했다. (12월) 문공원(文公元)이 사망하고, (12월) 신복도장(神福道場)을 설치했다.

- 서기 1157년 (1월) 왕께서 동생 대녕후(大寧侯)의 집을 빼앗아 이궁(離宮)을 지었다. (4월) 동궐(東闕)의 이궁을 낙성하고, 또 민가(民家) 50여 구(區)를 무너뜨려 태평정(太平亭)을 만들었다. (5월) 김유(金庾)를 보내어 우릉도(羽陵島)=우산국(울릉도)를 조사하게 하였다.

- 서기 1158년 (6월) 왕은 여러 신하를 불러 정성(鄭誠)의 고신(告身)에서 명할 것을 독촉하였다. (9월) 백천(白川) 별궁(別宮)에 중흥궐(重興闕)을 창건했다. (9월) 또다시 정함(鄭諴)을 권지합문지후(權知閣門紙候)로 삼았다.

- 서기 1159년 (1월) 정함(鄭諴)은 왕을 초대하여 의대(衣對)를 바쳤다. (2월) 신숙(申淑)은 벼슬을 버리고 전리(田里)로 돌아갔다. (3월) 왕충(王沖)이

사망했다. (5월) 신숙을 블러들였다. (11월) 팔관회를 베풀었다. 여러 목 감장(牧監場)의 축마과식(畜馬科式)을 청했다.

- 서기 1160년 (1월) 연등회를 베풀고 (3월)왕께서 흥왕사(興王寺)에 행차하셨다. (6월) 금나라는 방율림(邦律琳)을 사신으로 보내오고 있었다. (7월) 신숙이 사망하고 (7월) 최함(崔諴)이 피살되었다. (10월) 승려 3만 명을 구정(球庭)에서 3일간이나 먹였다.

- 서기 1161년 (3월) 동계(東界) 선덕진(宣德鎭)의 병기고(兵器庫) 300여 간(幹)이 불에 탔다. (8월) 왕께서 흥왕사(興旺寺)에 행차하셨다. (10월) 함음현(咸陰縣) 사람 자화(子和) 등이 정서(鄭敍)의 처 임 씨(任氏)를 무고했다. (10월) 함음현(咸音縣)을 부곡(部曲)으로 강등시켰다. 이 해 국조(國朝) 예악의문(禮樂儀文)를 상정(詳定)했다.

- 서기 1162년 (3월) 송나라 상인이 명주(明珠) 첩보를 가지고 왔다. (3월) 간관(諫官)이 상소하여 별궁 공헌(貢獻)을 청파(靑坡)하였으나 듣지 않았다. (5월) 이천(伊川), 동주(東州), 선주(宣州) 등지(登地)에서 도적이 일어났다. 이 해에 금나라에 사신을 보내어 등극(登極, 새 직위)을 축하하였다.

- 서기 1163년 (2월) 왕께서 천수(天壽) 홍원(洪圓) 두절에 행차하셨다. (7월) 송나라 상인이 와서 공성(孔省), 진(珍) 등을 바쳤다. (8월) 좌정언(左正言) 문극겸(文克謙)을 좌천시켰다. (11월) 팔관회를 베풀었다.

- 서기 1164년 (3월) 조동희(趙冬曦) 등을 송나라에 보내어 유동기(鍮銅器)를 바쳤다. (7월) 백요서사(百僚庶士)의 근태(勤怠. 부지런하고 게으름)를 고적(考績)시키고 또 환사(宦寺) 등을 옥사(屋舍)의 영조(營造)를 금했다.

- 서기 1165년 (3월) 금나라 대부영장(大夫營將)이 인주(麟州), 정주(靜州) 2주 경내를 침범하고 방수장(防守將)를 납치해갔다. (4월) 왕께 관란사(觀瀾寺)에 가서 예성강(禮成江)에서 주유(舟遊=뱃놀이)하고 놀았다.

- 서기 1166년 (4월) 김영석(金永錫)이 사망했다. (10월) 스님 3만 명을 구정

(毬庭)에서 먹었다. ⑾월 팔관회를 베풀고 환자(宦者) 백선연(白善淵) 왕의 춘추(春秋=나이)와 같이 동불(銅佛) 40구(軀)를 주조하고, 관음상(觀音像) 40정(幀)을 그려 불생일(佛生日=4월 8일)에 축도(祝禱)했다.

- 서기 1167년 ⑴월 대령후(大寧候) 경(暻)의 총방(家傍) 라언(羅彦) 등 4명을 주참(誅斬=베어 죽임)했다. ⑶월 중미정(衆美亭)의 남지(南池)에서 잔치를 벌이고 놀았다. ⑷월 하청절(河淸節) 관계로 만춘정(萬春亭)에 행차하셨다. ⑼월 남경(南京)에 행차하시고 ,⑽월 용흥사(龍興寺)에 행차하다.

- 서기 1168년 ⑶월 서경에 하차(下車=어가를 내림)하셨다. ⑶월 문필화영(文筆華英)의 선비(鮮卑)를 주천(奏薦)시켰다. ⑷월 부벽루(浮碧樓)에 행차하여 신기군(神騎軍)의 롱마절(弄馬截)를 구경했다. ⑾월 탐라안무사(安撫使) 조동희(趙冬曦)가 양수(良守) 등의 모반을 평정했다.

- 서기 1169년 ⑴월 소재도장(消災道場)을 선경전(宣慶殿)에서 베풀고, ⑵월 삼검계혼(三檢界醞)을 베풀었다. ⑶월 서경에 행차하셨다. ⑺월 대간복합(臺諫伏閤)하여 이궁(離宮) 행차가 빈번함을 논하였다. ⑺월 금나라가 양 2천 마리를 보내왔다.

- 서기 1170년 ⑷월 화평재(和平齋)에 행차하시니, ⑷월 왕이 너무 자주 놀러 다녀서 대장군(大將軍) 정종부(鄭仲夫) 등이 흉모(凶謀)를 꾀하게 됐다. ⑻월 왕이 보현원(普賢院)에 행차하자, 정중부(鄭仲夫)와 이의방(李義方) 등이 난을 일으켜 문신(文臣)을 많이 죽이고, ⑼월 정중부 등이 왕과 태자를 내치고 왕의 동생 익양공(翼陽公) 호인(晧寅)을 영위(迎位)했다. 그래서 고려 제19대 명종(明宗)이 즉위했다.

- 서기 1171년 ⑴월 이의방(李義方) 등이 한현(韓顯) 한공(韓恭) 등을 살해하고, ⑴월 이고(李高)가 모역하다가 사형되었다. ⑷월 채원(蔡元)이 한신(韓臣)을 죽이려다가 피살되었다. ⑺월 금나라가 순문사(詢問使)를 보내왔다. ⑽월 궁궐에 불이 나 전우(殿宇)가 전소(全燒)되었고, 덕소(德素)를

왕사(王師)로 삼았다.

- 서기 1172년 정중부는 서북면 병마사가 되었다. (5월) 금나라가 책봉사(冊封使)를 보내왔다. (6월) 56현에 각각 감무(監務)를 두었다. 서북계에서 반란이 일어나 병마사 우학유(于學儒)가 이를 토벌했다.

- 서기 1173년 (4월) 원자(元子) 숙(璹)을 차자(次子)로 책봉하고, (4월) 평두량도감(平斗量都監)을 두었다. 이때 김포당(金浦當)이 정중부를 치고 전왕(前王) 복위를 꾀하다가 피살되었다. (10월) 이의민(李義旼)이 전왕(前王)을 경주(慶州)에서 죽였다. (10월) 3경 4도호 8목 이하 군(郡)과 현(縣) 관역(管域)에 이르기까지 무인(武人)을 임용했다.

- 서기 1174년 (1월) 양홍사(量興寺) 등의 승려 2천 명이 이의방을 죽이려 하다가 실패했다. (5월) 삼소(三蘇=개성)에 궁궐을 짓게 하고, (9월) 조위총(趙位寵)이 군사를 일으켰다. (10월) 윤린첨(尹麟瞻)을 보내어 조위총을 치게 했다. (12월) 이의방이 피살되고, (12월) 정중부는 문하시중(門下侍中)이 됐다.

- 서기 1175년 (5월) 전왕(前王) 의종(毅宗)을 장사 지냈다. (6월) 관군(官軍)이 연주(漣州)를 함락시키고 서경을 쳤다. (10월) 조위총(趙位寵)이 금나라에 사람을 보내어 내속(內屬)할 것을 청했다. (12월) 정중부에게 인장(印杖)을 내렸다. 이 해에 영양(寧陽) 등 10현(縣)에 감무(監務)를 두었다.

- 서기 1176년 (1월) 망소이(亡所伊) 망이(亡伊) 등이 난을 일으켜 공주(公州)를 점령하고, (2월) 장정(壯丁) 3천 명을 뽑아 남적(南賊)을 치게 했다. (2월) 금나라 병선(兵船)이 동해안에서 노략질했다. (6월) 서경을 함락하고 조위총(趙位寵)을 잡아 죽였다. (6월) 남적(南賊)이 예산(禮山)을 함락했다.

- 서기 1177년 (1월) 망이(亡伊) 망소이(亡所伊) 등이 항복했다. (3월) 망이 등이 또 난을 일으켰다. (4월) 남적이 아주(牙州) 또는 아산(牙山)을 함락했다. (5월) 조위총(趙位寵)의 나머지 무리가 난을 일으키고, (7월) 망이 등

이 잡혔다. (9월) 이의민을 보내어 서적(西賊)을 치게 했다.

- 서기 1178년 (1월) 각도(道)에 찰방사(察訪使)를 나누어 보냈다. (1월) 이의민(李義旼)이 서적(西賊) 300여 명을 참살(斬殺)했다. (4월) 서경의 관제(官制)를 다시 고쳤다. (10월) 박제검(朴齊儉)이 서적을 투항시켰다. 이 해 정중부가 관직에서 퇴관했다.

- 서기 1179년 (2월) 서경에서 또 다시 난이 일어났다. (4월) 이부(李富)가 서적(西賊) 유종(遺種)을 꾀어 죽였다. (9월) 경대승(慶大升)이 정중부와 송유인(宋有仁)을 살해했다. (9월) 경대승(慶大升)은 도방(都房)을 두었다. (11월) 최충렬(崔忠烈)이 왕에게 팔관경비(八關經費)의 폐해를 말했다.

- 서기 1180년 (1월) 경성(京城)에 도적이 일어났다. (2월) 궁궐을 시영(始營)했다. (6월) 2공주(貢紬)를 입내(入內)시켰다. (12월) 경대승(慶大升)이 허광승(許光升), 김광립(金光立)을 살해했다.

- 서기 1181년 (1월) 사경원(寫經院)에 화재가 났다. (1월) 문리산관(文吏散官)의 연한제(年限制)를 제정했다. (3월) 한신충(韓信忠) 등이 난을 꾀하여 유배되었다. (4월) 이의민이 병을 구실로 경주(慶州)로 돌아갔다. (7월) 경시서(京市署)는 두곡(斗斛)을 정했다. (9월) 범적낙직자(犯賊落職者) 990여 명을 복직시켰다.

- 서기 1182년 (2월) 관성(管城)과 부성(富城)의 2현을 폐지하고, 3월 전주(全州)의 기두(旗頭)와 죽동(竹同) 등이 난을 일으켰다. (4월) 죽동(竹同) 등을 죽이고 난을 평정시켰다. (9월) 목친전(穆親殿) 및 여정궁(麗正宮)이 이룩되었다. 관성(管城)에서 민란(民亂)이 일어났다.

- 서기 1183년 (1월) 연등회를 베풀었다. (5월) 중방(重房) 동반관직(東班官職)을 줄일 것을 주청(奏請)하였다. (7월) 경대승(慶大升)이 죽었다. (8월) 경대승 일당을 잡아서 먼 섬에 유배시켰다. (11월) 왕태후(王太后) 임 씨(任氏)가 서거하였다.

- 서기 1184년 (1월) 문관시직(文官試職)의 녹(祿)을 줄였다. (2월) 이의민(李義旼)을 소환했다. (5월) 금나라에서 제전사(祭尊使)를 보내왔다. (9월) 송저(宋貯)와 최기후(崔基厚) 등 6명을 먼 섬에 유배시켰다. (11월) 팔관회를 베풀고 구정(毬庭)에서 관락(觀樂)했다.

- 서기 1185년 (1월) 서북면 병마사 이지명(李知命)이 거란사(契丹絲) 500속(束)을 바쳤다. (3월) 왕께서 '소상팔경도(瀟相八景圖)'를 그렸다. (6월) 15일 환관(宦官) 최동수(崔東秀) 등이 불상(不詳)을 씻기 위해 동류수(東流水)에 머리를 감고 회음(會飮)했는데, 이를 유두음(流頭飮)이라 칭했다. (8월) 호부(戶部)의 판적고(版籍庫)가 불이 났다.

- 서기 1186년 (4월) 여경문(麗景門)을 낙성(洛城)하고 (5월) 송나라에서 표류인 이한(李漢) 등 6명을 돌려보내왔다. (9월) 좌창(左倉)이 비어 다른 관청(官廳)의 은포(銀布)를 꾸어서 반록(頒祿)하였다. (10월) 무관(武官)을 내시원(內侍院) 및 차방(茶房)에 겸속(傔屬)시켰다. 경상(慶尙) 진협주(晋陜州=진주럽천) 양도(兩道)를 합쳐서 경상주도(慶尙州道)로 고쳤다.

- 서기 1187년 (2월) 소재도장(消災道場)을 선덕전(宣德殿)에 설치하고 왕은 연경궁(延慶宮)에 이어(移御)하였는데, 이때 왕은 차약송(車若松)을 금나라로 파견하여 방물(方物)을 바쳤다. (7월) 조원정(曺元正) 등이 모반하다가 처형되었다. (9월) 순주(順州)의 귀화소(歸化所)에 수용한 도적 수백 명이 흩어져 노략질하고 다녔다. (11월) 서경의 사당(祠堂)에 화재가 났다.

- 서기 1188년 (2월) 악공(樂工)의 타사(他肆)에 도거(逃居)한 자를 본업(本業)에 돌아가게 했다. (3월) 오도안찰사(五道按察使)로 하여금 이치(吏治)를 순찰하게 하고 (7, 8월) 동북 계 여러 성에 홍수가 났다. (10월) 왕께서 외제석원(外帝釋院)에 행차하셨다. 이 해에 세공(歲貢) 외공헌(外貢獻)의 제도를 폐지했다.

- 서기 1189년 (1월) 서북 병마사가 금나라 제황(帝皇)의 죽음을 알려왔다. (3월) 봉위사(奉慰使)를 금나라에 보냈다. (3월) 금나라 고상사(告喪使)를 보내왔다. (5월) 정수강(鄭守剛)과 이규보(李奎報) 등을 시험쳐서 찾은 인물이다. (9월) 문극겸(文克謙)이 사망했다.

- 서기 1190년 (8월) 경령전(慶靈殿)에서 추석(秋夕) 잔치를 베풀었다. (9월) 경령전(慶寧殿)에서 중양절(重陽節)을 베푸시고, (10월) 백좌인왕회(百座仁王會)를 베풀었다. (12월) 강순의(姜純義)를 남로착적사(南路搾賊使)로 임명하셨다 수태사(守太師) 이하 백관의종(百官儀從)에 구사(丘史)의 인원수를 정했다.

- 서기 1191년 (1월) 이지명(李知命)이 사망하고, (8월) 외방역군(外方役軍)을 나누어 삼번(三番)으로 하였다.

- 서기 1192년 (4월) 최선(崔詵) 등이 자치통감(資治通鑑)을 조인(雕印)하고, (5월) 공사(公私)의 잔치를 베풀 때 기름진 음식과 꿀과 과일의 사용을 금했다. (8월) 송나라 상인이 와서 태평어람(太平御覽)을 바쳤다.

- 서기 1193년 (3월) 어사대(御史臺)는 화조잡미(和租雜米) 사용을 금하고, (7월) 대장군 전존걸(全存傑), 이지순(李至純) 등으로 남적(南賊)을 치게 하였다. (9월) 두경승(杜景升)이 감수국사(監修國史)가 되고 (11월) 최인(崔仁)이 남로착적병마사(南路捉賊兵馬使)가 되어 남적(南賊)을 치도록 했다.

- 서기 1194년 (2월) 남적괴(南賊魁) 김사미(金沙彌)가 항복을 청하였으나 참살당했다. (12월) 남로(南路) 병마사가 적(適)을 밀성(密城)에서 격파했다. (8월) 남적(南賊)의 이순(李純) 등 4인을 보내어 항복을 청하였다. (12월) 남로(南路)병마사가 적의 괴수(魁首) 효심(孝心)을 사로잡았다.

- 서기 1195년 (8월) 서경의 중흥사(重興寺) 탑에 불이 났다. (9월) 공사(公私)의 숙(宿)을 면하게 하였다. 상주(尚州)에 공검(恭儉) 대제(大祭)를 쌓았다

- 서기 1196년 (4월) 최충헌이 이의민(李義旼)을 죽이고 그 3족을 주멸(誅滅)

하였다. (4월) 최충헌이 조신(朝臣)을 많이 죽였으며, (5월) 최충헌의 봉사
십조(封事十條)를 상주(常住)하였다. (8월) 왕께서 연경궁(延慶宮)으로 이어
(移御)하셨다.

- 서기 1197년 (9월)최충헌 형제가 왕을 폐하고 왕의 아우 평양공(平涼公)
  민(旼)을 제20대 신종(神宗)으로 세웠다. (10월) 최충원이 아우 최충수(崔
  忠粹)를 죽였다. (11월) 두경승(杜景升)은 적소자연도(謫所紫燕島)에서 사망
  하였다. 이 해에 안동부(安東府)를 도호부(都護府)로 개칭했다.

- 서기 1198년 (1월) 산천비보도감(山川裨補都監)을 두었으며 우술유(于述儒)
  를 수사공(守司空) 부사(副使)로 최항(崔恒)을 추밀원(樞密院) 태자 빈객(賓
  客)으로, 차약송(車若松)을 추밀원(樞密院) 부사(副使)로 두었다. (3월) 관서
  인가(關西人家)의 안대(安磑)를 금지시키고, (5월) 만적(萬積) 등이 공사(公
  私)의 노예(奴隸)를 모아 난을 일으키다가 처형되었다. (5월) 이의민(李義
  旼)의 사제(沙堤)를 무너뜨리고 김해(金海)의 현종원(縣鍾院)을 새롭게 중
  창(重創)하였다.

- 서기 1199년 (2월) 명주(溟州) 및 동경(東京=경주)에서 민란(民亂)이 일어나
  주(州)와 군(郡)을 침략했다. (3월) 동경 등의 괴수(魁首)를 타일러 항복시
  켰다. (6월) 최충헌이 문무(文武)의 전주(銓注)를 총관(總管)하였으며, 수
  양장도감(輸養帳都監) 및 오가도감(五家都監)을 설치했다.

- 서기 1200년 (4월) 진주이(晉州吏) 정방의(鄭方義) 등이 난을 일으켰다. (5
  월) 밀성(密城=밀양)의 관노(官奴) 50여 명이 운문적(雲門賊)에 들어갔다. (8
  월)전주(全州)의 잡족인(雜族人)이 난을 일으켰다. 이적유(李迪儒)가 이를
  토평하였다. (8월) 정방의는 협주성(陝州城)을 깨뜨리고 더욱 세력을 떨
  쳤다. 그런데 최충헌은 도방(都房)을 두었다. (12월) 경주(慶州)에서 최대
  의(崔大義) 등이 작란(作亂)하였다.

- 서기 1201년 (3월) 진주(珍州)의 도적을 평정하고 정방의를 처형했다. (10

월) 백좌회(百座會)를 구정(毬庭)에서 베풀었다. 이해에 최충헌이 이병부 상서어사대부(吏兵部尙書御史大夫)가 되었다.

- 서기 1202년 (3월) 역어(譯語)를 시취(試取)하였다. 최충헌 사저(私邸)에서 문무관(文武官)을 주의(注擬)하였다. 10월 탐라가 배반하였다. (10월) 경주(慶州) 별초군(別抄軍)이 난을 일으켰다. (12월) 탐라 안무사(安撫使)가 적괴(賊魁)를 처형했음을 알려왔다. 경주(慶州)에서는 패좌(孛左) 등이 일어나 운문(雲門) 울진(蔚珍) 등 도적과 함께 주군(州郡)을 쳤다.

- 서기 1203년 (4월)경주(慶州)의 적도도령(賊徒都領)이 남에게 잡혀 피체(被逮)되었다.(7월) 운문산(雲門山)의 적괴패좌(賊魁孛左)는 처형되었으며, (8월) 태백산의 적괴 아지(阿之)는 사로잡았다. (9월) 부석사(浮石寺)와 부인사(符仁寺)의 승도(僧徒)들이 난을 일으키다가 섬으로 유배되었다. (12월) 차약송(車若松)을 중서평장사(中書平章事)로, 최충헌을 중서시랑(中書侍郎) 평장사(平章事)로, 왕규(王珪)를 참지정사(參知政事)로 삼았다.

- 서기 1204년 (1월) 신종(神宗)은 태자 식(植)에게 내선(內禪=전위)하여 제21대 희종(熙宗)이 즉위했다. 1월 신종(神宗)께서 승하하였다. (6월) 동경유사(東京有司)를 지경주사(知慶州事)로 개칭했다. (7월) 이광실(李光實) 등 30여 명을 유배시키고 경상도(慶尙道)를 상진안동도(尙晉安東道)로 개칭했다. (8월) 참지정사(參知政事) 차약송(車若松) 사망했다.

- 서기 1205년 (1월) 최충헌에게 내장전(內莊田) 100결을 내렸다. (5월) 이인노(李仁老)와 이규보(李奎報) 등에게 각각 정기(亭記)를 작성하였고 (12월) 최충헌을 보강군(普康郡) 개국 후(開國候)로 삼았다.

- 서기 1206년 (1월) 최충헌에게 부(府)를 세워주기 위하여 도감(都監)을 두었으며, (3월) 최충헌을 보강후(普康候)로 봉하고 부(府)를 세워 홍녕(興寧)이라 하였다. (4월) 금나라에서 책사(冊使)를 보내왔다.

- 서기 1207년 (1월) 기양도장(祈禳道場)을 중방(重房) 장군방(將軍房)에 설치

하고, (2월) 각도(道) 유배자(流配者) 300여 명을 양이(量移) 방면했다. (5월) 최충헌 그의 생질(甥姪) 박진재(朴晉材)를 유배하고 (12월) 이규보(李奎報)를 권보직한림(權補直翰林)으로 삼았다.

- 서기 1208년 (2월) 왕께서 최우의 집에 행차하시어 격구(擊毬)를 시켰다. (11월) 팔관회를 베풀었다.

- 서기 1209년 (5월) 연등회를 베풀었다. (3월) 왕께서 최충헌의 집에 행차하셨다. (4월) 최충헌이 우복사(右僕射) 한기(韓琦) 등 9명을 죽였다. (5월) 최선(崔詵)이 사망하고 (10월) 왕께서 사통사(沙通寺)에 행차하여 마리지천도장(摩利支天道場)을 베풀고 교정도감(敎定都監)을 설치했다.

- 서기 1210년 (3월) 지눌(知訥) 스님이 입적했다. (4월) 최충헌이 활동리(闊洞里)에 집을 지었다. (8월) 왕께서 법운사(法雲寺)에 행차하여 인왕도장(仁王道場)을 베풀었다. (12월) 명종(明宗=19대 왕)의 아들 태자 오(祦=개명 정〔貞〕)을 강화로부터 소환했다.

- 서기 1211년 (5월) 김양기(金良器)가 금나라에 사신으로 가다가 중도에서 몽골병(蒙古兵)에게 피살되었다. (12월) 최충헌은 왕을 폐하고 한남공(漢南公) 정(貞)을 고려 제22대왕 강종(康宗)으로 세워 즉위케 했다. (12월) 최충헌은 왕준명(王濬明) 등을 유배시켰다. 그리고 탐라현(耽羅縣)의 석천촌(石淺村)을 귀덕현(歸德縣)으로 고쳤다.

- 서기 1212년 강종(康宗) (1월) 왕자 진(瞋=고종)이 안악현(安岳縣)에서 돌아왔다. (1월) 최충헌의 흥녕부(興寧府)를 진강부(晉康府)로 고쳤다. (2월) 이의(李儀)를 금나라에 보내어 전왕(前王)의 손위(遜位)를 알렸다. (7월) 금나라는 책봉사(冊封使)로 보내왔다. (7월) 왕은 원자(元子) 진(瞋)을 왕태자로 책봉했다.

- 서기 1213년 (2월) 연등회를 베풀고, (8월) 왕이 승하하여 왕태자 진(瞋)이 제23대 왕 고종(高宗)으로 즉위했다. (윤 9월) 로육부(盧育夫)를 금나라

에 보내어 고애(告哀)하였다.

- 서기 1214년 (1월) 왕의 생일을 경운절(慶雲節)이라 하였다. (1월) 최충헌의 처 임 씨(任氏)를 수성택주 왕 씨(綏成宅主王氏)를 정화택주(靜和宅主)로 하였다. (5월) 왕께서 혼당(魂堂)에 행차하여 사우제(四虞祭)를 행하였다.

- 서기 1215년 (4월) 소재도장(消災道場)을 선경전(宣慶殿)에서 5일간 베풀었다.(5월) 이규보(李奎報)는 우정언지제고(右正言知制誥)가 되었다. (8월) 최충헌은 전왕(前王)을 교동(喬桐)으로 옮겼다. 지눌 스님의 『간화결의론(看話決議論)』을 편찬하고, (10월) 대묘(大廟)의 구실(九室)에 친협(親祫)하여 옥책(玉冊)을 올렸다. (11월) 윤세유(尹世儒)가 유배되었다.

- 서기 1216년 (윤 7월) 금나라가 동경총관부(東京總管府)의 포선만노(蒲鮮萬)의 반역을 알리며 양식과 마필(馬匹)을 구하였다. (8월) 거란의 귀종(貴種) 대요취국(大遼取國)이 압록강을 건너 침입했다. (9월) 김취려(金就礪)가 연주(延州)에서 거란병을 대파했다. (10월) 3군이 위주성(渭州城) 밖에서 패전했다. (12월) 거란병이 황주(黃州)를 공함(攻陷)했다.

- 서기 1217년 (1월) 흥왕사(興旺寺) 등의 승도(僧徒)들이 최충헌을 해하려다가 이루지 못했다. (3월) 5군이 태조탄(太祖灘)에서 거란병에게 대패(大敗)하고 (5월) 거란병이 동주(東州)와 원주(原州) 등을 침략했다. (5월) 최광수(崔光秀)가 서경에서 반란을 일으켰으나 곧 피살되었다. (7월) 김취려(金就礪) 등이 거란병을 제주(堤州)에서 크게 깨뜨렸다. 거란병이 동주(東走)하여 명주(溟洲)를 거쳐 북상(北上)했다. (10월) 조충(趙沖)이 황기자군(黃旗子君)을 격파했다.

- 서기 1218년 (8월) 거란병이 또다시 침입했다. (9월) 조충(趙沖) 등이 거란병을 격파했다. 거란병이 강동성(江東城)으로 들어갔다. (12월) 몽골 원수(蒙古元帥) 합진(哈眞)이 동진병(東眞兵)과 함께 거란병을 친다고 하며 병량(兵糧)을 청했다. 거란족 포로는 계단장(契丹場)에 집단 거주하게 하

였다.

- 서기 1219년 (1월) 조충(趙沖)과 김취려(金就礪)가 몽골(蒙古) 및 동진병(東眞兵)과 협력하여 강동성(江東城)을 함락했다. (1월)왕에게 몽골왕(蒙古王)이 친화(親和)로 청하는 조서(詔書)를 받았다. (9월) 몽골 사신이 와서 수공(輸貢)을 독촉했다. (9월) 최충헌이 사망했으니 아들 최우가 대권(大權)을 장악했다. (10월) 의주(宜州)의 술졸(戌卒)이 반발하였다.

- 서기 1220년 (2월) 금나라 장수 울가하(亐哥下)가 의주적(義州賊)을 잡아 죽이고 함송(函送)했다. (3월) 이인로(李仁老)가 사망했다. (4월) 김취려(金就礪) 등을 보내어 의주(義州) 유민을 안집(安集)시켰다. (9월) 조충(趙沖)이 사망했다. (9월) 몽골의 사신이 또 와서 수공(輸貢)을 독촉하였다.

- 서기 1221년 (5월) 최우(崔瑀)를 진양후(晉陽侯)로 봉했다. (8월) 몽골 사신 저고여(著古與)가 와서 왕태자 조(釣)의 말을 전하여 금품(金品)을 요구했다. (9월) 몽골의 사신이 연이어 와서 금품을 요구하니, (윤 2월) 재추(宰樞) 최우집에 모여 몽골 방비(防備)를 의논했다.

- 서기 1222년 (1월) 선주(宜州)와 화주(和州) 철관(鐵關)에 성을 쌓았다. (3월) 불정도장(佛頂道場)을 베풀었다. (7월) 의주적(義州賊) 한순(韓恂)의 무리가 또다시 동진병(東眞兵)을 끌어들여 의주(宜州)를 침범했다.

- 서기 1223년 (5월) 왜인이 김주(金州=김해)에 침입했다. 금나라 장수 가하(哥下)는 의주(義州), 정주(靜州), 인주(麟州) 3주에 잠구(潛寇, 숨어든 도둑)하니 김희제(金希磾)가 이를 격퇴했다. (7월) 최우는 나성(羅城)를 수축하고 (8월) 최우는 황금 13층 탑을 만들어 홍왕사(興旺寺)에 세웠다. 거란이 침입했을 때 불에 탄 묘향산(妙香山) 보현사(寶玄寺) 장육망상(丈六望像)을 재건했다.

- 서기 1224년 (1월) 동진국(東眞國)은 사람을 보내어 와시(瓦市)를 청했다. (4월) 김의원(金義元)이 사망하고, (7월) 이극인(李克仁)이 최우를 모살(謀殺)

하려다가 피살되었다. (11월) 몽골 사신 저고여(著古與) 등이 함신진(咸新鎭)에 이르렀다. 이 시대 금나라의 연호를 정지했다.

- 서기 1225년 (1월) 몽골 사신 저고여가 돌아가다가 압록강 밖에서 피살되니 몽골은 고려를 의심하여 절교했다. (6월) 동진(東眞) 사람이 와서 여진소자(女眞小字)를 전했다. (6월) 최우는 정방(政房)을 자기 집에 설치했다. (10월) 지창(地倉)을 대창(大倉)에 축조했다. 이 해에 왕수사(王輪寺)의 장육금상전(丈六金像殿)을 수즙(修茸=초가지붕 개량)했다.

- 서기 1226년 (1월) 김희제(金希磾)는 금나라 장수 울가하(亏哥下)의 군사를 대파하고 석성(石城)을 함락시켰다. (1월) 왜인이 경상도(慶道) 연해(沿海)에 침입했다. (5월) 조영수(趙永綏)가 서경에서 난을 꾀하다가 복주(伏誅) 당했다. (6월) 왜인이 김주(金州=김해)에 침입했다.

- 서기 1227년 (3월) 최우(崔瑀)는 전왕(前王)을 교동(喬桐)으로 옮기고 김희제(金希磾)와 주연지(周演之)를 살해했다. (5월) 일본국 적선(賊船)의 변구(邊寇)를 사죄(赦罪)하고 수호와시(修好瓦市)를 청했다. (9월) 『명종실록(明宗實錄)』을 완성시켰다. 이 해에 박인(朴寅)을 일본에 보내어 교빙(交聘)했다.

- 서기 1228년 (7월) 동진(東眞) 병력 1천여 명이 장평진(長平鎭)에 주둔하였다. (8월) 문무(文武) 4품 이상에 비변(備邊)의 장책(長策)을 자문했다. (8월) 최우는 사전(私田) 700여 결(結)을 제아(諸衙=모든 마을)에 속하게 하였다. (11월) 박인(朴寅)이 일본으로부터 귀국했다.

- 서기 1229년 (2월) 동여진 사람이 함주(咸州)에 와서 화친을 청했다. (4월) 삼사(三司)의 분장고(文藏庫)가 불에 탔다. (5월) 동여진(東女眞)이 화주(和州)에 침입했다. (7월) 정각국사(靜覺國師)가 사망했다. (11월) 최우의 가병(家兵)을 사열했다.

- 서기 1230년 (1월) 평장사(平章事) 금의(琴儀)가 사망했다. (5월) 도둑(盜耷)이 대묘구실(大廟九室)의 옥책(玉冊)을 훔쳐갔다. (7월) 대창(大倉)의 팔품

지고(八稟地庫)가 전소되었다. (7월) 최우의 가병을 사열했다. (8월) 최우의 아우 최향(崔向) 홍주(洪州)에서 난을 일으키고 잡혀서 옥사(獄死)했다. (11월) 이규보(李奎報)가 사망했다.

* 서기 1231년 (7월) 최우의 처 정 씨(鄭氏)가 사망했다. (8월) 몽골 원수(元帥) 살리타이 내침(來侵)하여 철주(鐵州)를 함락했다. (9월) 몽골 병사가 귀주(龜州)를 포위하고 (11월) 몽골병(兵)이 평주(平州)를 함락하고 선의문(宣義門) 밖에 주둔했다. (12월) 몽골과 서로 한 자리에서 강화(講和)했다.

* 서기 1232년 (1월) 삼리타이(천례탑(徹禮塔))는 다루가치(達魯花赤) 등 72명을 두고 되돌아갔다. (1월) 충주(忠州)의 관노(官奴)가 난을 일으켰다. (6월) 강화로 천도하고 (9월) 충주 난을 평정했다. (12월) 삼리타이가 또다시 내침(來侵)하다가 처인성(處仁城)에서 사살되었다. 몽골 침입으로 초조대장경(初雕大藏經)이 불에 타버렸다.

* 서기 1233년 (3월) 금나라에 사신을 보냈으나 길이 막혀 돌아왔다. (4월) 몽골 왕이 강화도에 와서 내조(內助)할 것을 요구했다. (6월) 서경 사람 필현보(畢賢甫)와 홍복원(洪福原) 등이 반란하니 (12월) 최우의 가병을 보내 서경을 치고 현보(賢輔)를 처형했다.

* 서기 1234 (1월)궁궐및 백사(百司)를 영조(營造)하고 (3월) 조숙창(趙叔昌)을 살해하고 (5월) 김취려(金就礪)가 사망했다. (6월) 승려 원초(圓炤) 스님이 사망했다. (7월) 어의(御衣, 용포)를 남경(南京) 가궐에 봉안시켰다. (10월) 최우를 진양후(晋陽侯)로 봉했다. 이 해에 주자(鑄字)로 고금상(古今祥) 정례문(定禮文) 50권을 인행(印行)했다 (우리나라의 금속활자는 이때부터 시작되었다).

* 서기 1235년 (1월) 원자(元子) 전(倎)을 왕태자로 책봉하고, 고참정(古參政) 차척(車侶)의 집을 봉은사(奉恩寺)로 만들고, 민가(民家)를 철거하여 연로(輦路)을 넓혔다. 이때가 천도한 초창기였으나, 구정궁전(毬庭宮殿)은 모두 송도(松都) 개성을 본뜨고 팔관연등(八關煙燈), 행향도장(行香道場)은

한결같았다. (윤 7월) 몽골 원수(元帥) 당고(唐古)의 선봉대(先鋒隊)가 안변 (安邊)까지 왔다. (8월) 몽골병(蒙古兵)이 용강(龍岡), 함종(咸從), 삼등(三登), 용진진(龍津鎭), 동주성(洞州城) 등을 함락했으니, (12월) 최우는 강화 연안을 더 높게 쌓았다.

- 서기 1236년 (6월) 몽골병이 압록강을 건너 서북계(西北界)의 모든 성 및 황주(黃州), 신주(信州), 안주(安州) 등 2주를 장악하고 (8월) 몽골군이 남경(南京) 평택(平澤) 아산(牙山) 등지에 분둔(分屯)했다. (9월) 온수군(溫水郡) 및 죽주(竹州)를 몽골군이 격파하고, (10월) 몽골군이 전주(全州) 고부(高阜)의 경계에 이르렀다. 그래도 대장경(大藏經) 경판(經板)을 제조에 착수했다.

- 서기 1237년 (8월) 전왕(前王) 희종(熙宗)이 승하했다. 김경손(金慶孫)이 초적(草賊) 이연년(李延年)의 난을 평정하였다. 이해에도 강화의 외성(外城)을 축조하고 이규보(李奎報)의 벼슬을 올렸다.

- 서기 1238년 (윤 4월) 몽골군이 동경(東京, 경주)에 이르러 황룡사탑을 소각(燒却)시켰다. (5월) 조현습(趙玄習)과 이원우(李元祐) 등이 2천여 명을 거느리고 몽골군에 항복했다. (12월) 장군 김보정(金寶鼎) 등을 몽골에 보내어 철병(撤兵)을 요구했다.

- 서기 1239년 (4월) 몽골 사신이 와서 왕의 친조(親朝)를 조론(詔論)하니 (4월) 몽골군이 철퇴하였다. (8월) 몽골은 보가파하(甫加波下) 등을 보내 왕의 친조(親朝)를 독촉했다. (10월) 몽골은 이듬해에 친조(親朝)할 것을 조유(詔諭)했다. (12월) 신안공(新安公) 전(佺)을 몽골에 보냈다.

- 서기 1240년 (4월) 조수(趙修)와 김성보(金城寶)를 몽골에 보냈다. (9월) (佺)과 몽골 사신과 함께 몽골의 조서(詔書)를 가지고 귀국했다. (12월) 송언기(宋彦琦) 등을 몽골에 보냈다.

- 서기 1241년 (4월) 근질(近姪=가까운조카) 영령공(永寧公) 준(綧)을 왕자라 칭

하고 몽골에 보내어 뚤루계(禿魯花質子=볼모)로 삼았다. (4월) 몽골 원수(元帥) 당구(唐古)는 사람을 보내왔다. (8월) 당구(唐古)는 사람을 재차 보내왔다. (9월) 이규보(李奎甫)가 죽었다. 이 해에 이규보(李奎甫)의 『동국이상국집(東國李相國集)』을 간행했다.

- 서기 1242년 (5월) 송언기(宋彥琦) 등을 몽골에 보냈다. (9월) 지방의 각 주현(州縣)에 심검사(審檢使)를 보냈다. (10월) 최우에게 식읍(食邑)을 더 주고 공(公)으로 진작(進爵)했다.

- 서기 1243년 (1월) 최우는 송백공(宋白恭) 등 30여 명을 살해하고 (1월) 우(禹)를 이(怡)로 개명하여 최이(崔怡)라 하였다. (2월) 지방에 순문사(巡問使) 권농사(勸農使)를 파견하고, (6월) 최이(崔怡)는 국학(國學)을 수리하고 쌀 300곡 양현고(養賢庫)에 납입했다. (8월) 세조(世祖) 태조를 강화에 이장(移葬)하였다. (9월) 일본이 방물(方物)을 내헌(來獻)하였다.

- 서기 1244년 (2월) 신안공(新安公) 전(佺)의 딸을 태자비(太子妃)로 삼았다. (2월) 최이(崔怡)는 가면극(假面劇) 등 잡희(雜戲)를 공람(供覽)했다. (7월) 몽골사신 아사(阿士) 등이 왔다. (8월) 강안전(康安殿)를 개축했다.

- 서기 1245년 (3월) 왕께서 건성사(乾聖寺)와 복령사(福靈寺)에 행차하시고 (4월) 박수(朴隋) 등을 몽골에 보냈다. (5월) 최이(崔怡)는 종실(宗室) 사공(司公) 이상 및 재추(宰樞)를 자기 집에서 향연하고, (10월) 전(佺)을 몽골에 보냈다.

- 서기 1246년 (5월) 단오(端午) 때 남녀의 추천고취(鞦韆鼓吹=말 타고 곡예와 그네 뛰고 북 치고 악기 부는 놀이)를 금했다. (5월) 왕께서 선원사(禪原社)에 행차하셨으며 (5월) 권형윤(權衡允)을 울릉도의 안무사(安撫使)로 삼았다. (5월) 곡주(谷州) 수덕(樹德) 두 곳에 은공(銀貢)을 감해 주었다.

- 서기 1247년 (6월) 최이(崔怡)는 그 서자(庶子) 만전(萬全)을 환속(還俗)시켜 항(沆)이라 개명하고 호부상서(戶部尙書)를 시켰다. (7월) 몽골 장수 아모

간(阿母侃)이 군사를 거느리고 고주(辠州)에 주둔했다. 그러나 안서대도호부(安西大都護府)=해주(海州))를 해주목(海州牧)으로 고쳤다.

- 서기 1248년 (2월) 몽골에 사신을 보냈다. (3월) 북계(北界)의 여러 성 민호(民戶)를 옮겨서 해도(海盜)에 인보(人保)시켰다. (3월) 최황(崔況)을 추밀원지주사(樞密院知奏事)로 삼았다. (10월) 양반(兩班)으로 하여금 송도(松都)를 윤번(輪番)으로 지키게 했다.

- 서기 1249년 (6월) 안기(安畿)를 몽골에 보냈다. (8월) 몽골이 또다시 왕의 축육친조(出陸親朝)를 조론(詔論)했다. (9월) 동진군(東眞軍)이 동계(東界)에 침입하자 별초군(別抄軍)을 보내어 이를 격파했다. (11월) 최우가 사망했다. 그러나 그의 아들 최황(崔況)이 대신 정권을 장악했다.

- 서기 1250년 (1월) 승천부(昇天府) 궁궐을 조영(造營)하고, 3월 북계(北界) 주(州)현(縣)의 민호(民戶)를 서경 기내(畿內) 및 서해도(西海道=황해도)에 내사(內徙, 옮김)했다. (6월) 몽골 사신이 출륙(出陸)의 상황을 조사했다. (8월) 강도(江都)에 중성(中城)을 쌓았다.

- 서기 1251년 (3월) 최항(崔抗)은 계모(繼母) 대 씨(大氏)를 유배했다. (3월)김경손(金慶孫)을 살해했다. (6월) 몽골은 홍복원(洪福源)을 고려군민장관(高麗軍民長官)이라고 살해했다. (9월) 대장경(大藏經)을 조판(雕板)했다. (10월) 몽골 사신이 왔다. (11월) 김주(金州)에 성을 쌓아 왜구(倭寇)에 대비했다.

- 서기 1252년 (5월) 승천부(昇天府)에 성곽을 축조했다. (7월) 여러 산성(山城)에 방호별감(防護別監)을 보냈다. (8월) 충분도감(充責都監)을 두고 한인(閑人) 백정(白丁)을 점열(點閱)하여 각 령에 군대를 보충했다. (10월) 또다시 서경유수관(西京留守官)을 두었다.

- 서기 1253년 (7월) 북계(北界) 병마사가 몽골군의 도강(渡江)을 알려 왔다. (8월) 몽골군이 양산성(椋山城) 및 동주산성(東州山城)을 함락했다. (8월) 몽골군이 전주(全州)에 육박(六博)하여 (9월) 야굴(也窟)에게 반사(班師)를

요청하고 춘천성(春川城)을 함락하였다. (12월) 안경공(安慶公) 창(倡)을 몽골에 보냈다.

- 서기 1254년 (1월) 아모간(阿母侃)이 군사를 돌이켰다. (2월) 각 도(道)에 견사를 보내 산성(山城)과 해도(海島)의 피난처를 살피게 하고, 토전(土田)을 양급(量給)하게 하였다. (7월) 몽골 장수 거라대(車羅大)가 군사를 거느리고 강을 건너고 있었다. (8월) 창(倡)이 몽골 사신과 함께 귀국했다. (9월, 10월) 거라대가 충주산성(忠州山城)과 상주산성(尙州山城)을 쳤으나 실패했다.

- 서기 1255년 (1월) 거라대가 구경(舊京) 보정문(保定門) 밖에 와서 주둔했다. (4월) 몽골군이 의주(義州)와 정주(定州) 경계에 와서 주둔했다. (8월) 몽골 기병(騎兵)이 승천부(昇天府)에 왔으니 경선(京船) 경계가 엄했다. (10월) 충주(忠州)에서 몽골군을 격파했다.

- 서기 1256년 (1월) 수군(水軍)을 남하(南下)시켜 몽골군을 막게 하였다. (3월) 입암산성(笠岩山城)에서 몽골군을 격파했다. (6월) 거라대가 해양 무등산(無等山)에 주둔했다. (8월) 거라대가 갑관강(甲串江) 밖에 왔다. (12월) 유민(流民)에게 토전(土田)을 양급(讓給)했다.

- 서기 1257년 (1월) 몽골에 대한 춘례진봉(春例進奉)을 정지하고, (4월) 원주적안열(原州賊安悅) 등이 반(叛)했으나 실패했다 (윤 4월) 최항(崔抗)이 사망했다. 그 뒤를 아들 최의(崔竩)가 정권(政權)을 계승했다. (6월) 몽골군이 남경(南京) 직산(稷山) 등지에 이르렀다. (9월) 급전도감(給田都監)을 설치했다. (8월) 김식(金軾)을 거라대 둔소(屯所)에 보내어 태자의 친조(親朝)를 대신했다.

- 서기 1258년 (2월) 몽골군이 의주(義州)에 성을 쌓았다. (3월) 류경(柳璥) 등 25명이 최의를 죽이고 정권을 왕에게 돌려주었다. 왕은 류경, 박희실(朴希實), 이정소(李廷紹), 김인준(金仁俊), 박송비(朴松庇)에게 삼한벽상

공신(三韓壁上功臣)의 예에 의하고, 류경과 김인준에게는 6품의 벼슬을 주고, 차송우(車松佑) 이하 19명에게는 벼슬을 올려 주었다. (6월) 몽골 여수달(余愁達) 등이 군사를 거느리고 평주(平州)에 와서 주둔했다. (7월) 몽골군이 홍복원(洪福原)을 죽였다. (8월) 거라대가 구경(舊京)에 와서 주둔했다. 몽골이 쌍성총관부(雙城摠官府)를 두었다.

- 서기 1259년 (2월) 마니산(摩尼山)이 이궁(離宮)을 세웠다. (4월) 태자 전(倎)이 몽골에서 떠났다. (4월) 삼랑성(三郎城) 및 신니동(神尼洞)에 가궐을 세웠다. (6월) 강도(江都)의 내외성을 헐어버렸다. (6월) 왕이 승하하니 태손(太孫)이 감국(監國) 했다. (11월) 구경(舊京)에 궁궐을 건립했다.

- 서기 1260년 (2월) 관민(官民)으로 하여금 구경에 집을 짓게 하였다. (3월) 태자가 귀국했다. (4월) 태자가 강안전(康安殿)에서 제24대 원종(元宗)으로 즉위했다. (6월) 왕의 이름을 식(植)으로 개명했다. (7월) 최자(崔滋)가 사망했다. (7월) 왕자 심(諶)을 태자로 책봉했다.

- 서기 1261년 (1월) 왕전(王佺)이 사망하니 (4월) 태자 심(諶)을 몽골로 보냈다. (5월) 시사(市肆)의 물가(物價)를 굽혀서 바로 정했다. (9월) 몽골에서 태자가 귀국했다. 몽골은 안무(安撫)의 구실로 삼아 고려군민(高麗軍民) 총관부(總管府)를 요양(遼陽)의 허무러진 고성(故城)을 수리하여 설치했다.

- 서기 1262년 (6월) 몽골은 파사부(婆娑府) 둔전군(屯田軍)을 압록강 서쪽으로 이주시켰다. (9월)몽골 사신이 와서 호동(好銅) 2만 근(斤)을요구했다. (10월) 미륵사(彌勒寺) 공신당(功臣堂)에는 무오(戊午=1258년) 공신(功臣) 류경, 김인준 등을 추밀원사(樞密院使)로, 박희실(朴希實), 이인환(李仁桓), 차송우(車松佑) 등을 상장군(上將軍)으로, 이하 20여 명을 장군으로 소중히 지켰다.

- 서기 1263년 (2월) 김주(金海)에 왜구가 내침(來侵)했다. (4월) 주영량(朱英

亮)을 몽골에 보내 치우(置郵, 역마 설치), 적민(籍民, 백성 호적), 수량(輸量, 양곡수송), 출사(出師, 군사를 내줄 것) 등의 일들을 부담시킴을 면해주기를 요청했다. (4월) 일본에 사신을 보내어 해적 행위를 금하게 했다. (6월) 표착(漂着)한 일본 관영(官營) 상선(商船)을 호송했다. 몽골은 영령공(永寧公)을 안무(安撫) 고려군민총관(高麗軍民摠管)으로 삼아 심주(瀋州)를 다스리게 했다.

- 서기 1264년 (5월) 몽골사신이 와서 왕이 친조(親朝=몸소 조정을 다스림)을 재론했다. (6월) 왕께서 신니동(神泥洞) 가궐(假闕)에 이어(移御=행차)하여 대불정오성도장(大佛頂五星道場)을 베풀었다. (8월) 김준(金俊)을 교정별감(教定別監)으로 삼았다. (8월) 왕께서 몽골로 가셨다. (10월) 왕께서 연경(連境)에 이르러 몽골 제(帝)를 접견(接見)했다. (12월) 왕께서 귀국했다. 이해에 행종도감(行從都監)을 설치했다.

- 서기 1265년 (1월) 김준(金俊)을 시중(侍中)으로 하였다. (7월) 왜(倭)가 남쪽해안 주(州)와 군(郡)을 내침했다. (7월) 삼별초(三別抄) 군을 보내어 이를 막게 했다. (10월) 김준(金俊)을 해양후(海陽侯)에 봉했다. (11월) 왕께서 백자인왕도장(百座仁王道場)을 친히 베푸셨다.

- 서기 1266년 (2월) 몽골이 번주(藩州)를 세워 고려의 강민(降民)을 살게 하고, (11월) 몽골 군신사흑적(軍信使黑的)을 보내 일본에 안내할 것을 조론(詔論)했다. (12월) 송군배(宋君裵) 등 흑(黑), 몽(蒙)과 함께 일본으로 갔다. (12월) 제주(堤州) 성주(城州)를 몽골에 보냈다.

- 서기 1267년 (1월) 송군배(宋君裵)가 몽골 사신과 함께 귀국했다. (8월) 흑적(黑滴) 등이 또 와서 일본 통호(日本通好)의 조서(詔書)를 전하므로 (8월) 반부(潘阜)를 일본에 보내어 몽골의 서(書) 및 국서(國書)를 전했다. (10월) 신종(神宗), 희종(熙宗), 강종(康宗) 3대의 실록(實錄)을 편수했다. 이 해 몽골은 개원(開元) 남경(南京)의 2만 호를 부(府)를 칭호(稱號)하여 요동로

총관부(遼東路摠管府)라 하였다.

- 서기 1268년 (3월) 출배도감(出排都監)을 구경(舊京)에 설치하고, (6월) 몽골 사신 이장용(李藏用)과 함께 와서 전함(戰艦)의 수와 군액(軍額=군사 수량)을 과열(課閱=열병)했다. (7월) 반부(潘阜)는 일본으로부터 귀국하더니 또 그를 몽골로 보내어 사실 내용을 상주(常駐)하게 하였다.(8월) 몽골에 주함(舟艦)의 영조(營造, 군함 만듦)를 보고했다. (12월) 반부(潘阜) 등 고국사 흑적(黑的) 등과 함께 일본으로 갔다. (12월) 김준(金俊)을 족주(族誅=멸문)하였다.

- 서기 1269년 (3월) 흑적(黑的) 등이 귀국했다. (4월) 세자 심(諶)을 몽골에 입조(入朝=조정에 들어감)했다. (5월) 홍선도(興善島) 소장(所藏)의 국사(國史)를 진도(珍島)로 옮겼다. (6월) 임연(林衍)이 왕을 폐하고, 안경공(安慶公) 창(淐)을 왕으로 세웠다. (10월) 최탄(崔坦) 등이 서경에서 이를 반(叛)하여 11월 왕께서 복위했다. 이 해 전민판정도감(田民辨正都監)을 두었다.

- 서기 1270년 (1월) 몽골군은 세자의 청에 의하여 서경에 와서 주둔했다. (2월) 몽골은 서경에 동녕부(東寧府)를 설치했다. (2월) 임연(林衍)이 사망했다. (6월) 비중손(裴仲孫) 등 삼별초(三別抄)를 거느리고 반(叛)하였다. (8월) 삼별초가 진도(珍島)에 들어갔다.

- 서기 1271년 (1월) 김연(金鍊)을 몽골에 보내어 청혼하였다. (3월) 몽골 흔도(忻都) 등이 와서 봉주(鳳州)에 경약사(經略司)를 두고 군사를 머물게 하였다. (5월) 김방경(金方慶)은 몽골군과 함께 진도(珍島)를 함락하고, (5월) 삼별초의 나머지 무리가 탐라도(耽羅島)로 들어갔다. (6월) 태자 심(諶)을 몽골에 보냈다. (10월) 몽제(蒙帝)는 세자의 혼(婚)을 허락하였다.

- 서기 1272년 (2월) 세자 판발(瓣髮, 반 삭발) 호복(胡服, 몽골 야만인 의복)하고 귀국하였다. (2월) 전함(戰艦) 병양도감(兵糧都監)을 설치했다. (6월) 삼별초가 탐라를 근거(根據)로 주위를 노략질하였다. (6월) 동서 학당도감(學

堂都監)을 두었다. (11월) 삼별초가 안남도호부(安南都護府) 및 합포(合浦, 마산)에 내침(來侵)하였다. (12월) 초군별감(抄軍別監)을 지방에 파견하였다. 이 해 세자가 원나라로 갔다.

부연설(敷衍說)

삼별초라 함은 최충헌(崔忠獻)이 군림(君臨)하면서 가병(家兵)을 둔 것이다. 처음에는 그 가병들을 유격대(遊擊隊)로 조직하여 몽골군과 맞서 싸워 나라에 공을 세우기도 했다. 하지만 최충헌은 자기 가병으로 군주(君主) 노릇을 했다. 그가 죽고 아들 최우가 이어받아 군림하다가 사망했다. 그러나 그의 아들 최항이 대신 정권을 장악하면서 삼별초로 반란을 일으키기도 하였다.

- 서기 1273년 (1월) 경상도(慶尙道)에서 전함(戰艦)을 건조(建造)하게 하고, (2월) 김방경(金方慶)을 보내어 원(元)나라 장군과 함께 탐라를 치게 하였다. (4월) 탐라를 평정했다. (윤 6월) 원나라가 탐라에 달노화적(達魯花跡) 총관부(摠管府)를 두고 전지공안별(田地公案別) 고노비천적(庫奴婢賤籍)을 관장시켰다.
- 서기 1274년 (1월) 원나라가 사신을 보내어 전함(戰艦) 300척을 건조하게 하였다. (3월) 결혼도감(結婚都監)을 설치했다. (4월) 원나라 쌀 2만 석을 보내왔다. (5월) 원나라의 정동병(征東兵) 1만 5천 명이 왔다. (6월) 왕이 승하하니 (8월) 세자가 귀국하여 고려 제25대 충렬왕(忠烈王=심(諶))이 즉위했다. (10월) 김방경이 원나라 장수 흔도(忻都)와 함께 일본을 정벌했다.
- 서기 1275년 (1월) 원동정원수흔도(元東征元帥忻都) 등이 북환(北還)했다.

(6월) 처음 선전소식(宣傳消息)을 만들었다. (6월) 백색 옷(白衣)을 입지 못하게 하였다. (7월) 군기조성도감(軍器造成都監)을 설치하고, (8월) 조관복장(朝官服章)을 개정하였으며, (10월) 관계(官界)를 개정했다. (12월) 반강색(盤纊色)을 두었다.

- 서기 1276년 (3월) 선지(宣旨)를 왕지(王旨)로, 짐(朕)을 고(孤)로, 사(赦)를 유(宥)로, 주(奏)를 정(呈)으로 개칭하기로 하고, (윤 4월) 답자색(剳子色)을 처음으로 설치하고, (5월) 통문관(通文館)을 두었다. (9월) 세조(世祖) 태조의 행궁(行)을 강화로부터 복장(復葬)하였다.

- 서기 1277년 (1월) 왕자 원(諶)을 세자로 책봉하고, (2월) 왕륜사(王輪寺) 장육소상(丈六塑像)을 완성했다. (2월) 농무도감(農務都監)을 설치하고, (5월) 육연(六然) 스님이 강화에서 유리와(琉璃瓦)를 번조(燔造, 구워 만듦)하였으며, (5월)『고종실록(高宗實錄)』을 찬수(撰修)하고, (12월) 원나라 홍다구(洪茶丘)를 정동도원사(征東都元師)로 임명했다.

- 서기 1278년 (2월) 김방경(金方慶)이 유배되었다. (2월) 원나라 의관(衣冠)을 착용하고 개제(開悌)하게 하였고, (4월) 왕과 공주 세자 원(諶)이 원나라로 갔다가 (9월) 왕과 공주는 귀국했다. (10월) 김방경을 다시 등용하였다. 이 해에 마제산(馬堤山)에 수강궁(壽康宮)을 건립하고, (12월) 녹과전(綠科田)을 개급(改給)하였으며, (12월) 왕께서 원나라로 갔다. 이 해에 공사노비(公私奴婢)의 방량(放良)을 금했다.

- 서기 1279년 (2월) 왕께서 환국(還國)하셨다. (2월) 사패전(賜牌田)을 녹과전(祿科田)에 충당시키지 못하게 하였다. (3월) 신궁(新宮)을 죽판동(竹坂洞)에 일으켰다. (3월) 도병마사(都兵馬使)를 도평의사(都評議使)로 고쳤다. (4월) 원나라에 이리간(伊里干)의 설치를 청하여, (6월) 원나라가 전함 900척을 만들게 함이다. (7월) 이리간에 부민(富民)을 옮겨두었다. 그리고 정전산대색(庭殿山臺色)을 그만두고 연등도감(燃燈都監)에 병합 설치

했다.

- 서기 1280년 (3월) 왕은 지공(紙貢, 상소 올림)을 제(除, 거절)하게 했다. (8월) 왕은 원나라로 가서 일본 정벌의 방책(方策)을 설(說, 말씀)하셨다. (10월) 좌우창(左右倉)의 재정(財政)이 모두 떨어졌지만, (11월) 13군 5거(車)를 사열하시고, (11월) 조인규(趙仁規) 등을 원나라에 보내 동정(東征, 동쪽 정벌) 준비완료를 알렸다.

- 서기 1281년 (3월) 김방경 등 합포(合浦, 지금의 마산)로 향하였다. (5월) 흔도(忻都) 홍다구(洪茶丘) 및 김방경 등이 일본을 쳤다. (8월) 동정군(東征軍, 동쪽정벌군)이 패하여 합포로 돌아왔다. (윤8월) 흔도(忻都) 홍다구 등은 북쪽으로 돌아갔다. (10월) 원나라 진변만호부(鎭邊萬戶府)를 김주(金州)에 두었다.

- 서기 1282년 (1월) 원나라는 정동행중서성(征東行中書省)을 폐했다. (2월) 원나라 병력이 탐라에 주둔했다. (3월) 합포(合浦)를 진술(鎭戍)이라 하고, (6월) 은병(銀甁)의 혼미가(忻米價)로 정했다. (11월) 원나라 사람을 보내어 전함(戰艦)을 수리하였다. 합포(合浦, 마산 합포)를 회원현(會原縣, 마산 회원을현)으로 고쳤다.

- 서기 1283년 (3월) 요양(遼陽)과 북경(北京)에 사람을 보내서 유민(流民)을 데리고 왔다. (3월) 견명(見明, 일연 스님의 본명)을 국승(國僧)으로 삼았다. 이 때 일연(一然) 스님은 『삼국유사』를 편수했다. (4월) 사번관(事番官)을 파하고, (6월) 원나라는 왕을 정동중서성(征東中書) 좌승상(左丞相)으로 하고, (8월) 원나라의 남녀 창우(倡優, 광대 패)가 왔다.

- 서기 1284년 (1월) 원나라로 쌍성(雙城)에 도망한 고려 사람을 추쇄(推刷, 가려)시키고 (6월) 원나라는 군사를 보내어 제주(濟州)를 지키게 하였다. (10월) 원전(元傳)과 허공(許珙) 등이 이 해에 『고금록(古今錄)』을 편찬하고, 과주(果州)의 용산처(龍山處)를 부원현(富原縣)으로 승격시켰다.

- 서기 1285년 (3월) 사패전(賜牌田)으로써 본주(本主)가 있는 전토(田土)는 모두 돌려주게 하였다. (8월) 황보기(皇甫琦)가 사망했다. (10월) 계점사(計點使) 및 별감(別監)을 지방에 파견시켰다. (12월) 원나라 사신이 와서 조선(造船)을 배우려고 하였다. 그리고 원나라는 전장(箭匠, 화살 만드는 장인) 10명을 보내왔다. 따라서 원나라 중서성래첩(中書省來牒, 서한을 보내)과 군량(軍糧) 10만 석을 조발(調發, 세금을 거두게)하라고 하였다.
- 서기 1287년 (2월) 원전(元傳)이 사망했다. (3월) 합포술군(合浦戌軍)은 원나라도 돌아갔다. (4월) 화폐(貨幣, 돈)을 쓰기 위하여 은동(銀銅, 은과 구리)으로 합주(合鑄, 화폐 제조)함을 금했다. (4월) 원나라의 지원보초(至元寶鈔)를 통용(通用)시켰다. (6월) 원나라 내안대왕(乃顏大王)의 반란 소식을 듣고 왕이 알았다. 조정(助征)이 원나라로 들어갔다. (12월) 허공(許珙) 등에게 명하여 동여(童女)를 고르게 했다.
- 서기 1288년 (2월) 마축자장별감(馬畜滋長別監)을 설치하고, (4월) 원나라는 고려에게 군사 5천 명과 군량(軍糧)을 건주(建州)로 보낼 것을 청했다. (5월) 원나라 조정병(助征兵)을 철령(鐵嶺)에 이술(移戌)하게 했다. (11월) 원나라에 처녀(處女)를 바쳤다. 그리고 전민변정도감(田民辨正都監)을 설치했다.
- 서기 1289년 (3월) 원나라는 요동(遼東)의 흉년으로 기근자가 많아 군량(軍糧)을 구해옴에 따라, 양미(糧米) 6만여 석을 개주로 보냈다. (4월) 안향(安珦)이 원나라의 유학제학(儒學提學)자가 되었다. (7월) 일연(一然) 스님이 사망했다. (7월) 원나라가 징병(徵兵)하려 왔다. (10월) 원나라가 조정군(助征軍)을 그만두게 하였다. (11월) 류경이 사망하고, (11월) 왕과 공주, 세자가 원나라로 갔다.
- 서기 1290년 (2월) 3군을 동변(東邊)으로 보내어 합단적(哈丹賊)에 대비하고, (3월) 왕과 공주, 세자가 원나라로부터 귀국하여, (3월) 원나라 동녕

부(東寧府)를 폐하고, (9월) 원나라에 처녀(處女)를 바쳤으며, (11월) 국사문적(國史文籍)를 강화로 옮겼다. (12월) 합단병(哈丹兵) 수만 명이 화주(和州)와 등주(登州)를 함락하니, (12월) 왕은 강화로 피난했다.

- 서기 1291년 (1월) 합단적(哈丹賊)이 원주(原州)에 이르렀으니 원중갑(元中甲) 등이 이를 격파했다. (4월) 원나라 원병(援兵)이 왔다. (5월) 아군(我軍)과 원나라 군사가 함께 연지(燕지)에서 합단적(哈丹賊)을 크게 무찔렀다. (6월) 원나라가 강남미(江南米) 10만 섬을 보내왔다. (7월) 원나라에 사람을 보내어 상서성(尙書省)을 그만두고 중서성(中書省)으로 다시 설치했다.

- 서기 1292년 (1월) 개경(開京=개성)으로 환도(還都)하였다. (4월) 원나라가 합주적당(哈丹賊党)을 백령도(白翎島) 등 모든 섬에 유배시켰다. (5월) 세자가 원나라로부터 돌아왔다. (7월) 고세별검(鹽稅別監)을 경상, 전라, 충청도에 보냈다. (8월) 세자를 원나라에 보냈다. 이때 개국사(開國寺)에 화재가 났다.

- 서기 1293년 (3월) 첨의사사(僉議使司)를 도첨의사사(都僉議使司)로 개청(開廳)하고, (6월) 원나라가 강남미(江南米) 20척을 실어 보내왔다. (8월) 원나라는 또다시 일본을 치려고 파두아(波豆兒)를 보내서 조선(造船)을 감독하였다. (1월) 왕과 공주가 원나라로 돌아갔다. 왕(王=충렬왕)의 이름을 심(諶)에서 춘(賰)으로 다시 이번에는 거(昛)로 개칭했다.

- 서기 1294년 (1월) 원나라 세조(世祖)가 죽었다. 그래서 동정(東征)이 중지되었다. (5월) 왕은 원제(元帝)에게 탐라(耽羅=제주)의 우리에게 환속(還屬)을 청했다. (6월) 원제(元帝)는 공주를 안평공주(安平公主)로 책봉했다. (11월) 탐라가 우리에게 환속되었다. 그래서 탐라의 왕자 및 성주(星主)에게 예물을 주었다.

- 서기 1295년 (1월) 원나라는 몽골자교수(蒙古字敎授)를 보내왔다. (3월) 동수국사(同修國史) 임익(任翊) 등에게 선제(先帝=나라 조상)의 사적(事蹟)을 찬

수시켰다. (3월) 원나라가 사신을 보내어 탐라의 말을 가져갔다. (4월) 탐라(耽羅)를 제주(濟州)로 고쳤다. (윤 4월) 쌀 2만여 석을 요양(遼陽)으로 보냈다. (8월) 김방경(金方慶)에게 상낙군개국공(上洛君開國公)을 내렸다. 이 해에 제령부완호도감(諸領府完護都監)을 설치했다.

- 서기 1296년 (2월) 원나라가 단사관(斷事官)을 보내와 탐라의 마축(馬畜)을 구처(區處)시켰다. (3월) 원나라 사신이 와서 관역(館驛)을 정리하고, (3월) 경사교수도감(經史教授都監)을 설치했다. (6월) 왕과 공주가 원나라로 갔다. (11월) 세자는 보탑실련(寶塔實憐) 공주와 결혼했다.

- 서기 1297년 왕은, 원나라에게 요(遼) 심(瀋)의 포로와 유민의 귀국을 청했다. (4월) 원나라는 요양로(遼陽路)의 포로와 유민을 돌려보냈다. (5월) 왕과 공주가 귀국하고, (5월) 공주가 병으로 사망했다. (10월) 세자는 원나라로 갔다. (10월) 조인규(趙仁規) 등을 원나라에 보내 전위(傳位)를 청했다.

- 서기 1298년 (1월) 세자가 전위 받아 고려 제26대 충선왕(忠宣王)으로 즉위하고, 충렬왕(忠烈王)을 태상왕(太上王)으로 하였다. (4월) 정방(政房)을 그만두었으며, (5월) 관제를 고쳤다. (5월) 조인규(趙仁規)와 조비(趙妃)를 옥에 가두었다. (7월) 또다시 관제를 고쳤다. (8월) 원나라는 태상왕(太上王)을 다시 왕으로 삼았으며, (12월) 관제를 복구했다. (그래서 아들 충선왕이 전왕이 되고 아버지 태상왕이 다시 충렬왕이 되었다.)

- 서기 1299년 (1월) 인후(印候) 등이 마음대로 발병(發兵)하여 한희유(韓希愈)를 잡아 귀양 보내고, (4월) 원나라는 조인규(趙仁規)를 안서(安西)에 유배시켰다. (6월) 흰 갓, 흰 옷을 금했다. (9월) 송분(宋玢) 안향(安珦) 민지(閔漬)를 수국사(修國史)로 삼았다. (10월) 원나라는 활리길사(闊里吉思)를 정동행중서성평장사(征東行中書省平章事)로 삼아 왕과 국사(國事)를 함께 관리하게 했다.

- 서기 1300년 (4월) 왕 원나라로 갔다. (5월) 동녀(童女)를 원나라에 바쳤다. (8월) 김방경(金方慶)이 사망했다. (윤 8월) 왕께서 귀국했다. (10월) 이승휴(李承休)가 사망했다. (10월) 활리길사(闊里吉思)가 본국의 노비법(奴婢法)을 계획하려 하니 왕이 이를 막았다.

- 서기 1301년 (3월) 원나라는 활리길사(闊里吉思)를 해임시켰다. (3월) 원나라는 탐라군민만호부(耽羅軍民萬戶府)를 설치했다. (5월) 관명(官名)이 원나라 조정과 같은 것을 모두 개조했다. (5월) 원나라에 사신을 보내어 탐라총관부(耽羅摠管府)를 폐지함을 청했다. (6월) 전민변정사(田民辨正司)를 설치했다.

- 서기 1302년 (7월) 주양필(秦良弼)을 원나라에 보내어 동여(童女)를 바쳤다. (8월) 원나라는 요(遼), 심(瀋)의 인물을 분간했다. (11월) 동지밀직사(同知密直事)가 원나라로 갔다.

- 서기 1303년 (5월) 왕께서 귀국했다. (윤 5월) 김문정(金文鼎)은 선성십철(宣聖十哲)의 상(像)을 가지고 원나라로부터 귀국했다. (8월) 홍자번(洪子藩) 등 오방(吳邦)을 잡아 원나라로 보냈다. (9월) 왕은 전왕(前王) 충선(忠宣)의 환국(還國)을 막고자 원나라로 돌아갔다.

- 서기 1304년 (2월) 황포(黃抱), 황솔(黃宰)을 다시 사용했다. (3월) 외오문자(畏吾文字)의 옥이 일어남으로, (5월) 안향(安珦)의 건의로 국학섬학전(國學贍學錢)를 설치하고 (6월) 국학대성전(國學大成殿)을 완성했다. (7월) 강남승(江南僧) 소경(紹瓊)이 왔다.

- 서기 1305년 (4월) 왕은 소경(紹瓊)으로부터 보살계(菩薩戒)를 받았다. (9월) 안서왕(安西王)의 사람을 보내어 동녀(童女=어린 여아)를 구하려 했다. (11월) 왕이 원나라로 갔다. (12월) 원나라는 사람을 보내어 사경승(寫經僧)을 구하려 했다. (12월) 조인규(趙仁規)를 방환(放還)하였다.

- 서기 1306년 (7월) 한희유(韓希愈)가 사망했다. (8월) 전 왕비 홍 씨(洪氏)가

죽었다. (8월) 안향(安珦)도 죽었다. (9월) 홍자심(洪子瀋)이 원나라에서 죽었다. 왕유소(王惟紹) 등이 왕 부자(王父子)를 이간질하였던 것이다.

- 서기 1307년 (3월) 전 왕(前王)은 왕을 경수사(慶壽寺)로 옮기게 하니, (3월) 국정(國政)이 전 왕에게 돌아갔다. (4월) 전 왕 장(璋)이 왕유소(王惟紹) 등을 사형시켰다. (9월) 전 왕은 16세 이하 13세 이상 여자의 혼가(婚嫁=혼신)를 제정한다. (12월) 선대(先代)의 실록(實錄) 185책을 원나라에 보냈다.

- 서기 1308년 충렬왕 34년 (5월) 원나라 제(帝)는 전왕(前王) 장(璋)을 심양왕(瀋陽王)에 봉했다. (7월) 충렬왕(忠烈王)이 승하하니, (8월) 전왕(前王) 장(璋)이 고려 26대 충선왕(忠宣王)으로 재차 즉위했다. (9월) 제궁(諸宮=모든 궁) 관명(官名)을 고치고, 궁주(宮主)를 옹주(翁主)로 고쳤다. (10월) 처음으로 5부(部)에 점호(點戶)를 실시했다. (윤 11월) 외종(外宗) 형제의 통혼(通婚)을 금하고, (12월) 원나라에 『세대편년절요(世代編年節要)』 및 『금경록(金鏡錄)』을 보냈다.

- 서기 1309년 충선왕(忠宣王)원년(元年) (2월) 각고법(椎鹽法)을 세우고 (2월) 충헌왕(忠憲王=고종)의 실록(實錄)을 찬수(撰修)하였다. (4월)밀직(密直) 중방(重房)을 복시(覆試)시켰다. (4월)원나라 원사(元師)가 고려를 내독(來督)하고, (8월) 5부(部)의 민가(民家)에 개와(蓋瓦)시켰다. 그리고 치방(鷹坊)을 또다시 설치했다.

- 서기 1310년 (4월) 원나라는 왕을 심왕(瀋王)으로 봉했다. (5월) 원나라가 엄인(閹人, 내시) 동녀(童女, 여아)를 구해달라고 하였다. (5월) 왕은 태자 감(鑑)을 죽이고, (7월)원나라 보탑실련(寶塔實憐) 공주를 한국장공주(韓國長公主)라 하고. (8월) 제사(諸司) 및 주(州), 군(郡), 호(號)를 고쳤다.

- 서기 1311년 (1월) 쇄권별감(刷卷別監)을 설치하고, (2월) 엄인(閹人, 내시)을 바쳤다. (4월) 선군(選軍)을 다시 두고, (11월) 충계왕(忠計王=원종)의 실록(實錄)을 찬수(撰修)하고 창경(昌慶)을 원나라에 보냈다. 이 해에 권단(權旦)

이 죽었다.

- 서기 1312년 (5월) 왕은 역대(歷代) 실록(實錄)을 본국에 송환시켰다. (6월) 원나라는 우리나라에 행성(行省)을 두지 않기로 했다. (6월) 자모법(子母法)을 쓰지 않고 사채자(私債者)에 추징함을 금했다. (8월) 인권별감(刷卷別監)을 지방에 보냈다. (9월) 승인추고별감(僧人推考別監)을 설치했다. (10월) 엄인(閹人)을 원나라에 바쳤다.

- 서기 1313년 (3월) 왕은 강녕대군(江寧大君)을 주(燽)에 전위(傳位)하고, 또 연안군(延安君) 고(暠)를 독로화(禿魯花, 볼모)로 하였으며, (9월) 상왕(上王)의 공주와 왕은 귀국하였고, (11월) 정오(丁午)를 국통(國統)으로 하고 혼구(混丘)를 왕사(王師)로 삼았다.

- 서기 1314년 충숙왕(忠肅王) (1월) 고려는 강녕대군(康寧大君) 주(燽)가 제27대 충숙왕(忠肅王)으로 즉위했다. (1월) 태조 이래의 실록(實錄)을 약찬(略撰)하고, (2월) 오도순방계정사(五道巡訪計定使)를 보내어 전부(田賦)로 양정(量定)하였다. (6월) 권부(權溥) 등이 성균관(成均館)에 모여 새로 사들인 서적 1800여 권을 고열(考閱, 상세하게 살펴봄)하였다. (7월) 원나라 송의(送意)가 비열(秘閱, 깊숙히) 소장(所藏)했던 서적(書籍) 4천여 책을 보내왔다.

- 서기 1315년 (1월) 원나라가 조칙(詔勅)을 내려 귀천(貴賤)의 복색을 정했다. (1월) 동당(東堂)을 응거시(應擧試)로 고치고, (9월) 공주가 원나라에 갔다. (12월) 공주가 원나라에서 병사했다. 이 해에 지공거(知貢擧)를 고시관(考試官)으로 고쳤다.

- 서기 1316년 (2월) 상왕(上王) 심왕(瀋王)의 자리를 고(暠)에게 전하고 태위왕(太尉王)이라 칭했다. (3월) 벼슬아치 및 스님의 상업 행위를 금했다. (7월) 왕은 역련진팔자공주(亦憐眞八刺公主)와 결혼하고, (10월) 왕은 공주와 함께 원나라로부터 귀국했다.

- 서기 1317년 (1월) 왕은 영왕(營王)의 청으로 동녀(童女=여아)를 몸소 뽑다.

(3월) 원나라 사신이 와서 군기소(軍器所) 궁노도감(弓弩都監) 및 강화의 군기(軍氣)를 검열하고, (4월) 민독(閔漬)이 본조편년강목(本朝編年綱目)을 찬진(撰進)했다. (8월) 구재삭시(九齋朔試)를 두었으며, (9월) 이제현(李齊賢)을 원나라로 보냈다.

- 서기 1318년 (2월) 제주민(濟州民)이 반란을 일으켜 성주(星主)의 왕자를 쫓아냈다. (4월) 사심관(事審官)을 폐지하고, (5월) 제폐사목소(除弊事目所)를 설치하여, (6월) 제폐사목소(除弊事目所)를 찰리변위도감(擦理辨違都監)으로 고쳤다가 폐지했다. (6월) 제주적(濟州賊)을 평정했다. 안향상(安珦像)을 소수서원(紹修書院)에서 그렸다고 한다.

- 서기 1319년 (3월) 상왕(上王)이 남유(南遊)하고 종신(從臣)에게 행록(行錄) 1권을 짓게 하였다. (6월) 안향(安珦)을 문조(文廟)에 모셨다. (9월) 사심관(事審官)의 인민전토(人民田土)를 두었다. (9월) 말로 전하여 이창(李敞)을 당후궁(堂後宮)으로 한 것이 구전수직(口傳授職)의 시작이다.

- 서기 1320년 (3월) 상왕(上王) 백안독고사(伯顔禿古思) 등 소탈(所奪)의 토전감획(土田減獲)을 본주(本主)에게 돌려주게 하였다. (5월) 상왕(上王)께서 강남(江南)으로 갔는데, 원나라 제(帝)께서 사람을 보내 상왕(上王)을 집거(執去)하셨다. (8월) 감시(監試)를 거자시(擧子試)으로 개칭했다. 원나라는 상왕을 토번(吐蕃)으로 귀양 보냈다. (12월) 정방(政房)을 다시 두었으며, 화자거집전민추고별감(火者據集田民推考別監)을 두었다.

- 서기 1321년 (3월) 찰리변위도감(察理辨違都監)을 다시 설치하고 (4월) 왕은 원나라로 갔다. (8월) 원나라 사신이 와서 정화공주(靖和公主)의 사인을 트집 잡아 질문하였다. (10월) 상왕(上王)께서 토번(吐藩)에 도착하고, 최해(崔瀣)가 원나라 제과(制科)에 등제(登第)하여 요양개주판관(遼陽蓋州判官)이 되었다.

- 서기 1322년 (3월) 원나라 제(帝)는 심왕(瀋王)의 참언(讒言)으로 왕을 꾸

짖고 국왕인(國王印)을 빼앗아, (8월) 권한공(權漢功) 등 백관을 모아 심왕(瀋王)을 세울 것을 청하여 중서성(中書省)에 상소하였으나 받아들이지 않았다. 이해에 토산현(土山縣)을 상원군(祥原郡)으로 승격시켰다.

- 서기 1323년 (2월) 원나라는 상왕을 타사림(朶思麻)으로 옮겼다. (3월) 심왕(瀋王) 고(暠)는 사람을 보내어 제명(帝命)으로서 제창(諸倉)으로 봉했다. (6월) 왜인이 추자도(楸子島) 등지에서 노략하고 있었다. (9월) 원나라 제(帝)가 피살되고 상왕이 소환되었다. 이 해에 개국사(開國寺)를 중건했다.

- 서기 1324년 (1월) 원나라 제왕(帝王)에게 국왕 인장(印章)을 주었다. (6월) 왕은 금동공주(金童公主)와 결혼했다. (11월) 상왕(上王)이 사람을 보내어 국인(國人)을 계론(戒論)하고, 안축(安軸)은 원나라의 제과(制科)에 급제하고 요양로개주판관(遼陽路蓋州判官)이 되었다.

- 서기 1325년 (3월) 최유엄(崔有渰)은 원나라가 고려에 입성(立省)하고 세록노비법(世綠奴婢法)을 개혁하라는 것을 저지시키고 돌아왔다. (5월) 왕 및 공주가 원나라로부터 귀국했다. (5월) 충선왕(忠宣王)이 원나라에서 승하하셨다. (10월) 공주는 용산행궁(龍山行宮)에서 사망했다. (10월) 평양에 기자사(箕子司)를 세우고 평양에 숭인전(崇仁殿)을 세웠다.

- 서기 1326년 (7월) 민책(閔責)이 사망하고, (7월)『편년강목(編年綱目)』을 편찬했다.

- 서기 1327년 (5월) 왕께서 심왕(瀋王)에게 선위(禪位)하려 하였다. (5월) 한종유(韓宗愈) 등 간선(幹線)을 물리치고 선위는 되지 아니하였다. (11월) 윤석(尹碩) 이하 1등 공신, 정만길(鄭萬吉) 이하를 2등 공신으로 전토장획(田土臧獲)을 내렸다.

- 서기 1328년 (2월) 세자 정(禎)을 원나라에 보냈다. (7월) 원나라는 심왕당(瀋王党)의 참혼(讒訴)을 듣고, 매려(買驢) 등을 보내어 왕을 꾸짖게 하였다. (7월) 고승지공(古僧指空) 스님이 연복정(延福亭)에서 설계하였다. (12

월) 반전도감(盤纏都監)을 설치하고, (12월) 은병(銀瓶)의 관가(官價)를 정했다. 왕은 원나라로 가려고 반전도감(盤纏都監)을 두고 서포(苧布)를 거두었다.

- 서기 1329년 (3월) 도적이 금마군(金馬郡)의 마한조무강왕릉(馬韓祖武康王陵)을 도굴했다. (6월) 류청신(柳淸臣)이 원나라에서 죽었다. (10월) 김지경(金之鏡)을 원나라에 보내어 세자 정(禎)에게 전위(傳位)할 것을 청했다.

- 서기 1330년 (2월) 원제(元帝)께서 세자 정(禎)을 고려 28대 충혜왕(忠惠王)으로 정하고, 원나라 사신이 와서 국왕 인(印)을 가지고 갔다. (3월) 왕은 역린진반(亦隣眞班=덕영공주[德寧公主])와 결혼했다. 정승(政丞)을 중찬(中贊)이라 하고 평리(評理)를 참리(參理)로 개칭하고, 고시관(考試官)을 또다시 지공거(知貢擧)로 개칭했다.

- 서기 1331년 (4월) 처음으로 새 은병(銀瓶, 은 항아리)를 쓰고 구병(舊瓶)의 사용을 금했다. (8월) 기내(畿內)의 사급전(賜給田)을 없애고 록과전(綠科田)에 충당했다. (9월) 『충경왕보록(忠敬王寶錄)』을 지었다. (12월) 원나라 명종(明宗) 태자 타환첩목이(妥懽帖睦爾) 순제(順帝)를 소환, 사학도감(史學都監)을 설치했다.

- 서기 1332년 (2월) 원제(元帝)가 죽고 난 뒤 충혜왕(忠惠王)이 아버지에게 왕위를 반납(返納)하니 부득이 충숙왕(忠肅王)이 아들 충혜왕(忠惠王)의 청을 받아들여 복위했다. (3월) 원나라는 차기(車器, 군사용 수레)를 유검(楺檢)하고, (3월) 김지경(金之鏡)이 옥사(獄死)했다. (4월) 행정(行邸=관가)이 부족하여 백관(百官=문무대신)과 부인(富人=부잣집)에다가 과렴(科斂, 감추어)해놓았다.

- 서기 1333년 (3월) 원나라는 왕의 환국을 독촉했다. (6월) 이곡(李穀)이 원나라의 제과(制科)에 등제(登第)하여 한림국사원검열관(翰林國士院檢閱官)이 되었다. 이 해에 공주(公州)를 공주목(公州牧)으로 하였다.

- 서기 1335년 (3월) 원나라는 고력(高力)의 축첩(蓄妾) 선취(先取)를 금지시키고, (7월) 원나라는 단사관(斷事官)을 보내어 어향사(御香使) 탑사불화(塔思不花)를 살해했다. (11월) 왕의 휘주(諱燽)를 만(卍)으로 개칭하고, (윤2월) 이곡(李穀)은 동녀(童女=여아) 징발(徵發)의 금지를 주청(奏請)했다.

- 서기 1336년 (2월) 공주(公州)를 부(府)를 세워 경화(慶華)라 하고, (3월) 왕은 전 왕의 공신전(功臣田)을 거두어 본주인에게 돌려주었다. (10월) 왕은 한인(漢人) 노강충(盧康忠) 등의 참소를 듣고 원나라로 갔다. (12월) 원나라는 전 왕을 본국으로 돌아가게 하였다.

- 서기 1337년 (5월) 원나라는 한인(漢人) 남인(南人) 및 고려인(高麗人)이 군기(軍器)를 허장(虛藏)함을 금했다. (9월) 전 왕은 주위(周圍)의 무리를 거느리고 자주 미복(微服)하고 미행했다고 한다. (12월) 원제(元帝)는 병기(兵器)를 거두지 않도록 하고 또 병마(兵馬)를 허락했다. 왕은 원나라로부터 귀국했다.

- 서기 1338년 (5월) 술을 금했다. (7월) 환자(宦者), 동녀(童女=어린 여자) 및 말을 구했다. (7월) 원나라는 사람을 보내어 불경지(佛經紙)를 구하였다.

- 서기 1339년 (3월) 왕께서 승하하셨다. (5월) 전 왕은 원나라 집사자(執事者)에게 뇌물을 주고 복위를 꾀했다. 전 왕은 황음광폭(荒淫狂暴)하여 서모수비(庶母壽妃) 권 씨(權氏) 및 경화공주(慶華公主)를 증(烝)하였다. (6월) 조적(趙頔) 등 번왕고(藩王羔)와 모역(謀逆)하다가 처형되고, (11월) 원나라 사신이 와서 국인(國印, 옥쇄)을 전 왕(前王, 충혜왕)에게 주고, (11월) 왕을 원나라로 잡아갔다.

- 서기 1340년 (1월) 원(元)나라가 왕(王)을 형부(刑部)에 가두고, (3월) 왕(王)을 석방하였다. (4월) 왕은 원(元)나라로부터 귀국하고, (4월) 다시 고려 28대 충혜왕(忠惠王)으로 즉위하니, 원나라는 고려인(高麗人) 기씨(奇氏)를 제2왕후(王后)에 봉했다. (4월) 이조년(李兆年)을 정당문학(政堂文學)으

로 삼았다. (6월) 최해(崔瀣)가 죽었다.

- 서기 1341년 (2월) 환자(宦者=내시) 고용보(高龍普)를 완산군(完山君)으로 봉했다. (5월) 원나라는 왕의 아우 강릉대군(江陵大君) 기(祺=뒤에 공민왕)를 불러들였다. (윤 5월) 현효도(玄孝道)가 사형되고 (12월) 이조년(李兆年)은 왕의 황음(荒淫)을 간(諫)하고 벼슬을 사직했다.

- 서기 1342년 (2월) 왕은 모든 창고를 포(布)를 내놓고 개시(開市)하고, (3월) 이인복(李仁復)이 원나라의 제과(制科)에 급제했다. (6월) 윤석(尹碩)에게 공신호(功臣號)를 내리고 땅과 노비를 주었다. (7월) 우탁(禹倬)이 죽었다.

- 서기 1343년 (3월) 직세(職稅) 및 선세(船稅)를 징수했다. (5월) 이조년(李兆年)이 사망했다. (5월) 원나라의 사신이 와서 송나라 요나라 금나라 사적(史蹟)을 요구했다. (6월) 기인법(其人法)을 다시 행했다. (7월) 오교양종(五敎兩宗)의 망사(亡寺)의 전토(田土) 및 선대 공신전(先代功臣田)을 거두었다. (11월) 원나라 사신이 와서 왕을 집거(執去)하고 전민추쇄(田民推刷)를 설치했다.

- 서기 1344년 (1월) 왕께서 악양(岳陽)에서 승하하였다. (2월) 원자(元子) 흔(昕)이 원나라에서 고려 제29대 충목왕(忠穆王)으로 즉위했다. (5월) 보흥고(寶興庫) 내승(內乘) 치방(鷹坊)을 폐지하고, (6월) 서정(書筵)을 설치하고 경화공주(慶華公主)가 승하했다. (8월) 숭문관(崇文館)을 설치하고, (8월) 과학법(科學法)을 개정하고, (12월) 정방(政房)을 폐지하였으며 권귀소심(權貴所瀋)의 경기록과전(京畿祿科田)을 본주(本主)에게 반환하게 하였다.

- 서기 1345년 (1월) 정방(政房)을 복설(福設)했다. (5월) 단오(端午)의 척석희(擲石戲)를 금하고, (7월) 심왕(瀋王) 고(暠)께서 승하했다. (8월) 경기 토전(土田)의 경리(經理)를 고쳐 직전(職田)을 고르게 나누어주었다. (11월) 팔관회(八關會)를 베풀었다.

- 서기 1346년 (3월) 동계(東界) 우릉도인(芋陵陶人=우산국 도예공)이 왔다. (6월)

연복사(演福寺) 종(鍾)이 완성되었다. (10월) 이제현(李齊賢) 등에게 편년강목(編年綱目)을 중수(增修)하고, 또 충렬(忠烈), 충선(忠宣), 충숙(忠肅) 3조(祖)의 실록(實錄)을 편찬하게 하였다. 보우(普禹) 스님이 원나라에 유학 갔으며, 권부(權傅)가 죽었다.

- 서기 1347년 (2월) 정치도감(整治都監)을 두고 지방의 전토(田土)를 정비하게 하고, (3월) 정치도감(整治都監)과 기 왕후(奇王后)의 족제(族弟) 기삼만(奇三萬)을 체포, 곧 옥사했다. (7월) 원나라의 사신이 와서 기삼만(奇三萬)의 사인(死因)을 국문했다. (10월) 해아도감(孩兒都監)을 설치했다.

- 서기 1348년 (2월) 진제도감(賑濟都監)을 두고 굶주린 사람에게 죽과 미음을 먹였다. (4월) 전라도의 쌀을 조운(漕運)하여 경기, 충청, 서해도(西海島)의 굶주린 사람을 먹였다. (6월) 안축(安軸)이 사망했다. (10월) 왕의 병으로 덕영공주(德寧公主)의 서무(庶務)를 제정하고, (12월) 왕이 승하했다. (12월) 제현(李齊賢)을 원나라에 보냈다. 이무렵 '서경별곡(西京別曲)', '정석가(鄭石歌)', '리상곡(履霜曲)', '청산별곡(靑山別曲)', '만전춘(滿殿春)', '사모곡(思母曲)' 등이 나왔다.

- 서기 1349년 (5월)원나라 제(帝)는 원자(元子)에게 왕위를 계승하게 하였다. (7월) 왕후(煦)가 승하하여 ,(7월) 혼(昏)이 원나라로부터 돌아와 고려 30대 충정왕(忠定王)으로 즉위했다. (8월) 정치도감(整治都監)을 폐지했다. (10월) 강릉대군(江陵大君) 기(祺)는 원나라에서 위왕(衛王)의 딸 노국공주(魯國公主)와 결혼했다.

- 서기 1350년 (2월) 왜구가 고성(固城) 거제(巨濟) 등지에서 첫 입구(入寇)하였다. (4월) 왜선(倭船)이 순천부(順天府)에 침입하여 조선(漕船)을 노략질했다. (6월) 왜구는 합포(合浦=마산)에 입구했다. (9월) 덕영공주(德寧公主)는 원나라로 갔다. 왜구로 인하여 진도현(珍島縣)을 내지(內地)로 옮겼다.

- 서기 1351년 (1월) 이곡(李穀)이 죽었다. (8월) 왜선(倭船) 100여 척이 경기

지방을 노략질했다. (10월) 왕은 이제현(李齊賢)을 섭정승(攝政丞)으로 삼았다. (11월) 남해(南海)에 왜구가 들어왔다. (12월) 기(祺=공민왕)가 노국공주와 같이 원나라로부터 귀국하여 고려 제31대 공민왕으로 즉위했다. 공민왕은 원나라에서 만나 같이 귀국한 정지상(鄭之祥)을 감찰지평(監察持平)에 뽑았다.

부연설(敷衍說)

『환단고기』〈고려본기(高麗本記)〉에 의하면, 정지상(鄭之祥)은 하동(河東) 사람이다. 1340년 경호왕(恭愍王)이 태자로서 원나라에 있을 때, 정지상은 궁녀로 있었던 누이의 알선으로 알현하고 공민왕을 시종 들던 심복지인(心腹知人)이다 그는 일찍이 안렴사(按廉使)로 전라도 접경(接境)에 들어서니 세도가(勢道家)가 사는 곳을 만났는데. 사람을 사로잡아 약탈하고 내쫓는다고 알려진 곳이라 군(郡)과 도(道)가 한결같이 겁내고 있었다. 그 세도가 야사불화(埜思不花)는 원나라 사람인데, 그의 뒤에 있는, 원나라 순제(順帝)의 총애를 받는 형 서신주(徐臣柱)는 육재(六宰)이고 동생 응여(應呂)는 상장군(上將軍)이었다. 주위 사람들은 야사불화(埜思不花)을 만나면 가슴이 서늘하다고 했다.

정지상(鄭之祥)이 야사불화에게 거만하게 대하였다 하여 접반사(接伴使) 홍원철(洪元哲)이 격노(激怒)하고, 정지상이 포박되었다. 정지상이 고함 칠 때 고을 읍리(邑吏)들이 듣고 달려와 야사불화에게 정지상이 공민왕의 총애를 받는 감찰지평(監察持平)이라고 하자 포박을 풀었다. 야사불화가 차고 있던 금패(金牌)를 빼앗아 서울로 돌아왔는데, 공주(公州)를 지나면서 응려(應呂)를 체포했다. 정지상이 달려와 왕에게 고하매 왕이 경악하여 순군(巡軍)을 내리고 행성원(行省員) 외랑(外廊) 정휘(鄭暉)에게 명하여 전주 목사(全

州牧使) 최영기(崔英起) 및 읍리(邑吏) 등을 체포하고, 왕은 차포온(車浦溫)을 보내 내온(內醞, 왕이 내린 어주)을 주고 야사불화를 위로하며 그 금패(金牌)를 되돌려주었다.

그리고 원나라 단사관(斷事官) 매주(買住)를 보내와 정지상을 국문케 하였다. 왕은 많은 기 씨(奇氏)를 주살하고 정지상을 석방하여 순군제공(巡軍提控)을 삼았는데, 다시 호부시랑(戶部侍郎) 어사중승(御史中丞)을 거처벼슬이 판사(判事)에 이르러 죽었다. 성격은 엄격하여 대개 죄를 다스릴 때 그를 지정하여 보냈다. 정지상의 처는 과부(寡婦)로 담양(潭陽)에서 살다가 왜구(倭寇)의 해(害)를 입고 죽었는데, 아들은 박위(朴葳)를 따라 대마도를 정벌했다고 한다.

- 서기 1352년 (1월) 공민왕은 이연종(李衍宗)의 간언(諫言)으로 변발(辮髮)을 폐지했다. (2월) 정방(政房)을 폐지했다. (3월) 전왕(前王=충정왕)이 강화에서 승하했다. (9월) 조일신(趙日新)이 난을 일으켰다. (10월) 조일신을 잡아 사형했다. 이해 예의추정도감(禮儀推正都監)을 설치했다.
- 서기 1353년 (3월) 원나라의 단사관(斷事官)이 와서 조일신(趙日新)의 무리를 처형했다. (8월) 원나라의 사신 만만태자(蠻蠻太子) 등이 왔다. (11월) 전민별감(田民別監)을 모든 도에 파견시켰다. (12월) 쇄권도감(刷卷都監)을 폐지했다.
- 서기 1334년 (3월) 이색(李穡)이 원나라의 전시(殿試)에 등제했다. (4월) 왜(倭)가 전라도 조선(漕船)을 노략질했다. (7월) 류탁(柳濯) 염제신(廉悌臣) 등이 군사 2천여 명을 거느리고 원나라로 갔다. 최해(崔瀣)의 졸고천백(拙藁千百)을 간행했다.
- 서기 1355년 (2월) 원나라 사신이 와서 공주에게 승의(承懿)라고 석호(錫號)했다. (3월) 전라도에 왜구가 들어왔다. (5월) 권겸(權謙) 인당(印璫) 최영

(崔瑬) 등이 원나라로부터 귀국했다. (11월) 전주(全州)를 부곡(部曲)으로 하였다. 의성창(義成倉)을 다시 내방고(內房庫)로 개칭했다. 이 해에 최탁(崔濯)이 『동인지문(東人之文)』을 편집했다.

- 서기 1356년 (4월) 보우(普愚) 스님을 왕사(王師)로 삼았다. (5월) 정동행성 리문소(征東行省理問所)를 폐지했으며, (5월) 압록강 서쪽의 8참(站)을 치고 쌍성(雙城) 등지를 다시 회복했다. (8월) 원나라의 연호를 정지했다. (7월) 관제(官制)를 개정했다. 이 해에 『수릉엄경(首楞嚴經)』 사본이 완성되었다.

- 서기 1357년 (2월) 왕을 한양(漢陽)에 상택(相宅)하게 함이고, (9월) 고철별 감(鹽鐵別監)을 지방에 파견했다. (9월) 왜(倭)가 승천부(昇天府)에 침입했으며 (9월) 왜구로 인해 조운(漕運)이 끊어졌다. (윤 9월) 이인복(李仁復)에게 『고금록(古今錄)』을 편수시켰다. (10월) 3년 상(喪)을 행하게 했다. (12월) 전선(銓選)을 리병부(吏兵部)에 복귀했다.

- 서기 1358년 (3월) 경도외성(京都外城)을 수축시키고, (4월) 최영(崔瑩)을 양광(楊廣)을 전라도 왜구 예복사(禮復使)로 삼았다. (5월) 왜(倭)가 교동(喬洞)을 불태웠다. (7월) 서강(西江)에 성을 쌓았으며 (12월) 원나라에 인삼(人蔘)을 바쳤다.

- 서기 1359년 (2월) 홍건적(紅巾賊)이 글을 보내왔다. (5월) 예성강(禮成江) 옹진(甕津)에도 왜구가 침범했다. (11월) 요(遼) 심(瀋)의 유민(流民) 2,300 여 호가 귀순했다. (12월) 홍건적(紅巾賊)이 서경을 함락시켰다. 그래서 제군(諸軍) 빛 승병(僧兵)을 보내서 수비했다.

- 서기 1360년 (1월) 제군(諸軍)이 서경을 수복(收復)했다. (2월) 이방실(李芳實)과 안우(安祐) 등 홍건적을 격파했는데, (3월) 홍건적이 서해도에 침입했다. (7월) 왕께서 신궁(新宮)에 이궁(移宮)했다. 이 해에 설손(偰遜)이 죽었다.

- 서기 1361년 (1월) 최영(崔瑩)을 서북면(西北面) 도순찰사(都巡察使)로 삼았다. (2월) 이자춘(李子春)을 동북면 병마사로 삼았다. (3월) 장사성(張士誠)을 사신으로 보내왔고, (4월) 요양성총관(遼陽省摠管) 고가노(高家奴)가 사신을 보내어 공물을 바치고, (4월) 경상도에 왜구가 침입했다. (4월) 이자춘(李子春)이 사망했다. (4월) 백의(白衣) 백립(白笠, 흰 삿갓)을 금했다. (9월) 정동성(征東省)을 다시 두었다. (9월) 독노강만호(禿魯江萬戶) 박의(朴儀)가 반(叛)하였다. (10월) 이성계가 박의(朴儀)를 잡아 죽였다. (10월) 홍건적(紅巾賊) 10만이 삭주(朔州) 니성(泥城)에 침입했다. (11월) 홍언박(洪彦博)이 문화시중(文化侍中)이 되었다. (11월) 이성계가 홍건적을 대파했다. (12월) 홍건적이 절령책(節令柵)을 격파하고 곧 경성(京城)을 함락시킬 판이다.

- 서기 1362년 (1월) 정세운(鄭世雲), 안우(安祐) 등이 홍건적을 대파하고 경성(京城)을 수복했다. 김용(金鏞)은 왕명(王命)을 거짓으로 꾸며 정세운을 죽였다. (2월) 조소생(趙小生, 공민왕때 역신)을 납합출(納哈出, 원나라 장수)이가 유인하여 삼철(三撤) 홀면(忽面) 지방을 침략했다. (2월) 환관(宦官)을 처형했다. (2월) 김용(金鏞)은 안우(安祐)와 이방실(李芳實)을 살해했다. (2월) 관제(官制)를 개정하여, (4월) 복주목(福州牧)을 안동대도호부(安東大都護府)로 하였다 (6월) 안경우(安慶遇)가 서북면 도병마사(都兵馬使)가 되었다. (7월) 이성계는 함흥평야(咸興坪野)에서 납합출을 대파했다. (8월) 탐라목호(耽羅牧胡)가 반란을 일으켰다. 이때에 금곡도감(禁穀都監)을 설치하였다. (12월) 원나라는 덕흥군(德興君) 탑사(塔思) 첩목아(帖木兒)를 세워 국왕으로 하였다.

- 서기 1363년 (1월) 왕은 청주(淸州)에 거주했다. (2월) 왕은 홍왕사(興王寺)에 환차(還次)했다. (윤 3월) 김용(金鏞) 일당이 행궁(行宮)을 범(犯)했는데, 최영(崔瑩) 등이 적당(賊党)을 섬멸시켰으니 왕은 입경(入京)했다. (윤 3월) 김용(金鏞)을 밀성군(密城君)에 유배시켰다가, (4월) 김용(金鏞)이 사형되었

다. 왜선(倭船) 200여 척이 교동(喬洞)에 와서 정박했다가 수안현(守安縣)에서 약탈했다. (5월) 원나라가 덕흥군(德興君, 충선왕의 3째 아들)을 왕으로 세우려는 정보(情報)가 입수되었다. (5월) 경천흥(慶千興)을 도원수(都元帥)로 서북면에 보내 덕흥군(德興君)에 대비하게 하였다. (12월) 덕흥군이 요동에 진주하니 조야진영(朝野震攖)하였다. 이해에 문익점(文益漸)이 원나라에서 목화 씨를 가지고 왔다.

- 서기 1364년 (1월) 최유(崔濡)와 원나라 병력 1만 명으로써 덕흥(德興君)을 받들고 압록강을 건너 의주(義州)를 포위했다. (1월) 여진의 삼선(三善) 삼개(三介) 등 화주(和州) 이북을 침략했다. (1월) 이성계가 최유(崔濡)의 군사를 달주(達州)에서 대파하고, (2월) 이성계는 삼선(三善)과 삼개(三介) 등을 대파하고 화주(和州)와 함주(咸州) 지방을 수복했다. (2월) 서북면 도원수(都元帥) 경천여(慶千興) 등을 개선했다. (3월) 경상도 도순문사(都巡問使) 김속명(金續命)은 진해(鎭海)에서 왜구 3천 명을 대파시켰다. (6월) 전라도에 왜인이 만호부(萬戶府)를 두었다. (10월) 원나라는 최유(崔濡)를 압송했다.

- 서기 1365년 (1월) 원나라에 사신을 보내 덕흥군(德興君)의 압송을 요청했다. (2월) 왕비 노국공주(魯國公主)가 승하했다. (3월) 교동과 강화에 왜구가 침입했다. (3월) 왜구가 창릉(昌陵)에서 세조(世祖)의 초상(肖像)을 훔쳐갔다. (4월) 왕은 죽은 왕비의 초상을 그리게 했다. (5월) 편조(遍照) 스님을 사전(師傳)으로 삼고 국정(國政)에 참여하게 했다. (7월) 편조(遍照)를 진평후(眞平侯)에 봉했다. (8월과 10월) 방국진(方國診)을 사신으로 보내왔다. (12월) 신돈(辛旽. 遍照)은 영도첨의사(領都僉議使) 사사(司事)가 되었다.

- 서기 1366년 (1월) 정운경(鄭雲慶)이 사망했다. (2월) 하남왕(河南王)에게 사신 전녹생(田祿生)을 보냈다. (4월) 정추(鄭樞) 등이 신돈(辛旽)의 비행(非行)을 상소하였다. (5월) 왜구가 교동(喬桐)에 주둔하고 약탈했다. (5월) 전민

변정도감(田民辨正都監)을 설치하고 신돈(辛旽)을 판사(判事)로 하였다. (8
월) 심왕(瀋王) 시신(屍身)을 보내왔다. (8월) 궁중에 문주회(文珠會)를 두었
다. (9월) 양천현(楊川縣)에 왜구가 침입했다. (11월) 김일(金逸)을 일본에 보
내어 해구(海寇)의 엄금을 청했다. (11월) 하남왕(河南王)과 친빙(親聘)했다.

- 서기 1367년 (1월) 원나라는 사신을 보내 영능(永陵)을 비롯하여 공신호
  (功臣號)가 시호(諡號)를 내렸다. (3월) 사은사(謝恩寺) 백한용(白漢龍) 성절
  사(聖節使) 왕중귀(王重貴)가 원나라에 갔다. (3월) 왜구가 강화를 약탈했
  다. (4월) 신돈(辛旽)이 왕에게 천도(遷都)를 권했다. 왕은 신돈을 시켜 평
  양의 지세(地勢)를 보게 하였다. (4월) 임복(林僕)이 제주도를 선무(宣撫)하
  였고, (5월) 국학(國學)을 다시 지었다. (7월) 이제현(李齊賢)이 사망했다. (8
  월) 천희(千禧)를 국사(國師)로, 선현(禪顯)을 왕사(王師)로 하였다. (10월) 원
  장(元將) 납합출(納哈出)이 사신을 보내왔다. (10월) 경천흥(慶千興) 등이
  신돈(辛旽) 제거를 모의하다가 발각되어 유배되었다. (12월) 이색(李穡)이
  성균대사성(成均大司成)이 되었다. (12월) 성균관(成均館)에 구재(九齋)를 두
  고 호복제(胡服制)를 폐지했다.

- 서기 1368년 (1월) 일본이 사신을 보내왔다. (2월) 국자감시(國子監試)를
  폐지했다. (4월) 왕은 구재(九齋)에 가서 친시(親試)하셨다. (7월) 일본에 사
  신을 보냈다. (9월) 신돈(辛旽)이 류숙(柳叔)과 김달조(金達祚)를 살해했다.
  (9월) 왕은 원나라가 오왕(吳王)에게 망하자, 백관(百官)에게 명나라와 수
  교를 의논하게 했다. (10월) 신돈(辛旽)은 김청(金淸) 등을 살해했다. (11월)
  명나라 태조에게 사신을 장자온(張子溫)을 보냈다. (11월)신돈(辛旽)은 조
  린(趙璘) 김원명(金元命)을 살해했다.

- 서기 1369년 (1월) 남합출(納哈出)이 홍보보(洪寶寶)를 사신으로 보내왔
  다. (2월) 원나라가 사신을 보내왔다. (4월) 명나라가 사신을 보내왔다.
  (5월) 원나라 연호를 폐했다. (5월) 원나라에 사신을 보냈다. (6월) 관제(官

制)를 개정했다. (8월) 만호(萬戶) 천호(千戶)를 서경 의주(義州), 이성(伊城),
강계(江界) 등지에 두었다. (9월) 제주에 항복 목사(牧使)를 두었다. (11월)
왜구가 충청도(忠淸道)에서 조선(漕船)을 약탈해 갔다. (11월) 신돈(辛旽)이
왕을 섭행(攝行)했다. (12월) 이성계가 동북면 원수지문하성사(元帥知門下
省事)가 되었다. (12월) 이성계를 보내 동녕부(東寧府)를 친후 북원(北元)과
절교키로 하였다. 원나라의 향시(鄕試) 회시(會試) 전시(殿試) 제도를 시
행키로 했다.

- 서기 1370년 (1월) 이성계가 우라산성(于羅山城)을 공략하고, (2월) 내포(內
浦) 선주(宣州)에 왜구가 침입했다. (2월) 납합출(納哈出)이 사신을 보내어
방물(方物)을 바쳤다. (4월) 명나라가 사신을 보내와 산천(山川)에 제사 지
냈다. (5월) 명나라 사신이 설사(設使)하고 왕을 책봉했다. (7월) 명나라
의 대통력(大統曆)에 따라 홍무(洪武) 연호를 쓰게 했다. (8월) 복색(服色)
을 바꾸기로 했다. (8월) 이성계 등이 원나라의 동녕부(東寧府)를 쳤다.
(11월) 요성(遼城)을 공격하여 항복시키고 (12월) 왕이 보평청(報平廳)을 친
사(親事)했다.

- 서기 1371 (2월) 여진의 천호(千戶) 이두란(李斗蘭) 첩목아(帖木兒)가 투항
해왔다. (3월) 해주(海州)에 왜구가 들어왔다. 왕은 이인복(李仁復)과 이색
(李穡)에게 목조금경록(木朝金鏡錄)을 증수(增修)시켰다. (6월) 친시(親試)를
실시했다. (7월) 왜구가 예성강(禮成江)에 침입하여 병선(兵船) 40여 척을
불살랐다. (7월) 신돈(辛旽)의 일당이 기현(奇顯) 최사원(崔思遠) 등을 잡
아 살해했다. 곧 신돈(辛旽)을 수원(水原)에 유배시킨 후 처형했다. (7월)
이성계를 지문하부사(知門下府事)로 삼았다. (9월) 오노산성(五老山城)을
공격하여 원나라의 추밀원(부사樞密院副使)와 합자불화(哈剌不花)를 사로
잡았다. (12월) 응방(鷹坊)을 폐쇄했다.

- 서기 1372년 (1월) 어산불화(於山不花) 납합출(納哈出) 고가노(高家奴) 등이

니성(泥城) 강계(江界) 등지를 침범했다. (2월) 백천(白川)에 왜구가 범(犯)하고 (2월) 호발도(胡拔都) 등 니성(泥城) 강계(江界)를 침범했다. (2월) 조인벽(趙仁璧)이 가주적(家州賊)을 평정했다. (3월) 순천(順天) 장흥(長興) 등지에 왜구가 침입했다. (3월) 탐라가 반(叛)하였는데, (4월) 안우경(安遇慶)이 사망했다. (6월) 관제(官制)를 개혁하고 (6월) 제주(濟州)가 항복하고 (6월) 안변(安邊)과 함주(咸州)의 왜구에 이성계를 원수(元帥)로 삼아 이에 대비시켰다. (10월) 자제위(子弟衛)를 설치했으며, (11월) 명나라에 탐라의 말 50필을 헌납했다. (11월) 선방(膳坊)을 설치했다.

- 서기 1373년 (2월) 북원(北元)에서 사신이 왔다. (2월)경상도(慶尙道) 도순문사(都巡問使)가 구산현(龜山縣)의 왜구 수백 명을 살해했다. (2월) 장자온(張子溫)이 정요위(定遼衛)에 가서 조로편쇄(朝路便塞)를 추궁(追窮)했다. (5월)강안전(康安殿)에 기우도장(祈雨道場)을 설치했다. (6월) 왜구가 한양부(漢陽府)에서 노략질을 자행하였다. (7월) 우(禑)가 강화부원대군(江華府院大君)이 되었다. (7월) 교동(喬桐) 서강(西江)에 왜구가 왔는데, (8월) 의용좌우군(義勇左右軍)을 설치하고, (8월) 동서 강창(江倉)에 성을 쌓았다. (9월) 왜구가 해주목사(海州牧師) 엄익겸(嚴益謙)을 살해했다. (10월) 최영(崔瑩)이 육도도순찰사(六道都巡察使)가 되었다. (윤 11월) 도총도감(都摠都監)을 설치했다. 강릉인희전(江陵仁熙殿)에 공변도감(供辨都監)을 설치했다.

- 서기 1374년 (2월) 정비(鄭庇) 등을 명나라에 보내 육로(陸路)로 조견(朝見)할 것을 청했다. (3월) 경상도에 왜구가 병선 40척을 불태웠다. (4월) 염제신(廉悌臣)이 문하시중(門下侍中)이 되었다. (4월) 이인복(李仁復)이 사망했다. (4월) 명나라 사신이 와서 탐라의 말 2천 필을 요구했다. (5월) 격구(擊毬) 석전(石戰) 놀이를 금했다. (6월) 염제신(廉悌臣)이 유배되고 경복흥(慶復興)은 문하시중(門下侍中)이 되었다. (7월) 탐라는 명나라에 헌마(獻馬)를 불응하니, 최영(崔瑩) 등이 탐라를 치게 했다. (8월) 탐라를 평

정하고, (9월) 환자(宦者, 내시) 최만생(崔萬生) 등이 왕을 살해했다. 그래서 우(禑)가 고려 32대 우왕으로 즉위했다. (9월) 최만생(崔萬生) 등이 사형 되었다. (11월) 김의(金義)가 명나라 사신 채빈(蔡斌)을 개주참(開州站)에서 살해했다. (12월) 백문보(白文寶)가 주살(誅殺)되었다.

- 서기 1375년 (1월) 서연(書筵)을 설치하고, (2월) 상평제용고(常平濟用庫)를 설치했다. (3월) 토인사 라흥유(羅興儒)을 일본에 보냈다. (3월) 명나라에 말 300필을 바쳤다. (5월) 이보림(李寶林)이 대사헌(大司憲)이 되었다. (5월) 북원사(北元使)가 왔다. (5월) 등경광(藤經光)이 거느린 왜인이 다수 와서 투항했다. (7월) 왜인 이 후지해상(厚志海上)으로 도주(逃走)했다. 이로부 터 왜구가 더욱 심해졌다. (9월) 니성원수(泥城元帥) 최공철(崔公哲) 휘하 200여 명이 반(叛)을 일으킨 후 압록강을 건너 달아났다. (10월) 요심(遼瀋)의 초적(草賊)이 안주(安州)를 침략하여 이들 40여 명을 잡아 죽였다.

- 서기 1376년 (1월) 첨설직(添設職)으로서 군사들께 상(賞)을 주었다. (3월) 조민수(曺敏修)가 진주(陳州)에 들어와서 왜구 10여 명을 죽이고 격퇴시 켰다. (5월) 혜근(惠勤) 스님이 사망했다. (5월) 제주(濟州) 적수(賊首) 김중 광(金仲光) 등 13명을 잡아 죽였다. (7월) 부여(夫餘) 공주(公州) 등지에 왜 구를 최영(崔瑩)이 홍산(鴻山)에서 왜구를 대파했다. (9월) 고부(古阜) 태산 (泰山) 등지에 왜구가 관아(官牙)를 불사르고 진주(珍州)를 함락시켰다. (윤 9월) 왜구로 인해 조운(漕運)을 그만 두고 정지되었다. (10월) 일본에 스님 양유(良柔)를 사신으로 보냈다. (10월) 부녕(扶寧)이 왜구를 대파시 켰다. (12월) 납합출(納哈出)이 사신을 보내와 백금(白金)을 바쳤다.

- 서기 1377년 (2월) 북원(北元)이 책봉사(冊封使)를 보내왔다. (2월) 북원(北元) 연호를 선광(宣光)이라 사용했다. (3월) 이자송(李子松)을 북원(北元)에 보내 책명(冊命)을 사(謝)했다. (3월) 교동(喬桐) 강화의 사전(私田)을 폐지 했다. (5월) 왜구로 인해 도읍을 내지(內地)로 옮기려고 철원(鐵原)을 상지

(相地)시켰다. (5월) 이성계가 지리산(智異山)에서 왜구를 대파하고, 박천(朴蔵)이 황산강(黃山江)에서 왜구를 격파했다. (6월) 안길상(安吉祥)을 일본에 보내 금구(禁寇)를 요청했다. (7월) 북원(北元)이 정요위(定遼衛)의 협공(挾攻)을 요청했다. (10월) 화통도감(火㷁都監)을 설치하고, 이 해에 황해(黃海) 경기(京畿) 성남(城南) 지방에 왜구가 심했다.

- 서기 1378년 (1월) 새 도읍을 철원(鐵原)의 상지(相地=풍수지리상 길흉을 알아보는 일)를 했다. 이 해 일본구주(日本九州) 절도사 원료준(源了俊), 스님 신홍(信弘)을 보내 왜구를 잡았다. (9월) 명나라 연호 홍무(洪武)를 다시 사용했다. (10월) 이자용(李子庸)을 일본에 보내 또 금구(禁寇)를 요청했다. (10월) 명나라에 하정사(賀正使=신년인사)와 사은사(謝恩使=은혜에 대한 사례)를 파견했다. (11월) 일본 스님 신홍(信弘)이 귀국했다. (12월) 좌소조성도감(左蘇造成都監)을 설치했다. (12월) 고가노(高家奴)의 병사 4만 명을 강계(江界)로 인솔하여 와서 항복했다. (12월) 정지(鄭地)를 순문사(巡問使)로 삼았다. 이 해에도 왜구가 심했다.

- 서기 1379년 (1월) 명나라 사신이 왔다. (2월) 일본은 법인(法印) 스님을 보내와 토산물을 헌납했다. (2월) 좌소(左蘇)의 이도(移島)를 중지했다. (3월) 명나라의 사신이 우리나라가 북원(北元)과의 교빙(交聘)함을 듣고 요동(遼東)에서 되돌아갔다. (5월) 진주(晉州)와 풍천(豊川)에 왜구가 관아(官牙)와 민가(民家)에 불을 질렀다. (윤 5월) 일본 해도(海盜) 포착관(捕捉官)이 왜구와의 전투에서 패했다. (6월) 북원(北元)의 사신이 와서 개원(改元)을 전하고, (8월) 요동(遼東) 호사(胡使)의 압송을 요구했다. (9월) 경상도 원수(元帥) 우인열(禹仁烈)이 사천(泗川)에서 왜구를 대파했다. (9월) 왜구로 인해 해인사(海印寺) 소장의 역대 실록(實錄)을 진주(晉州) 득익사(得益寺)로 옮겼다.

- 서기 1380년 (1월) 명나라에 보냈던 사신 이무방(李茂方)과 배언(裵彦)이

귀국했다. (2월) 북원(北元)의 사신이 고려왕(高麗王)을 대위(大尉)에 책봉했다. (3월) 윤환(尹桓)이 문하시중(門下侍中)이 되었다. (4월) 요동에 윤주의(尹周誼)를 보내 입조(入朝)의 허용을 청하니, 명나라는 윤주의를 잡아 경사(京師)에 압송했다. (4월) 최영(崔瑩)을 해도도통사(海都道統使)로 겸직(兼職)시켰다. (6월) 왕은 처음으로 보평청(寶平廳)에 가서 정사를 살폈다. (8월) 창왕(昌王)이 출생했다. (8월) 왜선 500척이 진포구(鎭浦口, 충남 서천군)에 들어와서 약탈하고 사람을 살상하므로 화포(火砲)를 사용하여 왜구를 격파했다. (8월) 왜구가 선산(善山) 상주(尙州)에 들어와서 집에 불을 질렀다. (9월) 이성계가 전라도 운봉(雲鳳)에서 왜구를 대파했다. (9월) 경복흥(慶福興)이 배소(配所)에서 사망했다.

- 서기 1381년 (2월) 이인임(李仁任)이 문하시중(門下侍中)이 되었다. (3월) 명나라에 보냈던 사신 권중화(權仲和)가 요동(遼東)에 도착하였다. 요동(遼東) 도사(都司)가 세공(稅貢) 부족으로 퇴자(退字)시켰다. (4월) 전민변위도감(田民辨僞都監)을 설치했다. (7월) 보주(甫州) 보문사(普門社)에 소장했던 사적(史籍)을 충주(忠州) 개천사(開天寺)로 옮겼다. (8월) 경성(京城) 물가(物價)가 등기(謄氣)하여 경시서(京市署)에서 물가를 규제했다. (9월) 중외(中外)의 관인(官印)을 개주(改鑄)했다. (10월) 하정사(賀正使) 김유(金庾)가 명나라로 갔다. (11월) 이해(李海)를 명나라에 보내어 말 933필을 헌납했다.

- 서기 1382년 (1월) 요동호발도(遼東胡拔都)가 의주(義州)를 약탈한 후 도주(逃走)했다. (2월) 반전색(盤纏色=씨족의 바탕)을 허락하고 세공(歲貢)에 대비했다. (2월) 금동불화(金同不化)가 소관(小管)의 인민(人民)을 거느리고 와서 투항했다. (4월) 양수척(楊水尺)들이 떼를 지어 영해군(寧海郡)에서 난을 일으켰다. 그러다가 곧 평정된 후 모든 주(州)에 분치(分置)했다. (4월) 김유(金庾)와 정몽주 등이 명나라에 세공(稅貢)을 헌납했다. (5월) 협주사노(陝州私奴)가 난을 일으킴으로 곧 잡아서 살해했다. (6월) 한양환도(漢

陽還都)를 의정(議定)했다. (7월) 이성계가 동북면 도지휘사(都指揮使)가 되었다. (12월) 절급도감(折給都監)을 설치했다. 이 해에도 왜구가 여전했고 또 이 해에 보우(普愚) 스님이 사망했다.

• 서기 1383년 (1월) 납합출(納哈出)이 수호(修好)를 요청했다. (1월) 요동도사(遼東都司) 차사(差使)가 납합출의 압송을 요청했다. (1월) 혼수(混修) 스님을 국사(國師)로 삼았다. (3월) 경상도에 둔전을 설치하고, (3월) 조민수(曺敏修)를 문하시중(門下侍中)으로 삼았다. (5월) 해도원수(海道元帥) 정지(鄭地)가 왜구를 대파했다. (6월) 충주(忠州) 개천사(開川天寺)에 소장했던 사적(史籍)을 죽주(竹州) 칠장사(七長寺)에 이전했다 (7월) 요(遼), 심(瀋)의 초적(草賊)이 단주(端州)를 약탈했다. (8월) 이성계가 길주(吉州) 평야에서 호발도(胡拔都)를 대파했다. (8월) 김유(金庾) 등을 명나라에 견사했다. (11월) 명나라는 김유(金庾) 등을 세공(稅貢) 관계로 투옥시켰다. (12월) 진헌반전색(進獻盤纏色)을 설치했다.

• 서기 1384년 (5월과 6월) 명나라에 세공(稅貢) 세공마(稅貢馬) 3천 필을 헌납했다. (7월) 정몽주(鄭夢周)를 명나라에 견사했다. (8월) 명나라에 세공마 1천 필을 헌납했다. (9월) 최영(崔瑩)이 문하시중이 되었다. (10월) 명나라 정요위(定遼衛)가 압록강 개시(開市)를 요청했다. (10월) 북원(北元)의 사신이 화녕부(和寧府)에 이르렀는데 이를 돌려보냈다. (윤 10월) 또 명나라에 견사하여 세공(稅貢)을 헌납했다. (11월) 임견미(林堅味)가 문하시중이 되었다. (12월) 이성계는 동북면 도원수(都元帥)가 되었다. (12월) 추징색(推徵色)을 설치하고 군(郡)과 현(縣)의 공부(貢賦)를 징수하게 하고, (12월) 무예도감(武藝都監)을 설치했다.

• 서기 1385년 (4월) 명(明)나라로 사신으로 갔던 김유(金庾)를 석방, 송환시키면서 통빙(通聘)을 허용했다. (5월) 명나라에 사은사(謝恩使)를 보내어 일(溢) 승습(承襲)을 청했다. (5월) 김유(金庾)는 청주(淸州)에 유배되었다.

(9월) 명나라 책사(冊使)가 와서 공민왕에게 증일(贈謚)하고 왕을 책봉하였다. (9월) 동북면(東北面) 도원수(都元帥) 이성계는 함주(咸州)에서 왜구를 대파했다. (10월) 조민수(曺敏修) 등을 사은사로 명나라에 파견했다. (11월) 경상도(慶尙道) 순문사(巡問使) 박천(朴葳)이 왜구 다수를 살해했다. (12월) 명나라에 말 1천 필과 포(布) 1만 필을 세공(稅貢)으로 헌납했다.

- 서기 1386년 (2월) 정몽주를 명나라에 파견하여 관복(冠服)과 세공을 감해줄 것을 청했다. (4월) 김속명(金續命)이 사망했다. (7월) 정몽주가 명나라에서 귀국했다. (7월) 이행(李行) 등을 탐라에 파견했다. (8월) 명나라에 견사하여 세공 감축을 감사(感謝)하였다. (8월) 스님의 승마(乘馬)를 금하고 국사(國師) 스님은 제외했다. (12월) 명나라 사신 고가노(高家奴)가 우리나라에 와서 심양(瀋陽) 군민(軍民) 4 만여 호를 쇄환(刷還)하고 말 3천 필을 구입했다.

- 서기 1387년 (1월) 백관(百官)의 봉(俸)을 감(減)했다. (2월) 설장수(偰長壽)를 명나라에 보내어 심양(瀋陽) 유민(流民) 4 만여 호에 대한 진정(眞定)을 하였다. (4월) 이행(李行)은 탐라성 주(耽羅星州) 고신걸(高臣傑)을 데려왔다. (6월) 원나라 옷을 폐하고 명나라 제도에 따랐다. (8월) 정지(鄭地)가 대마일기(對馬壹岐)의 정벌을 요청했다. (9월) 요동(遼東)에서 둔전우(屯田牛)를 사갔다. (11월) 사전(私田)의 반조(半租)를 거두어 군양(軍量)에 충당했다. (12월) 정몽주를 원나라에 보내어 조빙(朝聘)을 요청했다.

- 서기 1388년 (1월) 염흥방(廉興邦)과 임견미(林堅味)가 처형됐다. (1월) 최영(崔瑩)을 문하시중으로 삼았다. (1월) 정몽주가 요동에서 귀국했다. (1월) 전민변정도독(田民辨正都督)을 설치했다. (2월) 왕은 최영(崔瑩)과 요동(遼東)을 칠것을 밀의(密議)했다. (3월) 명나라 사신이 강계(江界)에 철령위(鐵嶺衛) 설치를 보고했다. (3월) 최영(崔瑩)은 팔도도통사(八道都統使)로 조민수(曺敏修)를 좌군 도통사(左軍都統使) 이성계를 우군 도통사로 하였다.

(3월) 좌우 군이 평양을 출발했다. (3월) 명나라 연호 홍무(洪武) 사용을 금했다. (5월) 좌우군 위화도(威化島)에 주둔했다. 이성계가 회군했다. (6월) 홍무(洪武) 연호를 사용했다. (6월) 이성계가 왕을 폐하고 왕자 창(昌)을 책립(冊立)했으니, 고려 제23대 창왕(昌王)으로 즉위하고, (10월) 급전도감(給田都監)을 설치하고, (12월) 최영(崔瑩)을 살해했다.

- 서기 1339년 (1월) 경상도 원수(元帥) 박천(朴葳)이 쓰시마(대마도)를 정벌하고 왜선(倭船) 300척을 소각했다. (3월) 사관(史官)의 제(制)를 정했다. (6월) 윤승순(尹承順)과 권근(權近) 등을 명나라에 견사했다. (7월) 이색(李穡)이 판문하부사(判門下府事)가 됐다. (8월) 유구국(流球國)이 사신을 보내왔다. (8월) 주(州)와 군(郡)에 의창(義倉)을 설치했다. (11월) 이성계가 왕을 폐하고 정창군(定昌君) 요(瑤)를 책립하여 고려 제34대 공양왕(恭讓王)이 되었다. (11월) 폐왕(廢王) 우(禑)와 창(昌)을 서인(庶人)으로 하였다. (11월) 명나라에 견사하여 즉위를 고했다. (12월) 이색(李穡)의 부자(父子)를 파직시키고, 조민수(曺敏修)를 서인(庶人)으로 하였다. (12월) 폐왕(廢王) 우(禑)와 창(昌)을 살해했다. (12월) 관제(官制)를 개혁하였다. 이때 묘법(妙法) 연화경(蓮華經) 사경(四經)을 완성했다.

- 서기 1390년 (1월) 경연관(經筵官)을 설치하고 조민수(曺敏修)와 권근(權近)을 유배시켰다. (2월) 이색(李穡)을 고신(拷訊)했다. (2월) 대간면계법(臺諫面啓法)을 폐지했다. (4월) 이색을 유배시켰다. (4월) 경시(京市)의 공장(工匠)을 하옥(下獄)하고, (6월) 정도전 등을 명나라에 견사했다. (7월) 명나라 윤이(尹伊)와 이초(李初)를 유배시켰다. (9월) 한양(지금의 서울)으로 천도하고, (11월) 이성계가 영삼사사(領三司事)가 됐다. (12월) 왜구로 인해 국사(國史)를 죽주(竹州) 칠장사(七長寺)에서 충주(忠州)로 이전했다. 이 해에 군자사(軍資寺)를 설치했다.

- 서기 1391년 (1월) 이성계가 삼군도총제사(三軍都摠制使)가 되었다. (1월)

각도 목부(牧府)에 유학교수관(儒學教授官)을 설치했다. (2월) 왕은 남경(南京)으로부터 환도했다. (2월) 풍제(豊諸) 광흥창(廣興倉)을 서강(西江)에 설치했다. (4월) 명나라 사신이 와서 말과 엄인(閹人=내관)을 요구했다. (5월) 복제(服制)를 제정하고, (5월) 과전법을 제정했다. (6월) 명나라에 말 1, 500필을 헌납했다. (6월) 이색(李穡)을 다시 유배시켰다. (7월) 섬라국(暹羅國)이 사신을 보내와 토산물을 헌납했다. (8월) 경도(京都)의 내성(內城)을 축조하고, (9월) 세자를 명나라에 견사했다. (12월) 이색(李穡)을 여예문 춘추판사(春秋判事)로 기용했다. 경기(京畿)를 좌우도(左右道)로 분할했다.

- 서기 1392년 (1월) 서적원(書籍院)을 설치했다. (2월) 정몽주는 신정율(新定律)을 올렸다. (2월) 노비결송법(奴婢決訟法)을 제정했다. (3월) 동북이(東北黃)를 초론(招論)했다. (3월) 세자가 명나라에서 귀국했다. (4월) 정몽주가 피살되었다. (7월) 배극염(裵克廉)이 이성계를 왕으로 추대하고, 공양왕(恭讓王)은 왕위를 양위(讓位)했다. 7월 17일 이성계가 수창궁(壽昌宮)에서 고려 제35대 왕으로 즉위했다. (7월) 문무백관(文武百官) 의제(議題)를 정하고 (8월) 전왕(前王)을 폐왕(廢王)하여 공양군(恭讓君)으로 봉했다가 간성군(杆城君)에 두었다. (8월) 계자(季子) 방석(芳碩)을 왕세자(王世子)로 책봉했다. (8월) 개국공신(開國功臣)을 정했다. (10월) 전조사(前朝史)를 찬수(撰修)시켰다. (9월) 국사(國師) 혼수(混修)가 사망했다.

제9장

고려왕조 제1대~제34대

고려 세가

고려 제1대 왕건

　서기 877년 신라 헌강왕(憲康王) 3년 고려 제1대 왕은 송악(松岳)의 호족(豪族)인 왕륭(王隆)의 아들로 ,고려 초대왕(初代王) 성은 왕 씨(王氏)요, 이름은 건(建)이고. 자는 약천(藥泉). 아버지는 금성태수(金城太守) 융(隆)이며, 어머니는 한 씨(韓氏)이다. 송악(松岳, 지금의 개성)에서 출생하였다. 그 당시 우리나라는 신라와 후고구려, 후백제로 갈라진 후삼국시대(後三國時代)였는데, 궁예가 한반도 중부지방(中部地方)을 석권(席捲)하고, 철원(鐵原)에 도읍을 정하자 궁예의 부하가 되었다. 왕건은 궁예의 명령으로 군대를 이끌고 군사 활동(軍事活動)을 하여 큰 공을 세웠다. 즉 900년에는 광주(廣州), 충주(忠州), 청주(淸州) 및 당성(當城,지금의 남양), 괴양(槐陽, 지금의 괴산) 등의 군현(郡縣)을 쳐서 이를 모두 평정하여, 그 공으로 아찬(阿湌)이 되었다.

　왕건은 전쟁 때마다 큰 공을 세워 신임을 받았다. 또 정벌한 지방의 가난한 사람을 돕는 일에 힘써 백성의 신망(信望)도 얻었다. 궁예는 세력이 강해짐에 따라 난폭한 행동을 하게 되어 백성과 나라를 어지럽히고 있었다. 이에 분노한 홍유(洪儒), 신숭겸(申崇謙), 배현경(裵玄慶) 등의 장군들이 918년에 궁예를 내쫓고 왕건을 왕으로 추대했다. 왕이 된 그는 고구려를 이었다는 뜻에서 나라 이름을 고려라 하고 도읍을 개성으로 옮긴 후, 서북쪽 지방을 개척하고 여진족을 공격하는 등 북진정책(北進政策)을 써서 고구려의 옛 땅을 되찾고자 노력하였다. 935년에 항복해온 신라와 평화적으로 합치고, 936년에 앞서 항복한 견훤과 함께 후백제를 공격하여 후삼국(後三國)을 통일하였다.

그는 신라와 후백제 유민들을 포용(包容)하고 불교를 나라의 종교(宗教)로 삼아 각지에 절을 세우는 등 국가 기반(國家基盤)을 다지는 일에 힘썼다. 후세의 왕들을 위해 〈훈요십조(訓要十條)〉를 지었는데, 주된 내용은 나라를 다스리는 방법은 시대적(時代的)으로 후백제를 의식(意識)하여 호남 지방의 인재를 등용하지 말라는 뜻이 담겨 있었다고 한다.

후백제와의 교전(交戰)에서 거듭 승리하여 전라도와 경상도(慶尙道) 서부 지역에서 견훤의 군사를 여러 번 격파하고, 906년 상주(尙州)의 사화진(沙火鎭), 909년 진도(珍島) 부근의 도서(島嶼)와 나주를 공략하였다. 이어 충주(忠州)와 청주(淸州) 등의 충청도(忠淸道) 지역과 경상북도(慶尙北道)의 상주(尙州) 등을 점령하여 태봉국의 세력권(勢力圈)을 넓혔으며, 나주를 공략하여 후백제의 배후를 위협하고, 중국과의 뱃길을 차단하여 국력을 확장시켰다.

뛰어난 전과(戰果)를 바탕으로 궁예의 총애를 받으며 마흔 살도 되지 않은 젊은 나이에 백관(百官)의 우두머리 시중(侍中)에까지 올랐고, 918년에 궁예의 독단(獨斷)과 전횡(專橫)을 문제삼은 여러 호족(豪族)들과 배현경(裵玄慶), 홍유(洪儒) 등 무장(武將)들의 지지로 거병(擧兵)하여 마침내 궁예를 축출하고 고려를 세웠다.

고려 제2대 혜종(惠宗, 943~945)

이름은 무(武). 자는 승건(承乾). 태조 왕건의 맏아들이며, 어머니는 장화왕후 오 씨(莊和王后 吳氏)에서 912년 출생했다. 어려서부터 도량(度量)이 넓고 지략(智略)과 용기가 뛰어났으며, 936년 태조가 후백제를 칠 때 종군(從軍)하여 공을 세웠다. 비(妃)로는 의화왕후(義化王后) 임 씨(林氏), 대광(大匡) 임희(林希)의 딸이다. 후에 광주원부인(廣州院夫人) 왕 씨(王氏) 대광(大匡) 왕규(王規)의 딸, 청주원부인(淸州院夫人) 김 씨(金氏), 원보(元寶) 김긍율(金兢律)의 딸, 궁인(宮人) 애이주(哀伊主) 등 4명의 부인이 있었다. 그들에게서 2남 3녀를 두었다.

921년에 박술희(朴述熙)를 후견인으로 하여 태자에 책봉되고, 943년 태조가 죽자 즉위했으나 왕위를 노리는 적대세력 때문에 고전(苦戰)하였다. 특히 강력한 호족 출신이며 왕실의 외척(外戚)으로서 권력을 쥐고 있던 왕규(王規)의 노골적인 암살 음모를 가까스로 모면(謀免)한 뒤에는 늘 신변(身邊)의 위협을 느끼며 정치에 뜻을 두지 못하였다.

한편, 이복동생(異腹同生)인 요(堯,뒤의 定宗)는 서경(西京,지금의 平壤)의 왕식렴(王式廉) 세력과 결탁해 은근히 왕위를 엿보았으므로 혜종대(惠宗代)의 정치정세(政治情勢)는 더욱 불안한 상태에 있었다. 그가 병석(病席)에 눕게 되자 왕위쟁탈음모(王位爭奪陰謀)는 더욱 노골화(露骨化)되었다.

서경의 왕식렴(王式廉)은 군대를 거느리고 수도(首都)에 들어와 왕규(王規)와 그 무리 3백여 명을 죽였다. 이 무렵 박술희(朴述熙)도 갑곶(甲串, 江華)에 유배된 뒤 살해되었는데, 요(堯) 일파에 의해 살해된 것으로 추측된다.

혜종(惠宗)이 죽자 요(堯)가 왕위를 이었는데, 그 절차가 혜종의 유언에 의해서가 아니라, 스스로 군신(群臣)의 추대를 받은 것으로 되어 있어, 혜종이 죽은 원인도 의문으로 남아 있다.

혜종(惠宗) 때의 왕위 계승을 둘러싼 정치적 불안과 갈등은 강력한 호족(豪族) 세력과 미약한 왕권 관계에서 빚어진 것이지만, 그것에 대한 역사적 해석에는 여러 견해가 있다. 능(陵)은 개성에 있는 순릉(順陵)이다. 시호(諡號)를 의공(義恭), 묘호(廟號)를 혜종(惠宗)이라 하였다.

왕자의 난

고려 제3대 왕인 정종(定宗)은 태조의 둘째 아들로 혜종(惠宗)과는 이복형제간(異腹兄弟間)이다. 지덕(至德)·장경(章敬)·정숙(正肅)·문명(文明) 대왕(大王)으로 이름은 요(堯)이며, 자는 천의(天義)이다. 정종(定宗)이 즉위할 때의 나이는 22세였다. 이복형(異腹兄) 혜종(惠宗)보다는 12살 아래였고, 친아우인 광종(光宗)보다는 2살 위였다. 친모(親母)인 류 씨(柳氏)는 태조의 제3비(妃)인 신명순성왕후(神明順成王太后)이다. 류 씨는 충주(忠州) 호족(豪族)인 류긍달(柳兢達)의 딸로 태조와의 사이에서 태자 태(太), 정종(定宗), 광종(光宗)을 비롯한 다섯 아들과 두 공주를 낳았다.

정종(定宗)에게는 왕위에 오르기 전에 맞아들인 3명의 부인이 있었다. 문공왕후(文恭王后) 박 씨(朴氏)와 문성왕후(文聖王后) 박 씨(朴氏)는 모두 박영규(朴英規)의 딸이며, 제3비(妃) 청주남원부인(淸州南原夫人)은 청주(淸州) 호족(豪族) 김긍률(金兢律)의 딸이다.

태조는 한미(寒微)한 외가(外家)를 가진 혜종(惠宗)을 걱정하여 막강한 호족(豪族) 세력과 혼인시켰다.

반면 차자(次子)인 정종(定宗)은 막강한 외가(外家) 세력을 가진데다 왕위 계승자(繼承者)가 아니었으므로 실세(實勢)와는 거리가 먼 박영규(朴英規)의 두 딸과 혼인시켰다. 정종(定宗)의 장인인 박영규는 견훤의 사위이자 태조의 외척(外戚)이기도 한 인물이다. 제3비(妃)인 청주남원부인(淸州南原夫人)은 혜종(惠宗)의 비(妃)인 청주원부인(淸州南原夫人)과 자매지간으로, 정종은 혜종의 처제(妻弟)를 부인으로 맞아들였다.

고려 제3대 정종(定宗, 945~949)

이름은 요(堯), 자는 천의(天義)이다. 태조의 둘째 아들이며, 혜종(惠宗)의 이복 동생이다. 어머니는 충주(忠州)의 대호족(大豪族) 유긍달(劉兢達)의 딸 신명순성왕태후(神明順成王太后)이고, 비(妃)는 후백제 견훤의 사위 박영규(朴英規)의 두 딸인 문공왕후(文恭王后)와 문성왕후(文成王后)이다. 박영규(朴英規)는 태조가 후백제를 토벌할 때 내응(內應)하여 후삼국 통일 뒤에 태조의 지극한 총애를 받았던 인물로서, 그 세력도 매우 컸을 것으로 추정된다.

강력한 외가와 처가의 배후세력을 가지고 있었으며, 또한 태조의 종제(從弟)로서 서경에서 새로운 세력을 형성하고 있던 왕식렴(王式廉)과도 손이 닿아 있었다. 왕식렴(王式廉)의 도움으로 945년 외척(外戚) 왕규(王規) 및 혜종의 후견인(後見人) 박술희(朴述姬) 등 정적(政敵)을 없애고 혜종의 뒤를 이어 왕위에 올랐다.

즉위 후 정종(定宗)은 개경 세력을 숙청하는 한편, 풍수지리설(風水地理說)을 내세워 서경 천도(西京遷都)를 서둘렀다. 이는 반발 세력이 많은 개경(開京)생활의 불안감과 아울러 그를 후원해온 왕식렴(王式廉)과 서경세력의 정치적 의도가 관련되어 적극 추진되었다. 그러나 서경천도(西京遷都) 계획은 오히려 개경(開京)의 호족(豪族) 세력과 백성들의 불만이 더욱 높아지게 했을 뿐이며, 정종(定宗)은 결국 이 계획을 완성시키지 못하고 27세의 젊은 나이에 죽었다.

혜종대(惠宗代)에 비하면 정종 대(는 개경(開京) 세력의 반대를 무릅쓰고 서경천도(西京遷都)를 추진할 수 있을 정도로 왕권이 강화된 것은 사실이다. 그러나 정종(定宗)의 지지세력 역시 자신의 독자적인 세력기반이 아니었기 때문에 왕권은 여전히 불안한 상태였다고 볼 수 있다.

고려 제4대 광종(光宗, 949~975)

이름은 왕소(王昭), 자는 일화(日華). 아버지는 태조왕건이며 어머니는 신명순성왕태후(神明順成王太后) 류 씨(柳氏)이다. 정종(定宗)의 친동생(親同生)으로 그의 선위(禪位)를 받아 왕이 되었다. 비(妃)로는 대목왕후(大穆王后) 황보 씨(皇甫氏)와 경화궁 부인(慶和宮夫人) 임 씨(林氏)가 있다. 그런데 대목왕후(大穆王后)는 광종(光宗)에게 있어 이복누이에 해당되는 인물이다. 따라서 이들의 혼인관계는 고려 왕실에서 처음으로 나타난 근친혼(近親婚)이었다고 할 수 있다.

소생으로는 경종(景宗) 효화태자(孝和太子) 천추전 부인(千秋殿夫人) 보화궁 부인(寶華宮夫人) 문덕왕후(文德王后)가 있다. 경화궁 부인(慶和宮夫人) 역시 광종(光宗)과는 숙질(叔姪)간이 된다. 부인의 아버지는 고려 제2대 혜종(惠宗)으로 광종(光宗)과는 이복형제간이 되기 때문이다. 광종(光宗)은 왕권 강화를 위해 끈기 있고 정력적(精力的)으로 노력해 큰 성과를 거둔 왕이었다. 광종(光宗)의 치세(治世)는 즉위로 '부터~7년', '7년~11년', '11년~26년' 등 세 시기로 나눌 수 있다.

첫째 시기에는 왕권 강화와 관련된 정책은 시행하지 않았다. 이에 따라 국내 정세는 평온한 상태를 유지할 수 있었다. 성종대(成宗代)에 최승로(崔承老)가 "광종(光宗) 8년 동안의 다스림은 가히 삼대(三代:중국의 하(夏)·은(殷)·주(周) 3대)에 비교할 만하다"고 격찬할 정도였다. 또한 중국 왕조(王朝)와도 밀접한 외교관계를 맺었다. 이러한 국내외(國內外) 정책을 통해 새 국왕으로서의 지위 및 그 정치기반(政治基盤)을 닦아나갔던 것으로 추측된다.

둘째 시기에는 호족 세력(豪族勢力)의 제거와 왕권 강화에 필요한 제도적(制度的)인 조치를 취하였다. 956년에 노비안검법(奴婢按檢法)을 실시했고 958년에는 과거제도(科擧制度)를 시행하였다. 960년에는 백관(百官)의 공복

(公服)도 제정하였다. 이러한 조치들은 호족(豪族) 세력의 반발을 야기하기도 했으나 광종(光宗)은 철저한 탄압을 통해 강행(强行)시켜 나갔다. 956년부터 왕권 강화책(强化策)을 추진하게 된 배경에는 중국 후주에서 귀화(歸化)한 쌍기(雙冀)의 등장과도 밀접한 관련이 있다. 쌍기는 후주에서 왕권 강화책(强化策)을 추진한 적이 있는데 이를 광종(光宗)에게 제시함으로써 고려사회(高麗社會)에서도 왕권 강화를 실현하고자 했던 것으로 보인다. 쌍기를 중용(重用)한 해에 노비안검법(奴婢按檢法)을 세운 것도 이와 같은 맥락(脈絡)에서 이해할 수 있다

셋째 시기에 이르면 왕권 강화책(强化策)에 반발하거나 장애(障礙)가 되는 호족(豪族) 세력에 대해 과감한 숙청을 단행하였다. 사건의 발단(發端)은 960년에 평농서사(評農書史) 권신(權信)이 대상(大相) 준홍(俊弘), 좌승(佐丞) 왕동(王同) 등이 역모(逆謀)를 꾀한다고 보고한 것에서부터 시작하였다. 광종(光宗)은 즉시 이들을 귀양 보냈다. 『고려사(高麗史)』의 기록에 의하면, 이 사건 이후 참소하고 아첨하는 무리가 기회를 얻어 충직(忠直)하고 어진 사람을 모함하고, 종(從)이 그 상전(上前)을 고소(告訴)하며 자식이 그 부모를 참소하는 행태(行態)가 벌어졌다고 하였다. 또한 감옥이 항상 가득 차서 따로 가옥(假獄)을 설치하게 되었으며 죄 없이 살육 당하는 자가 줄을 이었다고 하였다.

당시 왕권 안정에 대한 광종(光宗)의 집념(執念)은 매우 강렬해 호족(豪族) 세력은 물론 골육(骨肉)과 친인척(親姻戚)에 대한 경계(警戒)도 게을리하지 않았으며 한번 의심이 가면 살육마저도 주저하지 않았다. 그 결과 혜종(惠宗)과 정종(定宗)의 아들마저도 비명(悲鳴)에 죽어갔다.

958년부터 실시된 과거제도(科擧制度)와 독자적으로 육성(育成)한 시위군졸(侍衛軍卒)은 문무(文武) 양면에서 왕권을 강화하고 뒷받침하는 세력기반이 되었다. 그리고 이와 같은 기반을 배경으로 정적(政敵)들에 대한 과감

한 숙청을 단행할 수 있었다.

그러나 호족(豪族) 세력 등 정치적 적대 세력들의 반발도 더욱 거세져 이에 대응(對應)할 수 있는 광범위한 세력기반의 구축이 필요해졌다. 963년에 귀법사(歸法寺)를 창건하고 이곳에 제위보(濟危寶)를 설치해 각종 법회(法會)와 재회(齋會)를 개설하는 등 적극적인 불교 정책을 펴나간 것은 이러한 필요성에서 나온 결과물들이었다. 즉 "귀법사(歸法寺)의 승려(僧侶) 균여(均如)·탄문(坦文) 등을 통해 호족(豪族) 세력에 반발하는 일반 민중들을 포섭하고, 개혁을 지지해주는 사회적(社會的) 세력으로 삼고자 하였던 것이다.

광종(光宗)은 왕권 강화책(強化策) 외에도 많은 치적을 남겼는데 밖으로는 중국의 여러 왕조(王朝)와 활발한 외교활동을 전개함으로써 고려의 국제적 지위를 향상시켰다. 국방(國防) 대책(對策)에도 관심을 기울여 영역을 서북과 동북 방면(東北方面)으로 더욱 확장시키는 동시에, 거란과 여진에 대한 방비책(防備策)을 강구(講究)하기도 하였다. 또한 불교에 깊은 관심을 기울여 여러 가지 시책(施策)을 펼쳤다. 968년에는 혜거(惠居)를 국사(國師)로 삼고, 탄문(坦文)을 왕사(王師)로 삼음으로써 고려국사(高麗國史)·왕사(王事) 제도의 체계를 완성하였다.

광종(光宗)은 제2대 혜종(惠宗), 제3대 정종(定宗)과 여러 면에서 대비되고 있다. 우선 재위 기간도 혜종(惠宗)의 2년, 정종(定宗)의 4년보다도 훨씬 긴 26년이었다. 그리고 혜종과 정종이 각각 박술희(朴述熙)와 왕식렴(王式廉)으로 대표되는 측근의 세력기반에 의지(依支)해 왕권을 부지(不知)한 반면, 광종(光宗)은 독자적인 세력 기반을 바탕으로 왕권을 확보하였다.

따라서 광종(光宗)은 주변 세력의 영향력 없이 자신의 왕권을 강화시켜 나갈 수 있었다. 이 결과 태조 이래 열세(劣勢)에 놓여 있던 왕권을 호족(豪族) 세력보다 우위에 올려놓을 수 있었다. '광덕(光德), 준풍(峻豐) 등의 독자적인 연호를 사용하고 수도(首都)인 개경(開京)을 '황도(皇都)'라고 명명(命名)

하였으며, 만년(晚年)에 '황제(皇帝)'라는 호칭까지 사용하는 것은 모두 그 결과물(結果物)들이라 할 수 있다.

광종(光宗)의 노력으로 국가 체제가 어느 정도 정비된 것은 사실이지만, 이와 동시에 왕권의 한계성(限界性)도 함께 노출(露出)되었다. 왕권 또는 중앙정부(中央政府)의 행정력(行政力)이 지방에까지는 침투(浸透)하지 못했고 호족(豪族) 세력을 숙청하고 왕권을 강화하기는 했지만, 그것이 호족(豪族) 세력에 대한 왕권의 일방적 승리는 아니었다. 광종(光宗)이 죽고 경종(景宗)이 즉위한 이후에 나타난 대대적(大大的)인 반광종(光宗)운동이 이를 증명(證明)하고 있다. 그러나 고려가 국가체제를 정비하고 새로운 정치질서(政治秩序)를 형성했다는 점에서 광종(光宗)의 치적은 높이 평가받을 수 있는 것이다.

고려 제5대 경종(景宗, 975~981)

이름은 주(伷), 자는 장민(長民)이다. 아버지는 광종(光宗)이고, 어머니는 대목왕후(大穆王后) 황보 씨(皇甫氏)이다. 비(妃)는 대종(大宗) 욱(旭)의 딸 헌애왕후(獻哀王后)와 헌정왕후(獻貞王后) 두 자매(姉妹)이다.

즉위 초에는 광종(光宗)의 호족(豪族) 숙청에서 살아남은 구세력(舊勢力)의 반발이 거세게 일어나, 죽은 자들의 자손들이 사사로이 복수를 하고, 집정(執政)을 맡은 왕선(王詵)이 태조의 아들인 천안부원군(天安府院君)을 죽이는 등 사회가 혼란했다. 이에 경종(景宗)은 사람을 함부로 죽이는 행위와 복수를 금하는 조처(措處)를 취하고, 순질(淳質)과 신질(申質)을 각각 좌집정(左執政)·우집정(右執政)으로 삼아, 내사령(內史令)을 겸하게 했다. 이러한 조치는 정치권력(政治權力)을 분산시키고자 한 것이다.

토지제도정비(土地制度整備)를 위해 고려 토지제도(土地制度)의 근간을 이루는 시정(施政) 전시과(田柴科)를 제정했다. 이 전시과(田柴科)는 사색(司嗇) 공복제(公僕制)를 바탕으로 관품(官品)과 인품(人品)을 병용(倂用)하여 전시지급(展示支給) 대상자(代償者)를 구분했는데, 이는 왕권의 강화와 국가체제(國家體制) 정비에 따른 결과였다. 977년에는 직접 진사시(進士試)를 주관했고, 송나라와의 국교(國交)도 돈독히 했다. 979년에는 발해인(渤海人) 수만 명이 내투(來投)했고, 북방 민족의 침략을 막기 위해 청새진(淸塞鎭, 지금의 희천)에 성을 쌓았다. 981년 7월 병이 위독해지자 종제(從弟)인 개녕군(開寧君) 치(治, 성종)에게 왕위를 물려주었다. 시호(諡號)는 헌화(獻花)이며, 능(陵)은 영릉(寧陵)이다.

고려 제6대 성종(成宗 981~997)

부인의 후광(後光)으로 왕이 되었다. 경종(景宗)이 세상을 떠날 무렵 그에게는 아들 송(誦, 뒤의 목종)이 있었으나 겨우 2살에 불과했다. 때문에 경종(景宗)은 당시에 현명(賢明)하기로 이름 높은 종제(從弟) 개령군(開寧郡) 치(治)에게 왕위를 물려주었다. 이가 바로 제6대 왕 성종(成宗)이며 이때 그의 나이 22세였다. 적자(嫡子) 성종은 비적(非嫡) 장자(長子)로서 왕위를 계승한 인물이었다. 광종(光宗, 11년) (서기 960년) 태조의 아들 대종(大宗) 욱(旭, 제4비(妃) 신정왕후(神貞王后) 황보 씨(皇甫氏, 소생)과 태조의 딸인 선의왕후(宣懿王后) 류 씨(柳氏, 제6비(妃) 성덕왕후(貞德王后) 류 씨(柳氏, 소생)와의 사이에서 둘째 아들로 태어난 성종에게는 형 효덕(孝德) 태자와 아우 효경(孝敬) 태자가 있었다. 사실 경종(景宗)이 이들을 제쳐놓고 굳이 성종에게 양위(兩位)를 한 것은 현명(賢明)하기로 이름이 높아서만은 아니었다.

성종에게는 3명의 부인이 있었는데 제1비(妃)가 된 문덕왕후(文德王后) 류 씨(柳氏)는 광종(光宗)의 딸이다. 광종(光宗)은 성종의 아버지 대종(大宗)과는 이복형제간(異腹兄弟間)이고 또 대종(大宗)의 누이는 광종(光宗)에게 출가(出嫁)하여 대목왕후(代牧王后)가 되었다. 그러므로 광종(光宗)은 조카이면서 동시에 처조카가 되는 성종에게 자신의 딸을 준 것이다.

성종과 결혼한 문덕왕후(文德王后)는 초혼(初婚)이 아니었다. 이미 홍덕원군(弘德院君)에게 출가(出嫁)하였는데 그만 이별하고 성종과 재혼한 것이다. 홍덕원군(弘德院君)은 태조의 손자로 제7비(妃) 헌목대부인(獻穆大夫人) 평 씨(平氏) 소생 왕자인 수명(水明) 태자의 아들이다. 문덕왕후(文德王后)는 성종과 결혼하기 전에 이미 4촌과 혼인을 하였다가 다시 종형제(從兄弟)인 성종에게 출가(出嫁)한 것이다.

더욱이 문덕왕후(文德王后)는 대목왕후(代牧王后)의 소생으로 선왕(先王)인 경종(景宗)과는 남매간(男妹間)이었다. 성종은 문덕왕후(文德王后)와 혼인함으로써 광종(光宗)의 사위가 되는 동시에 경종(景宗)과는 사촌간(四寸間)에다 처남(妻男) 매부(妹夫) 사이 되어 왕위계승권(王位繼承權)을 보장받게 된 것이다.

이에 반해 제2비(妃) 문화왕후(文化王后)는 김원숭(金元崇)의 딸로 성종의 첫 번째 부인이었음에도 불구하고 공주 출신의 문덕왕후(文德王后)에 밀려 평생 첩실(妾室)대우를 받은 여성(女性)이었다. 마지막 제3비(妃) 연창궁부인(連昌宮夫人)은 유학자(儒學者) 최행언(崔幸彦)의 딸인데 최행언(崔幸彦)은 성종 2년에 과거에 합격(合格)한 유학자로 일찍이 고려 왕실과 혼인한 적이 없었던 경주최 씨(慶州崔氏) 가문 출신이었다. 성종은 기왕(旣往)의 왕실혼(王室婚) 관습을 충실히 지키면서 한편으로 유학자(儒學者) 집안과도 혼인관계를 맺었다. 이러한 새로운 혼인 양태(樣態)는 유교(儒敎) 정치를 표방한 그의 정치적 이념과 일견 부응하는 면이 있는 것이었다.

성종은 어머니 선의왕후(宣懿王后)가 일찍 죽어 할머니 신정왕후(神貞王

后) 황보 씨(皇甫氏)에 의해 길러졌다. 그런 이유로 경종(景宗)과 마찬가지로 외가(外家)인 황보 씨(皇甫氏) 가문의 영향을 상당히 많이 받았다. 경종(景宗)이 성종에게 호감(好感)을 가진 것도 같은 황보 씨(皇甫氏) 외가(外家)를 두었다는 점이 크게 작용했다.

성종은 왕위에 오르기 전부터 유학(儒學)에 밝고 인품(人品)이 뛰어나 세간(世間)의 주목(注目)을 받았다. 광종(光宗) 이후 형성된 유교적 분위기(雰圍氣)에서 자라난 그는 유교적 정치이념(政治理念)을 실현한 왕이었다. 성종은 즉위하자 팔관회(八關會)를 폐지하는 등 숭유억불정책(崇儒億佛政策)을 노골화(露骨化)하면서 왕권 확립을 위한 새로운 통치 체제를 구현하는 데 주력하였다.

성종 원년(982) 6월, 성종은 새로운 정치이념과 통치 체제를 구현할 목적으로 5품 이상의 모든 관리에게 봉사(奉事, 상소문)를 올리게 했다. 제출(製出)된 수많은 봉사문(奉仕文) 중에서 최승노(崔承老)의 〈시무(始務) 28조(條)〉를 선택한 성종은 이를 바탕으로 새로운 정치방향과 체제정비를 위한 기본 골격(骨格)을 짜기 시작했다.

고려 제7대 목종(穆宗, 997~1009)

이름은 송(誦), 자는 효신(孝伸)이다. 아버지는 경종(景宗)이며, 어머니는 헌애왕후(獻哀王后) 황보 씨(皇甫氏)이다. 2세 때 경종(景宗)이 죽자 당숙(堂叔)인 성종이 뒤를 이었다. 990년 성종(成宗, 9년) 개령군(開寧郡)에 봉해지고, 후사(後嗣)로 지명된 지 7년 만에 즉위했다.

즉위 첫해 12월 문무양반(文武兩班) 및 군인에 대한 지급 체계인 전시과(田柴科)를 개정하고, 1004년에는 과거법(科擧法)을 개정했다. 1005년에는 지방관(地方官) 제도를 개편하여 12절도(節度)·4도호(都護)와 동계(東界)·서북계(西北界)의 방어진사(防禦鎭使)·현령(縣令)·진장(鎭將)만을 남겨두고 나머지 관찰사(觀察使)·도단련사(都團練使)·단련사(團練使)·자사(刺史)는 모두 폐지하였다. 또한 서경을 중시(重視)하였으며, 북방 지역의 군사 요충지(要衝地)에 대한 정비도 이루어져 성의 수리와 축조에도 힘을 썼다.

한편, 목종(穆宗)에게 아들이 없자 모후(母后)인 천추태후(千秋太后)는 외척(外戚)인 김치양(金致陽)과 간통하여 낳은 아들을 왕으로 삼고자 했다. 1009년 정월(正月)에 모후(母后)와 김치양(金致陽)이 태조의 손으로 유일하게 왕위 계승 자격(資格)을 가진 대량원군(大良院君)을 해치려 하자, 목종은 최항(崔沆)·채충순(蔡忠順) 등에게 대량원군을 자신의 후사(後嗣)로 세울 것을 지시하는 한편, 서북면(西北面) 도순검사(都巡檢使) 강조(康兆)에게 입위(入衛)를 명했다. 대량원군의 영립(迎立)은 성공했으나, 도리어 강조(康兆)에 의해 폐위되어 충주(忠州)로 가던 중 적성(敵城)에서 강조(康兆)가 보낸 사람들에 의해 살해되었다

고려 제8대 현종(顯宗, 1009~1031)

이름은 순(詢), 자는 안세(安世)이다. 아버지는 태조의 8번째 아들인 안종(安宗) 욱(郁)이며, 어머니는 경종(景宗)의 비(妃)인 헌정왕후(獻貞王后),혹은 효숙태후(孝肅太后)이다. 비(妃)는 성종의 두 딸 원정왕후(元貞王后)·원화왕후(元和王后), 김은부(金殷傅)의 딸 원성왕후(元成王后), 대종(戴宗)의 손녀 원용왕후(元容王后)이다.

12살 어린 나이에 대량원군(大良院君)에 봉해졌으나, 천추태후(天秋太后)가 김치양(金致陽)과의 사이에 낳은 자신의 아들을 왕위에 앉히기 위해 강제

로 숭교사(崇教寺)로 보내어 승려가 되었다. 이후 서북면(西北面) 순검사(巡檢使) 강조(強調)의 정변(政變)을 일으켜서 뜻하지 않게 목종(穆宗)을 폐하여 개경(開京)이 점령당하는 바람에 나주로 피난갔다가 환도(還都)하여 즉위하게 되었다.

재위 기간 중 두 차례 발발(勃發)한 거란과의 전쟁으로 인해, 경제적 타격(打擊)을 복구하고 민심을 달래기 위해 조세(租稅) 정책을 정비했으며, 성종대(成宗代)에 중단되었던 연등회와 팔관회(八關會)도 이 시기에 다시 부활하였다.

1012년 현종(顯宗, 3년) 도절도사(道節度使)를 폐지하고 5도호부(都護府) 75목(牧) 안무사(按撫使)를 두었으며, 1018년에는 안무사(安撫使)를 폐지하고 4도호부(都護府) 8목(牧) 56지주군사(知州郡事) 28진장(鎭將) 20현령(縣令)을 두는 등 국왕을 정점(頂点)으로 한 중앙집권체제의 정비를 서둘렀다. 같은 해 거란이 현종(顯宗)의 입조(入朝)를 요구하며 다시 쳐들어왔으나 강감찬(姜邯贊)이 귀주(龜州)에서 거란군을 대파함으로써 민족적(民族的) 위기를 모면했다.

1022년 향리(鄕吏)의 장의(仗義) 명칭을 군현(郡縣)에서는 호장(戶長), 향(鄕)·부곡(部曲) 등에서는 장(長)으로 간소화시키고, 1024년에는 개경(開京)을 확장하여 5부(部) 35방(方) 314리(里)로 정했다. 또한 그동안 폐지되었던 연등회·팔관회(八關會)를 부활시켰으며, 최초로 문묘종사(文廟從祀)의 선례(先例)를 만들었다. 경제 정책으로는 농상(農桑)을 적극적으로 장려하고 감목양마법(監牧養馬法)을 제정했으며, 조세(租稅)의 균등을 기하고 양창수렴법(養倉收斂法)을 실시했다. 능(陵)은 선릉(宣陵)으로 경기도 개풍군(凱風郡) 중서면(中西面) 곡령리(曲嶺里) 능현(陵峴)에 있으며, 시호(諡號)는 원문(元文)이다.

고려 제9대 덕종(德宗, 1031~1034)

이름은 흠(欽). 자는 원량(元良). 현종의 장남으로, 어머니는 원성태후(元成太后) 김 씨(金氏)이고, 비는 현종의 딸 경성왕후(敬成王后)와 효사왕후(孝思王后), 그리고 왕가도(王可道)의 딸 경목현비(敬穆賢妃)이다.

1020년(현종 11) 연경군(延慶君)에 봉해진 뒤 1022년 태자에 책봉되었고 1031년 중광전(重廣殿)에서 즉위하였다. 그해 강감찬(姜邯贊)이 죽자 현종(顯宗) 묘정(廟庭)에 배향(配享)하였으며, 처음으로 국자감시(國子監試)를 설치하고 육운십운시(六韻十韻詩)로 시험(試驗)하여 합격자(合格者)를 냈으며, 입춘(立春) 뒤의 벌목을 금지하기도 하였다.

1032년 거란의 사신이 내원성(來遠城)에 오자 받아들이지 않고, 만일의 사태에 대비하여 삭주(朔州)·영인진(寧仁鎭,함남 영흥)·파천(派川,함남 안변)에 성을 쌓았다. 이에 앞서 거란에 사신을 보내어 압록강의 성교(城橋)를 헐고 억류(抑留)된 우리 사신의 송환을 청한 바 있으나, 이것이 받아들여지지 않자 하정사(賀正使)의 파견을 중지하는 등 거란과의 관계가 미묘해졌다. 그해 왕의 생일을 인수절(仁壽節)이라 하던 것을 응천절(應天節)이라 고쳤다. 또, 왕가도(王家度)를 감수국사(監修國史), 황주량(黃周亮)을 수국사(修國史)로 삼아 현종(顯宗) 때 착수한 국사편찬(國史編纂) 사업을 완성하였다.

1033년 평장사(平章事) 유소(柳韶)로 하여금 압록강 아귀(惡鬼)에서 서북면의 위원(威遠, 평북 의주)·정주(靜州)·운주(雲州:평북 운산)·안수(安水, 평남 개천)·청새(淸塞, 평북 희천)·영원(寧遠)·맹주(孟州, 평남 맹산)·삭주(朔州) 등의 13성과 동북면(東北面)의 요덕(耀德, 함남 영흥)·정변(靜邊)·화주(和州) 등의 3성을 연결하여 동해(東海) 도련포(都連浦)에 이르는 관성(關城), 천리장성(千里長城)을 쌓게 하였는데, 1,000여 리(里)가 되는 석성(石城)으로 높이와 두께가 각각 25척이었다.

1034년 양반 및 군·한인(韓人)의 전시과(田柴科)를 개정하였다. 그해 병으로 아우 평양군(平壤君)에게 양위(讓位)하였다. 시호(諡號)는 경강(敬康)이다. 능(陵)은 숙릉(肅陵)으로 경기도 개성에 있다.

고려 제10대 정종(靖宗, 1034~1046)

정종과 천리장성(千里長城)

덕종이 아들도 없이 20세도 채 안 되어 사망하자 그 아우인 평양군(平壤君) 형이 왕위에 올랐으니 고려 제10대 왕 정종(靖宗)이다 정종은 현종(顯宗)의 차남으로 덕종과 마찬가지로 원성왕후(元成王后) 김 씨(金氏) 소생이다. 1018년에 출생했으며 5세 때 내사령(內史令)과 평양군(平壤君)으로 책봉되었다. 1034년 즉위할 때 그의 나이 17세였다.

형 덕종을 이어서 왕위에 오른 정종은 즉위한 해에 대사면령(大赦免令)을 내려 국민화합(國民和合)을 도모했다. 덕종대(德宗代)와 마찬가지로 원로(元老) 중신(衆臣)들을 중용(中庸)하면서 안정된 사회를 구축시켜 나갔다. 선대(先代) 왕들과 마찬가지로 국방(國防)에도 신경(神經)을 써서 평북(平北) 창성(倉城)에 성을 쌓는 등 덕종 대(德宗代)에 시작된 천리장성(千里長城) 작업을 지속했다. 이때 거란은 장성 축조를 중지하라고 요구하였으나 고려는 거란에 대항하여 성을 축조하는 것이 아니라는 회신(回信)을 보냈다.

정종은 거란에 대해 덕종처럼 강경 일변도의 외교 정책을 펴나가지는 않고 타협(妥協)과 강경책(强硬策)을 적당(適當)히 안배(按排)하여 거란의 비위(非違)를 건드리지 않으려 했다. 1038년 양국간(兩國間)의 국교(國交)는 다시 정상화(正像化)되었다. 고려는 이때부터 거란 연호를 다시 사용하였으며 이후 거란이 멸망할 때까지 평화 상태가 지속되었다.

정종은 거란과의 국교정상화(國交正常化) 이후에도 정종(靖宗, 10년) (서기 1044년) 압록강에서 동해안(東海岸) 도련포(都連浦)에 이르는 대장성(大長城)을 완성하였다. 덕종(德宗, 2년)에 시작된 이른바 '북경관성(北京關城)'의 대장정(大長城)이 완성된 것이다. 흔히 알려져 있는 '천리장성(千里長城)'이 바로 이 때 완성된 북경관성(北京關城)이다. 이 관성(關城)의 축조에는 평장사(平章事) 유소(柳韶), 내사시랑(內史侍郎) 최충(崔沖)이 크게 활약한 것으로 알려져 있다.

변방의 안정을 바탕으로 정종은 일련의 사회안정책(社會安定策)을 실시하였다. 정종 2년(서기 1036년)에 한 집안에 아들이 넷 있을 경우 그 중 한 명은 출가(出家, 중이 되는 것)할 수 있도록 했다. 1039년에는 노비종모법(奴婢從母法)을 제정하고, 1040년에는 도량형(度量衡)의 규격(規格)을 새로 마련하여 세금수취(稅金受取)의 폐단을 막도록 했다. 1046년에는 적자(嫡子), 적손(嫡孫), 형제, 남손(男孫), 여손(女孫)의 순서로 상속(相續)이 이어지는 장자 상속(長子相續)법을 마련하기도 했다.

정종도 덕종과 마찬가지로 불교를 숭상한 왕이었다. 봉은사(奉恩寺) 승려(僧侶) 법경(法經)을 국사(國使)로 삼고는 수시로 봉은사를 찾아가 예불(禮佛)을 드렸다. 특히 정종 12년(1046) 3월에 시중(侍中) 최제안(崔齊安)에게 명하여 구정(毬庭)에 배향(背向)하고 개경(開京) 길가에서 승려(僧侶)들이 불경(佛經)을 암송(暗誦)하며 백성들의 복(福)을 비는 행사를 열도록 했다. 이것을 '경행(經行)'이라 하는데 그 뒤로 해마다 연례행사(年例行事)처럼 열렸다.

불가의 경행은 좌선(坐禪)할 때 졸린 것을 막거나 또는 병을 다스리기 위해 행하는 것이어서 본래 정해진 장소에서만 하는 것이었다. 정종의 명령으로 행해진 개경(開京) 경행은 불가(佛家)의 경행을 확대해서 국가의식(國家儀式)으로 삼은 변칙적(變則的)인 행사였다.

정종의 치세(治世)도 덕종과 마찬가지로 그다지 오래 가지는 못하였다. 약한 몸을 이끌고 정력적으로 정사(政事)에 몰두하다 그만 중병(重病)을 얻어드러 늪고 만 것이다. 1046년 5월 재위한지 11년 8개월 만에 이복동생(異腹同生) 낙랑군(樂浪君) 휘(徽, 문종(文宗))에게 선위(禪位)하고 요절(夭折)하니, 이때 그의 나이 불과 29세였다.

왕녀(王女)를 부인으로 맞지 않은 최초의 왕

정종은 용신왕후(容身王后) 한 씨(韓氏), 용의왕후(容懿王后) 한 씨(韓氏) 등 5명의 부인을 두었으며, 이들로부터 4남 1녀의 자녀를 얻었다. 제1, 제2 비(妃)인 용신(容身)·용의(容疑) 자매 왕후(王后)는 단주 지역(丹州地域) 출신인 재상(宰相) 한조(韓調)의 딸이다. 단주는 송악(松岳)과 인접(隣接)한 지역으로 태조의 5대조(代祖) 강충(降充)과 그의 아들 보육(寶育)이 살았던 마가(馬加)갑이(甲伊)가 있는 곳이다. 단주 한 씨(韓氏) 세력은 태조 때부터 왕실과 밀접한 관련을 맺고 있었다. 당시 재상(宰相) 가문 중에서 왕자의 혼인 대상으로 손색 없는 집안이었다.

정종은 선대 왕들과 달리 전혀 혈연(血緣) 관계가 없는 집안에서 5명의 부인을 맞아들였다. 정종은 광종(光宗) 이후 처음으로 왕족녀(王族女)를 제1비로 맞지 않은 왕이 된 것이다. 정종이 완벽한 족외혼(族外婚)을 할 수 있었던 것은 현종(顯宗)의 둘째 아들인데다, 형인 덕종이 생존(生存)하고 있어 직접적인 왕위 계승권자(繼承權者)가 아니었기 때문이다. 따라서 정종은 좀 더 자유(自由)로운 상태에서 재상가(宰相家)의 딸들과 혼인할 수 있었다. 이것은 한편으로 정종 대(靖宗代)에 외척(外戚)들의 입김이 그 어느 때보다 크게 작용했다는 것을 의미하기도 한다.

고려 제11대 문종(文宗, 1046~1083)

이름은 휘(徽), 자는 촉유(燭幽). 제8대 현종(顯宗)의 셋째 아들이며, 어머니는 원혜태후(元惠太后) 김 씨(金氏)이다. 1022년 현종(顯宗, 13년) 낙랑군(樂浪君)에 책봉되고, 1037년 정종(靖宗, 3년) 내사령(內史令)이 되었다. 그의 형인 정종에게 아들이 있었으나, 정종이 죽은 뒤 왕위를 계승했다.

즉위하자 시중(侍中) 최충(崔沖)에게 명해 종래의 율령(律令)·서산(書算)에 대한 상세(詳細)한 고정(考訂)을 가해 형법(刑法)의 기틀을 마련하게 했다. 1049년 문종(文宗, 3년) 공음전시법(功蔭田柴法), 1050년 재면법(災免法)·답험손실법(踏驗損失法) 등을 마련했다.

1062년 삼원신수법(三員訊囚法), 1063년에는 국자(國子) 제생(諸生)의 고교법(古敎法) 등을 제정했다. 1069년에는 양전보수법(量田步數法)을 제정해 전답(田畓)의 세율(稅率)을 정했으며, 그 뒤 녹봉제(祿俸制)·선상기인법(選上其人法) 등을 제정하여 집권적(執權的) 지배체제(支配體制)의 중요한 기초를 다졌다. 한편 불교를 독실(獨室)히 신봉(信奉)하여 1067년 흥왕사(興旺寺)를 준공(竣工)했고, 왕자 후(煦)를 대각국사(大覺國師) 의천(義天)를 출가시켜 승려(僧侶)가 되게 했다. 유학도(儒學徒) 장려하여 최충(崔沖)의 9재를 비롯한 12도(十二徒)의 사학(私學)을 진흥시켰다.

지방통치제도(地方統治制度)도 문종(文宗) 때 이르러 양계(兩界)에 방어사(防禦使)·진사(進士)·진장(鎭將)의 수가 늘어나고 남방(南方)의 제도(諸道)에서는 지주부군사(知州府君祠)·현령(縣令)이 증설(增設)되어 수령(守令)의 관료제(官僚制)가 강화되었다. 대외관계(對外關係)에 있어서는 북편(北便)에 침입하는 동여진(東女眞)을 토벌했으나 나중에는 회유책(懷柔策)을 썼다. 특히 송나라와는 국교(國交)를 열어 친선관계(親善關係)를 유지했다. 문종(文宗) 재위 기간에 고려의 문물제도(文物制度)는 크게 정비되었고, 불교·유교(儒敎)·

미술(美術)·공예(工藝) 등에 이르기까지 문화 전반에 걸쳐 큰 발전이 있었다. 학문을 좋아했으며, 서예(書藝)에도 뛰어났다. 양주(梁州) 삼천사(三川寺) 대지국사비(大智國師碑)의 비문(碑文)은 그의 친필(親筆)이다. 능(陵)은 경릉(慶陵)이며, 시호(諡號)는 인효(仁孝)이다.

고려 제12대 순종(順宗, 1083~1083)

순종(順宗)은 문종(文宗)의 장남(長男)이자 인예왕후(仁叡王后) 이 씨(李氏) 소생으로 1047년 12월에 태어났으며, 이름은 왕훈(王勳), 자는 의공(義恭)이다. 8세 때인 1053년 2월에 태자에 책봉되었다가 1083년 7월 문종(文宗)이 37세의 나이로 죽자, 고려 제12대 왕위에 올랐다.

왕은 원래 병약(病弱)한 몸이었다. 그런데 문종(文宗)이 죽자 그 슬픔과 상중(喪中)의 피로함을 이기지 못하고 육신이 더욱 약해졌다. 그 바람에 즉위 3개월 만에 임종(臨終)을 앞두는 신세(身世)가 됨으로써 고려 34왕 중 재위 기간이 가장 짧은 왕이 되었다.

죽음이 다가왔음을 안 그는 즉위년(卽位年) 10월 동복(同腹)아우인 국원공(國原公) 왕운(王憻)에게 나랏일을 맡기고 다음과 같은 최후 조서(詔書)를 내렸다.

내가 근자(近者)에 부왕(父王)의 유언을 받들어 국가의 중요한 직책(職責)을 맡았다. 하지만 매양(每樣) 보잘것없는 역량(力量)으로 선대 임금의 유훈(遺訓)을 받은 것이 외람(猥濫)되게 생각했다. 그러나 그대들과 더불어 혼연일체(渾然一體)가 되어 장구(藏鉤)한 계책(計策)을 강구(講究)함으로써 조상의 유업(遺業)을 보전(保全)하고 그분들의 공적(功績)을 영구(永久)히 빛내려 하였더니 뜻밖에도 거상(居喪) 중에 과도(過度)한 애통(哀慟)과 쌓이고 쌓인 근심(謹審)으로 병이 생기게 되어 시일(時日)이 지날수록 점점 심해지는구나. 그리고 이제겨울이 되면서 더욱 위중(危重)하게 되었도다. 풍전등화(風前燈火)처럼 이몽 가몽한 몸으로 어찌 죽기를 면하여 사직(社稷)을 계속 받들 수 있겠는가. 그러니 미리 대책(對策)을 세워 뒷일을 위촉(委囑)하지 않을 수 없구나.

나의 동복(同腹)아우 수태사(守太師) 중서령(中書令) 왕운(王惲)은 원래 재능(才能)이 많고 덕행(德行)도 나날이 발전할 뿐만 아니라 민간 실정(實政)에 밝고 자기 사업에 정통(正統)하며 정치의 잘잘못을 완전히 이해하고 있다. 그래서 그가 왕위에 오르면 백성들의 기대에 보답할 것이니 내가 죽거든 즉시 정권을 잡게 하라.

일체 상벌(賞罰)에 관한 중대사(中臺使)는 모두 새 임금에게 문의(問議)한 후 처리할 것이며 멀리 떨어진 주(州), 진(鎭)의 관원(官員)들은 다만 본(本)군에서 애도(哀悼)의 뜻을 표(表)할 것이요, 함부로 자기 임소(任所)를 떠나지 말게 하라. 상복(上服) 입는 기간은 하루를 한 달로 하고, 능묘(陵墓)제도는 지극(至極)히 검박(儉朴)하게 하라.

순종(順宗)은 이 같은 마지막 조서(詔書)를 남기고 그날 37세를 일기로 생을 마감하였다.

제1비(妃) 정의왕후(貞懿王后) 왕 씨(王氏)는 종실(宗室) 평양공(平壤)公 왕기(王奇)의 딸이며 생몰년(生沒年)과 능(陵)에 관한 기록은 없다.

제2비(妃) 선희왕후(宣僖王后) 김 씨(金氏)는 경주(慶州) 사람으로 대경(大徑) 김양검(金良儉)의 딸이다. 순종(順宗)이 태자로 있을 때에 간택(揀擇)되어 입궁(入宮)하여 순종(順宗)의 총애를 받았으나, 문종(文宗)이 심하게 그녀를 미워한 까닭에 다시 친정(親庭)으로 쫓겨가야 했다. 그 때문에 끝내 아이를 갖지 못했다. 칭호(稱號)는 연복궁주(延福宮主)였으며, 1126년에 죽으니 선희왕후(宣僖王后)라는 시호(諡號)가 내려졌고, 1130년 4월 제17대 인종(仁宗)의 명에 의해 순종(順宗)의 사당(祠堂)에 합사(合祀)되었다.

제3비(妃) 장경궁주(長慶宮主) 이 씨(李氏)는 인주(仁州) 사람으로 호부낭중(戶部郎中) 이호(李顥)의 딸이다. 순종이 왕위에 오르자 왕비에 책봉되어 입궁(入宮)하였다. 하지만 곧 순종이 죽자 외궁(外宮)에 거처하였고, 자신의 노비와 간통(姦通)하다가 발각되어 궁주(宮主)의 자리에서 쫓겨났다.

고려 제13대 선종(宣宗, 1083~1094)

선종(宣宗)은 문종(文宗)의 둘째 아들이자 인예왕후(仁睿王后) 이 씨(李氏) 소생으로 1049년 9월 경자(庚子) 일에 태어났으며, 이름은 운(運), 자는 계천(繼天)이다. 어려서부터 경사(經史)에 밝고 제술(製述)에 뛰어나 1056년 3월 국원후(國原侯)에 책봉된 이래 여러 관직을 거쳐 상서령(尙書令)으로 있다가, 1083년 7월 순종이 왕위에 오르자 수태사(守太師) 겸 중서령(中書令)으로 임명되었다. 그리고 그해 10월에 순종이 재위 3개월 만에 죽자 고려 제13대 왕에 올랐다. 선종은 어려서부터 총명(聰明)하고 슬기로웠으며, 자라서는 효도하고 공손하고 검소하였으나 놀이에 절도(節度)가 없고, 사탑(寺塔)을 많이 세워 백성들이 과중한 노역(勞役)에 대하여 원망이 많았다고 한다.

선종 시대의 정치는 불교와 유교(儒敎)의 균형적인 발전을 토대(土臺)로 매우 안정되었으며, 외교에서도 거란을 포함한 송(宋), 일본, 여진 등과 광범위한 교역(交易)을 추진하며 주도권을 행사하였다. 1084년 선종(宣宗, 1년) 승과(僧科)를 설치하고 불교를 장려하였으며, 변경(邊境)을 지키는 사졸(士卒)들에게 저고리와 바지를 하사(下賜)하였다. 1085년 왕의 아우 의천(義天)이 몰래 송나라에 들어가 2년 동안 불법(佛法)을 공부하고 돌아오니 그 환영의식(儀式)이 성대(盛大)하였다. 의천(宜川)은 불경(佛經)과 경서(經書) 1,000권을 바쳤고, 흥왕사(興王寺)에 교장도감(教藏都監)을 세울 것을 건의하였으며, 송(宋)·요(堯)·일본 등지에서 서적(書籍)을 사들이니 거의 4,000여 권에 달하였는데 모두 간행하게 하였다. 1089년 회경전(會慶殿)에 13층 금탑(金塔)을 세우고, 인예왕후(仁睿王后)의 청에 따라 천태종(天台宗)의 중심 사찰인 국청사(國清寺)를 짓게 하였다. 1091년 예부(禮部)의 주장으로 국학(國學)에 72현(賢) 공자(孔子)의 제자인 안회(顔回) 등 72인의 상(像)을 벽에 그려 붙였는데, 그 차례는 송나라 국자감(國子監)의 예를 따르고, 그 복장(服藏)은 10철(十哲)을 모방하게 하였다. 1094년 2월 열병(閱兵)하고, 재위 10년 7개월 만에 향년(享年) 46세로 숨을 거두었다. 능(陵)은 개성에 있는 인릉(仁陵)이며, 시호(諡號)는 사효(思孝)이다.

고려 제14대 헌종(獻宗, 1094~1095)

헌종(獻宗)은 선종의 장남(長男)이자 제2비(妃) 사숙왕후(思叔王后) 소생으로 1084년 6월 을미(乙未) 일에 태어났으며, 이름은 욱(昱)이다. 1094년 5월 선종이 서거하자 그 유언에 따라 중관전(中官殿)에서 11세의 어린 나이로 고려 제14대 왕에 올랐다. 선종의 사망 시(時) 나이 11세였던 헌종은 유아(幼兒) 시절부터 당뇨병(糖尿病)에 시달려 매우 병약(病弱)했으며, 병상(病床)에 누워 있어야 하는 처지였다. 이 때문에 대부분의 대신(大臣)들은 왕권이 선종의 동생들 중에 한명에게 넘어갈 것으로 생각했다. 즉위 초에는 어리고 병약하였으므로 태후(太后)가 청정(聽政)하여 군국대사(軍國大事)를 모두 처결(處決)하였다. 1095년 헌종(獻宗, 1년) 정월(正月) 초하루에 해 옆에 혜성(慧星)이 나타났는데 태사(太史)가 아뢰기를 "해의 곁에 혜성(彗星)이 있음은 근신(近臣)의 난이 있을 징조(徵兆)이니, 제후(諸侯) 중에 반하려는 자가 있겠다"라고 하였다. 타고난 천품(天稟)이 총명하고 지혜로웠지만, 나이어려 수성(修省)할 줄 모르고, 다만 내의(內醫) 3, 4명을 불러들여 방서(方書)를 토론하거나 서화(書畫)를 익힐 뿐이었다.

같은 해 7월에 과연(果然) 이자의(李資義)가 반란을 꾀하였으나, 오히려 주살(誅殺)되고 난은 진압되었다. 당시 사람들이 "선종은 총명(聰明)한 아우가 5명이나 있었는데도 어린 아들에게 왕위를 전하였으므로 이런 반란이 일어났다."고 애석해하였다. 난적(亂賊)을 토벌한 공으로 소태보(邵台輔)는 권판이부사(權判吏部事), 왕국모는 권판병부사(權判兵部事)가 되었다. 같은 해 8월에 계림공(鷄林松) 희(熙, 뒤에 숙종)가 중서령(中書令)으로 임명되더니 그해 10월에 어린 조카를 폐하고 왕위에 올랐다. 헌종이 제서(制書)를 내려 선위(禪位)할 때 근신(謹身) 김덕균(金德均)을 보내어 계림공(鷄林松) 희(熙)를 종저(宗邸)에서 맞이하고, 자신은 후궁으로 물러났다. 왕위를 물러난 헌종은 1097년 2월 흥성궁(興盛宮)에서 14세의 어린 나이로 생을 마감하였다. 병명(病名)은 당뇨병이었지만 그의 죽음을 재촉한 것은 왕위를 찬탈한 숙종에 대한 두려움이었을 것이다. 시호(諡號)는 회상(懷觴), 예종(睿宗) 때 공상(恭觴)으로 바꾸었다. 능(陵)은 개성에 있는 온릉(穩陵)이다.

고려 제15대 숙종(肅宗, 1095~1105)

숙종(肅宗)은 문종(文宗)의 셋째 아들이자 인예왕후(仁睿王后) 이 씨(李氏) 소생으로 순종(順宗), 선종의 동복(同腹) 아우다. 1054년 7월에 태어났으며 초명(初名)은 희(熙), 이름은 옹(顒), 자는 천상(天常)이다. 부지런하고 검소하며 과단성(果斷性)이 있고, 오경(五經)·제자서(諸子書)·사서(史書) 등에 해박하였다. 문종(文宗)의 큰 기대를 받아 "뒷날에 왕실을 부흥시킬 자는 너다"라고 하여 문종(文宗) 때 계림공(鷄林松)에 봉하여졌다. 선종(宣宗, 3년=서기 1086년)에는 수태보(守太保) 벼슬을 받았다. 1094년 조카 헌종이 왕위에 오르자 수태사(守太師) 겸 상서령(尚書令)에 올랐다. 숙종은 1094년 10월 측근 세력이 전혀 없는 어린 헌종을 밀어내고 왕위를 찬탈함으로써 고려 제15대 왕에 올랐다. 이 때의 그의 나이 42세였다. 숙종은 왕권을 장악하자 곧 반대 세력을 완전히 숙청하고, 왕위에 오르던 날에도 이자의(李資儀)의 누이동생 원신궁주(元信宮主) 이 씨(李氏)와 그녀의 아들 한산후(漢山侯), 그리고 나머지 두 아들까지 모두 경원군(慶源郡)으로 귀양을 보냈다. 1096년 6촌 이내의 혼인을 금하였으나 백성들이나 귀족들 사이에 별로 지켜지지 못했다. 1097년에는 주전관(鑄錢官)을 두고 주화(鑄貨)를 만들어 통용하게 하였으며, 1101년에는 본국의 지형(地形)을 본떠서 은병[闊口]을 주조하고 이듬해에는 고주법(鼓鑄法, 돈 만드는 법)을 제정하여 해동통보(海東通寶) 1만 5000관을 만들어 문무양반(文武兩班)과 군인들에게 분배하였다. 1099년 김위제(金謂磾)의 주장에 따라 남경(南京)을 중시(中侍)하고 남경개창도감(南京開創都監)을 두어 궁궐을 조영(照影)하게 하였다.

1102년에 예부(禮部)에서 "우리나라가 예의(禮儀)로 교화(教化)하기는 기자(箕子)로부터 비롯되었으니, 원컨대 그 분묘(墳墓)를 찾고, 사당(祠堂)을 세워 제사(祭祀)하십시오"라고 아뢰니, 이에 따라 서경에 기자사(箕子祠)를 세웠다. 1103년 동여진(東女眞)의 추장 영가(盈歌)가 사신을 보내어 내조(來朝)하였으나, 추장이 되면서 고려에 침입하였다. 같은 해 2월에 임간(林幹)이 정주(定州)에서 패하였고, 3월에는 윤관(尹瓘)이 여진 정벌을 꾀하였으나, 역시 이기지 못하고 화약(和約)을 체결하고 돌아왔다. 이에 따라 윤관(尹瓘)의 주장으로 별무반(別武班)을 처음 설치하였다. 윤관(尹瓘)은 "신(身)이 여진에게 패한 것은 저들은 기병(騎兵)이고, 우리는 보병(步兵)이므로 대적(對

敵)할 수 없었다"라고 아뢰니, 드디어 기병(騎兵)으로 구성된 신기군(神騎軍), 보병(步兵)으로 구성된 신보군(神步軍), 승도(僧徒)들로 구성된 항마군(降魔軍)을 두어 별무반(別武班)이라 칭하고, 여진정벌을 준비하게 하였다. 1105년 서경에 순행(巡行)하여 동명왕묘(東明王廟)에 제사(祭祀)하고, 병이 들어 개경(開京)으로 돌아오다가 10월에 수레 안에서 죽으니 태자 우(偶)가 유조(遺詔)를 받들어 즉위하였다. 능(陵)은 경기도 장단군(長湍郡) 진서면(津西面) 판문리(板門里)에 있는 영릉(英陵)이며, 시호(諡號)는 명효(明孝)이다.

고려 제16대 예종(睿宗, 1105~1122)

이름은 우(偶)이고. 자는 세민(世民)이다. 숙종의 맏아들이며, 어머니는 명의태후(明懿太后) 유 씨(柳氏)이다. 일찍부터 뜻이 깊고 침착해 도량(度量)이 넓었으며 학문(學文)을 좋아하였다. 부왕(父王)인 숙종의 여진정벌(女眞征伐)에 대한 서소(誓疏, 맹세하는 축원문)를 간직했다가, 즉위한 뒤 군법(軍法)을 정비하고 신기군(神騎軍, 고려시대 별무반의 기병)을 사열(査閱)하는 등 여진 정벌에 힘썼다. 1107년에 윤관(尹瓘)·오연총(吳延寵) 등으로 하여금 여진을 쳐서 대파하게 하고, 이듬해에는 함흥평야(咸興平野) 일대에 9성을 설치하였다. 그러나 계속되는 여진족의 침입, 9성 방비(防備)의 어려움, 또 윤관(尹瓘)의 공을 시기(猜忌)하는 자들의 책동(策動)으로 1년 만에 9성을 철폐하고 여진족에게 돌려주었다.

1109년 국학(國學)에 학과별(學科別) 전문(傳文) 강좌인(講座人) 칠재(七齋)를 설치해 관학(官學)의 진흥을 꾀하였다.

1112년에는 혜민국(惠民局)을 설치해 빈민(貧民)들의 시약(施藥, 무료로 약을 지어주는 일)을 담당하게 했고, 이듬해에는 예의상정소(禮儀詳定所)를 설치하였다. 1115년 완안부(完顏部)의 추장(酋長) 아골타(阿骨打)가 여진족을 통일해 자신을 황제(皇弟)라 칭하고 나라 이름을 금(金)이라 하자, 요나라에서 금나라를 정벌하기 위해 고려에 원병(援兵)을 청했으나 따르지 않았다.

1116년 청연각(清讌閣)과 보문각(寶文閣)을 짓고 학사(學士)를 두어 경서(經書)를 토론하게 함으로써 유학(儒學)을 크게 일으켰으며, 송나라로부터 대성악(大晟樂)을 들여왔는데 이것이 아악(雅樂)이라는 궁중음악(宮中音樂)이다. 1117년 금나라에서 "형인(兄人) 대여진금국황제(大女眞金國皇帝)가 아우인 고려 국왕에게 글을 보낸다"라는 글로써 화친하기를 청했으나, 조정의 반대로 회답하지 않았다.

1119년 국학(國學)에 양현고(養賢庫)라는 장학재단을 설립하였다. 이때 유사(有司)에게 명해 학사(學舍)를 널리 설치하고, 국학(國學) 칠재(七齋)의 정원을 유학 60명과 무학(武學) 17명으로 하며, 명유(名儒)를 뽑아 학관(學官)으로 삼아 가르치게 하였더니 글을 숭상하는 풍습이 크게 일어났다. 1120년팔관회(八關會) 열고 태조의 공신(功臣)인 신숭겸(申崇謙)·김낙(金樂)을 추도(追悼)해 이두문(吏讀文)으로 된 향가(鄕歌) 형식의 '도이장가(悼二將歌)'를 지었다. 1122년 4월에 죽자, 태자 해(楷, 인종)가 즉위하였다

고려 제17대 인종(仁宗, 1122~1146)

이름은 왕해(王楷), 초명은 왕구(王構). 자는 인표(仁表). 예종(睿宗)의 맏아들로, 어머니는 순덕왕후(順德王后) 이 씨(李氏)이다. 비(妃)는 이자겸(李資謙)의 3녀·4녀인 폐비 이 씨, 중서령(中書令) 임원후(任元厚)의 딸 공예왕후(恭睿王后), 병부상서(兵部尚書) 김선(金璿)의 딸 선평왕후(宣平王后)이다.

성품이 어질고 효성스러우며 너그럽고 자비로웠다. 또, 학문(學文)을 좋

아하고 스승과 벗에 대한 예가 밝았다. 1115년 예종(睿宗, 10년) 태자로 책봉, 이자겸(李資謙) 등에 의해 1122년 4월에 15세로 왕위에 올랐다.1123년 식목도감(式目都監)에서 학식(學式)을 만들게 했는데, 국자학(國子學)은 3품 이상, 태학(太學)은 5품 이상, 사문학(四門學)은 7품 이상의 자손을 입학하게 하였다. 1126년 이자겸(李資謙)의 난이 일어나자, 최사전(崔思全)과 척준경(拓俊京)을 시켜 난을 진압하고, 이자겸(李資謙)을 잡아 영광(靈光)으로 유배시켰다.

1127년 척준경(戚俊慶)을 유배하고, 중외(中外)에 조서(詔書)를 발표해 각 지방의 주(州), 현(縣)에 향학(鄕學)을 세워 지방 자제들의 교육을 진작시켰다. 1128년 묘청(妙淸)·백수한(白壽翰)·정지상(鄭知常) 등이 주장한 서경길지설(西京吉地說)에 공감(共感)해 서경의 임원역(林原驛)에 대화궐(大華闕)을 짓고 수시로 서경을 순행(巡行)하였다.

1129년 서적소(書籍所)를 설치해 정치하는 여가(餘暇)에 여러 학사(學士)들과 학문(學文)을 탐구하고 서적(書籍)을 강독(講讀)하게 하였다. 1131년 서경의 대화궁(大和宮)에 팔성당(八聖堂)을 설치해 여러 부처(部處)와 명산(名山)의 신(神)을 제사하게 하였는데, 이에 서경 천도론(西京遷都論)이 크게 일어났다.

1133년 무학재(武學齋)를 폐지함으로써 무예(武藝)로 선비를 뽑는 일은 없어졌다. 135년 묘청(妙淸)·정지상(鄭知常)·백수한(白壽翰) 등이 서경 천도론(西京遷都論)·금국정 벌론(金國征伐論)·칭제 건원론(稱帝乾原論) 등을 내세웠으나, 김부식 등에 의해 좌절되면서 묘청(妙淸)의 난이 일어났다. 이에 김부식을 서경정토원수(西京征討元帥)로 삼아 난을 평정하게 하였다.

묘청의 난을 진압한 후, 1135~1145연간에 김부식 등에게 명해 관찬사서(官撰史書)인『삼국사기(三國史記)』를 편찬하게 하였다. 이는 사마천(司馬遷)의『사기(史記)』를 모방(模倣)한 기전체(紀傳體)로 50권이나 되는 방대한 것이었다. 능(陵)은 개성에 있는 장릉(長陵)이며, 시호(諡號)는 공효(恭孝)이다.

고려 제18대 의종(毅宗, 1146~1170)

　의종(毅宗)은 인종(仁宗)의 맏아들이자 제2비(妃) 공예왕후(恭睿王后) 임 씨(林氏) 소생으로 1127년 경오(庚午) 일에 태어났으며, 이름은 현(晛), 초명(初名)은 철(徹), 자는 일승(日升)이다. 의종(毅宗)은 어린 시절부터 오락(娛樂)을 좋아하고 시(詩)를 즐겼다. 특히 격구(擊毬)에 몰입하여 학문(學文)을 소홀히 하고 내시(內侍)나 무장(武將)들과 어울려 함께 시합(試合)을 하는 일이 잦았다. 그래서 어머니 공예왕후후(恭睿王后) 임 씨(林氏)는 둘째 왕자 경(卿)을 태자로 책봉하자고 주장하기도 했다. 1134년(인종 12)에 태자가 되었으며 1146년 인종(仁宗)이 죽자 그의 유언되로 대관전(大觀殿)에서 고려 18대 왕에 올랐다. 그이 나이 20세였다.

　의종은 즉위 때부터 국내외적으로 매우 어려운 상황을 맞이하게 되었다. 우선 고려 왕실의 권위가 크게 실추되어 있었다. 이미 인종(仁宗) 때에 이자겸(李資謙)의 전횡(專橫)과 반란 등으로 실추된 왕실의 권위를 회복할 겨를도 없이 묘청(妙淸)의 난이 일어남으로써 왕권은 더욱 쇠약해졌다. 묘청의 난 진압에 따르는 서경세력(西京勢力)의 몰락은 개경(開京)에 기반을 둔 문신 세력(文臣勢力)을 득세(得勢)하게 하였다. 서경 세력의 몰락은 고려 왕실의 유력한 세력기반의 상실(喪失)을 의미하는 것이었다. 고려 왕실로서는 왕실의 권위회복과 왕권의 안정이 절실한 과제였다. 그러나 부왕(父王)인 인종(仁宗)이 해결하지 못한 난제(難題)를 어린 의종(毅宗)이 감당할 수는 없었다.

　의종은 즉위 초부터 개경(開京) 문신(文臣)세력의 심한(深恨) 제재(制裁)를 받았을 뿐만 아니라, 왕위를 엿보는 반역(反逆), 음모로 항상 신변(身邊)의 위협마저 느끼고 있었다. 의종(毅宗)은 재위 중 거동(擧動)이 잦았다. 그 이유를 이제까지 대체(大體)로 놀이를 좋아하는 그의 타고난 성격 탓으로 돌리고 있으나, 신변(身邊)의 위협을 느끼고 있었기 때문에 그러한 절박한 현실에서 도피하고자 한 것이 그 주된 이유였던 것으로 생각된다.

게다가, 당시 국제관계의 전개도 고려 측에 유리하지 않았다. 여진족이 세운 금(金)나라가 인종(仁宗) 때보다 훨씬 더 강해져서 대륙 지배세력(大陸支配勢力)으로서의 지위를 굳혔기 때문이다. 따라서 의종(毅宗) 때에는 고려 왕실의 국내적 지위는 물론 국제적 지위도 크게 위축되었던 것이다.

의종은 그 타고난 성격이 나약(懦弱)하고 섬세(纖細)하였으나, 무능(無能)하지는 않았다. 그는 격구(擊毬)와 음률(音律)에 능(能)하였으며, 특히 시문(詩文)에는 탁월한 재능을 가지고 있었다. 물론 이러한 성격과 재능(才能)은 어려운 시기의 군주(君主)에게는 맞지 않는 것이었다.그러나 그는 즉위한 뒤에 그가 해결하여야 할 당면과제가 무엇인가를 제대로 생각하고, 또 이를 실현해보려고 노력하였다.

그는 실추된 왕실의 권위를 회복하고, 또 왕조(王朝)를 중흥(中興)시키고자 하였다. 1148년에 현릉(顯陵:太祖陵)과 창릉(昌陵:世祖陵) 등을 참배하였으며, 1154년 서경에 중흥사(重興寺)를, 1158년 백주(白州)에 별궁(別宮)을 창건하여 그 명칭을 친히 중흥(重興)이라 지은 것을 보더라도 그의 생각을 엿볼 수 있다. 그리고 1170년에는 서경에 거둥(擧動)하여 신령(新令)을 반포(反浦)하였다. 그는 장차 낡은 것을 버리고 새것을 정하여 다시 왕화(王化)를 부흥하고자 하여 고성(古聖)이 권계(勸戒)한 유훈(遺訓)과 현재 민폐(民弊)를 구제(救濟)할 일을 채택하여 신령(神靈)을 반포(反浦)한다고 다짐하였다. 그 전에 그 주체적(主體的)인 내용을 보면 유교적 정치이념(政治理念)에 대하여서는 전혀 언급(言及)이 없다. 불교·음양설(陰陽說)·선풍(仙風)을 중요시하였을 뿐이다.

이것은 의종이 실제 정치에 있어서는 유교적인 가치관(價値觀)을 의식적(意識的)으로 외면하였음을 보여주는 것이다. 아마도 유교적 지식인(知識人)

이었던 문신(文臣)에 대한 정치적 반감(反感)이 그러한 생각을 가지게 한 것으로 짐작된다. 그는 평소에 인정(人情)과 태평(太平) 등에 관한 생각과 글을 남기기도 하였다. 이러한 사실들을 종합하여보면, 의종(毅宗)은 당시 매우 어려운 상황 속에서 왕조(王朝)의 중흥(中興)과 좋은 정치의 실현을 염원(念願)하고 있었던 듯하다. 그러나 그러한 생각이 실제 정치면(政治面)에 구체적인 성과로써 나타나지는 못하였다. 오히려 그는 재위 중 왕권능멸(凌蔑)의 풍조(風潮)와 신변의 위협으로 시달림을 받았다.

따라서 그가 할 수 있었던 것은 부처나 여러 신(神)들에게 의존(依存)하거나 각 처로 옮겨 다니며 놀이로써 시름을 잊거나, 문신(文臣)들에게 자기 과시를 하는 것이었다. 그는 그가 처하여 있던 시대 상황에 적극적으로 대응할 수 없었다. 그것이 의종대(毅宗代)의 왕권이 가진 한계성이었다. 의종(毅宗)의 행적을 보면, 그가 재위 중에 유흥(遊興)과 오락(娛樂)생활에 깊이 빠지고, 또 지나치게 불법(佛法)을 숭상하고 신지(神祇)를 존신(尊信)하는 등으로 많은 폐단을 초래한 것은 사실이다. 그러나 그 원인을 의종(毅宗) 개인(個人)의 방종경박(放縱輕薄)한 성격 탓으로 돌려서는 안 될 것이다. 오히려, 당시의 시대 상황 속에서 의종(毅宗)의 행동이 그렇게밖에 나타날 수 없었던 요인에 주목하여야 할 것이다. 의종대(毅宗代)의 왕권과 문신(文臣) 세력의 대립·갈등은 정치적·사회적 혼돈을 초래 하였고, 그것이 무신정변(武臣政變)의 계기가 되었다. 1170년 의종이 보현원(普賢院)에 거둥(擧動)하였을 때에 정중부(鄭仲夫)·이의방 (李義方)·이고(李高) 등 무신(武臣)들이 정변(政變)을 일으킴으로써 그는 왕위에서 물러나 거제현(巨濟縣)로 옮겨갔다. 이것이 바로 정중부(鄭仲夫)의 난이다. 이와 동시에 그의 아우인 익양공(翼陽公) 호(晧)가 즉위하니, 그가 곧 명종(明宗)이다.

이후 무신(武臣)시대가 열게 되고, 고려사회는 새로운 변혁기(變革期)로 접어든다. 무신 시대는 정주부(鄭仲夫), 경대승(慶大升), 이의민(李義旼), 최충헌 일가로 이어져 명종 대(明宗代)에서 고종 대(高宗代)까지 1백 년이나 지속된다.

그 뒤 1173년 명종(明宗, 3년)에 김보당(金甫當)이 무신정권(武臣政權)에 항거하여 거병(擧兵)하면서 사람을 보내어 의종을 받들어 계림(鷄林:慶州)에 나오게 하였다. 그러나 김보당(金甫當)의 거병이 실패하자, 의종은 무신정권(武臣政權)이 보낸 장군 이의민(李義旼)에 의하여 비참하게 살해되어 곤원사(坤元寺) 북쪽 연못에 던져졌다. 이 때가 1173년 10월이며 향년(享年) 47세였다. 묘효(廟號)는 의종(毅宗), 능(陵)은 희릉(禧陵)이며, 시호(諡號)는 장효(莊孝)이다.

고려 제19대 명종(明宗, 1170~1197)

이름은 호(晧요, 초명은 흔(昕)이며, 자는 지단(之旦)이다. 인종(仁宗)의 셋째 아들이며, 의종(毅宗)의 친동생(親同生)이다. 비(妃)는 김온(金溫)의 딸 의정왕후(義靜王后)이다. 1148년 의종(毅宗, 2년) 익양후(翼陽侯)에 책봉되었다. 1170년 정중부(鄭仲夫) 등이 무인(武人) 난을 일으켜 의종(毅宗)을 몰아내고 추대하여 즉위했다.

정중부 등 무인(武人)이 정권을 장악한 이후 과거에 문신(文臣)들이 했던 것보다 더욱 횡포(橫暴)가 심하자 이들 무인(武人)들을 제거하기 위하여 1173년 동북면병마사(東北面兵馬使) 김보당(金甫當)이 동계(東階)에서, 1174년에는 서경유수(西京留守) 조위총(趙位寵)이 서경에서 군사를 일으켰으나 모두 실패했다. 또한 무인이 집권하는 과정에서 사회질서(社會秩序)의 혼란이 일어나 결국 각지에서 농민 반란이 자주 일어났다.

그의 재위기간 동안 무인의 지위가 상승(上昇)하여, 1173년 3경(京)·4대도호부(大都護府)·8목(牧)으로부터 군(郡)·현(縣)·역(驛)·관(館)에까지 무인의 등용을 허락했으며, 1186년에는 장군 차약송(車若松) 등 무관(武官) 43명을 내시원(內侍院)과 다방(茶房)에 겸속(傔屬)시켰다. 무인의 겸속(傔屬)은 이때부터 시작되었으며 왕의 근시직(近侍職)까지도 차지하게 되었다.

1197년 이의민(李義旼)을 죽이고 정권을 장악한 최충헌에 의해 폐위 당하여 창락궁(昌樂宮)에 연금(軟禁)되었다. 아우인 평량공(平涼公) 민(旼, 신종)이 왕위를 이었다. 능(陵)은 지릉(知陵)이며, 시호(諡號)는 광효(光孝)이다.

고려 제20대 신종(神宗, 1197~1204)

이름은 탁(晫)이요, 초명(初名)은 민(旼)이고, 자는 지화(至華)이다. 인종(仁宗)의 다섯째 아들이며, 명종(明宗)의 동생이다. 비(妃)는 강릉공(江陵公) 김온(金溫)의 딸 선정태후(宣靖太后)이다. 1154년 의종(毅宗, 8년) 정월(正月)에 평량후(平涼侯)로 책봉되었다. 1196년에 정권을 잡은 무인 최충헌이 명종을 폐하고 그를 옹립하여 1197년 9월 즉위했다. 그러나 신종(神宗)은 왕이라는 이름뿐 실권(實權)이 없었고, 실제로는 최충헌이 국사(國事)를 마음대로 좌우했다.

1198년 최충헌(崔忠獻)의 주장에 따라 산천비보도감(山川裨補都監)을 설치했고, 1199년에는 최충헌이 문무관(文武官)의 인사권(人事權)을 장악하게 됨에 따라, 사람을 살리고 죽이는 것과 임명하고 파직시키는 것을 그의 뜻에 따라 행할 뿐이었다. 더욱이 다음해에는 최충헌이 자신의 사병집단(私兵集團)인 도방(都房)을 설치하여 무력기반을 더욱 탄탄히 했다.

또한 재위 중에 봉기(蜂起)가 자주 일어났는데 1198년 만적(萬積)의 난을 비롯하여 이듬해 명주(溟州)·동경(東京), 잇달아 진주(陳州)·전주(全州)·합주(陜

州) 등지에서 민란(民亂)이 일어났고, 1202년에는 탐라에서 대규모의 농민 봉기(蜂起)와 경주(慶州) 별초군(別抄軍)의 난이 일어났다. 1203년 12월 등창으로 앓아눕게 되자, 이듬해 정월 태자에게 왕위를 물려주고 곧 죽었다. 능호(陵號)는 양릉(陽陵)이다. 시호(諡號)는 정효(靖孝)이며 1253년 고종(高宗, 40년) 경공(敬恭)이라는 시호(諡號)가 더해졌다.

고려 제21대 희종(熙宗, 1204~1211)

이름은 영(韺)이요, 초명(初名)은 덕(悳)이며, 자는 불피(不陂)이다. 신종(神宗)의 맏아들로 어머니는 정화태후(貞和太后) 김 씨(金氏)이고 비(妃)는 성평왕후(成平王后) 임 씨(林氏)이다. 1200년 신종(神宗, 3년) 태자로 책봉되었고, 1204년 신종의 양위(讓位)를 받아 즉위했다. 1200년 신종(神宗, 3년)에 태자로 책봉되고 1204년에 신종(神宗)의 양위(讓位)를 받아 대관전(大觀殿)에서 즉위하였다.

1205년 희종(熙宗, 1년) 즉위에 공이 있었던 최충헌을 문하시중(門下侍中) 진강군개국후(鎭江軍開國侯)에 봉했으며, 이듬해 다시 진강후(晉康侯)에 봉하고 흥녕부(興寧府)를 세우게 했다. 그러나 이후 최충헌의 횡포가 심해지자 1211년 내시 왕준명(王濬明) 등과 함께 그를 죽이려다 실패, 도리어 폐위되어 강화로 쫓겨났다가 자란도(自亂島)에 옮겨졌다.

1215년 고종(高宗, 2년) 다시 교동(喬桐)으로 옮겨졌다가 1219년 개경(開京)으로 봉영(封塋)된 후 셋째 딸 덕창궁주(敎洞德昌宮主)를 최충헌의 아들 성(珹)과 혼인시켰다. 1227년 복위의 음모가 있다는 무고(誣告)로 최우(崔瑀)에 의해 다시 강화로 쫓겨났다가 교동(喬桐)으로 유배되어 1237년 법천정사(法天精舍)에서 죽었다. 능(陵)은 석릉(石陵)이다. 시호(諡號)는 성효(成孝)이며, 묘호(廟號)는 정종(貞宗)이라 했다가 다시 희종(熙宗)으로 고쳤다.

고려 제22대 강종(康宗, 1211~1213)

부왕(父王) 명종(明宗)의 폐위 후 강화도로 유배되었다가 부왕(父王) 서거 후 왕위로 옹립되었다. 그러나 무인정권과 최충헌이 권력을 장악하고 있었으므로 사실상 왕으로서 실권(實權)은 없었다. 1년 9개월의 짧은 재위 기간 동안 별다른 활동을 펼치지 못했으며, 부왕(父王) 명종(明宗)의 능(陵)에 다녀온 후 병이 들어 곧 세상을 떠났다.

왕의 이름은 숙(璹)또는·정(貞)·오(祦)이고, 자는 대화(大華)이다. 명종(明宗)의 맏아들로 어머니는 광정태후(光靖太后) 김 씨(金氏)이며, 비(妃)는 원덕태후(元德太后) 유 씨(柳氏)이다. 1171년 명종(明宗, 1년) 관례(冠禮)를 올리고 1173년 왕세자(王世子)가 되었다.

최충헌에 의해 명종과 함께 강화도로 쫓겨났다가, 1210년 희종(熙宗, 6년)에 다시 불려와 수사공(守司空) 상주국(上柱國) 한남공(漢南公)이 되었다. 이듬해 최고 권력자인 최충헌의 옹립으로, 폐위된 희종(熙宗)에 이어 왕이 되었다. 당시는 무인집권기(武人執權期)로 최충헌이 권력을 장악하고 있었으므로, 실권(實權)이 없었을 뿐만 아니라 재위 기간도 1년 9개월에 불과했다.

1213년 강종(康宗, 2년) 4월 부왕(父王)의 능(陵)에 다녀온 뒤 병을 얻어 자리에 누웠으며 나흘 뒤 세상을 떠났다. 능(陵)은 후릉(厚陵)이며, 시호(諡號)는 원효(元孝)이다.

고려 제23대 고종(高宗, 1213~1259)

왕의 이름은 철(皞)이요, 초명(初名)은 진(瞋)·또는 질(晊)이고, 자는 대명(大明)·천우(天祐)이다. 22대 강종(康宗)의 맏아들이며, 어머니는 원덕태후(元德太后) 유 씨(柳氏)이고, 왕비는 21대 희종(熙宗)의 딸 안혜태후(安惠太后) 유 씨(柳氏)이다. 1212년 강종(康宗, 1년) 태자에 책봉, 이듬해 강종(康宗)의 뒤를 이어 왕위에 올랐다.

1217년 고려 고종(高宗, 4년) 7월 거란군이 10만 대군으로 침공해 왔을 때 김취려(金就礪) 장군이 험준한 지형(地形)을 이용하여 전공(戰功)을 세운 것으로 유명하다. 최 씨(崔氏) 무인정권기(武人政權期)가 계속된 무인정권(武人政權)의 제약(制弱)을 받아 실권(實權)을 잡지 못했다. 당시 무인정권의 실권자(實權者)인 최충헌은 명종과 희종을 폐하고 신종(神宗)·희종(熙宗)·강종(康宗)·고종(高宗)을 세우는 등 마음대로 국왕을 폐립(廢立)하는 권력을 행사했다.

고종(高宗)은 1218년 당시 최고 실력자인 최충헌이 70세로 자리에서 물러나려고 하자 궤장(机杖)을 주어 계속 정사(政事)를 돌보게 했으며, 이듬해 왕 씨(王氏) 성을 주었다.

1219년 최충헌이 궤장과 왕 씨(王氏) 성을 반납하고 죽자, 그의 아들 최우(崔瑀)가 실권(實權)을 잡고 정방(政房)을 통하여 백관(百官)의 인사(人事)를 좌지우지했으므로 실질적인 권력을 행사하지 못했다. 그러다가 1258년 만년(晚年)에 이르러 최의(崔竩)가 대사성(大司成) 유경(柳璥)과 별장(別將) 김인준(金仁俊) 등에 의해 제거된 후 왕권이 복구되었으나, 실권은 여전히 김인준(金仁俊)과 임연(林衍) 부자(父子)에게 있었다. 전라남도 송광사(松廣寺) 내 박물관에 고종제서(高宗諸書,국보 제43호)가 전시되어 있다. 이 제서(諸書)는 1215년 고려 고종(高宗, 2년) 왕이 진각국사(眞覺國寺) 혜심(慧心)에게 대선사

(大禪師)의 호(號)를 내린 고명문(告命文)이다.

고종(高宗) 때는 북방민족(北方民族)의 흥망(興亡)이 빈번했고 또한 이로 인한 타격(打擊)도 컸다. 1231년부터 30여 년 간에 걸쳐 몽골의 침략이 자주 있어 강화도로 도읍을 옮겨가며 28연간 항쟁했으나, 막대한 인명(人命)과 재산의 피해를 가져왔다. 1232년 대구(大丘) 부인사(符仁寺)에 보관되고 있던 현종(顯宗) 때의 대장경판(大藏經版)이 소실되고, 1238년 고종(高宗, 25년)에는 경주(慶州) 황룡사(황룡사)의 9층탑이 불에 타버렸다. 이듬해 몽골에서는 고종(高宗)의 친조(親朝)와 성곽(城廓) 철거를 조건으로 철병(撤兵)하고 실행을 강요하므로 하는 수 없이 영녕공(永寧公) 준(俊)을 볼모로 보냈다.

그러나 몽골에서는 친조(親朝)를 시행치 않은 것을 이유로 자주 침입하므로 1259년에는 부득이 태자 전(倎, 뒤의 원종)을 보내어 조회(朝會)의 형식을 취하고 강화의 내성(內城)과 외성(外城)을 헐었다. 이러한 태자의 친조(親朝)와 성곽(城廓)의 철거는 몽골에 대한 굴복(屈伏)을 뜻했으며, 1270년 몽골의 세력을 등에 업은 원종(元宗)과 그 일파의 거사로 무인정권은 무너졌으나, 그 후 로 몽골의 정치적인 간섭을 받게 되었다.

한편 고종(高宗)은 1227년 감수국사(監修國史) 평장사(平章事) 최보순(崔甫淳), 수찬관(修撰官) 김양경(金良鏡)·임경숙(任景肅)·유승단(兪升旦)에게『명종실록(明宗實錄)』을 편찬하게 하여 사관(史觀)과 해인사(海印寺)에 각각 보관시켰다. 그리고 부처의 도움으로 외적(外敵)을 물리치려고 1237~51년 대장도감(大藏都監)을 설치하여 소실(燒失)된 대장경판(大藏經版)을 다시 조판(組版)했다 시호(諡號)는 안효(安孝)이며, 능(陵)은 홍릉(弘陵)이다.

고려 제24대 원종(元宗, 1259~1274)

이름은 식(植), 초명(初名)은 전(倎), 자는 일신(日新). 고종의 맏아들이며, 어머니는 안혜태후(安惠太后) 류 씨(柳氏)이다. 비(妃)는 장익공(莊翼公) 김약선(金若先)의 딸인 정순왕후(靜順王后)인데, 충렬왕(忠烈王)이 즉위하여 순경태후(順敬太后)로 추존(追尊)했다. 1235년 고종(高宗, 22년) 태자에 책봉되었다. 1259년 강화(講和)를 청하기 위해 몽골에 갔다가 그 해 고종이 사망하자 이듬해 귀국해 강안전(康安殿)에서 즉위하였다.

고려는 1258년의 정변(政變)으로 최 씨(崔氏) 무인정권이 종말을 고하고 형식적으로는 왕정복고(王政復古)가 이루어졌으나, 실권(實權)은 정변(政變)의 주체(主體)인 김준(金俊)·유경(劉敬) 등이 장악하고 있었다. 한편 자랄타이(車羅大)가 이끄는 몽골군(蒙古軍)이 출륙환도(出陸還都)와 태자입조(入朝)를 요구하며 4차례에 걸쳐 침입해오자, 고려는 결국 몽골의 요구를 수락(受諾)하기로 결정했다. 이러한 상황에서 즉위한 원종(元宗)은 왕권의 회복과 신장(新裝)을 위해 몽골황실(皇室)에 접근하는 등 적극적인 친선(親善)정책을 취했다.

1260년 왕자 심(諶)을 태자에 책봉하였다. 1261년 태자를 몽골에 보내 아리패가(阿里孛哥)의 평정을 축하하였다. 원종(元宗) 역시 태자 때 몽골에 다녀왔고 태자를 몽골에 보내는 등 몽골에 성의(誠意)를 표명(表明)해 원활(圓滑)하게 국교(國交)를 수립하고자 노력하였다. 그 해 강도(江都)에 동서학당(東西學堂)을 설치하였다.

1262년(원종 3) 10월에 미륵사(彌勒寺)의 공신당(功臣堂)에 13명의 위사공신(衛社功臣)이 벽상도형(壁上圖形) 되었다. 이 중 천도공신(遷都功臣)이었던 최이(崔怡: 崔瑀)도 포함되었는데, 이는 당시 김준(金俊)이 대몽항쟁(對蒙抗爭)을 주도(主都)한 최이(崔怡)의 이념을 따르겠다는 의도를 나타낸 것이었다.

1263년 홍저(洪泞)·곽왕부(郭王府) 등을 일본에 보내 해적이 고려를 침범하는 것을 일본 정부가 단속해달라고 청하였다. 1264년 원종(元宗, 5년) 8월에 몽골이 사신을 보내 친조(親朝)를 요구하자 몽골에 들어갔다가 돌아왔다. 원종(元宗)의 친조(親朝)에 대해 김준(金俊) 일파는 굴욕(屈辱)이라 주장하면서 반대하였고, 참지정사(參知政事) 이장용(李藏用)을 중심으로 한 문신(文臣)들은 찬성하는 입장이었다.

결과는 친조(親朝)라는 사소(私訴)한 명분을 가지고 대몽관계(對蒙關係)를 악화(惡化)시켜 전쟁을 재발시킬 필요가 없다는 의견으로 마무리되었다. 이로써 김준(金俊) 등의 세력이 일방적으로 대몽(對夢) 강경 노선(路線)을 고집할 수 없게 되었다.

1267년 감수국사(監修國史) 이장용(李章鏞), 동수국사(同修國史) 유경(柳璥), 수찬관(修撰官) 김구(金坵)와 허공(許珙) 등에게 명을 내려 신종(神宗)·희종(熙宗)·강종(康宗) 3대의 실록(實錄)을 편찬하게 하였다. 1268년 환도(還都)를 준비하기 위해 개경(開京)에 출배도감(出排都監)을 설치하였다. 같은 해 12월 임연(林衍)이 김준(金俊)을 살해한 무진정변(戊辰政變)이 일어났는데, 국왕 원종(元宗)이 이 정변(政變)을 배후에서 주도하였다.

1269년에는 태자 심(諶)을 몽골에 보냈으며, 친몽정책(親蒙政策)과 개경환도(開京還都)를 추진하다가 반몽정책(反蒙政策)을 펴던 임연(林衍)에게 폐위당해(當該) 동생 안경공(安景恭) 안경공창(安慶公淐)이 왕위에 올랐다. 그러나 원(元)의 도움으로 4개월 만에 복위되었고, 복위된 지 15일 만에 친위적(親衛的)·근왕적(勤王的)인 성격의 무신(武臣)들에 의해 임연(林衍)을 살해하려고 하였으나 실패하였다.

이후 국왕 폐위 사건의 진상해명(眞想解明)을 추궁하는 몽골의 입조(入朝) 요구에 따라 곧바로 몽골에 갔는데, 원(元)의 세조(世祖)에게 태자 왕심(王諶)의 혼인을 청하였고 아울러 몽골 군대를 청병(請兵)하였다. 이는 몽골

황실(皇室)과의 혼인으로 막강한 정치적 기반을 다지고, 몽골 군사를 빌어 임연(林衍)을 제거하고 실제적 왕정 복고(王政復古)를 이룩하려는 의도였다.

이러한 의도와는 상반되게, 서북면병마사(西北面兵馬使) 기관(記官)이었던 최탄(崔坦) 등이 임연(林衍)을 타도한다며 서경 권역(權域)에서 반란을 일으키고 북계(北界)를 장악하였다. 이후 자비령(慈悲嶺) 이북 북계(北界) 지방에 몽골 직할지(直轄地)인 동녕부(東寧府)가 두어짐으로써 강도정부(江都政府)와 대립하였다.

한편 권세가에 의해 일반 농민들의 토지가 점탈(占奪)당하고 양인(良人)이 노비화(奴婢化)되는 현상이 만연하자 노비·토지 제도를 바로잡기 위해 1269년 전민변정도감(田民辨整都監)을 설치하였다. 그러나 이때 설치한 전민변정도감(田民辨整都監)은 반역자(反逆者)나 죄인의 토지·노비를 적몰(籍沒)하는 정도로 그쳤으므로 그 효과는 미미했다.

1270년 몽골과 재앙전(災殃戰)할 준비를 갖추던 임연(林衍)이 등창(登昌)으로 죽자 그의 아들 임유무(林惟茂)가 교정별감(教定別監)에 올라 실권(實權)을 행사하였다. 그 해 태자와 더불어 몽골에서 돌아와 임유무(林惟茂)의 정치적 기반이 불안한 상태를 기회로 삼아 개경(開京) 환도(還都)를 실현하였다. 이때 임유무(林惟茂)는 강화도를 거점으로 몽골과 최후까지 항전(抗戰)하려 하였으나 원종(元宗)에게 회유(懷柔)된 홍문계(洪文系)·송송례(宋松禮) 등 측근에 의해 죽임을 당했다.

임유무(林惟茂)제거와 개경(開京) 환도 이후 강화도에서는 배중손(裵仲孫)을 중심으로 삼별초가 항전(抗戰)을 선포하였으나 3년 만인 1273년에 여(麗)·원(元) 연합군(聯合軍)에 의해 진압되었다. 1274년 원나라의 매빙사(媒聘使)가 남편이 없는 부녀자 140명을 요구하자 결혼도감(結婚都監)을 설치하고 민간(民間)의 독녀(獨女)와 역적(逆賊)의 처, 종(從)의 딸 등을 보내니 백성들의 원성(怨聲)이 높았다. 상훈(賞勳)과 추모(追慕)는 시호(諡號)를 순효(順孝)

로, 원나라의 시호(諡號)는 충경(忠敬)이다. 능(陵)은 소릉(韶陵)인데, 경기도 개풍군(凱風郡) 영남면(嶺南) 내동리(內洞里)에 있다.

고려 제25대 충렬왕(忠烈王, 1274~1308)

이름은 거(昛)이고, 초명(初名)은 심(諶)또는·춘(賰)이다. 원종(元宗)의 맏아들이며, 어머니는 추밀부사(樞密副使) 김약선(金若先)의 딸 순경태후(順敬太后) 김 씨(金氏)이다. 정비(正妃)는 원세조(元世祖)의 딸 장목왕후(莊穆王后)=제국대장공주(齊國大長公主), 홀도로게리미실공주(忽都魯揭里迷失公主)이다. 구비(舊妃)는 시안공인(始安公絪)의 딸 정화궁주(貞和宮主)와 숙창원비(淑昌院妃) 김 씨(金氏) 3명의 부인으로부터 4남 2녀를 얻었다.

아버지 원종(元宗)이 원나라에 머물던 1259년 6월, 할아버지 고종(高宗)이 승하하자 태손(太孫)이었던 그가 원종을 대신하여 국사(國事)를 처결(處決)했다. 1260년 원종(元宗, 1년) 태자에 책봉되고, 1271년 원나라에 가서 세조(世祖)에게 혼인 허락을 받고, 이듬해 귀국 시(歸國時)에 몽골 풍속인 변발(辮髮)과 호복(胡服)을 하여 고려인(高麗人)들은 탄식하거나 우는 자까지 있었다고 한다.

1274년 5월 제국대장공주(齊國大長公主)와 혼인하였고, 원종(元宗)이 죽자 원나라에서 돌아와 왕위에 올랐다. 대륙국가(大陸國家)와의 왕실 혼인(王室婚姻)은 이번이 처음으로 이로써 고려는 역사의 한 전환기를 맞게 되어, 양국의 우호관계(友好關係)를 공고(公告)히 할 수 있었고 역대 권신(權臣)들의 발호(跋扈)에 억눌려오던 왕실의 지위도 회복, 강화할 수 있었으나 자주성(自主性)을 잃은 종속국(從屬國)으로 전락(轉落)하여 이후 원나라의 많은 간섭을 받게 되었다. 결혼한 제국대장공주(齊國大長公主)가 고려에 와서 몽골

양식(蒙古樣式)의 생활을 하고 사사로이 부리는 사람도 원나라에서 데려옴으로써 고려 왕실에는 몽골의 풍속·언어 등이 퍼지게 되었다.

즉위년 10월 일본 정벌(日本征伐)이 원세조(元世祖)의 강요로 실행되어 1차로 여원연합군(麗元聯合軍)이 합포(合浦, 마산)에서 출정, 대마도는 김방경(金方慶)이 이끄는 고려군(高麗軍)의 힘으로 무찔렀으나 뜻하지 않은 폭풍(暴風)을 만나 본토정벌(本土征伐)은 실패하였다. 1281년에 감행된 2차 정벌도 폭풍을 만나 실패로 끝났다. 원나라는 이후에도 두 번 더 정동행성(征東行省)을 설치하고 정벌준비를 강요하여 피해가 극심하였다.

1293년 왕은 공주와 함께 동정(東征)의 불가(不可)함을 직접 호소하고자 원나라로 갔는데 이듬해 원세조(元世祖)의 죽음으로 동정(東征)은 그쳤다. 1290년 원나라를 괴롭히던 내안(乃顏)의 여당(餘黨)인 합단(合丹)이 두만강(豆滿江)을 건너 쳐들어와 왕은 원나라에 원군파병(元軍派兵)과 천도(遷都)할 것을 요청하고 강화로 피난하였다.

이 싸움은 1년 반 만에 원병(元兵)의 협력으로 끝났는데 합단(哈丹)은 교주도(交州道)로 들어와 양근(楊根)·원주(原州)를 함락하고 충주(忠州)를 거쳐 연기(燕基)에까지 침입하였으며, 이때 원충갑(元沖甲)·한희유(韓希愈) 등의 활약이 컸다. 이밖에도 야인(野人)과 왜구의 잦은 침입이 있었으나 김방경(金方慶)의 활약으로 물리쳐 국운(國運)을 보존하였다. 원나라의 압력(壓力) 밑에서도 국토 보존에 힘을 기울여 최탄(崔坦)이 몽골에 반부(返附)함으로써 생긴 동녕로(東寧路)를 원세조(元世祖)에게 직접 환부 요청(還付要請)을 하여 1290년 돌려받아 여기에 서성유수관(西京留守官)을 설치하였고, 삼별초의 최후 근거지로 몽골에 함락되어 다루가치총관부(達魯花赤總管府)가 설치되었던 탐라를 1294년에 원나라 성종에게서 돌려받아 제주(濟州)라 고치고 목사(牧使)를 두었다.

원나라의 간섭은 직접 행정(行政)에도 미쳐 관제(官制)가 참월(僭越)하다고 고치기를 강요하여, 1275년 중서문하성(中書門下省)과 상서성(尙書省)을 합쳐 첨의부(僉議府)로, 추밀원(樞密院)은 밀직사(密直司)로, 어사대(御史臺)는 감찰사(監察司)로 고치고 육부(六部)도 폐합(廢合), 변경(變更)하여 전리사(典理司)·군부사(軍簿司)·판도사(版圖司)·전법사(典法司)로 하였다.

그리고 조(祖)·종(宗) 대신에 왕을 칭하고 충성을 뜻하는 '忠'자를 붙이게 되었으며, 선지(宣旨)도 왕지(王旨)로, 짐(朕)은 고(孤)로, 사(赦)는 유(宥)로, 폐하(陛下)는 전하(殿下)로, 태자는 세자로 하였다.

또한 일본 정벌을 위하여 일시적으로 설치하였던 정동행성(征東行省)을 그대로 두어 내정(內政)을 간섭하는 일까지 있었다. 이밖에 몽골 직제(蒙古職制)의 영향으로 생겨난 관직도 있으니 몽골식(蒙古式) 기병(騎兵)이 야간순찰(夜間巡察)을 돌게 하는 순마소(巡馬所), 매 잡는 것을 임무로 하는 응방(鷹坊), 귀족의 자제로 일찍이 왕을 좇아 원나라에 질자(質子)가 되었다가 순번제(順番制)로 숙위(宿衛)의 임무를 맡은 홀지(忽只), 몽골어(蒙古語)를 습득하게 하는 통문관(通文官) 등이 있고, 관직은 아니지만 공주를 따라온 겁령구(怯怜口) 등이 있었다.

이곳 소속 관원(官員)들은 사전(賜田)의 특권을 누리고, 원나라의 세력을 믿고 당대 세력가들로 부상(浮上)하여 부역(賦役)에 시달려 도망하는 양민(良民)을 모아 농장(農莊)을 경영하고, 조세(租稅)를 가로채고 주현(州縣)의 부세(賦稅)를 좀먹어 양민(良民)을 괴롭혔다.또 특수임무(任務)를 띤 별감(別監)이 자주 주·현(州縣)에 파견됨으로써 지방민(地方民)의 피해가 극심하였다. 특히, 왕 자신이 세자나 공주가 말릴 정도로 사냥을 좋아하여 국고(國庫)를 고갈시켰고 이로써 매(鷹)를 관리하는 응방(鷹坊)의 적폐(積弊)는 특히 심하였다. 1298년 왕의 총애를 믿고 세력을 부리던 궁인(宮人) 무비(無比)가 그 당류(黨類)와 함께 세자(世子, 뒤의 충선왕)에게 주살(誅殺)되자 정치에 염증(厭症)을 느껴 세자에게 왕위를 넘기고 태상왕(太上王)이 되었고, 원나라에서 부마상주국 일수왕(駙馬上柱國) 일수왕(逸壽王)의 호(號)를 받았다.

이 해 8월 충선왕(忠宣王)이 왕비 계국대장공주(薊國大長公主)의 무고(誣告)로 국인(國印)을 빼앗기고 원나라로 가자 다시 왕위에 올랐다. 그러나 이후부터는 정사(政事)는 돌보지 않고 사냥과 음주가무에만 몰두하였고, 부자(父子) 간의 이간(離間)을 일삼는 왕유소(王惟紹)·송린(宋璘)의 무리에 귀 기울여 왕위를 서흥후(瑞興侯) 전(琠)에게 계승시키고 계국대장공주(薊國大長公主)를 개가(改嫁)시키려는 음모에 동조(同朝)하여 1305년 이를 성사시키려고 원나라로 직접 가기까지 하였다.

그러나 충선왕(忠宣王)이 원나라 무종(武宗)의 옹립에 공이 커 원(元)조정에서 위치가 강대(强大)해짐으로써 왕유소(王惟紹) 일당은 처형되었고 왕도 귀국하게 되었다. 이후 실권(實權)은 세자에게 빼앗기고 1308년에 죽으니 충선왕(忠宣王)이 왕위에 오르게 되었다. 시호(諡號)는 충렬(忠烈)이며, 능(陵)은 경릉(慶陵, 開城 소재)이다.

고려 제26대 충선왕(忠宣王, 1308~1313)

원(元) 세조(世祖) 쿠빌라이(홀필렬=忽必烈)의 외손자(外孫子)인 충선왕(忠宣王)은 부왕(父王)인 충렬왕(忠烈王)으로부터 양위(讓位) 받아 즉위했지만 ,부부(夫婦) 간의 불화 때문에 원(元) 황실(皇室)에 의해 5개월 만에 폐위되었다. 그러나 충렬왕이 승하한 뒤 재차 보위(寶位)에 오르자 강력한 권력을 바탕으로 개혁정치(改革政治)를 시행했다. 만년(晩年)에는 연경(燕京)에 만권당(萬卷堂)을 설치하여 원나라와 고려의 문화 교류(交流) 및 학문(學文) 발전에 이바지했다

이름은 장(璋), 몽골 명(蒙古名)은 이지리부카(益知禮普花)이고, 자는 중앙

(仲昻)이다. 충렬왕(忠烈王)의 큰아들이며, 어머니는 원세조(元世祖) 쿠빌라이 (忽必烈)의 딸 제국대장공주(齊國大長公主=몽골 명은 쿠두루칼리미쉬(忽都魯揭迷述矢))이고, 비(妃)는 원나라 진왕(晋王) 감마라(甘麻剌)의 딸 계국대장공주(?國大長公主=몽골 명은 보다시리(寶塔實憐))이다. 조인규(趙仁規)의 딸 조비(趙妃), 서원후(西原侯) 영(瑛)의 딸 정비(精妃), 홍규(洪奎)의 딸 순화원비(順和院妃)이다.

1277년 충렬왕(忠烈王, 3년) 세자에 봉해지고, 1295년 8월 충렬왕(忠烈王)에게서 동첨의사(同僉議司)·밀직사(密直使)·감찰사(監察史)의 판사직(判事職)을 맡아 3개월간 왕권 대행(代行)을 하다가 원나라로 가 이듬해 11월 원나라 공주와 혼인하였다.

혼인식(婚姻式)에 참석하고 귀국한 왕비 제국대장공주가 1297년 5월 병사(病死)하자 7월 문상(問喪)하러 온 세자는 왕의 만류에도 불구하고 왕의 총애를 빙자(憑藉), 세력을 떨치던 궁인(宮人) 무비(無比)와 그 당류(黨類) 최세연(崔世延)·도성기(陶成器) 등 40여 명을 공주를 저주(咀呪)하여 죽게 했다는 죄목(罪目)을 씌워 참살(慘殺), 유배하는 대숙청을 단행하고 이듬해 정월 정치에 뜻을 잃은 충렬왕(忠烈王)의 선위(禪位)를 받아 즉위하였다. 총명(聰明)과 견식(見識)이 남달랐던 왕은 일찍이 수렵(狩獵)을 가는 부왕(父王)을 울며 말리기도 하고, 땔나무를 지고 궁(宮)으로 들어온 자의 의복이 남루함을 보고 마음아파하기도 하였다. 총명(聰明)이 너무 과하다는 진언(眞言)에 "나를 어리석게 하여 손에 든 떡처럼 마음대로 주무를 작정이냐"고 호통을 치고, 왕권 대행 시(代行時)에는 세력가들에게 땅을 빼앗겨 호소하는 백성들의 토지 돌려주기도 하였다. 이러한 면모(免侮)는 즉위한 뒤에도 나타나, 즉위 직후(1298.1.) 곧 정치·경제·사회 전반에 걸쳐 고려가 당면하고 있던 폐단을 과감히 개혁함을 내용으로 하는 30여 항(項)의 교서(敎書)를 발표하였다.

그것은 합단(哈丹) 침입 시(侵入時)에 공을 세운 원주(原州) 고을 사람들에 대한 포상(布商)과 조세(租税)·부역(賦役)을 3연간 면해줄 것, 공신(功臣) 자손들에 직(職)을 주고 공신전(功臣田)을 환급해줄 것, 모든 관리의 직급(職級)을 한 계급 올려주고 중형죄(重刑罪)를 제외한 위법자(違法者)는 양용(量用)하도록 할 것, 지방에 묻혀 있는 선비(善妃)를 천거(薦擧)하도록 하는 내용이었다.

그러나 세력을 빙자하여 5품직(品職)에서 3품 이상의 직(職)을 뛰어 제수(除授)받은 자, 또는 세가의 자제기 때문에 직(職)을 받은 자, 또는 왕을 호위(扈衛)하여 원나라에 다녀온 것을 공이라 하여 공신(功臣)의 칭호를 받은 자들에 대해서는 선법(選法)에 따라 처리하게 하였다. 이러한 인사행정(人事行政) 외에도 지방행정(地方行政)에 과감한 혁신(革新)을 꾀하여 근래에 잦은 사고(事故)로 특수 임무를 띠고 별감(別監)이 파견되어 일어나는 민폐(民弊)와 지방장관(地方長官=按廉·守令)들이 세가(勢家)에 바치는 은(銀)·쌀·포(布)를 금하게 하였고, 또 안렴(按廉)·수령(守令,지방관)들이 백성들에게 비록 작은 물건이라도 선물 받는 것, 수령(守令)이 멋대로 임지(任地)를 옮기는 것을 금하였으며, 홀치(忽只)·응방(鷹坊)·아가치(阿車赤)·순마(巡馬) 등 원나라와의 관계로 인하여 설치된 관청(官廳)의 관원(官員)들이 받는 증여물(贈與物)도 일체 금하였다. 이밖에도 부역(賦役)에 시달려 농토(農土)를 떠난 자들의 토지를 모으거나 함부로 사패(賜牌)라 칭하여 절이나 양반의 토지를 빼앗아 농장(農莊)을 만든 세력가의 땅을 환수(還授)하게 하고, 막대한 이(利)가 있는 염세(鹽税)와 외관노비(外官奴婢)들이 세력가에 의하여 탈취(奪取)되는 것을 금하는 경제시책(經濟施策)을 폈다.

또한 세력가에 붙어서 자기의 역(役)을 다하지 않은 백성이나 향리(鄕吏)를 본래의 역(驛)에 돌아가게 하고, 양민(良民)으로서 세력가에게 눌려 천민(賤民)이 되는 등 사회의 신분적 혼란이 야기되는 사회적 적폐(積弊)도 제거하도록 하였다.

즉 원나라와 관계를 맺은 뒤로는 매(鷹) 잡는 것을 일삼는 응방(鷹坊)을 이용하고 몽골어를 익혀 재상(宰相)이 된다든가, 원 공주(元公主)의 겁령구(怯怜口,私屬人), 또는 환관(宦官)으로 원나라에 보내졌다가 조서(詔書)를 가지고 오거나, 사신으로 귀국하여 그 세력으로 재상(宰相)이 된다든가, 왕을 따라 원나라에 간 공이나 군공(軍功)으로 군졸(軍卒)에서 몸을 일으켜 재상(宰相)이 된다든가 하여 과거의 문벌 귀족과는 다른 새로운 권문세가가 됨으로써 신 분질서를 어지럽게 하고 또 그 세력을 이용하여 많은 부(富)를 누리는 자가 있었다. 왕의 교서(敎書)에서 이들이 정치·경제·사회의 폐단을 일으키는 장본인(張本人)으로 지적(地積)되고 있어, 교서의 목적은 이들을 제거하는 데 있었음을 알 수 있다.

이어 4월에는 인사행정(人事行政)을 담당해오던 정방(政房)을 폐지하여 한림원(翰林院)에 합치고, 5월에는 전면적인 관제개혁(官制改革)을 실시하였다. 개혁된 관제(官制)는 광정원(光政院)·자정원(資政院)·사림원(詞林院) 등 일찍이 이름을 볼 수 없던 독자적인 것이거나 충렬왕(忠烈王, 1년) 원나라의 간섭하에 고친 관제(官制) 이전 형태(形態=侍中, 左·右僕射 등)로 복구된 것이었다. 이 중 특이한 것은 사림원(詞林院)이다. 사림원은 왕명(王命)의 제찬(制撰)을 맡은 한림원(翰林院)을 강화한 것으로, 여기에 정방(政房)이 맡고 있던 인사행정(人事行政), 승지방(承旨房)이 맡고 있던 왕명(王命)의 출납(出納)을 더하여 권력 기관화한 것으로, 박전지(朴全之) 등 신진학자(新進學者)인 4학사(學士)에 의하여 관장되었다.

이 관제 개혁 속에는 반원적(反元的)인 요소가 엿보이고 있다. 때맞추어 일어난 원공주(元公主) 출신인 왕비의 질투(嫉妬)로 인한 조비무고사건(趙妃誣告事件)은 세력가의 억압(抑壓)으로 인하여 신흥귀족(新興貴族)의 공격 목표가 되고, 반원적(反元的) 요소에 대한 원나라의 간섭이 강화되는 계기를 만들어주게 되어, 드디어는 즉위년 8월 원나라로부터 강제 퇴위(退位)를 당하여 원나라로 가게 되었으며, 이로써 왕위는 다시 충렬왕(忠烈王)에게 돌아가 왕은 이후 10년간 원나라에 머무르게 되었다.

원나라에 장기간 머무르는 동안 본국에서는 즉위 전부터 있던 왕 부자 간의 불화가 표면화(表面化)되어 1299년 충선왕 파(忠宣派)로 여겨지는 쿠라타이(庫拉將領帶)를 중심으로 반란을 획책(劃策)하였다는 한희유무고사건(韓希愈誣告事件)이 일어났고, 이어 충렬왕 파에서는 왕유소(王維紹)·송린(宋麟)·석천보(石天補) 등이 주동(主動)이 되어 부자간을 이간시키며 충선왕비(忠宣王妃) 계국대장공주(薊國大長公主)를 서홍후(瑞興侯) 전(琠)에게 개가(改嫁)시키고, 왕위도 세습(世襲)시키려는 음모를 꾸몄고, 환국(還國)을 저지(하는 운동도 벌어졌다. 이 불화는 1305년 충렬왕이 전왕(前王) 폐위를 직접 건의하러 원나라로 감으로써 절정에 달하였다.

그러나 원나라 성종이 후계자(後繼者) 없이 죽어 황위(皇位) 쟁탈전(爭奪戰)이 일어나자, 왕은 평소 가까이 지내던 하이산(海山)을 도와 옹립하게 함으로써 원나라 조정에서 위치가 강대해졌다. 따라서 왕유소(王維紹) 일당을 처형하여 부자간의 싸움은 끝이 났다. 이로써 고려 국정(國政)의 실권(實權)은 왕에게로 돌아갔다. 1308년 심양왕(瀋陽王)에 봉해지고, 이 해 7월 충렬왕(忠烈王)이 죽자 귀국하여 다시 왕위에 올랐다. 복위한 왕은 기강의 확립, 조세(租稅)의 공평(公平), 인재등용(人材登用)의 개방(開放), 공신(功臣) 자제의 중용(中庸), 농장업(農場業)의 장려, 동성결혼(同姓結婚)의 금지, 귀족의 횡포 엄단(嚴斷) 등 즉위교서(即位敎書)에 필적하는 혁신적인 복위교서(復位校書)를 발표하여 또 한번 혁신정치(革新政治)를 천명하였다.

그러나 오랫동안 원나라 생활에 젖어 있던 관계로 곧 정치에 싫증을 느끼고 복위한 지 두 달 뒤인 11월 제안대군(齊安大君) 숙(淑)에게 왕권 대행(代行)을 시키고 원나라로 감으로써 혁신정치(革新政治)는 이루어지지 않았다. 재위 기간에는 한번도 귀국하지 않고 연경(燕京)에서 전지(傳旨)를 통하여 국정(國政)을 행하였다. 각염법(榷鹽法)을 제정하여 소금을 전매(專賣)하게 함으로써 한 해에 포(布) 4만 필의 국고 수익을 늘리게 하였고, 토지개혁(土地改革)을 시도하였으나 귀족의 반대로 고쳤고, 또 여러 번 관제개혁(官制改革)을 시도하였으나 원나라의 간섭으로 실패로 끝났다. 오랫동안의 재원생활(在元生活)로 본국에서 해마다 포(布) 10만 필, 쌀 4,000곡(斛), 기타 헤아릴 수 없는 물자(物資)를 운반하게 함으로써 폐해가 극심하여 본국 신하들이 귀국 간청을 빈번히 호소하고 또 원나라에서도 귀국 명령을 하였으나 그대로 머물러 있다가 1313년 둘째 아들 강릉대군(江陵大君) 도(燾)에게 전위(傳位)하고 이해 6월 잠시 귀국하여 아들 충숙왕(忠肅王)을 즉위시키고 이듬해 다시 원나라로 갔다.

이때에 만권당(萬卷堂)을 연경(燕京)의 자기 저택 안에 세워 많은 서적을 수집하고 요수(姚燧)·염복(閻復)·원명선(元明善)·조맹부(趙孟頫) 등 원나라의 명유(名儒)를 불러 경사(經史)를 연구하게 하고 본국에서 이제현(李齊賢)을 불러 그들과 교유(交遊)하게 하여 문화교류(文化交流)에 크게 영향을 주었다. 특히 서도(書圖)의 대가(大家) 조맹부(趙孟頫)의 글씨와 서법(書法)은 그로 인하여 고려에 크게 퍼졌다. 불교에도 많은 관심을 쏟아 모후(母后)의 명복(冥福)을 빌기 위하여 본국의 수령전(壽寧殿)을 절로 만들기도 했다. 특히 1316년 심양왕(瀋陽王)의 자리를 조카에게 물려준 뒤에는 티베트 승려(僧侶)를 불러 계율(戒律)을 받고, 멀리 보타산(寶陀山)에 불공(佛供)을 드리러 가기까지 하였다.

1320년 원나라의 인종(仁宗)이 죽자 고려 출신 환관(宦官) 임빠이엔토쿠스(任伯顔禿古思)의 모략(謀略)으로 토번(吐蕃)에 유배되었으며, 1323년 태정제(泰定帝)의 즉위로 유배에서 풀려 원나라에 돌아가 2년 후 죽었다. 시호(諡號)는 충선(忠宣)이며, 능(陵)은 덕릉(德陵,開城 소재)이다.

고려 제27대 충숙왕(忠肅王, 1313~1339)

　재위 1313년~1330년, 복위 1332년~1339년이고 이름은 만(卍)이고. 초명(初名)은 도(燾)이다. 몽골식 이름은 아자눌특실리(阿刺訥忒失里)이고. 자는 의효(宜孝)이다. 충선왕(忠宣王)의 둘째 아들로, 어머니는 몽골인 의비(懿妃) 야속진(也速眞)이다. 비(妃)는 원나라 영왕(營王) 야선티무르(也先帖木兒)의 딸 복국장공주(濮國長公主)와, 차비(次妃)는 원나라 위왕(魏王) 아목가(阿木歌)의 딸 조국장공주(曹國長公主)이고, 삼비(三妃)는 몽골인 경화공주(慶華公主)이며, 사비(四妃)는 남양부원군(南陽府院君) 홍규(洪奎)의 딸 명덕태후(明德太后:덕비) 등 4명이 있었다.

　1299년 충렬왕(忠烈王, 25년)에 강릉군(江陵君)에 봉해졌고, 뒤에 강릉대군(江陵大君)에 봉해졌다. 아버지 충선왕(忠宣王)을 따라 원나라에 갔다가 1313년에 왕위를 받고 돌아와서 연경궁(延慶宮)에서 즉위하였다. 1314년 백이정(白頤正)이 원나라에서 주자학(朱子學)을 배워오자, 첨의평리(僉議評理)로 삼았다. 또 민지(閔漬)·권보(權溥) 등에게 태조 이래의 실록(實錄)을 약찬(略撰)하게 하였다. 그리고 강릉도존무사사(江陵道存撫使司)를 명주(溟州, 지금의 江陵)에서 등주(登州, 함남 안변)으로 옮겼다. 또 양광충청주도(楊廣忠淸州道)를 양광도(楊廣道) 경상진안도(慶尙晋安道)를 경상도(慶尙道), 교주도(交州道)를 회양도(淮陽道)로 고쳤다 1315년 원나라의 강요로 귀천의 복색(服色)을 정하고, 동당시(東堂試)를 응거시(應擧試)로 고쳤다.

　1316년 상왕(上王)인 충선왕이 심양왕의 지위를 조카인 고(暠)에게 물려주어 원실(元實)의 대우를 받게 되자, 고는 고려의 왕위를 넘보게 되었다. 1318년 제주민(濟州民) 사용·김성(金成) 등이 반란을 일으키자 검교평리(檢校評理) 송영(宋英)을 보내어 이를 평정하게 하였다. 또 그 해 폐단이 많았던 사심관(事審官)을 폐지하였다.

제폐사목소(除弊事目所)를 설치, 찰리변위도감(察理辨違都監)으로 고쳐 권세가(權勢家)가 점령한 전민(田民)을 색출해 그것을 원래의 주인에게 돌려주게 하였다. 채무(債務) 관계에서 이자(利資)가 원본(元本)에 상당할 때에는 이를 정지시켰다. 그리고 안향(安珦)을 문묘(文廟)에 배향(配享)했으며, 화자거집전민추고도감(火者據執田民推考都監)을 설치하였다.

이즈음 심양왕(瀋陽王) 고(暠)는 왕위 찬탈(簒奪)의 뜻을 품고 원나라에 무고(誣告)하자 왕이 불려가 그곳에서 5년 동안이나 머물게 하였다. 또 그는 고려의 국호를 폐하고 원나라에 편입시켜 다스려달라고 청원(請願)하기도 하였다. 이러한 일을 겪으면서 왕은 차츰 정치에 싫증을 느껴 한 때 왕위를 심양왕에게 넘겨주려 했으나 한종유(韓宗愈) 등의 반대로 이를 취소하고, 1330년 세자에게 양위(讓位)하고 원나라에 갔다. 그러다가 1332년 충혜왕(忠惠王)이 황음무도(荒淫無道)해 정사(政事)를 돌보지 않자 원나라에 의해 폐위되고, 충숙왕(忠肅王)이 복위되었다. 충숙왕(忠肅王)은 원나라가 지나치게 요구하는 세공(稅貢)을 삭감하게 하고, 공녀(貢女)와 환관(宦官)의 징발(徵發)을 중지하도록 청원하는 등 업적을 세웠다.

그러나 심양왕과의 정권 다툼에 시달리고, 원나라에서 5년 동안이나 체류(滯留)하고 돌아온 뒤에는 조신(朝臣)을 접견하지 않고 정사(政事)도 돌보지 아니하였다. 성품은 엄숙하고 의지가 굳으며, 침착하고 총명했으며, 속문(屬文, 문장)을 잘하고 예서(隸書)를 잘 썼다. 시호(諡號)는 의효(懿孝), 원나라의 시호(諡號)는 충숙(忠肅)이며, 능(陵)은 의릉(毅陵, 開城 소재)이다.

고려 제28대 충혜왕(忠惠王, 1330~1344)

고려 제28대 왕. 재위 1330~1332, 복위 1339~1344. 본관(本貫)은 개성.

이름은 정(禎), 몽골식 이름은 보탑실리(普塔失里). 시호(諡號)는 헌효(獻孝)이고, 원나라의 시호(諡號)는 충혜. 충숙왕(忠肅王)의 맏아들이며, 어머니는 명덕태후 홍 씨(明德太后洪氏)이다. 비는 원나라 관서왕(關西王) 초팔(焦八)의 딸인 덕녕공주(德寧公主, 충목왕의 생모)와 찬성사 윤계종(尹繼宗)의 딸 희비 윤 씨(禧妃尹氏), 평리(評理) 홍탁(洪鐸)의 딸 화비 홍 씨(和妃洪氏), 상인 임신(林信)의 딸 은천옹주 임 씨(銀川翁主林氏)가 있다. 1328년 세자로 원나라에 갔다가 1330년에 충숙왕(忠肅王)의 전위(傳位)를 받고 귀국하여 즉위하였다.

1332년 원나라에 의하여 전왕(前王)인 충숙왕이 복위하였으므로 다시 원나라로 갔다. 1339년 충숙왕(忠肅王)이 죽자, 심양왕 고(暠)를 옹립하려는 조적(曺頔) 등이 음모를 꾸며 반란을 일으켰으나 실패하고 충혜왕(忠惠王)이 복위하였다. 그는 본성(本性)이 호협(豪俠) 방탕하여 주색(酒色)과 사냥을 일삼고 정사(政事)를 돌보지 않았으며, 후궁(後宮)만도 100여 명에 이를 정도였다. 기거주(起居注) 이담(李湛)의 충고(忠告)와 전 군부판서(前軍簿判書) 이조년(李兆年)의 간청(諫請)에도 불구하고 방탕한 습성을 버리지 못하여 유신(遺臣)들과 반목이 심하였다.

그는 관제(官制)를 개혁하여 과거의 고시관(考試官)을 다시 지공거(知貢擧)로, 정승(政丞)을 중찬(中贊), 평리(評理)를 참리(參理)로 고쳤다. 1331년에는 종래의 은병(銀瓶) 통용(通容)을 금하고 한개(韓介)가 오종포(五綜布) 15필에 해당하는 소은병(小銀瓶)을 통용(通容)하게 하였다. 그리고 원나라에게 쌍성(雙城, 지금의 영흥)·여진·요양(遼陽)·심양(瀋陽) 등지에 유입한 고려인(高麗人)의 쇄환(刷還)을 요청하였다. 그해 이학도감(吏學都監)을 설치하였으며, 5도(道)에는 염장도감(鹽場都監)을 설치하였다가 얼마 뒤에 폐지하였다. 1342년에는 식화(殖貨)에 힘써 의성창(義城倉)·덕천창(德泉倉)·보흥창(寶興倉)의 포(布) 4만8000필을 풀어 시장(市場)에 전포(錢布)를 열게 하였다.

1343년에는 주위(周圍)의 반대를 무릅쓰고 삼현(三峴)에 새로 궁궐을 지었는데, 개성에서는 "왕이 민가(民家)의 어린이 수십 명을 잡아 새 궁궐의 주춧돌 밑에 묻고자 한다"는 소문이 돌아 집집마다 아이를 안고 도망하고 숨는 등 소란이 일었다. 충혜왕(忠惠王)은 영특하고 슬기로운 재능을 좋지 못한 데 사용하였고, 사무역(私貿易)으로 재화를 모으고 무리한 세금을 강제로 징수하여 유홍에 탕진하고, 백성들의 토지와 노비를 약탈하여 보홍고(寶興庫)에 소속시키는 등 실정(失政)이 많았다.

이에 원나라에 가 있던 이운(李芸)·기철(奇轍) 등이 왕의 실정과 횡포(橫暴)를 그곳의 중서성(中書省)에 알림으로써 원나라에 끌려가서 게양현(揭陽縣)으로 귀양 가다가 악양현(岳陽縣)에서 죽었다. 능(陵)은 영릉(永陵)으로 지금의 개성에 있다.

고려 제29대 충목왕(忠穆王, 1344~1348)

이름은 흔(昕), 몽골 이름은 '바스마도르지(八思麻朶兒只)'이다. 제28대 충혜왕(忠惠王)의 맏아들로 어머니는 덕녕공주(德寧公主)이다. 어려서 볼모로 원나라에 있다가 1344년 충혜왕(忠惠王)이 죽자 8세의 어린 나이로 즉위했다. 당시 고려는 원나라의 심각한 간섭을 받고 있었을 뿐 아니라, 왕의 즉위와 폐위조차도 원나라 황제(皇帝)의 직접적인 영향력 아래에서 이루어지던 시기였다. 아버지인 충혜왕(忠惠王)은 원(元) 세조(世祖) 쿠빌라이(忽必烈)의 고손녀(高孫女)인 덕녕공주(德寧公主)와 결혼을 하여 원 황실(皇室)의 부마(駙馬)였다. 맏아들인 충목왕(忠穆王)도 어린 시절을 원나라에서 보냈다. 아버지 충혜왕(忠惠王)은 어렸을 때부터 국정(國政)에는 관심이 없이 방탕한 생활과 사리사욕(私利私慾)으로 민심을 잃어 폐위를 당했다. 이후 간신히 복위했음에도, 성정(盛政)이 괴팍하며 여자를 좋아하여 서모(庶母)를 포함한 인척(姻戚)까지 강간하는 등 악행을 저질렀다. 결국 이를 알게 된 원 황제의 명에 의해 귀양을 가다가 29살의 나이로 죽었다.

이런 상황에서 고려 국왕(高麗國王)의 자리를 놓고, 원 황실은 장손(長孫)이지만 나이 어리고 그때까지 아직 혼인을 못해 전통적(傳統的)으로 내려오던 원 황실의 부마(駙馬) 자격도 얻지 못한 충목왕(忠穆王)을 왕위에 올릴 것인가를 고민했다. 원 황제(皇帝)는 직접 충목왕(忠穆王)을 불러 부모 중 누구를 닮겠느냐고 물었는데, 충목왕(忠穆王)이 어머니를 닮겠다고 답(答)하자, 이를 영특(英特)하게 여겨 왕위 계승을 허락했다. 원의 순제(順帝)는 충목왕(忠穆王)을 개부의동삼사정동행중서성좌승상상주국고려국왕(開府儀同三司 征東行中書省左丞相 上柱國 高麗國王)으로 임명했다.

개혁 정치의 추구도 비록 어머니 덕녕공주(德寧公主)의 섭정(攝政) 아래이긴 했지만, 충목왕(忠穆王)은 왕위에 오르자 곧 아버지인 충혜왕(忠惠王)이 남긴 악행과 폐정(弊政)을 개혁하기 시작했다. 그해 5월 이제현(李齊賢)의 상서(上書)에 따라 보흥고(寶興庫)·덕녕고(德寧庫)·응방(鷹坊)·내승(內乘) 등을 혁파하고 그 토지와 노비를 본처(本處)에 돌려주는 등, 폐정(弊政)을 개혁하고 백성들을 위무(慰撫)·구휼(救恤)하게 했다. 또 선왕(先王) 때 아첨하던 폐신(嬖臣)들을 귀양 보냈다. 또한 서연(書筵)을 열고, 충혜왕(忠惠王)이 삼현(三峴)에 일으킨 신궁(新宮)을 헐어 숭문관(崇文館)을 지었다.

10월에는 왕후(王煦)를 수상(受賞)인 우정승(右政丞)으로 삼아 본격적으로 개혁을 추진하게 하여, 12월에 정방(政房)을 혁파하고 녹과전(祿科田)을 복구·정비했다. 그러나 모후(母后)인 덕녕공주(德寧公主)가 섭정을 하는 상황에서 강윤충(康允忠)을 비롯한 반개혁(反改革) 세력의 방해로 개혁이 순조롭지만은 않았다.

1345년 충목왕(忠穆王, 1년) 정월(正月)에 정방(政房)이 다시 설치되고 12월에는 왕후(王后)가 파면되었다. 그럼에도 1347년 정치도감(整治都監)을 설치하고 원나라 황제로부터 개혁에 대한 당부를 받고 돌아온 왕후(王后)를 책임자로 임명했으며, 속관(屬官) 33명을 두어 제도(諸道)의 토지를 측량하게 했다. 정치도감에서는 토지 탈점(奪占) 및 노비문제, 피역(避役) 등 당시 가장 절실하고 근본적인 문제점(問題點)들을 과감하게 파헤치며 적극적인 활동을 했으나, 기황후(奇皇后)의 일족인 기삼만(奇三萬)이 불법적으로 토지를 탈점(奪占)한 일을 징벌(懲罰)하다가 그가 옥사(獄死)하는 사건을 계기로 그 활동이 중단되었다.

비록 개혁정책(改革政策)은 중단되었지만, 충목왕(忠穆王)은 선정(善政)을 펼치는 것까지 중단하지는 않았다. 1348년에는 서해도(西海島)·양광도(陽光島)에 기근이 들자 진제도감(賑濟都監)을 설치해 백성들을 구제했다.

사망 충목왕(忠穆王)은 재위 4년이 되는 1348년 10월 병이 들었고, 12월에 12살이라는 나이로 죽었다. 그가 죽자 충혜왕(忠惠王)의 서자(庶子)였던 저(胝)가 11살의 나이로 고려의 국왕이 되었으나, 역시 어렸던 까닭에 충혜왕(忠惠王)의 정부인(貞夫人)이었던 덕녕공주(德寧公主)가 계속 섭정을 했다. 제30대 충정왕(忠定王)은 전왕(前王)인 충목왕(忠穆王)과는 달리 선정(善政)을 잇지 못했으며, 내우외환(內憂外患) 가운데 기행(奇行)만 남긴 왕으로 기록되었다. 충목왕(忠穆王)의 능(陵)은 개성에 있는 명릉(明陵)이다. 시호(諡號)는 현효(顯孝), 원나라의 시호는 충목(忠穆)이다.

고려 제30대 충정왕(忠定王, 1348~1351)

이름은 저(胝), 몽골 이름은 미스젠도르지(迷思監朶兒只)이다. 충혜왕(忠惠王)의 서자(庶子)이며, 충목왕(忠穆王)의 이복동생(異腹同生)이다. 어머니는 희빈윤 씨(喜賓尹氏)이다. 1344년 2월 객사(客死)한 충혜왕(忠惠王)의 뒤를 이어

제29대 왕이 된 이는 충목왕(忠穆王), 즉 " 당시 연경(燕京)에 있던 원자(元子) 혼(昕), 몽골명'바스마도르지(八思麻朶兒只)'가 죽고, 1348년 충목왕(忠穆王, 4 년) 경창부원군(慶昌府院君)에 봉해졌다가 그해 왕이 후사(後嗣)가 없이 죽자 이듬해 순제(順帝)의 명으로 원나라에 다녀온 뒤 12세의 나이로 즉위했다.

즉위 초 자신의 왕위계승에 반대했던 이들을 유배 또는 좌천(左遷)시켰 다. 충정왕대(忠定王代)에는 안으로 충혜왕비(忠惠王妃) 덕녕공주(德寧公主)와 그 폐신(嬖臣)인 배전(拜箋) 및 외척(外戚) 윤시우(尹時遇) 등의 횡포(橫暴)로 정 치가 문란했으며, 밖으로도 왜구의 침입이 극심하여 국정(國政)이 제대로 이루어지지 못했다.

1351년 윤택(尹澤)·이승로(李承老) 등이 왕이 어려서 국정(國政)을 감당할 수 없음을 들어 원나라에 청하여 강릉부원대군(江陵府院大君) 기(基)를 왕위 에 오르게 하자 강화로 추방되었다가 이듬해에 독살(毒殺) 당했다. 능(陵) 은 개성에 있는 총릉(聰陵)이며, 시호(諡號)는 충정(忠定)이다.

고려 제31대 공민왕(恭愍王, 1351~1374)

이름은 왕전(王顓). 초명(初名)은 왕기(王祺). 몽골식 이름은 빠이앤티무르 (伯顔帖木兒). 호(號)는 이재(怡齋)·익당(益堂). 아버지인 충숙왕(忠肅王)과 어머 니인 명덕태후(明德太后) 홍 씨(洪氏) 사이에 둘째 아들로 태어났다. 비(妃)는 원나라 위왕(魏王)의 딸 노국대장공주(魯國大長公主)이며, 그 밖에 혜비 이 씨(惠妃李氏)·익비 한 씨(益妃韓氏)·정비 안 씨(定妃安氏)·신비 염 씨(愼妃廉氏)가 있다.

일찍이 강릉대군(江陵大君)에 봉해졌고, 1341년 원나라에 가서 숙위(宿衛) 했으며 1344년 충목왕(忠穆王) 즉위년에는 강릉부원대군(江陵府院大君)으로 봉해졌다. 1349년 원나라에서 노국대장공주(魯國大長公主)를 비(妃)로 맞이하였다.1351년 원나라가 외척(外戚)의 전횡과 국정 문란의 책임을 물어 충정왕(忠定王)을 폐위시키자, 공주와 함께 귀국해 왕위에 올랐다.

공민왕은 14세기 후반(後半), 원명교체(元明交替)라는 대륙(大陸) 정세(情勢)를 이용해 많은 개혁을 추진하였다. 대외적으로는 적극적인 배원정책(排元政策)을 펴 몽골의 잔재(殘在)를 일소(一掃)하고 실지(失地)의 회복을 위해 북진정책(北進政策)을 실시하였다. 대내적으로는 고려 왕실을 약화시킨 친원권문세족(親元權門勢族)을 제거하고 국가 기강을 재정립(再鼎立)하기 위해 일곱 차례에 걸친 관제개혁(官制改革)을 실시하였다.

1352년에는 변발(辮髮)·호복(胡服) 등의 몽골 풍속(風俗)을 폐지하였다. 1356년 몽골의 연호·관제(官制)를 폐지해 문종(文宗) 때의 제도를 복구하는 한편, 내정(內政)을 간섭하던 원나라의 정동행중서성이문소(征東行中書省理問所)를 폐지하고 원나라의 황실(皇室)과 인척(姻戚) 관계를 맺고 권세를 부리던 기철(奇轍) 일파를 숙청하였다. 또한 100여간이나 존속(存續)해 온 쌍성총관부(雙城摠管府)를 폐지하여 원나라에게 빼앗겼던 영토(領土)를 회복하였다.

1368년 명나라가 건국되자, 이인임(李仁任)을 보내어 명나라와 합동(合同)으로 요동(遼東)에 남아 있던 원나라의 잔여(殘餘) 세력을 공략하였다. 2년 뒤 이성계로 하여금 동녕부(東寧府)를 치게 하여 오로산성(五老山城)을 점령하고 국위(國威)를 떨쳤다.

내정(內政)에 있어서는 1352년 폐단이 많았던 정방(政房)을 폐지하고 전민변정도감(田民辨正都監)을 설치해 귀족들이 겸병(兼倂)한 토지를 원래의 소유자(所有者)에게 환원(還元)시키는 한편, 불법으로 노비가 된 사람들을 해방시켰다.

그러나 홍건적(紅巾賊)과 왜구의 잦은 침입, 1363년 찬성사(贊成事)김용

(金鏞)의 반란, 1364년 덕흥군(德興君) 옹립하려고 했던 부원파(附元派) 최유 (崔濡)의 반란 등으로 국력이 소모되기도 하였다. 더구나 1365년 노국대 장공주(魯國大長公主)가 죽자 실의에 빠져 국사(國事)를 모두 신돈(辛旽)에게 맡기고 불사(佛事)에만 전념하였다 그러나 신돈(辛旽)은 실정(失政)을 거듭 하고 왕을 해치려 하였으므로 그를 수원(水原)으로 귀양 보낸 뒤 사사(賜 死)하였다.

우왕 탄생과 공민왕의 죽음

노국대장공주(魯國大長公主)를 잃은 뒤로 국정(國政)을 신돈(辛旽)에게 맡기며 새 정치를 표방했던 공민왕은 신돈(辛旽)의 실각(失脚)과 함께 마치 딴 사람처럼 변(變)해갔다. 말년에 후사(後嗣) 문제로 갖가지 변태적인 기행(起行)을 보이던 공민왕은 시해(弑害)당하는 것으로 자신의 인생을 마치고 말았다.

본래 여색(女色)을 좋아하지 않았던 공민왕은 노국대장공주(魯國大長公主)가 살아 있을 때에도 왕비의 침소(寢所)에 가는 일이 매우 드물었다. 노국대장공주(魯國大長公主)와의 사이에서 아들을 얻지 못한 공민왕은 왕비가 죽은 뒤로 계비(繼妃)를 들이기도 하고, 혹은 신돈(辛旽)과 함께 불공(佛供)을 드리며 축원(祝願)하기도 했으나 후사(後嗣)를 얻지 못했다. 그 사이 공민왕은 신돈(辛旽)의 집에 자주 드나들다 신돈(辛旽)의 비첩(婢妾)인 반야(般若)라는 미인을 보고 총애하였다. 공민왕의 사랑을 받은 반야는 1365년 아들을 낳았는데 이 공민왕을 이어 왕위에 오른 우왕이다. 우왕의 어릴 적 이름은 모니노(牟尼奴)였는데, 그를 몹시 사랑했던 공민왕은 자주 장난감을 갖다 주며 부정(父情)을 나타냈다

모니노(牟尼奴)의 나이 8세 때이던 공민왕 20년(1371), 신돈(辛旽)이 역모죄(逆謀罪)로 몰려 죽자 공민왕은 모니노를 데려다가 태후 궁(太后宮)에 두고 당시 수시중(守侍中)으로 있던 이인임(李仁任)에게 "신돈(辛旽)의 집에 아름다운 여자(女子)가 있기에 가까이 하였더니 아들을 얻었다"면서 모니노

를 세자로 세우려고 했다. 하지만 태후(太后)가 모니노는 비빈(妃嬪)의 소생이 아니라며 반대하여 세자로 정하지는 못했다.

공민왕은 태후(太后)의 반대에 부딪혀 모니노를 세자로 삼지 못했으나 여전히 태후 궁에 두고 우(禑)라는 이름을 지어주며 강녕부원대군(江寧府院大君)에 봉하였다. 그리고 이듬해에는 우(禑)가 궁인 한 씨(韓氏)의 소생이라고 발표하게 했다. 당시 궁인 한 씨는 이미 사망한 상태였는데 우왕의 친모(親母)를 궁인 한 씨라고 한 것은 생모(生母)인 반야(般若)가 신돈(辛旽)의 비첩(婢妾) 출신이었기 때문이었다. 우왕은 당시에 공민왕의 아들로 공인(公認)되어 있었다. 하지만 이후 우왕은 반야의 아들이라는 사실 때문에 이른바 '우왕신씨설(禑王辛氏說)'을 내세운 이성계 일파와 조선왕조 건국세력들에게 폐위되고 말았다.

공민왕은 이 무렵 요사스러운 자들을 가까이하는 생활을 하였다. 이것은 신돈(辛旽)을 총애하던 때와는 성격이 좀 다른 것이긴 하지만, 공민왕의 이상한 성격을 보여주는 점에선 일치하고 있다. 당시 시중(侍中) 김취려(金就礪)의 증손(曾孫)인 김흥경(金興慶)이 총명(聰明)하여 우련치란(右連治亂)에 뽑혔는데, 공민왕은 내시굴치(內寺屈治)로 삼고 난색(暖色)의 정(情)을 기울였다. 이후로 내침(內寢)에서 매일같이 공민왕을 모신 김흥경(金興慶)은 승진을 거듭하였고, 공민왕은 그에게 궁중에다 자제위(子弟衛)란 것을 설치하게 했다.

자제위(子弟衛)는 얼굴이 아름다운 미소년(美少年)들을 선발(選拔)하는 곳으로 김흥경이 이를 총관(總管)했다. 이때 뽑혀 들어간 미소년 들은 홍윤(洪倫)·한안(韓顏)·권진(權縉)·홍관(洪貫)이란 자들이었다. 이 밖에 여자(女子)들도 다수 뽑혀 들어갔다. 공민왕은 이들과 함께 매일같이 음란한 유희(遊戲)를 벌였다. 공민왕은 이들 자제위 미소년들과 기괴(奇怪)한 유희에 열중한 나머지 휴목(休沐, 목욕 휴가)을 주지 않았다. 따라서 이들은 차츰 바깥

세상을 그리워하고 불만을 품게 되었다. 공민왕은 때마침 태후(太后)가 우(禑)를 세자로 허락해주지 않아서 다시 후사를 걱정하던 중이었는데, 홍윤 등 자제위들의 불만을 해소시키는 동시에 비빈(妃嬪)들을 임신시킬 생각을 하게 되었다.

공민왕은 홍윤(洪倫)·한안(韓顔) 등 자제위 출신들과 그의 비빈(妃嬪)들을 억지로 간음(奸淫)하게 하여 왕자를 얻으려는 희망을 품었으나 정비(正妃)·혜비(惠妃)·신비(愼妃) 등 3비(妃)가 한사코 거부하는 바람에 뜻을 이루지 못했다. 하는 수 없이 공민왕은 마지막으로 익비(益妃)를 김흥경(金興慶)과 홍윤(洪倫)·한안(韓顔) 등이 간음하도록 했다. 이때 익비(益妃) 역시 거부하자 공민왕은 칼로 위협하며 강제로 간음을 시켰다. 그런 가운데 공민왕(恭愍王, 23년, 서기 1374년) 9월 21일 최후의 유혈극(流血劇)이 벌어졌다. 당시 환관(宦官) 최만생(崔萬生)이 공민왕을 측간(廁間)까지 따라가며 말하였다. "신(臣)이 익비(益妃)를 찾아가 뵈었더니 익비 말씀이 임신 5개월이라 합니다." 이 말을 들은 공민왕은 매우 기뻐했다.

"내가 일찍이 노국대장공주(魯國大長公主)에게서 아들을 얻지 못해 걱정했더니 이제 익비가 아들을 가졌나 보구나. 이제 무슨 걱정이 있겠느냐. 그런데 그게 누구의 씨더냐?" "익비(益妃)의 말씀으로는 홍윤(洪倫)의 자식이라고 합니다." 최만생(崔萬生)의 대답을 들은 공민왕은 다음과 같이 말하였다. "내일 창릉(昌陵, 세조 능)에 가서 독주(毒酒)를 먹여 홍윤 등을 죽여 없애 비밀이 누설되지 않도록 하겠다. 너도 이번 일을 알고 있으니 죽음을 면할 수 없다."

그러자 최만생은 크게 겁을 집어 먹고 홍윤과 한안에게 달려가, 공민왕이 그날 밤 자정(子正)경 침전(寢殿)에 들어간 사이 죽일 것을 모의했다. 최만생과 홍윤, 한안은 술에 취해 정신없이 이성을 잃고 침전에 든 공민왕의 온몸을 수검(手劍)으로 마구 찔러댔다. 이들이 휘두른 칼에 공민왕은 뇌수(腦髓)가 벽에까지 튀어 붙을 정도로 처참한 죽음을 맞이했다. 이때 공민왕의 나이 45세였다.

공민왕은 그림과 글씨에 뛰어나 고려의 대표적인 화가(畫家)로 꼽힌다. 현전하는 작품(作品)으로는 '천산대렵도(天山大獵圖)'가 있으며, 이밖에도 '노국대장공주진(魯國大長公主眞)'·'석가출산상(釋迦出山像)' 등의 작품이 있었다고 전해진다. 능(陵)은 현릉(玄陵)으로 경기도 개성군(開城郡) 중서면(中西面)에 있다.

고려 제32대 우왕(禑王, 1374~1388)

어릴 때의 이름은 모니노이며, 신돈(辛旽)의 시비(侍婢)인 반야의 소생이다. 1371년 공민왕(恭愍王, 20년) 신돈(辛旽)이 실각(失脚)하자 후사(後嗣)가 없던 공민왕이 시비(侍婢)의 소생인 그가 아들임을 밝혔다. 공민왕은 근신(近臣)에게 자기가 전에 신돈의 집에 행차해 시비와 상관해서 아들을 낳은 바 있다고 말하였다. 그 뒤 그는 신돈이 주살되자 궁중에 들어와 우(禑)라는 이름을 받고 강녕부원대군(江寧府院大君)에 봉해졌다.

우는 백문보(白文寶)·전녹생(田祿生)·정추(鄭樞)를 사부(士夫)로 삼아 학문(學文)을 배웠다. 그리고는 궁인(宮人) 한 씨(韓氏)의 소생인 것으로 발표하였다. 1374년 공민왕이 시해(弑害)되자, 이인임(李仁任)·왕안덕(王安德) 등에 의해 옹립되어 10세의 어린 나이로 즉위하였다. 즉위 초부터 북원(北元)이나 명나라와 복잡한 외교 문제가 계속 발생하였다. 더욱이 왜구의 침탈이 극심해 매우 불안정한 정세를 맞이하였다. 그러나 이인임(李仁任)과 최영(崔瑩)이 정치적 실권(實權)을 장악한 가운데 정사(政事)를 돌보지 않고 환관(宦官) 또는 악소배(惡少輩)들과 사냥이나 유희(遊戲)를 일삼았다.

1388년 우왕(禑王, 14년)에 명나라에서 철령위(鐵嶺衛)의 설치를 일방적으로 통고(通告)해왔다. 그러자 크게 분개(憤慨)한 우왕은 이성계의 반대를 물리치고 최영(崔瑩)의 주장에 따라 요동 정벌(遼東征伐)을 단행하였다. 그러나 우군 도통사(右軍都統使) 이성계가 위화도회군(威化島回軍)을 함으로써 요동 정벌은 수포(搜捕)로 돌아갔다. 또한, 이성계에 의해 최영(崔瑩)이 실각(失脚)함과 동시에 폐위되어 강화도로 안치(安置)되었다. 그 뒤 여흥군(驪興郡, 지금의 여주)으로 이치(移置)되었다. 다시 1389년 11월 김저(金佇)와 모의해 이성계를 제거하려 했다는 혐의를 받아 강릉으로 옮겨졌다. 다음 달에 그곳에서 죽임을 당하였다.

당시 이성계 등은 우왕이 공민왕의 아들이 아니라 신돈의 아들이라고 주장하였다. 따라서 폐가입진(廢假立眞)이라 해, 우왕과 그 아들 창왕(昌王)을 폐하고 공양왕(恭讓王)을 옹립하는 명분으로 삼았다. 이에 따라 고려사(高麗史)에서도 우왕의 세가를 열전(列傳)의 반역전(叛逆傳)에 편입시켜 신우전(辛禑傳)으로 다루고 있다. 그러나 이러한 '우창비왕설(禑昌非王說)'은 그 진위(眞僞)가 가려지지 않은 채, 이성계 등의 공양왕 옹립이나 조선 건국을 합리화(合理化)시키려 하는 입장을 반영(反影)하는 것으로 이해된다

고려 제33대 창왕(昌王, 1388~1389)

우왕을 강화도로 추방한 뒤 이성계는 우왕의 아들 창(昌) 이인임(李仁任)의 외종(外宗) 이림(李林)의 딸 근비(近妃, 소생)가 아닌 다른 왕 씨(王氏)를 왕위에 앉히려고 했다. 아무래도 우왕이 왕 씨가 아닌 듯하고 또 우(禑)의 아들 창(昌)이 전날의 권신(權臣) 이인임(李仁任)의 친족이기도 하다는 게 그 이유였다. 그러나 이성계를 도와 위화도 회군을 단행한 조민수(曹敏修)가

과거에 자기를 천거(薦擧)해 준 이인임의 은혜(恩惠)를 생각하며 창(昌)을 옹립하려 한 데다가, 명유(名儒) 이색(李穡)마저 "전왕(前王)의 아들을 왕으로 세워야지"라고 주장하여 마침내 창이 왕위에 오르게 되었다. 이로써 우왕을 이어 창왕(昌王)이 고려 제33대 왕으로 즉위하였는데, 이때 그의 나이 불과 9세였다.

창왕을 즉위시킨 후 명실상부한 실권자(實權者)가 된 이성계는 명나라와의 관계를 호전(好戰)시키기 위한 일련의 조처(措處)를 단행했다. 위화도 회군 직후에 명나라의 '홍무(洪武)' 연호와 명나라 복제(服制)를 채용(採用)한 것 외에도 문하찬성사(門下贊成事) 우인렬(禹仁烈)과 설장수(偰長壽) 등을 명나라에 보내 우왕의 양위(讓位)를 알리고 신왕(新王)인 창왕의 습봉(襲封)을 요청하며 최영(崔瑩)이 앞서 요동(遼東)을 공략하려 한 죄를 밝히기도 했다.

정치적 기반이 확고하지 못한 이성계의 입장에서는 어떻게 해서라도 명나라의 지지를 획득해야 할 필요가 있다. 1388년 10월 이성계는 창왕의 즉위 문제로 명나라에 하정사(賀正使)를 보내려고 했다. 그런데 하필(何必)이면 이 무렵 전제(剪除) 개혁의 문제로 이성계와 갈등을 빚고 있던 문하시중(門下侍中) 이색(李穡)이 "왕이 아직 어려 명나라로 가기 곤란하니 내가 다녀오리다"며 자청하고 나섰다.

이때 이색(李穡)의 나이 이미 60세. 연로한데다 당시 노환(老患)까지 있었던 이색은 주위 사람들의 만류(挽留)를 뿌리치고 명나라로 떠났다. 환갑(還甲)을 앞둔 이색이 이렇듯 완강(頑剛)하게 고집을 피우며 명나라로 떠난 이유는 오로지 왕실을 지키겠다는 일념(一念)에서였다. 처음부터 창왕을 싫어한 이성계가 창왕 옹립을 주장한 조민수(曺敏修)를 제거해 버린 데다 또 언제왕을 갈아 치울지도 알 수 없는 상태였다. 게다가 창왕 옹립을 주장했던 이색 자신도 이성계에게 언제 어떻게 제거될지 알 수 없었다. 따라서 이색은 이성계를 견제할 목적으로 명나라에 '관리를 보내어 감시(監視)

해줄 것'을 요청하려 했고 이를 위해 직접 명나라로 떠난 것이다.

이색은 또한 자신이 명나라로 떠난 사이에 이성계가 무슨 변란(變亂)을 일으키지 않을까 염려(念慮)하여 이성계의 아들 이방원을 서장관(書狀官)으로 삼아 명나라로 데리고 갔다. 명나라로 간 이색은 우선 창왕의 친조(親朝)를 허락받으려 했다. 창왕이 직접 명나라로 가서 황제(皇帝)의 책봉을 받는다면 왕위가 확고해지리라는 판단에서였다. 그러나 명(明) 태조는 제멋대로 왕을 갈아치운 고려에 강한 불신감(不信感)을 표시하며 창왕의 친조(親朝)를 거절했다. 고려에서는 이듬해 또다시 권근(權近)을 명나라에 보내 친조를 허락받으려 했으나 똑같은 결과만 안고 돌아왔다. 이에 입장이 거북해진 이성계 일파는 권근(權近)이 명나라에서 귀국하자마자 명(明) 태조가 창왕을 못마땅하게 여겨 입조(入朝)를 거부하는 것처럼 말을 바꾸고는 이를 창왕 폐위 구실로 교묘히 이용하려 했다. 그리고 마치 이것이 명(明) 태조의 의사(意思)인 양 선전(宣傳)하였는데 조작극(造作劇)이 탄로(綻露)날 것을 우려한 이성계 일파는 권근(權近)에게 명 태조의 자문(咨文)을 뜯어본 죄를 뒤집어 씌워 귀양 보내버렸다.

1389년 전 대호군(大護軍) 김저(金佇)와 전 부령(副令) 정득후(鄭得厚)가 여주(驪州)로 폐위된 우왕을 만나 이성계를 살해하라는 부탁을 받고 음모를 꾸미다 발각되어 우왕은 강릉부(江陵府)로 옮겨졌다. 그 뒤 이성계 등이 우왕과 창왕이 왕 씨(王氏)가 아니고 신 씨(辛氏)라 해서 두 왕 모두 폐위를 당했다가 12월 우왕은 강릉에서, 창왕은 강화에서 각각 살해되었다.

고려 제34대 공양왕(恭讓王, 1389~1392)

이름은 왕요(王瑤). 신종(神宗)의 7대손으로 정원부원군(定原府院君) 왕균

(王鈞)의 아들이며, 어머니는 국대비(國大妃) 왕 씨(王氏)이다. 비(妃)는 창성군(昌成君) 노진(盧稹)의 딸 순비(順妃) 노 씨(盧氏)이다. 1389년 이성계·심덕부(沈德符) 등에 의해 창왕이 폐위되자 왕위에 올랐다. 즉위 후 이성계 일파의 압력(壓力)과 간섭을 받아 우왕을 강릉에서, 살해하고 창왕을 강화에서 각각 살해하였다.

재위 3년 동안 정치·경제·교육·문화 등 사회 전반에 걸친 몇 차례의 제도개편을 단행하였다. 그러나 그것은 이성계 등 신진사대부(新進士大夫)들의 자기 세력을 위한 사회개혁일 뿐이었다. 전리사(典理司)·판도사(版圖司)·예의사(禮儀司)·군부사(軍簿司)·전법사(典法司)·전공사(典工司) 등을 이조(吏曹)·호조(戶曹)·예조(禮曹)·병조(兵曹)·형조(刑曹)·공조(工曹)의 6조로 개편하고, 첨설직(添設職)을 폐지하였다. 유학(儒學)의 진흥을 위해서는 개성의 오부(五部)와 동북면과 서북면의 부(部)·주(州)에 유학교수관(儒學敎授官)을 두었으며, 과거시험에 무과(武科)를 신설하였다.

또한 배불숭유론(排佛崇儒論)에 의한 주자가례(朱子家禮)를 시행해 집집마다 가묘(家廟)를 세워 음사(淫祀)를 근절(根絶)시키고, 출가자(出家者)들을 환속(還屬)시켜 군사에 보충하거나 본업(本業)에 충실도록 하였다. 또한 오교양종(五敎兩宗)을 없애고, 불사(佛寺)의 재산을 몰수(沒收)해 각 관사(官舍)에 분속(分屬)시켰다.

1390년 도선(道詵)의 비록에 의해 한양(漢陽)으로 천도하였다. 판삼사사(判三司事) 안종원(安宗源) 등으로 개성을 지키게 하고 백관(百官)을 분사(分司)하게 하였으나 이듬해 민심의 농요로 다시 개성으로 환도하였다.

1391년 광흥창(廣興倉)·풍저창(豊儲倉)을 서강(西江)에 세워 조운(漕運)의 곡식(穀食)을 비축(備蓄)하게 하였으며, 개성 오부(五部)에는 의창(義倉)을 설치하였다 그리고 조준(趙浚)의 건의(建義)로 과전법을 실시해 녹제(祿制)와 전제(田制)를 개혁하였는데, 이것은 신흥세력의 경제적 기반이 되었다. 또한 인물추고도감(人物推考都監)을 두어 노비결송법(奴婢決訟法)과 결송법(決訟法)을 정하였다.

이 해 이성계 일파를 반대한 정몽주가 살해되자, 정세는 이성계의 독무대(獨舞臺)가 되었다. 이에 조준(趙浚)·정도전·남은(南誾) 등은 이성계를 왕으로 추대하였다. 이로써 공양왕은 폐위되었고, 고려왕조는 끝나고 말았다.

1392년 조선이 건국되자 원주(元主로 방치(放置)되었다가 간성군(杆城郡)으로 추방되면서 공양군(恭讓君)으로 강등(降等)되었고, 1394년 삼척부(三陟府)로 옮겨졌다가 그곳에서 살해되었다 조선 태종(太宗) 16년 공양왕으로 추봉(追封)되었다. 능(陵)은 고릉(高陵)으로 경기도 고양시(高揚市) 원당읍(元堂邑)과 강원도(江原道) 삼척시(三陟市) 근덕면에도 공양왕릉(恭讓王陵)이 있는 것으로 보아, 고려 말과 조선 초의 고려 왕실의 불안하였던 모습을 보여준다.

서기 1393년 (2월) 이성계 왕께서 계룡산(鷄龍山)에 가서 신도(新都) 지세(地勢)를 살펴보았다. (2월) 국호를 조선이라 개칭했다. (3월) 연복사(演福寺) 5층탑을 완성시켰다. (5월) 명나라의 사신 황영기(黃永奇) 등이 왔다. (5월) 니성(泥城) 강계(江界) 등지에 투항해 온 여진족을 송환했다.

(5월) 각 도(道)의 군적(軍籍)을 올렸다. (6월) 탐라(耽羅) 사신들이 왔다. (7월) 명나라는 고려인의 왕래를 금했다. (8월) 도성(都城)을 수축하고 (8월) 갑주(甲州)와 공주(公州)에 축성했다.(9월)삼군총제부(三軍摠制府)를 의흥삼군부(義興三軍府)로 개칭했다. (10월) 육학(六學)을 설치하고 (11월) 각 도계수관(道界首官)을 정했다.

고려국 왕조 표

왕대	왕명	재위 기간	왕대	왕명	재위 기간
1	태조왕건	서기 918~943	18	의종(毅宗)	서기 1146~1170
2	혜종(惠宗)	서기 943~945	19	명종(明宗)	서기 1170~1197
3	정종(定宗)	서기 945~949	20	신종(神宗)	서기 1197~1204
4	광종(光宗)	서기 949~975	21	희종(熙宗)	서기 1204~1211
5	경종(景宗)	서기 975~981	22	강종(康宗)	서기 1211~1213
6	성종	서기 981~997	23	고종(高宗)	서기 1213~1259
7	목종(穆宗)	서기 997~1009	24	원종(元宗)	서기 1259~1274
8	현종(顯宗)	서기 1009~1031	25	충렬왕(忠烈王)	서기 1274~1308
9	덕종	서기 1031~1034	26	충선왕(忠宣王)	서기 1308~1313
10	정종	서기 1034~1046	27	충숙왕(忠肅王)	1313`~1330 /1332~1339
11	문종(文宗)	서기 1046~1083	28	충혜왕(忠惠王)	1330~1332 /1339~1334
12	순종(順宗)	서기 1083~0	29	충목왕(忠穆王)	서기 1344~1348
13	선종	서기 1083~1094	30	충정왕(忠定王)	서기 1348~1351
14	헌종	서기 1094~1095	31	공민왕	서기 1351~1374
15	숙종	서기 1095~1105	32	우왕	서기 1374~1388
16	예종(睿宗)	서기 1105~1122	33	창왕	서기 1388~1389
17	인종(仁宗)	서기 1122~1146	34	공양왕(恭讓王)	서기 1389~1392

이성계의 역성혁명(易姓革明)

이 씨(李氏)조선을 개국한 이성계는 우리 역사상 최초로 쿠데타Coup which overthrew를 일으켜 나라를 빼앗은 시조이다. 고려 시대에는 문관(文官)들의 득세(得勢)로 무관(武官)들이 멸시를 당하고 천대(賤待)를 받자 그 중심 인물들이 정중부(鄭仲夫), 최충헌, 경대승(慶大升) 등이 있었으나, 그들은 임금을 갈아치우는 선에서 그쳤었다. 그러나 고려 말 요동(遼東) 정벌에 나섰던 이성계는 임금을 바꾸는 선에 그치는것이 아닌 역성혁명(易性革命)으로 고려의 왕인 왕 씨(王氏) 성을 아예 끝내고 자신의 성인 이씨(李氏) 성으로 개국을 하니 우리 역사는 이를 '이 씨조선(李氏朝鮮), 근세조선(近世朝鮮)으로 구분함'이다.

정중부(鄭仲夫), 최충헌, 경대승(慶大升) 등이 처음 난을 일으켜 왕을 협박(脅迫)하여 무인들이 정권을 잡고 국정(國政)을 좌지우지하는 역사적 사건과 다르게 이성계는 문인(文人)들 속에도 이에 뜻이 있는 정도전과 그와 같은 처지에 있던 하위지(河緯地) 함부림(咸富淋) 조영주(趙榮柱) 등이 그 혁명에 참여시켰다.

1388년 요동 정벌에 나섰다가 위화도에서 회군하여 조선왕조 창업(創業)을 한 이성계 이원계(李元桂) 형제는 고려와 왕 씨 일가(王氏一家)를 멸하고 새로운 왕조(王朝)를 창업(創業)한 혁명 뒤엔 이성계의 형 이원계가 있었다. 이성계의 형 이원계는 고려왕조(高麗王朝)를 배신(背信)할 수 없다고 음독자살(飮毒自殺) 하였다 그러나 이원계의 둘째아들 완산(完山)부원군(府院君) 이천우(李天祐)는 이방원에게 적극 협조하여 제2차 왕자의 난 때 이방원과 같이 싸운 공로로 정난공신(定難功臣)에 책봉되고 '부원군(府院君)'의 칭호(稱號)를 받았으며 태종(太宗) 이방원의 종묘(宗廟)에 배향(配享)된 공신(功臣)이다. 이천우(李天祐)는 훗날 이성계의 하사품 송골매를 받아들고 영광(榮光)으로 낙향(落鄕)했다.

정중부(鄭仲夫), 최충헌, 경대승(慶大升) 등이 처음 난을 일으켜 왕을 협박(脅迫)하여 무인들이 정권을 잡고 국정(國政)을 좌지우지하는 역사적 사건과 다르게 이성계는 문인(文人)들 속에도 이에 뜻이 있는 정도전과 그와같은 처지에있던 하위지(河緯地) 함부림(咸富淋) 조영주(趙榮柱) 등이 그 혁명에 참여시켰다.

정도전의 정개론(政開論)

고려 시대에는 문관(文官)들의 득세(得勢)로 무관(武官)들이 멸시를 당하고 천대(賤待)를 받자 정도전은 정개론(政開論)에 뜻을 둔 개혁정치를 부르짖던 사람이다. 이에 이성계는 문인(文人)들 속에도 이에 뜻이 있는 정도전과 그와 같은 처지에 있던 하위지(河緯地) 함부림(咸富淋) 조영주(趙榮柱) 등이 그 혁명에 참여시켰다.

정도전은 이성계를 등에 업고 과감하게 역성혁명에 앞장서서 한 때는 이방원을 설득(說得)시켜 고려 충신(忠臣)들을 숙청하는데 한몫을 하고 혁명조정(朝廷)의 정당성(政堂省)을 내세우고 조선건국(朝鮮建國)의 최대공신(最大功臣)이자 태종(太宗) 이방원의 정적이자 라이벌(rival)이라고 볼 수 있었다.

흔히 정도전을 이야기할 때 '신권정치(新權政治, 재상이 정치의 핵심)'에 뜻을 둔 개혁가라고도 한다. 그러나 정도전으로 대변(代辨)되는 '신권정치(新權

政治)'와 이방원(李芳遠)으로 대변(對辨)되는 '왕권정치(王權政治)' 간의 왕자의 난 싸움에서 이방원에게 패하고 그는 이방원에게 숙청당한다.

이성계는 왕위에 오른 후 술이 취할 때마다 "삼봉(三峯)이 아니면 내가 어찌 오늘 이 자리에 있을 수 있겠는가?"라고 정도전의 공을 치하(致賀)했으며, 정도전 역시 술이 취하면 이성계와 자신의 관계를 한고조(漢高祖) 유방(劉邦, BC 195년)과 참모(參謀) 장량(張良, BC 189년)의 관계에 비유하며 "유방(劉邦)이 한(漢)나라를 세운 것이 아니라 장량(張良)이 나라를 세운 것"이라 했다 한다.

정도전의 스승이자 정적(政敵)이요, 고려 말 삼은(三隱)은 목은(牧隱) 이색(李穡, 1328~1396), 포은(圃隱) 정몽주(鄭夢周, 1337-1392년), 야은(野隱) 길재(吉再, 1353~1419)를 이른다. 정도전과 함께 이색 문하(門下)에서 수학(修學)하다가 후에 이방원 측에 가담했던 당대의 명유(名儒) 권근(權瑾)은 '삼봉(三峯) 선생 진찬(珍饌)'이라는 글을 남겼다. 삼봉(三峯)의 풍모(風貌)와 기백(氣魄), 학문(學文)과 화술(話術)을 짐작할 수 있는 여러 문장들이 있다고 한다. 정도전은 "온후(溫厚)한 빛과 엄중(嚴重)한 용모(容貌)는 쳐다보면 높은 산을 우러러보는 듯하다가, 가서 보면 봄바람 속에 앉은 듯하다. 그는 항상 백성들 속에서 일하고 백성들의 어려운 점을 속속들이 아는 선비였다. 항상 그 얼굴이 윤택(潤澤)하고 등이 펴진 것을 보니 온화(溫和)함과 순(順)함이 백성들과 늘 함께 있음이라" 하였다.

그러나 그는 출생 신분상 어려운 점이 있어 보인다. 그래서 정도전은 고려조(高麗朝)의 귀족정치에 대한 불만이 쌓였던 문인(文人)이다. 그의 출생 신분상(身分上) 세도(勢道)정권을 타도(打稻)했다. 정도전의 출생과 관련된 이야기들이 여럿 전해 내려오고 있다.

그에 의하면 정도전의 아버지 정운경(鄭云敬)(1304~1366)이 젊었을 때 관상(觀相)쟁이를 만났는데, 10년 후에 결혼하면 재상(宰相)이 될 아이를 얻을 수 있다고 예언하였다고 한다. 정운경은 이 말을 믿고 10년 간 금강산 (金剛山)에 들어가 수양(修養)을 하고 돌아오는 길에 도담(島潭) 삼봉(三峯)에 이르러 비를 만나 길가 어느 초막집에 유숙(留宿)하게 되었는데 우 씨(禹氏) 소녀를 만나 정도전을 낳게 되었다는 것이다. 이러한 구전을 액면 그대로 받아들일 수는 없지만 정도전의 출생지가 도담(島潭) 삼봉(三峯) 근방일 가능성을 암시해준다.

그러나 외가(外家)가 단양(丹陽)이라는 사실과 구전만으로 정도전이 도담 (島潭) 삼봉(三峯)에서 출생했다고 단정(斷定)할 수는 없다. 이를 증명(證明)할 역사적 기록이 없기 때문이다. 출생지에 대한 별다른 기록이 없다는 것은 정도전이 본향(本鄕)인 봉화(奉化)에서 태어났을 가능성도 말해준다. 본향에서 태어났기에 굳이 출생지를 따로 기록할 필요가 없었다고 볼 수도 있는 것이다.

정도전의 외가가 우 씨(于氏)였으며 이성계의 역성(易姓)혁명 때 그의 외가(外家)인 담양 우 씨(潭陽禹氏) 우현보(禹玄寶)와 관련된 연안 차 씨(延安車氏) 차원부(車原頻)는 족보 관계였다고 하더라도, 정몽주(鄭夢周)의 아버지 정운권(鄭云權)은 차만온(車滿溫)의 사위였으니 차원부(車原頻)와 내외종(內外從)사이다. 정몽주는 앞서 말한바 와 같이 동문(同文) 수학(修學)했는데 1392년 (4월) 정몽주가 피살되었다. 정도전이 정몽주가 숙청대상(對象)에 올랐는데 몰랐을 가? 그 당시 그 사건들은 정도전을 거쳐서 숙청되었다. 그러나 그 문중(門中) 모두가 쑥대밭이 되었으니 말이다.

1392년 (7월) 배극염(裵克廉)이 이성계를 왕으로 추대하고 공양왕(恭讓王)은 왕위를 양위(讓位)했다. 7월17일 이성계가 수창궁(壽昌宮)에서 고려 제35대 왕으로 즉위했다. (7월) 문무백관(文武百官) 의제(議題)를 정하고 (8월) 계자(季子)방석(芳碩)을 왕세자로 책봉했다. (8월) 개국공신을 정했다.

제10장

조선왕조 제1대~제27대

조선 왕조기(王朝記)

제1대 태조왕(太祖王, 1391~1419)

　조선의 제1대 왕 이성계 재위(在位, 1392~1398). 본관(本貫)은 전주(全州). 자는 중걸(仲潔). 호(號)는 송헌(松軒). 성은 이 씨(李氏). 이름은 성계(成桂). 시호(諡號)는 지인계운성문(至仁啓運聖文) 신무대왕(神武大王). 함경도 영흥 출생으로 즉위 후 휘(諱)를 단(旦), 자를 군진(君晉)으로 고쳤다.

　비(妃)는 한경민(韓敬敏)의 딸 신의왕후(神懿王后)이고, 계비(繼妃)는 강윤성(康允成)의 딸 신덕왕후(神德王后). 1356년 공민왕(恭愍王, 5년) 아버지와 함께 고려에 내부(來附)한 뒤 이듬해 류인우(柳仁雨)가 쌍성총관부(雙城摠管府, 咸南 永興)를 공격할 때, 이에 내응(內應)하여 공을 세웠고, 후에 아버지의 벼슬을 이어받아 금오위상장군(金吾衛上將軍)·동북면상만호(東北面上萬戶)가 되었다. 1361년 반란을 일으킨 독노강만호(禿魯江萬戶) 박의(朴儀)를 토벌하였으며, 같은 해 홍건적(紅巾賊)의 침입으로 개경이 함락되자, 다음해 사병 2,000명을 거느리고 수도(首都) 탈환전(奪還戰)에 참가하여 제1착(着)으로 입성(入城), 전공(戰功)을 세움으로써 동북면 병마사(東北面兵馬使)로 승진되고, 원나라의 나하추(納哈出)가 함경도 홍원으로 침입하자 함흥평야에서 이를 격파하였다. 1364년 원나라 연경(燕京)에 있던 최청(崔濡)이 충숙왕(忠肅王)의 아우 덕흥군(德興君)을 추대하고 1만 명의 군대로 평안도(平安道)에 침입하여 공민왕을 폐하려 하자, 최영(崔瑩)과 함께 이들을 달천강(㺚川江)에서 대파하고, 이어 여진족의 삼선삼개(三善三介)가 함경도 화주(和州)에 침입한 것을 격퇴하였다.

이 해 밀직부사(密直副使)로 익대공신(翊戴功臣)에 책록(冊祿)되었다. 1368년 동북면 원수(東北面元帥)·문하성지사(門下省知事)로 승진하고, 1372년 공민왕(恭愍王, 21년) 화령부윤(和寧府尹)이 되고, 1377년 우왕(禑王, 3년) 왜구가 개경(開京)을 위협할 때 서경부원수(西江副元帥)로서 이를 격퇴하였다. 1380년 양광(楊廣) 전라(全羅) 경상도도순찰사(慶尙道都巡察使)가 되어 운봉(雲峰)에서 왜구를 소탕하고 1382년 찬성사(贊成事)로서 동북면 도지휘사(東北面都指揮使)가 되었다. 다음해 이지란(李之蘭)과 함께 함경도에 침입한 호발도(胡拔都)의 군대를 길주(吉州)에서 대파하였으며, 1384년 동북면 도원수·문하찬성사가 되었고 이듬해 함경도 함주(咸州)에 침입한 왜구를 격파하였다.

1388년 우왕(禑王, 14년) 수문하시중(守門下侍中)에 올라 최영(崔瑩)과 함께 권신(權臣) 임견미(林堅味)·염흥방(廉興邦)을 처형, 이때 명나라의 철령위(鐵領衛) 설치 문제로 요동 정벌이 결정되자 출정을 반대했으나 거절당했다. 우군도통사(右軍都統使)가 되어 군사를 이끌고 북진(北進)하다가 위화도에서 회군, 최영(崔瑩)을 제거하고 우왕을 폐한 후 창왕을 세웠으며, 자신은 수시중(守侍中)으로서 도총중외제군사(都摠中外諸軍事)가 되어 막강한 권력을 장악하였다. 다음해 정도전 등과 함께 창왕을 폐위하고 공양왕을 세웠다.

1390년 삼사령사(三司領事)로 승진하였고, 1391년 삼군도총제사(三軍都摠制使)로서 조준(趙浚) 등과 함께 구신(舊臣)들의 반대를 물리치고 전제개혁(田制改革)을 단행하였다. 그 결과 구신(舊臣)들은 경제적 기반을 잃었고, 그의 일파인 신진세력(新進勢力)은 경제적인 토대(土臺)를 구축하게 되었다. 1392년(공민왕恭讓王, 4년) 정몽주를 제거, 그 해 7월 공양왕(恭讓王)을 양위(讓位)시키고 스스로 새 왕조(王朝)의 태조가 되었다. 이듬해 국호를 조선이라 정하고 1394년 태조(太祖, 3년) 서울을 한양(漢陽)으로 옮겼다. 1398년 제

1차 왕자의 난이 일어나자 방과(芳果,定宗)에게 선우(禪位)한 뒤 상왕(上王)이 되고, 1400년 방원(芳遠)이 즉위하자 태상왕(太上王)이 되었다.

1402년 왕자들의 권력 다툼에서 빚어진 심뇌(心惱)로 동북면(東北面)에 가서 오랫동안 머물다가 돌아왔고 불가(佛家)에 귀의(歸依)하여 여생(餘生)을 보냈다. 사대주의(事大主義) 배불숭유(排佛崇儒)·농본주의(農本主義)를 건국이념(建國理念)으로 삼아 조선 500년의 근본정책(根本政策)이 되게 하였고 관제(官制)의 정비, 병제(兵制)와 전제(田制)의 재조정(再調整) 등 초기국가(初期國家)의 기틀을 다지는 데 큰 업적을 남겼다. 묘호(廟號)는 태조, 능(陵)은 건원릉(健元陵)이다.

제2대 정종(定宗, 1357~1400)

조선 제2대왕(第2代王) 자 광원(光遠),휘(諱)는 경(曔). 초명(初名) 방과(芳果). 태조의 둘째 아들이다. 비(妃)는 김천서(金天瑞)의 딸 정안왕후(定安王后) 성품이 인자하고 용기와 지략이 뛰어나, 고려 때 아버지를 따라 많은 전공(戰功)을 세웠다. 조선개국(朝鮮開國)뒤 영안군(永安君)에 책봉되었고, 1398년 태조(太祖, 7년) 제1차 왕자의 난으로 세자로 책립(冊立)되었다. 태조의 양위(讓位)를 받아 왕위에 올랐는데, 신도한양(新都漢陽)에서의 골육상쟁(骨肉相爭), 즉 "제1차 왕자의 난을 상기하여 구도 개경(舊都開京)으로 돌아갔다.

1400년 제2차 왕자의 난이 수습된 뒤 동생 정안군(靖安君, 방원芳遠)을 왕세제(王世弟)로 삼고 왕족(王族) 권신등(權臣等)이 기르던 사병(私兵)을 폐지하여 삼군부(三軍府)에 편입시켰다. 하륜(河崙)의 건의에 따라 관제(官制)를 개혁하고, 한양(漢陽)의 5부(5部)에 각각 학당(學堂)을 설립하였다. 즉위한지 2년(2年) 만에 방원(芳遠)에게 왕위를 물려주고 상왕(上王)으로 추대되었다.

능(陵)은 개풍군(開豊郡,現 開城市)의 후릉(厚陵)이다.

제3대 태종(太宗, 1367~1422)

조선 제3대 왕. 자는 원덕(遺德). 휘(諱)는 방원(芳遠)이다. 태조의 5남(5男)이고, 어머니는 신의왕후(神懿王后) 한 씨(韓氏)이고, 비(妃)는 민제(閔霽)의 딸 원경왕후(元敬王后)이다. 1382년 우왕(禑王, 8년) 문과(文科)에 급제하여 밀직 사대언(密直司代言)이 되고, 후에 아버지 이성계(李成桂) 휘하에서 신진 정객(政客)들을 포섭하여 구세력(舊勢力)의 제거에 큰 역할을 하였다.

1388년 정조사(正朝使)의 서장관(書狀官)으로 명나라에 다녀오고, 1392년 공양왕(恭讓王, 4년) 정몽주를 제거하여 이성계를 중심으로 한 신진 세력(新進勢力)의 기반을 굳혔으며, 같은 해 이성계가 조선의 태조로서 등극(登極)하자 정안군(靖安君)에 봉해졌다. 태조가 이모제(異母弟) 방석(芳碩)을 세자로 책봉하자 이에 불만을 품고 1398년 태조(太祖, 7년) 중신(重臣) 정도전·남문(南誾) 등을 살해하고, 이어 강 씨 소생(康氏所生)의 방석(芳碩) 방번(芳蕃)을 귀양 보내기로 하고, 도중에 죽여버렸다. 이것을 제1차 왕자의 난이라 하며, 방원은 이때 세자로 추대되었으나 이를 동복(同腹) 형인 방과(芳果, 定宗)에게 사양하였다.

1400년 정종(定宗, 2년) 넷째 형인 방간(芳幹)이 박포(朴苞)와 공모(共謀)하여 방원일당(芳園一黨)을 제거하려 하자, 이를 즉시 평정하고 세제(世弟)에 책봉되었다. 방간(芳幹) 박포(朴苞)의 난을 제2차 왕자의 난이라 한다. 제2차 왕자의 난이 평정된 후 정종의 양위를 받아 조선 제3대 왕으로 즉위하였다.

즉위하자 사병(私兵)을 혁파하고 1402년 태종(太宗, 2년) 문하부(門下府)를 폐지하였으며 의정부(議政府)를 설치하였다. 또 낭사(郎舍)는 사간원(司諫院)

으로 분립시켰으며, 삼사(三司)는 사평부(司平府)로 개칭하고 삼군도총제부(三軍都摠制府)를 신설하였으며, 1405년 1월에는 의정부의 서무(庶務)를 육조(六曹)에서 분장(分掌)하게 하는 등, 관제개혁을 통하여 왕권의 강화를 도모하였다. 한편 억불숭유정책(抑佛崇儒政策)을 강화하여 전국의 많은 사찰을 폐쇄한 후, 그 사찰에 소속되었던 토지, 노비를 몰수(沒收)하였다. 또 비기도참(秘記圖讖)의 사상(思想)을 엄검(嚴禁)하여 미신타파에 힘썼다. 한편 호패법(號牌法)을 실시하여 양반 관리에서 농민에 이르기까지 국민 모두가 이를 소지(所持)하게 함으로써 인적자원을 정확하게 파악하였으며, 개가(改嫁)한 자의 자손은 등용을 금지하여 적서(嫡庶)의 차별을 강요하였다.

국방정책(國防政策)으로서 10년 여진족(女眞族)의 일파인 모련위(毛憐衛) 파아손(把兒孫)의 무리를 죽였고, 노략질이 심한 야인(野人), 여진인(女眞人)들을 회유(懷柔)하여 변방의 안정에도 힘을 기울였다. 또 문화정책(文化政策)으로서 주자소(鑄字所)를 세워 1403년 태종(太宗, 3년) 동활자(銅活字)인 계미자(癸未字)를 만들었으며, 하륜(河崙) 등에게『동국사략(東國史略)』『고려사(高麗史)』등을 편찬하게 하였다. 경제 정책으로서 호포(戶布)를 폐지하여 백성의 부담을 덜어주었고, 저화(楮貨)를 발행(發行)하여 경제유통(經濟流通)이 잘 되도록 유의하였다.

1402년 태종(太宗, 2년) 상하국민(上下 國民)의 남소(濫訴) 월소(越訴)를 엄금(嚴禁)하였고, 백성들의 억울한 사정(事情)을 풀어주기 위하여 신문고(申聞鼓)를 설치하였는데, 그 뜻은 매우 좋은 것이었으나 뚜렷한 실효(實效)는 거두지 못하였다. 고려말기(高麗末期)의 순군제도(巡軍制度)를 여러 차례 개편하여 최고의 법사(法司)인 의금부(義禁府)를 설치하였는데, 이것은 국왕 직속의 근위대(近衛隊)로서 모역(謀逆)을 방지하는 기관이었다. 1404년 송도(松都)에서 한성(漢城)으로 천도(遷都)하였으며, 1418년 세자(世子, 世宗)에게 선위(禪位)하고 상왕(上王)으로서 국정(國政)을 감독하였다.

제4대 세종(世宗, 1397, 4.10.~1450)

조선 제4대 왕 이름은 도(祹). 자는 원정(元正) 시호(諡號)는 장헌(莊憲)이다. 태종의 셋째 아들로 원경왕후(元敬王后) 민 씨(閔氏) 소생이다. 비(妃)는 청천부원군(靑川府院君) 심온(沈溫)의 딸 소헌왕후(昭憲王后)이다. 1408년 태종(太宗, 8년) 충녕군(忠寧君)에 봉군(封君)되고, 1413년 태종(太宗, 13년)에 대군(大君)이 되고 1418년에 왕세자(王世子)에 책봉되고, 동년(同年) 8월에 22세의 나이로 태종(太宗)의 왕위를 받아 즉위하였다. 즉위 뒤 정치·경제·문화면(文化面)에 훌륭한 치적을 쌓아 수준 높은 민족문화(民族文化)의 창달(暢達)과 조선왕조의 기틀을 튼튼히 하였다.

그는 정치적으로 중앙집권 체제를 운영하기 위하여 1420년에 집현전(集賢殿)을 설치하고 황희(黃喜), 맹사성(孟思誠), 허조(許稠) 등의 청백리(淸白吏)를 등용하여 왕권과 신권(臣權)의 조화에 노력하여 의정부(議政府)를 견제했다. 또한 이를 왕립 학술기관(王立學術機關)으로 확장하여 변계양(卞季良)·신숙주(申叔舟)·정린지(鄭麟趾)·성삼문(成三問)·최항(崔恒) 등의 젊은 학자를 등용하여 정치자문(政治諮問)·왕실교육(王室敎育)·서적편찬(書籍編纂) 등 사상적 유교 정치를 구현하였다.

그리고 관내(宮內)에 정음청(正音廳)을 설치, 성삼문(成三問)·신숙주(申叔舟)·최항(崔恒) 등으로 하여금 1443년 세종(世宗, 25년) 한글을 창제(創製)하게 하고, 1446년 이를 반포(頒布)하였다. 또한 이천(李蕆)에게 명하여 경인자(庚寅字)·갑인자(甲寅字)·병진자(丙辰字) 등을 제작하게 하였는데, 이 가운데 갑인자(甲寅字)는 정교(精巧)하기로 유명한 활자이다.

초기에는 억불책(抑佛策)을 써서 오교양종(五敎兩宗)을 선종(禪宗)과 교종(敎宗)의 2종(宗)으로 통합하여 각 18개 사찰만 인정하고 경행(經行)을 금지했으나, 말년에는 궁중에 내불당(內佛堂)을 짓고 승과제도경행(僧科制度經行)

을 인정하는 등 왕실불교(王室佛敎)로 장려하여 불교 발달에도 도움을 주었다. 그리고 음악(音樂)에도 관심을 기울여 1425년 관습도감(慣習都監)을 설치하고 박연(朴埂)으로 하여금 아악(雅樂)을 정리하게 하여 음악을 장려하였다.

또한 실록 보관을 위하여 춘추관(春秋館)을·충주(忠州)·전주(全州)·성주(星州)에 4대 사고(史庫)를 설치했는데, 임진왜란 때 전주 사만 남고 모두 불타버렸다. 과학기술에 대한 업적은 1442년 이천(李蕆)·장영실(蔣英實)로 하여금 우량분포 측정기(雨量分布測程器)인 측우기(測雨器)를 제작하게 했는데, 이는 1639년 이탈리아(Italia)의 B. 가스텔리(Gastelli)가 발명한 측우기(測雨器)보다 약 200년이나 앞선 것이었다.

그리고 궁중에 과학관(科學館)인 흠경각(欽敬閣)을 설치하고 과학기구를 비치하도록 했고, 혼천의·(渾天儀) 해시계·물시계 등 각종 과학기구를 발명하였다. 김담(金淡)·이순지등(李純之等)을 시켜 중국 원나라의 수시력(授時曆), 명나라의 대통력(大統曆)을 참작(參酌)하고 아라비아(Arabia)의 회회력(回回曆)을 빌어 력서(曆書)인 칠정산내편(七政算內外篇)을 편찬했고, 천문(天文)·역법(曆法)·의상(儀象) 등에 관한 지식을 종합한 제가력상집(諸家曆象集)을 이순지(李純之)가 펴냈다.

경제·사회 정책 면은 1436년 공법상정소를 설치하고 각 도(道)의 토지를 비척(肥瘠)에 따라 3등급으로 나누어 세율(稅率)을 달리하는 안(案)을 실시했으나 결함(缺陷)이 많았으므로 1443년에 공법상정소(貢法上程所)의 안(案)을 시정(是正)하기 위하여 전제상정소(田制詳定所)를 설치하고, 풍흉(豊凶)에 따라 연분 구등법(年分九等法)과 토지의 비옥도(肥沃度)에 따라 전분 육등법(田分六等法)에 의한 수등이척법(隨等異尺法)으로 조세(租稅)의 공평화를 도모했으며, 전국의 토지를 20년마다 측량하여 양안(量案)을 작성하게 했다.

그리고 의창(義倉)·의료제도(醫療制度)·금부삼복법(禁府三覆法)을 제정했고,

노비에 대한 지위 등을 개선, 사형(私刑)을 금하도록 했다. 대외정책 면에서는 국가의 주권확립(主權確立)과 영토 확장(領土擴張)에 진력(盡力)한 치적을 들 수 있다. 명나라와의 관계를 보면, 처녀진헌(處女進獻)을 폐지하는 한편, 명나라에 보내던 금(金)·은(銀)의 조공물을 폐지하고 마(馬)·포(布)로 대신하도록 했다. 그리고 여진과의 관계는 무력으로 강경책(强硬策)을 쓰거나 회유(懷柔)하는 화전 양면책(和戰兩面策)을 썼는데, 두만강 유역의 여진(女眞)은 김종서(金宗瑞)로 하여금 구축(驅逐)하도록 하고 육진(六鎭)을 개척하여 국토를 확장하였다.

1432년 압록강 유역의 여진(女眞)은 최윤덕(崔潤德)·이천(李蕆) 등으로 하여금 구축(驅逐)하게 하고, 사군(四郡)을 설치하였다. 이때의 국경선(國境線)이 압록강으로부터 두만강까지 확보되어 이곳에 사민정책(徙民政策)을 실시하는 등 국토의 균형된 발전에 노력하였다. 그리고 일본과는 1419년 세종(世宗, 1년) 이종무(李從茂)로 하여금 왜구의 소굴(巢窟)인 쓰시마섬(對馬島)을 정벌하게 했으며, 이후 쓰시마(対馬) 도주(島主) 소사다모리(ソサダ森)가 사죄(謝罪)하고 통상(通商)을 간청해오자, 1426년 삼포(三浦)를 개항하였다.

이후 왜인의 출입이 증가하자 1443년 왜인의 출입을 통제(統制)하기 위하여 신숙주(申叔舟)의 교섭(交涉)으로 변효문(卞孝文)과 소 사다모리(牛貞森) 사이에 계해조약(癸亥條約)을 체결하게 하여 1년 동안에 입항(入港)할 수 있는 세귀선(歲遣船)을 50척으로 제한했고, 세사미(歲賜米)를 200섬으로 제한하는 한편, 반드시 수도서인(受圖書人)에 한하여 왕래하도록 무역과 출입을 통제(統制)하였다.

능(陵)은 경기도 여주군(驪州郡) 릉서면(陵西面) 왕대리(旺垈里)에 있는 영릉(英陵)인데 처음에는 광주(廣州)에 있었으나, 1469년 예종(睿宗, 1년)에 이곳으로 옮겼다.

제5대 문종(文宗, 1414~1452)

　조선의 제5대 왕 이름은 향(珦). 자는 휘지(輝之). 묘호(廟號)는 공순(恭順)이고. 세종(世宗)의 맏아들이다. 어머니는 소헌왕후(昭憲王后) 심 씨(沈氏)이고, 비(妃)는 권전(權專)의 맏딸 현덕왕후(顯德王后)이다. 학문을 좋아하고 인품(人品)이 관후(寬厚)하였으며, 1421년 세종(世宗, 3년) 세자로 책봉되었다. 20년 간 세자로 있으면서 문무관리(文武官吏)를 고르게 등용하도록 하고, 언로(言路)를 자유롭게 열어 민정 파악에 힘쓰는 등 세종을 보필한 공이 컸다. 1445년 세종이 병들자 그를 대신하여 국사(國事)를 처리하였으며, 1450년 왕(王)에 올랐다.

　그해 동국병감(東國兵鑑)이 출간(出刊)되었고, 1451년 문종(文宗, 1년) 고려사(高麗史) 139권을, 1452년 고려사절요(高麗史節要) 등이 편찬되었다. 한편 병제(兵制)를 정비하여 삼군(三軍)의 12사(司)를 5사(司)로 줄인 반면, 병력을 증대(增大)시키고 각 병종(兵種)을 5사(司)에 배분하였다.

　유학(儒學) 및 천문(天文)·역법(曆法)·산술(算術) 등에도 조예(造詣)가 깊었다. 몸이 약하여 재위, 2년 4개월 만에 병사(病死)하였다. 능(陵)은 경기도 양주군(楊洲郡)의 현릉(顯陵)이다.

제6대 단종(端宗, 1441~1457)

　조선 제6대 왕 이름은 홍위(弘暐)이다. 문종(文宗)의 아들이고. 어머니는 현덕왕후(顯德王后) 권 씨(權氏)이다. 비(妃)는 돈령부판사(敦寧府判事) 송현수(宋玹壽)의 딸인 정순왕후(定順王后)이다. 1448년 세종(世宗, 30년) 왕세손(王世孫)에 책봉되고, 1450년 문종(文宗)이 즉위하자 세자에 책봉되었다. 1452년 문종의 뒤를 이어 왕위에 올랐는데, 그 전에 문종은 자신이 병약하고 세자가 나이 어린 것을 염려하여 황보인(皇甫仁)·김종서(金宗瑞) 등에게 세자가 즉위하여 왕이 되었을 때의 보필을 부탁하였다. 한편 집현전(集賢殿)의 학사(學士)인 성삼문(成三問) 박평년(朴彭年) 신숙주(申叔舟) 등에게도 좌우협찬(左右協贊)을 부탁하는 유언을 내렸다.

그런데 1453년 그를 보필하던 황보인(皇甫仁) 김종서(金宗瑞) 등이 숙부(叔父)인 수양대군(首陽大君)에 의해 제거당하자 수양대군(首陽大君)이 군국(軍國)의 모든 권력을 장악하였으며, 단종(端宗)은 단지 이름뿐인 왕이 되었다. 1455년 단종을 보필하는 중신(重臣)을 제거하는 데 앞장섰던 한명회(韓明澮)·권림(權擥) 등이 강요하여 단종은 수양대군(首陽大君)에게 왕위를 물려주고 상왕(上王)이 되었다.

1456년 성삼문(成三問)·박평년(朴彭年)·하위지(河緯地)·이개(李塏)·김문기(金文起)·류성원(柳誠源) 등이 단종의 복위를 도모하다가 발각되어 모두 처형된 후 1457년 상왕(上王)에서 노산군(魯山君)으로 강봉(降封)되어 강원도 영월(寧越)에 유배되었다.

그런데 수양대군의 동생이며 노산군(魯山君)의 숙부(叔父)인 금성대군(錦城大君)이 다시 경상도의 순흥(順興)에서 복위를 도모하다가 발각되어 사사(賜死)되자 노산군(魯山君)은 다시 강등(降等)이 되어 서인(庶人)이 되었으며, 끈질기게 자살을 강요당하여 1457년 세조(世祖, 3년) 10월 24일에 령월(寧越)에서 죽었다.

단종 복위운동을 하다가 죽음을 당한 성삼문 등의 6명을 사류신(死六臣)이라 하고, 수양대군(首陽大君)의 왕위찬탈(王位簒奪)을 분개(憤慨)하여 한 평생을 죄인으로 자처한 김시습(金時習) 등 6명을 생육신(生六臣)이라 한다. 단종의 억울한 죽음과 강봉(降封)은 200여 년(餘年) 후인 1681년 숙종(肅宗, 7년) 신원(伸寃)되어서 대군(大君)에 추봉(追封)되었으며, 1698년 숙종(24년) 임금으로 복위되어 묘호(廟號)를 단종이라 하였다. 능(陵)은 단종이 목숨을 끊은 강원도 영월의 장릉(莊陵)이다.

제7대 세조(世祖, 1417~1468)

조선 제7대 왕의 휘(諱)는 유(瑈)이고, 자는 수지(粹之)이며, 시호(諡號)는 혜장(惠莊)이다. 세종(世宗)의 제2왕자이고, 어머니는 소혜왕후(昭憲王后) 심씨(沈氏)이다. 비(妃)는 윤번(尹璠)의 딸 정희왕후(貞熹王后)이다. 무예(武藝)에 능(能)하고 병서(兵書)에 밝았으며, 함평대군(咸平大君)또는 함영대군(咸陽大君)이라 칭하다가 1428년 세종(世宗, 10년) 수양대군(首陽大君)에 봉해졌다. 세종의 뒤를 이은 문종이 재위(2년) 3개월 만에 승하하고, 12歲의 어린 나이로 단종이 즉위하였다.

수양대군(首陽大君)은 권람(權擥)·한명회(韓明澮)·홍원손(洪達孫)·양정(楊汀) 등 30여 인의 무인 세력을 휘하에 두고 야망의 기회를 엿보다가, 1453년 단종(端宗, 1년) 10월 무사(武士)들을 이끌고 김종서(金宗瑞)를 살해한 뒤 사후(事後)에 왕에게 알리고 왕명(王命)으로 중신(重臣)들을 소집, 영의정(領議政) 황보인(皇甫仁), 이조판서(吏曹判書) 조극관(趙克寬) 찬성 이양(李穰) 등을 궐문(闕門)에서 죽이고 좌의정(左議政) 정분(鄭苯) 등을 유배시켰다.

그리고 안평대군(安平大君)을 강화도로 유배시킨 뒤 사사(賜死)하였다. 이와 같이 일거에 실권을 잡은 수양대군은 영의정부사(領議政府事), 이조(吏曹), 병조판서(兵曹判書), 내외병마도통사(內外兵馬都統使等) 등을 겸하면서 병마권(兵馬權)을 장악하고 좌의정(左議政)에 정인지(鄭麟趾), 우의정에 한학(韓確)을 임명하고 집현전(集賢殿)으로 하여금 수양대군(首陽大君) 찬양의 교서를 짓게 하였다.

1455년 단종이 선위(禪位)하게 하고 마침내 왕위에 올랐다. 그러나 그의 치적에는 괄목할 만한 것이 많다.

① 의정부(議政府)의 정책 결정권(政策決定權)을 폐지, 재상(宰相)의 권한(權限)을 축소시키고 육조(六曹)의 직계제(直啓制)를 부활(復活)시켜 왕권을 강화했으며, 이시애의 난(亂, 1467년)을 계기로 유향소(留鄕所)를 폐지하고 토호세력(土豪勢力)을 약화시키는 등 중앙집권 체제를 강화하였다.

② 국방력(國防力) 신장(伸張)에 힘써 호적(戶籍)·호비제(戶牌制)를 상화(强化) 진관체제(鎭管體制)를 실시하여 전국을 방위 체제로 편성하였으며 중앙군(中央軍)을 오위제도(五衛制度)로 개편하였다. 북방 개척에도 힘써 1460년 세조(世祖, 6년) 북정(北征)을 단행, 신숙주(申叔舟)로 하여금 두만강 건너 야인(野人)을 소탕하게 하고, 1467년 세조(世祖, 13년) 서정(西征)을 단행 강순(康純) 남이·(南怡)·어유소(魚有沼) 등으로 건주야인(建州野人)을 소탕하는 등 서북면 개척에 힘쓰는 한편, 하삼도(下三道) 백성을 평안(平安)·강원(江原)·황해도(黃海道)에 이주시키는 주민 정책을 단행하는 등 국토의 균형된 발전에 힘썼고 각 도에 둔전제(屯田制)를 실시하였다.

③ 경제 정책에서 과전법의 모순을 시정(是正)하기 위하여 과전(科田)을 폐하고 직전법(職田法)을 실시, 현직자(現職者)에게만 토지를 지급하여 국가수입(國家收入)을 늘렸다. 또한 궁중에 잠실(蠶室)을 두어 비(妃)와 세자빈(世子嬪)으로 하여금 친히 양잠(養蠶)을 권장하도록 하는 한편, 『금양잡록(衿陽雜錄)』『사시찬요(四時纂要)』『참서주해(慘書註解)』『양우법초(養牛法抄)』 등의 농서(農書)를 간행하여 농업을 장려하였다.

④ 성삼문(成三問) 등 집현전학사(集賢殿學士)들이 단종 복위운동에 가담

하자 집현전(集賢殿)을 폐지하였으나, 문교면(文敎面)에도 진력하여 제도를 정비하고 많은 서적을 편찬하였다. 그는 즉위전(卽位前)에 『역사병요(歷代兵要)』『위진법(衛陣法)』을 편찬했으며, 1465년 세조(世祖, 11년)에는 발영등준시(拔英登俊試)를 두고 인재를 널리 등용하였다. 『역학계몽요해(易學啓蒙要解)』『훈사십장(訓辭十章)』『병서대지(兵書大旨)』등 왕의 친서(親書)를 저술하고, 『국조보감(國朝寶鑑)』『동국통감(東國通鑑)』등의 사서(史書)를 편찬하도록 했다.

국초(國初) 이래의 『경제육전(經濟六典)』『속육전(續六典)』『원육전(元六典)』『육전등록(六典謄錄)』등의 법전과 교령전례(敎令典例)를 종합 재편하여 법전을 제정하고자 최항(崔恒)·노사신(盧思愼) 등에게 명하여 『경국대전(經國大典)』을 편찬하게 함으로써 성종 때 완성을 보게 한 것은 그의 치적 중에서도 특기(特記)할 만하다. 그는 불교를 숭상하여 1461년 세조(世祖, 7년) 간경도감(刊經都監)을 설치하고 신미(信眉)·김수온(金守溫) 등에게 『법화경(法華經)』『금강경(金剛經)』등 불경(佛經)을 간행하게 하는 한편, 대장경(大藏經) 50권을 필인(畢印)하기도 했다. 그의 능(陵)은 경기 남양주시 의 광릉(光陵)이다.

제8대 예종(睿宗, 1450~1469)

조선 제8대 왕의 휘(諱)는 광(晄)이요. 자는 명조(明照)이고, 처음 자는 평남(平南)이며. 시호(諡號)는 양도(襄悼)이다. 세조의 둘째 왕자로서 처음에 해양대군(海陽大君)에 봉해졌다가 1457년 세조(世祖, 3년) 왕세자로 책봉되었고, 1468년에 즉위하였으나 재위 13개월 만에 죽었다. 재위 중 직전목조법(職田收租法)을 제정하여 둔전의 민경(民耕)을 허락하였다. 남이(南怡), 강순(康純) 등의 옥사(獄事)와 민수(閔粹)의 사옥(史獄) 등이 있다. 능(陵)은 경기 고양군의 창릉(昌陵)이다.

제9대 성종(成宗, 1469~1494)

조선 제9대 왕의 휘(諱)는 혈(娎). 시호(諡號)는 강정(康靖)이다. 세조(世祖) 의 손자, 추존왕(追尊王)인 덕종의 아들이다. 어머니는 한학(韓確)의 딸 소 혜왕후(昭惠王后)이고, 비(妃)는 한명회(韓明澮)의 딸 공혜왕후(恭惠王后)이다. 1461년 세조(世祖, 7년)에 자산군(者山君)으로 봉해졌으며, 1468년에 잘산군 (乽山君)으로 개봉(改封)되었다. 1469년 예종(睿宗, 1년) 13세로 왕위에 올랐 는데, 7연간 세조비(世祖妃) 정희대비(貞熹大妃)가 수렴청정(垂簾聽政)하였다. 1476년 성종(成宗, 7년)부터 친정(親政)을 시작하였는데, 세종, 세조가 이룩 한 치적을 기반으로 하여 빛나는 문화 정책을 펴나갔다.

숭유억불정책 철저히 시행하였으며, 1474년 성종(成宗, 5년)에는 『경국대 전(經國大典)』을 완성하여 이를 반포(頒布)하였다. 1492년 성종(成宗, 23년)에 는 『경국대전』 더욱 보충하여 『대전속록(大典續錄)』을 간행하였다. 서적(書 籍)의 간행에 힘을 써서 『여지승람(輿地勝覽)』 『동국통감(東國通鑑)』 『동문선 (東文選)』 『오례의(五禮儀)』 『약학궤범(樂學軌範)』 등을 편찬·간행하였다.

한편 윤필상(尹弼商)·허종(許琮) 등을 도원수(都元帥)로 삼아 두만강 방면 의 여진족(女眞族) 올적합(兀狄合)의 소굴을 소탕하였으며, 압록강 방면의 야인(野人)을 몰아냈다. 또한 세종(世宗) 때의 집현전(集賢殿)에 해당하는 홍 문관(弘文館)을 설치하고, 문신(文臣) 중의 준재(俊才)를 골라 사가독서(賜暇 讀書)하게 하는 호당제도(湖堂制度)를 두어, 유자 문인(儒者文人)들로 하여금 문화 발전에 이바지하게 하였다.

더욱이 세조(世祖)의 찬역(纂逆)을 도와준 훈구파학자(勳舊派學者)들과 대립관계(對立關係)에 있는 이른바 사림파(士林派)에 속한 사람들을 과감하게 발탁(拔擢)하는 등 인재 등용에도 힘을 기울였다. 그 결과, 조선전기(朝鮮前期)의 문물제도(文物制度)는 성종 때에 거의 완성되었다고 할 수 있다. 학문을 좋아하였고 사예(射藝)와 서화(書畵)에도 능하였다. 능(陵)은 선릉(宣陵)이다.

제10대 연산군(燕山君, 1476~1506)

조선 제10대 왕의 휘(諱)는 융(隆)이요. 성종의 맏아들이다. 즉위 3년 동안은 별 탈 없이 보냈으나, 1498년 훈구파(勳舊派) 이극돈(李克墩)·류자광(柳子光) 등의 계략에 빠져, 사초(史草)를 문제삼아 김종직(金宗直) 등 많은 신진사류(新進士類)를 죽이는 최초의 사화인 무오사화(戊午士禍)를 일으키게 하였다. 1504년에는 생모(生母)인 폐비윤 씨(廢妃尹氏)가 성종의 후궁(後宮)인 정 씨(鄭氏)·엄 씨(嚴氏)의 모함으로 내쫓겨 사사(賜死)되었다고 해서 자기 손으로 두 후궁을 죽여 산야(山野)에 버리는 포악한 성정을 드러내기 시작하였다.

또한 조모(祖母) 인수대비(仁粹大妃)를 구타하여 죽게 하고, 윤 씨(尹氏)의 폐비에 찬성하였다 하여 윤필상(尹弼商)·김굉필(金宏弼) 등 수십 명을 살해하고, 이미 죽은 한명회(韓明澮) 등을 부관참시(剖棺斬屍)하였다. 갑자사화(甲子士禍). 또 그의 난행(亂行)을 비방(誹謗)한 투서(投書)가 언문(諺文)으로 쓰여지자, 한글 교습(敎習)을 중단시키고 언문구결(諺文口訣)을 모조리 거두어 불태웠다. 한편, 각 도에 채홍사(採紅使)·채청사(採靑使) 등을 파견해서 미녀(美女)와 양마(良馬)를 구해오게 하고, 성균관의 학생들을 몰아내고 그곳을 놀이터로 삼는 등 황음(荒淫)에 빠졌다. 경연(經筵)을 없애 학문을 마다하였고, 사간원(司諫院)을 폐지해서 언로(言路)를 막는 등 그 비정(秕政)은 극에 달하였다.

급기야 1506년 중종(中宗, 1년) 성희언(成希顔)·박원종(朴元宗) 등의 중종반정(中宗反正)에 의해 폐왕(廢王)이 되어 교동(喬桐,江華)으로 쫓겨나고, 연산군으로 강봉(降封)되어 그해에 병으로 죽었다. 그의 치세(治世)는 개국 100년의 조선조에 한 시대의 획을 긋게 하여, 이후 50년은 사화라는 유혈극(流血劇)이 잇따라 일어났다. 그것은 선조(宣祖) 이후 다시 붕당(朋黨) 및 붕당정치(朋黨政治)로 확대, 악화되었다. 한편으로는 임진(壬辰)·병자(丙子) 등 국란(國難)으로 국운(國運)은 쇠퇴의 길을 밟게 되었다.

제11대 중종(中宗, 1488~1544)

조선 제11대 왕의 자는 악천(樂天)이고, 휘(諱)는 역(懌)이다. 성종의 2남(男), 연산군의 이복동생이다. 어머니는 정현왕후(貞顯王后) 윤 씨(尹氏)이고, 비(妃)는 신신근(愼守勤)의 딸 단경왕후(端敬王后), 제1계비(繼妃)는 윤여필(尹汝弼)의 딸 장경왕후(章敬王后), 제2계비(繼妃)는 윤지임(尹之任)의 딸 문정왕후(文定王后)이다.

1494년 성종 25년 진성대군(晉城大君)에 봉해졌는데, 1506년 박원종(朴元宗)·성희안(成希顔) 등이 일으킨 중종반정으로 왕에 추대되어 즉위하였다. 연산군 시대의 폐정(弊政)을 개혁하였으며, 1515년 중종(中宗, 10년) 이래 조광조(趙光祖) 등의 신진사류(新進士類)를 중용(重用)하여 그들이 표방하는 왕도정치(王道政治)를 실시하려 하였다. 그러나 조광조(趙光祖) 등의 개혁 방법이 지나치게 이상주의적이고 또 조급하게 서둘렀기 때문에, 훈구파(勳舊派), 즉 반정공신(反正功臣)들의 반발을 초래하였다. 뿐만 아니라 중종 자신도 조광조 등의 왕에 대한 지나친 도학적(道學的) 요구에 염증(厭症)을 느끼고 있던 차에, 1519년 남곤(南袞)·심정(沈貞)·홍경주(洪景舟) 등의 훈구파(勳舊派)의 모함에 따라 기묘사화(己卯士禍)를 일으켜 조광조등의 신진사류(新進士類)를 숙청하였다.

그 뒤 훈구파(勳舊派)의 전횡(專橫)이 자행(恣行)되었으며, 또 1521년에는 송사련(宋祀連)의 무고(誣告)로 신사무옥(辛巳誣獄)이 일어나 안처겸(安處謙) 일파가 처형되었다. 1524년 권신(權臣) 김안로(金安老)의 파직, 1525년 류세창(柳世昌)의 모역사건(謀逆事件), 1527년 작서(灼鼠)의 변(變)에 따른 경빈 박씨(敬嬪朴氏)의 폐위 등 크고 작은 사건이 연이어 일어났다.

1531년 김안로(金安老)의 재등장(再登場)으로 정국은 혼미를 거듭하였는데, 문정왕후(文定王后)를 배경으로 한 윤원로(尹元老)·윤원형(尹元衡) 형제가 등장하여 1537년 중종(中宗, 32년) 김안로(金安老)를 숙청하였으나, 이번에는 윤원형 일당의 횡포가 시작되었다. 그러는 동안 나라의 남북(南北)에서 외환(外患)이 그치지 않아, 1510년 중종(5년)의 삼포왜란(三浦倭亂), 1522년 동래염장(東萊鹽場)의 왜변(倭變), 1524년 야인의 침입, 1525년 왜구의 침입이 잇따랐다.

치세(治世) 초기에는 미신타파를 위하여 소격서(昭格署)를 폐지하고, 과거제도(科擧制度)의 모순을 시정(是正)하기 위해 현양과(賢良科)를 실시하여 인재를 등용하였으며, 향약(鄕約)을 권장하여 백성들의 상조정신(相助精神)을 고취(鼓吹)시켰다. 또, 그 시기에 『소학(小學)』『이륜행실(二倫行實)』『경국대전(經國大典)』『대전독록(大典續錄)』『천하여지도(天下輿地圖)』『삼강행실(三綱行實)』『신증동국여지승람(新增東國輿地勝覽)』『이문곡집집람(吏文續集輯覽)』『대동연주시격(大東聯珠詩格)』 등 다방면에 걸친 문헌(文獻)이 편집, 간행되었다.

그러나 기묘사화(己卯士禍) 이후 이와 같은 문화 발전을 위한 정책은 거의 정지되었다. 다만 치세 말기에 군적(軍籍)의 개편과 전라도·강원도·평안도에 대한 양전(量田)을 실시하였으며, 진(鎭)을 설치하고 성곽을 보수하는 한편 평안도(平安道) 여연(閭延)·무창(茂昌) 등지의 야인을 추방하는 등 국방 정책(國防政策)을 추진하였다. 한편 수자도감(鑄字都監)을 설치하여 활자(活字)를 개조하고, 지방의 사실(史實)을 기록하기 위하여 외사관(外史官)을 임명하였으며, 1540년 중종(中宗, 35년) 역사실록(歷代實錄)을 인쇄(印刷)하여 이를 사고(史庫)에 보관하게 하였다. 중종(中宗)의 치세(治世)에서 처음에는 어진 정치를 펴는 데 상당히 의욕적(意慾的)이었으나, 기묘사화 이후 간신(奸臣)들이 판을 치는 통에 정국(政局)은 혼미를 거듭하여 볼만한 치적을 남기지 못하였다. 능(陵)은 경기 고양으로 하였다가 1562년 명종(明宗, 17년) 광주(廣州)로 이장하고 정릉(靖陵)이라 하였다.

제12대 인종(仁宗, 1515~1545)

조선 제12대 왕의 자는 천윤(天胤)이요, 휘(諱)는 호(峼)이고 시호(諡號)는 영정(榮靖)이다. 중종(中宗)의 맏아들이다. 어머니는 장경왕후(章敬王后) 윤씨(尹氏)다. 비(妃)는 박용(朴墉)의 딸 인성왕후(仁成王后)이다. 1520년 중종(中宗, 15년) 세자에 책봉되고 1544년 즉위하였다. 이듬해 기묘사화로 폐지되었던 현양과(賢良科)를 부활하고 기묘사화 때의 희생자 조광조(趙光祖) 등을 신원(伸寃)해 주는 등 어진 정치를 행하려 하였으나, 병약(病弱)하여 포부를 펴지 못한 채 재위 9개월 만에 사망하였다. 그 능호는 효릉(孝陵)이다.

제13대 명종(明宗, 1534~1567)

조선 제13대 왕의 자는 대양(對陽)이요, 이름은 환(峘)이고, 시호(諡號)는 공헌(恭憲)이다. 중종과·문정왕후(文定王后)의 둘째 아들이며, 인종(仁宗)의 아우이다. 비(妃)는 청릉부원군(靑陵府院君) 심강(沈綱)의 딸 인순왕후(仁順王后)이다. 1539년 중종(34년) 6살 때 경원대군(慶源大君)에 책봉되었다. 인종이 죽자 12세로 왕위에 올랐으며, 처음에는 문정왕후가 수렴청정하였다.

문정왕후의 자은의 오빠 윤원형(尹元衡) 등 소윤(小尹) 일파가 을사사화(乙巳士禍)를 일으켜, 윤임(尹任) 등의 대윤(大尹) 일파를 몰아내고 정권을 잡았다. 1547년 양재역(良才驛)의 벽화사건(壁書事件), 1548년 사관(史官) 안명세(安命世)의 시정기(時政記) 필사건화(筆禍事件) 1549년 이홍윤(李洪胤)의 옥사(獄事) 등으로 인하여 을사사화(乙巳士禍) 이후 100여 명의 선비들이 참화(慘禍)를 당하였다. 한편 불교를 독신(篤信)하는 문불교를 중흥(中興)시켰다.

1553년 친정(親政)이 시작되나, 문정왕후와 윤원형의 간섭이 여전하였다. 이를 견제하기 위하여, 1563년 비(妃)의 외숙 이량(李樑)을 등용하였다. 그러나 이량(李樑)도 당파를 조성하여 선비들을 숙청하려 하므로, 기대항(奇大恒)에게 밀계(密啓)를 내려 이들을 추방하였다. 1565년 문정왕후가 죽자 윤원형 일당을 숙청하고, 보우(普雨)를 장살(杖殺)한 뒤 불교를 탄압하였다. 555년 을묘왜변(乙卯倭變)이 일어나 남해안 일대가 소란하였으며, 여진족의 빈번한 침입으로 북쪽 지방도 불안하였다.

1562년 황해도 일대에서 소란을 피운 임꺽정(林巨正)을 포살(捕殺)하였다. 그러나 수차(水車)를 제조하여 농사 일의 편의를 도모하였고, 전함(戰艦)을 건조(建造)하여 외침(外侵)에 대비하였다. 1554년 비변사(備邊司)를 다시 설치하였고, 수육병(水陸兵)을 관찰사의 지휘 아래 두어 공동출전(共同出戰)하게 하는 등 국방대책(國防對策)을 수립하였다. 또 여러 가지 간행 사업을 전개하여 1548년『속무정보감(續武定寶鑑)』, 1555년『경국대전(經國大典)』의 원전(原典)·속전(續典) 등을 간행하였다.

1551년에는 권문세가들이 불법으로 겸병(兼倂)한 토지를 몰수(沒收)하여, 이를 공정하게 재분배하는 등 치안(治安)·국방(國防)·문화창달(文化暢達)·경제개혁(經濟改革) 등에 걸쳐 많은 업적을 남겼다. 능(陵)은 양주(楊州)의 강릉(康陵)이다.

제14대 선조(宣祖, 1552~1608)

조선 第14代 왕의). 초휘(初諱)는 균(鈞)이요, 휘(諱)는 공(昖)이며, 시호(諡號)는 소경(昭敬)이다.. 덕흥대군(德興大院君) 초(昭)의 셋째 아들로. 어머니는 하동부대부인(河東府大夫人) 정 씨(鄭氏)이고, 비(妃)는 박응순(朴應順)의 딸 의인왕후(懿仁王后), 계비(繼妃)는 김제남(金悌男)의 딸 인목왕후(仁穆王后)이다. 처음에 하동군(河城君)에 봉해졌는데, 1567년 명종(明宗, 22년) 명종(明宗)이 후사가 없이 죽자 왕위에 올랐다.

처음에는 이황(李滉)·이이(李珥) 등 많은 인재를 등용하여 국정(國政) 쇄신(刷新)에 노력하였으며,『유선록(儒先錄)』『근사록(近思錄)』『심경(心經)』『삼강행실(三綱行實)』등의 전적(典籍)을 간행하여 유학(儒學)을 장려하였다. 한편 조광조(趙光祖)에게 증직(贈職)하는 등, 억울하게 화를 입은 선비들을 신원(伸寃)하였으며 남곤(南袞) 등의 관직을 추존(追奪)하여 민심을 수습하였다.

그러나 1575년 선조(宣祖, 8년) 이후의 동서분당(東西分黨)과 동인(東人)의 남북분당(南北分黨) 등 치열한 당쟁(黨爭) 속에 정치 기강이 무너져 치정(治政)의 방향을 잡지 못하였고, 북변(北邊)에서는 1583년과 1587년 두 차례에 걸쳐 야인(野人)의 침입이 있었다. 남쪽에서는 왜세(倭勢)가 위협적으로 팽

창하여 통신사(通信士) 황윤길(黃允吉)·김성일(金誠一)을 왜국(倭國)에 보내어 사정(事情)을 살피게 하였으나 당파를 달리하는 두 사람의 보고가 상반되어 국방대책(國防對策)을 세우지 못하고 허송(虛送)하다가 임진왜란을 당하게 되었다.

그는 의주(義州)까지 피난을 하여야 하는 시련 끝에 명나라의 원조(援助)와 이순신(李舜臣) 등의 선전(善戰)으로 왜군(倭軍)을 물리칠 수 있었으나, 전후(前後) 7년에 걸친 전화(戰火)로 서울을 비롯한 전 국토는 유린(蹂躪)되고 국가재정(國家財政)은 파탄직전(破綻直前)에 이르렀다. 전후(戰後)의 복구사업(復舊事業)을 할 겨를도 없이 다시 당쟁(黨爭)이 일어 그는 재위 41연간의 태반(太半)을 당쟁(黨爭)과 미증유(未曾有)의 전란(戰亂)에 시달리다 그 위(位)를 광해군(光海君)에게 물려주었다.

제15대 광해군(光海君, 1608~1623)

조선의 제15대 왕의 휘(諱)는 혼(琿)이다. 선조(宣祖)의 둘째 아들, 공빈(恭嬪) 김 씨(金氏) 소생의 장자(長子)인 임해군(臨海君)이 광폭(狂暴)하고 인망(人望)이 없기 때문에 광해군(光海君)이 세자로 책봉되었다.

1606년 계비(繼妃) 인목왕후(仁穆王后)에게서 영창대군(永昌大君)이 출생하자 선조(宣祖)는 영창대군을 세자로 책봉하여 왕위를 물려주려 하였고, 소북(小北)의 류영경(柳永慶)도 적통론(嫡統論)을 내세워 선조를 지지하였다. 그러나 선조의 갑작스러운 죽음과 류영경(柳永慶)의 척신정권(戚臣政權)에 대한 의도는 사류사회(士類社會)의 지지를 얻지 못하여 류영경(柳永慶)은 주살되고, 소북파(小北派)는 몰락하였다.

류영경의 세자교체 기도(企圖)에 대해 적극적으로 반대하고 나선 것은 그에 의해 축출되었던 북인(北人)의 다른 계열 이선해(李山海)·이이첨(李爾瞻)·정인홍(鄭仁弘) 등이고, 이들은 광해군(光海君)이 즉위함에 따라 정통(正統)을 지지한 공로로 중용(重用)되어 대북(大北)이라 하였다. 1608년 즉위한 광해군은 당쟁(黨爭)의 폐해를 알고 억제하려다가 오히려 대북파(大北派)의 책동(策動)으로 임해군(臨海君), 인목대비(仁穆大妃)의 아버지인 김제남(金悌男) 영창대군(永昌大君)·능창대군전(綾昌大君佺) 등을 역모(逆謀)로 몰아 죽이고, 인목대비(仁穆大妃)는 폐서인(廢庶人)하여 서궁(西宮)에 유폐(幽閉)시켰다.

1624년 서인(西人) 이귀(李貴)·김류(金瑬) ·최명길(崔鳴吉)·김자점(金自點) 등이 능양군종(綾陽君倧)을 받들어 인조반정(仁祖反正)을 단행하여 이이첨(李爾瞻)·정인홍(鄭仁弘)은 죽이고, 광해군(光海君)은 강화 교동(喬桐)에 유배되었다가 다시 제주도로 옮겨져 1641년 인조(仁祖, 19년)에 죽었다.

광해군은 재위 15년 동안 많은 서적(書籍)을 편집, 간행하였다. 임진왜란 이후 내치(內治)로는 사고(史庫)를 정비하고 성지(城池)와 병기(兵器)를 수리, 호패제(號牌制)를 실시하였으며, 대외적으로는 국경 방비와 외교에 주력하였다. 1619년 후금(後金)의 누루하치가 심양지방(瀋陽地方)을 공격하여 명나라의 출병요구(出兵要求)가 있을 때 강홍립(姜弘立)·김경서(金景瑞)를 보내어 명군(明軍)을 원조(援助)하게 하면서 형세(形勢)를 보아 향배(向背)를 정하라는 당부(當付)를 하였다. 명나라의 모문용(毛文龍)이 패주(敗走)하자 강홍립(姜弘立)이 후금(後金)에 항복하여 본의(本意) 아닌 출병(出兵)임을 해명함으로써 후금(後金)의 침략을 모면(謀免)하는 등 명(明)과 후금(後金) 두 나라 사이에서 탁월한 양면 외교정책을 실시하였다.

제16대 인조(仁祖, 1623~1649)

조선의 제16대 왕의 자는 화백(和伯). 호(號)는 송창(松窓)이고. 휘(諱)는 종(倧)이다. 선조(宣祖)의 손자고 아버지는 정원군(定遠君, 元宗으로 추존[追尊]) 어머니는 인헌왕후(仁獻王后)이다. 비(妃)는 한준겸(韓浚謙)의 딸 인렬왕후(仁烈王后), 계비(繼妃)는 조창원(趙昌元)의 딸 장렬왕후(莊烈王后)이다. 1607년 선조(宣祖, 40년) 능창도정(綾陽都正)에 봉해졌다가, 후에 능양군(綾陽君)으로 진봉(進封)되었다. 1623년 김류(金瑬)·김자점(金自點)·이귀(李貴)·이괄(李适) 등 서인(西人)의 반정(反正)으로 왕위에 올랐다.

1624년 이괄(李适)이 반란을 일으켜 서울을 점령하자 일시 공주(公州)로 피난하였다가 도원수(都元帥) 장만(張晚)이 이를 격파한 뒤 환도(還都)하였다. 광해군(光海君) 때의 중립 정책을 지양하고 반금친명정책(反金親明政策)을 썼으므로, 1627년 후금(後金)의 침입을 받게 되자 형제의 의(義)를 맺었는데, 이것을 정유호란(丁卯胡亂)이라 한다. 정유호란 이후에도 조정(朝廷)이 은연중 친명적 태도를 취하게 되자, 1636년 국호를 청(淸)으로 고친 태종이 이를 이유로 10만 대군으로 침입하자 남한산성에서 항전하다가 패하여 청군에 항복, 군신(君臣)의 의(義)를 맺고 소현세자(昭顯世子)와 봉림대군(鳳林大君)이 볼모로 잡혀가는 치욕을 당하였는데, 이것을 병자호란(丙子胡亂)이라고 한다.

임진왜란 이후 여러 차례의 내란(內亂)·외침(外侵)으로 국가의 기강과 경제상태(經濟狀態)가 악화(惡化)되었는데도 집권당(執權黨)인 서인(西人)은 공서(功西) 청서(淸西)로 분열되어 싸웠고, 김자점(金自點)이 척신(戚臣)으로 집권하여 횡포를 일삼았다. 이이(李珥)·이원익(李元翼)이 주장한 대동법(大同法)을 실시했으며 여진족(女眞族)과의 관계를 고려하여 국경지대(國境地帶)인 중강(中江)·회령(會寧)·경흥(慶興) 등지에 개시(開市)하여 그들과의 민간 무역을 공인(公認)하였다.

1628년 벨트브레(Weltevree) 박연(朴淵) 등의 표착(漂着)으로 서양 사정을 알게 되었고, 또 정두원(鄭斗源)과 소현세자(昭顯世子)를 통하여 서양의 문물(文物)에 접하게 되었다. 1634년 양전(量田) 토지조사를 실시하여 토지제도(土地制度)를 시정(是正)하였으며, 연등구분(年等九分)의 법을 정비하여 세제(稅制)를 합리화(合理化)하였다. 1645년 볼모 생활에서 돌아온 소현세자(昭顯世子)가 죽자 조정(朝廷)은 세자 책봉 문제로 시끄러웠으며, 봉림대군(鳳林大君)을 세자로 책봉한 뒤 소현세자빈(昭顯世子嬪) 강 씨(姜氏)를 사사(賜死)하는 비극이 일어났다.

그러나 이와 같은 난국(難局) 속에서도 군제(軍制)를 정비하여 총융청(摠戎廳)·수어청(守禦廳) 등을 신설하였으며, 북변방위(北邊防衛)와 연해방위(沿海防衛)를 위하여 여러 곳에 진(鎭)을 신설하였다. 한편『황극경세서(皇極經世書)』『동사보편(東史補編)』『서연비람(書筵備覽)』 등의 서적도 간행되었고, 송시열(宋時烈)·송준길(宋浚吉)·김육(金堉)·김집(金集) 등의 대학자(大學者)·대정치가(大政治家)가 배출되기도 하였다. 능(陵)은 교하(交河)의 장릉(長陵)이다.

제17대 효종(孝宗, 1649~1659)

조선 제17대 왕의 휘(諱)는 호(淏). 자는 정연(靜淵)이고. 호(號)는 죽오(竹梧)이다. 시호(諡號)는 명의(明義)로. 인조(仁祖)의 둘째 아들이다. 어머니는 인렬왕후(仁烈王后) 한 씨(韓氏)이고. 비(妃)는 우의정 장유(張維)의 딸 인선왕후(仁宣王后)다. 1626年 인조(仁祖, 4년) 봉림대군에 봉해지고, 1636년의 병자호란(丙子胡亂)으로 이듬해 소현세자(昭顯世子)와 함께 청나라에 볼모로 잡혀가 8년간 있었다. 1645년 소현세자가 변사(變死)한 후 세자에 책봉되어

1649년 즉위하였다.

이 해 인조 말년부터 노력을 떨치던 공서파(功西派)의 낙당(洛黨) 김자점(金自點)을 파직(罷職)하고 청서파(淸西派)를 등용했으며, 오랫동안의 볼모 생활 중 청나라에 대한 원한을 품고 그 설욕(雪辱)에 뜻을 두어 김상헌(金尙憲)·송시열(宋時烈) 등을 중용(重用), 은밀히 북벌 계획을 수립하였다. 한 때 유배 중이던 김자점(金自點)의 밀고(密告)로 기밀이 누설되어 고초(苦楚)를 겪었으나, 이를 잘 무마(撫摩)하고 계속 북벌(北伐)을 위한 군비(軍費)의 확충을 기하여 군제(軍制)의 개편, 군사훈련(軍事訓鍊)의 강화 등에 힘썼다.

그러나 청나라의 국세(國勢)가 더욱 일어나 북벌(北伐)의 기회를 얻지 못하고, 1654년 러시아 청나라의 충돌사건이 일어나자 청나라의 강요로 러시아 정벌에 출정하였다. 김육(金堉)의 주장으로 충청도와 전라도에 대동법(大同法)을 실시했고, 세조(世祖) 때의『전제상정소존수조약획(田制詳定所遵守條劃)』을 간행하게 하고 이에 따라 수세(收稅)의 환산표(換算表)를 단일화하여 국민의 부담을 덜었다.

또한 상평통보(常平通寶)를 수조(鑄造)하여 화폐로 유통시키는 등 경제시책(經濟施策)에 업적을 남겼다. 새 역법(曆法)을 채택하고 1655년『농가집성(農家集成)』, 이듬해『내훈(內訓)』〈경민편(警民篇)〉, 1657년『선조수정실록(宣祖修正實錄)』등이 간행되었으며, 표류해온 네덜란드 사람 하멜(Hendrik Hamel)을 시켜 서양식 무기를 제조하게 하였다.

제18대 현종(顯宗, 1660~1674)

조선 제18대 왕의 자는 경직(景直)이고. 휘(諱)는 연(棩)이다. 효종(孝宗)의 아들이다. 어머니는 우의정 장유(張維)의 딸 인선왕후(仁宣王后)이고 비(妃)

는 돈령부령사(敦寧府領事) 김우명(金佑明)의 딸 명성왕후(明聖王后)이다. 병자호란(丙子胡亂) 후 아버지 봉림대군(鳳林大君=효종(孝宗)이 볼모로 가 있던 심양(瀋陽)에서 출생하였다. 1644년 인조(仁祖, 22년) 귀국하여 1649년 왕세손에 책봉되고, 그해 효종(孝宗)이 즉위하자 왕세자가 되었다.

1659년 효종(孝宗, 10년) 즉위 뒤 효종(孝宗)의 상례(喪禮)로 인조의 계비(繼妃)인 자의대비(慈懿大妃-장렬왕후(莊烈王后) 조 씨(趙氏)의 복상 문제가 일어나자, 남인(南人)이 주장하는 3년설을 물리치고 서인(西人)의 기년설(朞年說=1년설)을 채택함으로써 서인(西人)이 집권하게 하였다. 그러나 남인(南人)인 허적(許積)을 영의정(領議政)에 유임(留任)시킴으로써 남인 재기(再起)의 바탕이 마련되던 중, 1674년 현종(顯宗, 15년) 어머니 인선왕후가 죽자 다시 자의대비의 복상 문제가 일어나, 이번에는 남인(南人)의 기년제(朞年制)를 채택하여 대공설(大功說=9개월설(9個月說)을 주장한 서인은 실각하고 남인 정권이 수립되었다.

이에 서인(西人)이 온갖 방법으로 재기(再起)를 꾀함으로써, 그의 재위 중에 남인(南人)과 서인의 당쟁(黨爭)이 계속되어 국력이 쇠퇴해졌으며, 게다가 질병과 기근이 계속되었다. 함경도 산악지대(山岳地帶)에 장진별장(長津別將)을 두어 개척을 시도(試圖), 1660년 현종(顯宗, 1년) 두만강일대(豆滿江一帶)에 출몰(出沒)하는 여진족(女眞族)을 북쪽으로 몰아내고 북변(北邊)의 여러 관청을 승격시켰으며, 1662년 호남의 산군(山郡)에도 대동법(大同法)을 실시하고, 다음해 경기도에 양전(量田)을 실시하였다. 1668년 김좌명(金佐明)에게 명하여 동철 활자(銅鐵活字) 10만여 자(字)를 수조(鑄造)시켰고, 다음해 송시열(宋時烈)의 건의로 동성통혼(同姓通婚)을 금하고, 병비(兵備)에 유의하여 어영병제(御營兵制)에 의한 훈련별대(訓鍊別隊)를 창설하였다. 능(陵)은 경기도 구리시의 동구릉(東九陵)이다.

제19대 숙종(肅宗, 1674~1720)

　조선 제19대 왕의 자 명보(明譜)이고, 휘(諱)는 순(焞)이다. 현종(顯宗)의 아들로, 어머니는 명성왕후(明聖王后) 김 씨(金氏)다. 비(妃)는 김만기(金萬基)의 딸 인경왕후(仁敬王后)이고, 계비(繼妃)는 민유중(閔維重)의 딸 인현왕후(仁顯王后), 제2계비(繼妃)는 김주신(金柱臣)의 딸 인원왕후(仁元王后)이다. 1667년 현종(顯宗, 8년) 왕세자에 책봉되고, 1674년 즉위하였다.

　즉위한 이듬해 대흥산성(大興山城)을 완성하고 용강(龍岡)의 황룡산성(黃龍山城)을 수축하였다. 정치에 관심이 많았으나 당시 예론(禮論)에 치우쳐 논쟁(論爭)이 분분(紛紛)하였고, 당쟁(黨爭)이 심하여 서인과 남인의 파쟁(派爭)이 그칠 날이 없었다. 그러나 왕은 숙원 장 씨(淑媛張氏)를 총애하여 1688년 소의(昭儀)로 승격시켰으며, 이듬해 장 씨(張氏)에게서 출생한 왕자 경종(景宗)의 명호(名號)를 정하고자 하였다. 서인들이 이를 반대하자 송시열(宋時烈)·김수항(金壽恒) 등을 유배하고 왕자의 명호를 정하였으며 왕비 인현왕후를 폐위, 희빈(禧嬪)으로 승격된 장 씨(張氏)를 1690년에 왕비로 책봉하였다.

　그러나 인현왕후 폐위를 후회하던 왕은 폐비 복위운동을 꾀하는 서인을 민암(閔黯) 등이 타도하려고 하자, 1694년 남인을 추방하고 다시 서인을 등용시켜 폐비를 복위시켰다. 이어 장 씨(張氏)를 희빈(禧嬪)으로 강등시키고, 1701년 무고죄(誣告罪)로 사가(賜死)하였다. 왕의 재위 기간은 국내적으로 당쟁(黨爭)이 가장 치열했던 시기였으나 대외적인 전쟁이 없어 사회가 점차 안정기(安定期)로 접어든 때로 선조(宣祖) 말 이후 계속된 대동법(大同法)을 평안도, 함경도를 제외한 전국에 실시하여 실효(實效)를 거두었으며, 임진왜란·병자호란 이후 계속된 토지사업(土地事業)을 추진하여 완결을 보았다.

또 주전(鑄錢)을 본격적으로 실시하여 상평통보(常平通寶)를 주조, 중앙관청(中央官廳) 및 지방관청(地方官廳) 등에 통용하도록 하였다. 특히 폐한지(廢閑地)로 버려둔 압록강 주변의 무창(茂昌) 자성(慈城)의 2진(鎭)을 개척하여 영토 회복운동(領土回復運動)을 전개하였고, 1712년 함경감사(咸鏡監司) 이선부(李善溥)로 하여금 백두산 정상에 정계비(定界碑)를 세우게 하여 국경선(國境線)을 확정하였으며, 금위영(禁衛營)을 추가(追加)로 설치하여 5영 체제를 완결하였다. 또 재위 기간에『선원계보기략(璿源系譜記略)』『대명집례(大明集禮)』등이 간행되었고,『대전속록(大典續錄)』『신증동국여지승람(新增東國輿地勝覽)』등이 편찬되었다. 능(陵)은 경기도 고양에 있는 서오릉(西五陵)의 명릉(明陵)이다.

제20대 경종(景宗, 1720~1724)

조선의 제20대 왕의 휘(諱)는 윤(昀). 자는 휘서(輝瑞)이다. 숙종의 아들. 어머니는 희빈(禧嬪) 장 씨(張氏)이다. 비(妃)는 청원부원군(靑恩府院君) 심호(沈浩)의 딸 단의왕후(端懿王后)이다. 1690년 숙종(肅宗, 16년) 송시열(宋時烈) 등이 반대하는 가운데 세자에 책봉되었으며, 이복동생인 연잉군(延礽君) 뒤에 영조(英祖)는 노론(老論)의 지지를 받고 그는 소론(少論)의 지지를 받았다.

1717년 대리청정(代理聽政)하였으나, 그해 숙종이 몰래 노론(老論)의 이이명(李頤命)을 불러 세자가 무자다병(無子多病)함을 이유로 그의 즉위 후의 후사(後嗣)는 연잉군(延礽君)으로 정할 것을 부탁한 일이 있어 노·소론이 크게 대립하였다.

1721년 연인군(延礽君)을 세제(世弟)로 책봉한 뒤 다시 노론(老論)이 그의 병약(病弱)함을 이유로 세제(世第)의 대리청정을 건의하자 이를 받아들였다. 그 뒤 대리청정(代理聽政)의 부당함을 극간(極諫)하는 소론(少論) 이광좌(李光佐) 등의 의견을 받아들여 친정(親政)하였는데, 김일경(金一鏡)의 탄핵(彈劾)으로 세제(世弟) 대리청정의 발설자(發說者)인 김창집(金昌集), 이이명(李頤命), 조태채(趙泰采) 이건명(李健命) 등의 노론 4대신을 유배 보냈다.

1722년 노론(老論)이 시역(弑逆)하고 이이명(李頤命)을 추대할 계획을 세우고 있다는 목호룡(睦虎龍)의 고변(告變)이 있자, 유배 중인 노론(老論) 4대신을 사사(賜死)한 뒤 노론을 모두 숙청하였다. 이것이 신임사화(辛壬士禍)이다. 이후 소론(少論)의 과격파(過激派)인 김일경(金一鏡) 중심의 정권은 노론에 대한 가혹한 탄압을 벌어서 그의 재위 4년 동안은 당쟁의 절정기를 이루었다. 능(陵)은 서울 성북구(城北區) 석관동(石串洞)에 있는 의릉(懿陵)이다.

제21대 영조(英祖, 1724~1776)

조선의 제21대 왕의 휘(諱)는 금(昑), 자 광숙(光叔)이다. 숙종이 양성(養性)이라는 헌호(軒號)를 내렸다. 숙종의 2남(男)으로 어머니는 화경숙빈(和敬淑嬪) 최 씨(崔氏)이다. 1699년 숙종(肅宗, 25년) 6세 때 연잉군(延礽君)에 봉해지고, 1721년에 왕세제(王世弟)로 책봉되었다.

1704년 숙종(肅宗, 30년) 10세 때 맞은 군수(郡守) 서종제(徐宗悌)의 딸이 첫 왕비 정성왕후(貞聖王后)이고, 1757년 영조(英祖, 33년) 왕후(王后)의 승하로 1759년에 김한구(金漢耉)의 딸 정순왕후(貞純王后)를 계비(繼妃)로 맞았다. 1721년 왕세제 책봉은 경종(景宗)이 숙종을 이어 즉위한 그 해에 정언(正言) 이정소(李廷熽)가 왕이 건강이 좋지 않고 아들이 없는 것을 이유로 그를 왕세제로 책봉할 것을 먼저 발의(發意)하고, 영의정(領議政) 김창집(金昌集), 좌의정 이건명(李健命) 중추부판사(中樞府判事) 조태채(趙泰采), 중추부령사(中樞府領事) 이이명(李頤命) 등 이른바 노론 4대신들이 인원왕후(仁元王后) 김대비(金大妃) 숙종의 계비의 지원을 요청하면서 추진하였다.

이에 대해 소론 측은 우의정 조태구(趙泰耉)를 필두로 시기상조론을 펴 반대했으나 노론의 뜻대로 책봉은 실현되었다. 그러나 이후 노론이 대리청정(代理聽政)으로까지 몰아가자 소론이 역공(逆攻)의 명분을 얻어 이 일에 앞장섰던 노론 4대신을 탄호(彈劾)하여 귀양 보냈다 신축옥사(辛丑獄事). 이듬해 1722년에 소론은 기세를 모아 영수(領袖) 김일경(金一鏡) 등이 남인 목호용(睦虎龍) 등을 시켜 노론이 삼수역(三守逆) 경종(景宗)을 시해(弑害)하기 위한 3가지 방법까지 꾸며 경종을 시해하려 하였다고 주장하여 노론 4대신을 비롯한 60여 명을 처형, 170여 명을 유배 또는 치죄(治罪)하였다

임인옥사(壬寅獄事). 옥안(獄案)에는 왕세제(王世弟)도 혐의가 있는 것으로 기록하여 왕세제(王世弟)가 김대비(金大妃)에게 사위(辭位)도 불사(不辭)하겠다고 호소하는 상황(狀況)까지 벌어졌으나 1724년에 경종(景宗)이 승하하여 등극(登極)하기에 이르렀다. 노론과 소론 사이의 치열한 정쟁(政爭) 속에 즉위한 영조(英祖)는 붕당(朋黨)의 대립체제를 완화, 해소하는 것을 왕정의 큰 과제로 삼지 않을 수 없었다. 그리하여 즉위와 동시에 당습(黨習)의 폐해를 하교(下敎)하는 한편, 신임옥사(辛壬獄事)를 일으킨 소론과격파(少論過激派)를 축출, 노론을 불러들이는 조치를 내렸다

을사처분(乙巳處分). 그러나 노론 내 강경파(强硬派)인 준론자(峻論者)들이 소론에 대한 공격을 일삼자 1727년에 이들을 축출하였다. 이 무렵 그는 붕당(朋黨)이 아니라 국왕이 명실상부하게 정국(政局)을 주도하여야 요(堯)·순(舜)의 시대처럼 탕탕평평(蕩蕩平平)의 치세(治世)가 실현될 수 있다는 왕정관(王政觀)을 명백히 표시하면서 이에 따르는 자들만을 등용하는 정책을 펴기 시작했다. 그리하여 1729년에는 노론 소론 가운데 자신의 탕평책(蕩平策)을 따르는 온건파(穩健派), 즉 완론자(緩論者)들을 고르게 등용하여

정국을 안정시키고자 하였다.

기유처분(己酉處分). 이때는 노론·소론 사이에 균형을 맞추는 이른바 쌍거호대(雙擧互對)의 인사 정책을 폈으나 점차 유재(惟才) 시용(是用), 즉 능력 위주로 전환(轉換)해 가면서 왕권을 지지하는 탕평 노력(蕩平勢力)을 구축해 갔다. 1728년에 소론 남인 등의 일부 과격한 분자(分子)들이 영조(英祖)의 왕위 자체를 부정하는 반란 이린좌(李麟佐)의 난을 일으킨 것이 이러한 새로운 체제 확립의 결단을 더 앞당겨주었으며 탕평정국(蕩平政局)을 제도적(制度的)으로 보장(保障)하기 위해 1741년에 이조전랑(吏曹銓郎) 통청법(通淸法)을 혁파하였다.

이조전랑(吏曹銓郎)이 삼사(三司)의 언관(言官)들의 인사권(人事權)을 장악한 제도는 언관(言官)들의 언론권(言論權)을 대신(大臣)들의 영향으로부터 독립시키면서 활성화(活性化)하는 의도 아래 시작되어 붕당정치(朋黨政治)의 맥점(脈點)을 이루던 것이었으나, 이 무렵에는 이미 자파 세력 강화의 도구로 악용되고 있어 붕당(朋黨)의 폐단을 없애기 위해서는 혁파 조치가 불가피하였다.

탕평론(蕩平論)은 요(堯)·순(舜) 임금의 경지(境地)를 이상(理想)으로 하는 것이기 때문에 군주(君主) 스스로 수기치인(修己治人)의 노력을 최대로 기울여야 하는 조건을 안고 있었다. 그리하여 영조(英祖)는 학식 있는 신하들과 강론(講論)하는 자리인 경연(經筵)을 재위 52연간 무려 3, 458회를 열었다. 연평균(年平均) 66회에 달하는 이 횟수는 조선 일대에 최다 기록이었다. 그는 학문적으로 특히 소학(小學)과 대학(大學)에 특별한 관심을 가져 1758년에 성균관(成均館)을 방문한 것을 기념해 대학(大學)에 어제서(御製序)를 붙였다. 1746년에『자성편(自省編)』을 지은 것을 비롯해『정훈(政訓)』(1749),『대훈(大訓)』(1755),『경세문답(警世問答)』(1762),『경세편(警世編)』(1764),『표의록(表義錄)』(1764)『백행록(百行錄) (1765년)』등 후세 왕들을 위해 왕자가 걸어야 할 길을 밝히는 저술들을 다수 남겼다.

영조(英祖)는 스스로 검약(儉約)·절제(節制)의 생활로 일관하는 한편, 재위 중에 여러 차례 금주령(禁酒令)과 사치풍조 엄단의 조치를 내렸다. 요(堯)·순(舜)의 치세(治世)를 재현(再現)하는 것을 목표로 하는 탕평정치(蕩平政治)는 민(民)에게 고통을 주고 있는 여러 가지 폐단들을 고치는 개혁적 조치들을 많이 단행했다. 먼저 양반관리(兩班官吏), 사족(士族)들이 백성들에 대해 사형(私刑)을 많이 행하고 있는 현실을 직시하여 형정(刑政)을 쇄신하기 위한 여러 가지 조치들이 취해졌다.

1725년에 압슬형(壓膝刑)은 1732년에 낙형(烙刑)을 각각 폐지하고, 1740년에는 얼굴에 글자를 새기는 형벌(刑罰) 척자(刺字)를 금지하였다. 1743년에 『수교집록(受敎輯錄)』을 속편(續編)하고 이듬해에 이를 발전시켜 『속대전(續大典)』을 『속오예의(續五禮儀)』와 함께 편찬한 것은 왕조(王朝)의 법치체계 전반을 재정비하는 의미를 가졌다. 농업정책과 수취제도(收聚制度)의 개선에도 많은 업적을 남겼다.

1734년에 농정(農政)의 기본 방향을 잡기 위해 세종 조(朝)에 민(民)을 이끌어 농사에 힘쓰게 한 성의(誠意)를 관리들에게 널리 알리고자 『농가집성(農家集成)』을 대량 인쇄하여 보급하고, 1748년에는 세입세출제도(歲入歲出制度)의 확립을 목적으로 『탁지정례(度支定例)』를 편찬하고, 1750년 7월에는 균역법(均役法)을 시행하여 오랫동안 계속되어온 양역변통(良役變通)의 논의를 종결(終結)지었다. 일반 백성들에게 큰 부담이 되어온 양역(良役), 군역(軍役), 조(租)의 납포량(納布量)을 일률적으로 1필을 멸(減)하고 어염세(魚鹽稅) 결전세(結田稅) 등을 부과해 결손을 채우게 했다. 1774년에 노비신공(奴婢身貢)을 전면혁파(全面革罷)한 것도 획기적인 조치로 평가되었다.

영조(英祖)의 3대 치적(治績)으로는 탕평균역(蕩平均役) 외에 준천(濬川), 즉 청계천(淸溪川)을 준설(浚渫)한 것이 꼽힌다. 도성(都城) 가운데를 흐르는 개천을 오랫동안 준설(浚渫)하지 않아 홍수 때 범람이 잦아 1760년에 준천사 (濬川司)를 세우고, 수만금(數萬金)을 출연(出捐)하여 인부(人夫)를 사서 흙을 파내는 대역사(大役事)를 진행시켰다. 1773년 6월에는 개천의 양변(兩邊)을 돌로 쌓아 흙이 내려가지 않도록 하였다. 이인좌(李麟佐)의 난을 계기로 변란(變亂) 시 도성(都城)을 버리고 다른 곳으로 피난하지 않고 도성민(都城民) 과 함께 지킨다는 전략을 새로 세워 1745년에 훈련도감(訓練都監)·금위영(禁 衛營)·어영청(御營廳) 등 3군문(軍門)이 도성(都城)을 분담하여 보수관리(補修管 理)하게 하고 1751년 9월에 수성륜음(守城綸音)을 내려 도성(都城)의 5부 방 민(坊民)이 유사시(有事時) 삼군문지휘(三軍門指揮) 아래 방어할 구역을 분담 하여 실제 훈련을 하기도 하였다.

왕조 초기의 5위제도(五衛制度)에 대해 높은 관심을 가지고 1742년에 병 장도설(兵將圖說)을 편찬한 이래, 5군영(軍營)의 병권(兵權)을 병조판서(兵曹判 書) 아래로 귀일(歸一)시켜 왕권을 뒷받침하도록 하는 체제를 꾀하였으나 큰 성과를 거두지 못했다. 백성들의 사정(事情)을 직접 보고, 듣기 위해 재 위 25년째 이후 50여 회나 궁성을 나와 거리 행차를 하였으며, 1773년에 는 경희궁(慶熙宮) 건명문(建明門)에 신문고(申聞鼓)를 달게 하였다. 같은 해 2 월 세손(世孫)의 건의를 받아들여 양노연(養老宴)을 베풀기도 하였다.

1740년에 개성부(開城府) 행차 때 정몽주의 충절(忠節)을 기려 선죽교(善竹 橋)에 비석을 세운 것을 비롯해 역사상의 충신(忠臣)들에 대한 추존사업(推尊 事業)을 크게 벌였으며 1771년 10월에는 왕조(王朝)의 시조묘(始祖墓)가 없는 사실을 깨닫고 전주(全州) 경기전(慶基殿)에 조경묘(肇慶廟)를 건립하게 했다.

1770년 正月 편집청(編輯廳)을 설치하여 『동국문헌비고(東國文獻備考)』를 편찬할 때 상위고편찬단계(象緯考編纂段階)에서 (4월) 세종묘(世宗朝)의 측우 기(測雨器) 만드는 법을 터득하여 호조(戶曹)에 명해 양궐(兩闕) 및 서운관(書 雲觀)을 만들어 설치하게 하는 한편, 양도팔도(兩都八道)에 분송(分送)하여 매번 비가 올 때마다 강우량(降雨量)의 척촌(尺寸)을 재서 보고하게 했다.

학교고(學校考)를 편찬하는 순서에는 (6월) 주(州)·부(府)·군(郡)·학(學) 향교(鄕校)에 6현(賢)을 함께 배향(配享)하게 하고, 형고(刑考)를 만드는 순서에서는 포포청(捕盜廳)에서의 난장(亂杖)을 금하는 명을 내렸다. 이러한 사실들은 당시의 편집사업(編纂事業)의 목적이 정사(政事)의 개선에 있었음을 여실하게 보여준다. 탕평 정책(蕩平政策)으로 붕당(朋黨)의 대립과 벌열(閥閱, 공로와 경력이 많음)과 그런 집안의 발호(跋扈)를 크게 억제하였으나 꺼지지 않은 불씨들이 있었다.

1755년에 을사처분(乙巳處分)으로 귀양 간 윤지(尹志) 등이 나주(羅州) 봉서사건(掛書事件)을 일으켜 정국(政局)이 소용돌이쳤으며, 1762년에는 세자에 대한 지나친 기대와 벌열의 움직임에 대한 과도한 경계심으로 세자를 뒤주 속에 가두어 죽이는 참사를 빚기도 하였다.

제22대 정조(正祖, 1776~1800)

조선의 제22대 왕의 이름은 산(祘). 자는 형운(亨運) 호(號)는 홍재(弘齋)이다. 영조(英祖)의 손자로 아버지는 장헌세자(莊獻世子) 또는 사도세자(思悼世子)이다. 어머니는 영의정(領議政) 홍봉한(洪鳳漢)의 딸 혜경궁(惠慶宮) 홍 씨(洪氏) 혜빈(惠嬪)이다. 1759년 영조(英祖, 35년) 세손(世孫)에 책봉되고, 1762년 2월에 좌참찬(左參贊) 김시묵(金時默)의 딸 효의왕후(孝懿王后)를 맞아 가례(家禮)를 치렀다. 이 해 5월에 아버지가 뒤주 속에 갇혀 죽는 광경을 목도해야 했다. 1764년 2월 영조(英祖)가 일찍 죽은 맏아들 효장세자(孝章世子)의 뒤를 이어 종통(宗統)을 잇게 하였다. 1775년 영조(英祖, 51년) 12월 노병(老病)이 깊어진 국왕이 세손(世孫)에게 대리청정을 명령하자 좌의정 홍린한

(洪麟漢)이 이를 방해하여 조정(朝廷)이 한 때 크게 긴장하였다.

홍린한(洪麟漢)은 세손(世孫)의 외척(外戚)으로 기대를 모을 위치였으나, 탐폭(貪暴)하고 무지한 그를 세손(世孫)이 비천(卑賤)하게 여겨 멀리하자, 이에 원한을 품고 화완옹주(和緩翁主)의 소생으로 어미와 함께 권세를 부리던 정후겸(鄭厚謙)에게 붙어 세손의 적당(敵黨)이 되었다. 그는 세손을 고립시키기 위해 시강원(侍講院)의 궁요(宮僚) 홍국영(洪國榮)·정민시(鄭民始) 등을 참소하기까지 했으나 세손(世孫)이 이를 듣지 않아 뜻을 이루지 못했다. 세손이 대청(代聽)의 명을 받게 되었을 때는 이를 극력 반대하면서 대청(代聽)을 명하는 왕의 하교(下敎)를 받아쓰려는 승지(承旨)를 몸으로 가로막기까지 했다.

1776년 3월 영조(英祖)의 승하로 왕위에 오른 정조(正祖)는 곧 왕비를 왕대비(王大妃)로 올리면서 어머니 혜빈(惠嬪)을 혜경궁(惠慶宮)으로 높이는 한편, 영조(英祖)의 유지(遺志)에 따라 효장세자(孝章世子)도 진종대왕(眞宗大王)으로 추숭(追崇)하고, 효장묘(孝章墓)도 영릉(永陵)으로 격을 높였다. 그 다음에 생부(生父)의 존호(尊號)도 장헌세자(莊獻世子)로 높이고, 묘소(墓所)도 수은묘(垂恩墓)에서 영우원(永祐園)으로 격상하고 경모궁(慶慕宮)이라는 묘호(廟號)를 내렸다. 자신의 왕통(王統)에 관한 정리를 이렇게 마친 다음 곧 홍린한(洪麟漢), 정후겸(鄭厚謙) 등을 사사(賜死)하고 그 무리 70여 명을 처벌하면서 『명의록(明義錄)을』 지어 그들의 죄상(罪狀)을 하나하나 밝혔다.

즉위와 동시에 본궁(本宮)을 경희궁(慶熙宮)에서 창덕궁(昌德宮)으로 옮기고 규장각제도(奎章閣制度)를 시행하여 후원(後苑)에 그 본각(本閣)인 주합누(宙合樓)와 여러 서고건물(書庫建物)들을 지어 문치(文治)의 왕정(王政)을 펼 준비를 다졌다. 세손 때부터 시강원(侍講院) 열서(說書)로 자신을 도운 홍국영(洪國榮)을 도승지(都承旨)로 임명하고, 숙위소대장(宿衛所隊長)도 겸하게 하여 측근으로 크게 신임하였다.

그러나 홍국영(洪國榮)이 1779년에 누이 원빈(元嬪)이 갑자기 죽은 후 권력유지(權力維持)에 급급(汲汲)하여 종통(宗統)을 바꾸려는 움직임을 보여 그를 내쫓고 정사(政事)를 직접 주재(主宰)하기 시작했다. 그 후 재위 5년째인 1781년, 규장각 제도를 일신(一新)하여 왕정 수행의 중심 기구로 삼았다. 각신(閣臣)들은 이때부터 문한(文翰)의 요직(要職)들을 겸하면서 조정(朝廷) 문신(文臣)들의 재교육 기회인 초계문신(抄啓文臣) 강제(講製)도 주관하였다.

이 제도는 조정(朝廷)의 37세 이하 문신들 가운데 재주가 있는 자들을 뽑아 공부하게 한 다음 그 성과를 시험(試驗)을 통해 확인하여 임용승진(任用昇進)의 자료(資料)로 삼고자 한 것으로 규장각(奎章閣)이 이를 주관하게 하여 왕정(王政)에 적극적으로 이바지할 신하들을 확대해 나갔다.

근(近) 20년간 10회 실시하여 100여 명을 배출하였다. 무반(武班)의 요직(要職)인 선전관강시제도(宣傳官講試制度)도 함께 시행하여 1783년의 장용위(壯勇衛)로 1791년의 장용영(壯勇營) 등 친위군영창설(親衛軍營創設), 운영의 기초로 삼았다. 정조(正祖)는 숙종·영조(英祖)의 탕평론(蕩平論)을 이어받아 왕정체제(王政體制)를 강화하여 진정한 위민(爲民)을 실시시키고자 하였다.

1784년에 지은 『황극편(皇極編)』을 통해 주자(朱子)·율곡(栗谷)의 시대는 붕당정치(朋黨政治)가 군자(君子)의 당(黨)과 소인(小人)의 당을 구분하여 전자(前者)가 우세(優勢)한 정치를 꾀할 수 있었는지는 몰라도. 지금은 각 붕당(朋黨) 안에 군자(君子) 소인(小人)이 뒤섞여 오히려 붕당을 깨서 군자(君子)들을 당에서 끌어내어 왕정(王政)을 직접 보필하는 신하로 만드는 것이 나라를 위해 더 필요하다고 논파(論破)하였으며, 편전(便殿)의 이름을 탕평평실(蕩蕩平平室)이라고 하여 이를 실현시킬 의지를 분명히 하였다.

재위 21년째인 1797년에 쓴 만천명월주인옹자서(萬川明月主人翁自序)에서 백성을 만천(萬川)에 비유하고, 그 위에 하나씩 담겨 비치는 명월(明月)은 '태극(太極)이요, 군주(君主)인 나'라고 하여 모든 백성들에게 직접 닿는 지공지순(至公至純)한 왕정(王政)이 자신이 추구하고 실현시킬 목표라는 것을 정리해보았다.

그는 만천(萬川)에 비치는 밝은 달이 되기 위해 선왕(先王) 영조(英祖) 때부터 시작된 궁성 밖 행차뿐만 아니라 역대 왕릉(王陵) 참배를 구실로 도성(都城) 밖으로 나와 많은 백성들을 직접 만나는 기회를 만들었다. 100회 이상을 기록한 행차는 단순한 참배만이 아니라 일반 백성들의 민원(民願)을 접수하는 기회로도 활용하였다.

그는 재위 3년째에는 '백성들이 임금님께 사연을 알리고자 꽹가리와 쟁을 치고 시선을 돌리게 하여 알리는 민원', 이를 (上言) 격쟁(擊錚)이라 하였다. 이 제도는 신분적(身分的) 산별(差別) 단서(端緖)를 철폐하여 누구든 억울한 일은 무엇이나 왕에게 직접 호소할 수 있도록 하여 능행(陵行) 중에 그것들을 접수(接受)하도록 하였다.

일선록(日省錄)과 실록(實錄)에 실린 상언격쟁(上言擊錚)의 건수(件數)만도 5천 건이 넘는다. 재위 13년째인 1789년에 아버지 장헌세자(莊獻世子)의 원소(園所)를 수원(水原)으로 옮긴 뒤로는 능행(陵行)의 범위가 한강 남쪽으로 크게 확대되었다. 그는 수원도호부(水原都護府) 자리에 새 원소(園所)를 만들어 현륭원(顯隆園)이라 하고 수원부(水原府)는 화성(華城)을 새로 쌓아 옮기고, 이곳에 행궁(行宮)과 장용영(壯勇營) 외영(外營)을 두었다. 화성 원륭원 顯隆園)으로 행차할 때는 한강에 배를 띄워 연결 시켜 '부교(浮橋)=주교(舟橋)'를 만들었는데 그 횟수가 10회를 넘었다. 재위 9년에는 한강의 상인들 소유의 배를 편대(編隊)하여 각 창별(倉別)로 분속(分屬)시켰는데 14년에 주교사(舟橋司)를 세워 그 배들을 이에 소속시켜 전라도 조세(租稅) 운송권(運送權)의 일부를 주면서 행차 때 '배' 다리를 만들게 했다.

1777년 정조(正祖) 재위 2년째는 하급기관(下級機關)까지 자신이 펼 왕정(王政)의 중요분야(重要分野) 민산(民産)·인재·융정(戎政)·재용(財用) 등 4개 분야(分野)로 크게 나누어 제시(提示, 의사를 글이나 말로 드러내어 보이도록)했다.

민산세수(民産稅收)는 민은(民隱, 백성이 숨기는) 폐막(弊瘼)부터 없애야 한다는 신념(信念) 아래 즉위 직후(卽位直後) 각 전궁(殿宮)의 『공선정례(貢膳定例)』(공물로 바치는 물품에 관한 규정을 적은 책)를 고쳐 궁방(宮房)의 법외(法外) 납수분(納受分)을 호조(戶曹)로 돌리고, 궁방전(宮房殿)의 세납도 궁차(宮差) 징세법(徵稅法)을 폐지하고 본읍(本邑)에서 거두어 호조(戶曹)에 직납(直納)하도록 바꾸어 왕실 스스로 모범을 보였다.

내수사(內需司, 쌀, 베, 잡물, 노비를 주관하던 관아)는 도망한 노비를 추쇄(推刷, 부역이나 병역 기피자 색출)하는 관직을 혁파(革罷, 비리를 일소)하였다. 이렇게 왕실 스스로 모범을 보인 다음에 감사(監司)·수령(守令)들로 하여금 민은(民隱, 백성이 숨기는)을 살피는 행정(行政)을 강화하도록 하는 한편 어사파견(御使派遣)을 자주하여 악법을 잘라내고 무고(無告)를 펴도록 하였다.

지방 상급향리(上級鄕吏)들까지 소견(召見)하여 백성들의 질고(疾苦)를 직접 물었다. 민산(民産)의 대본(大本)인 농업 발전을 위해 여러 차례 응지상소(應旨上疏, 백성이 직접 임금님께 사연을 올리도록)의 기회를 만들고 생산력 증대에 관한 많은 의견들을 수렴(收斂)해 보급에 힘썼다. 측량기(測雨器)와 점풍간(占風竿)을 설치하여 세정(稅政)의 합리화를 꾀했으며 진휼(賑恤, 흉년에 빈곤한 백성을 구원함)을 위해 여러 차례 내탕고(內帑庫, 왕실의 재물 보관고)를 출연(出捐, 금품을 내어 도와줌)를 설치했다.

1782년에 서운관(書雲觀)에 명하여 1777년을 기점(으로 100연간의 월력(月曆)을 계산하여 천세력(千歲曆)을 미리 편찬, 간행하게 했다.

전제개혁(田制改革)에도 뜻을 두어 조선초기(朝鮮初期)의 직전법(職田法)에 대해 큰 관심을 보였으나 치세 중에는 실현을 보지 못함에 따라. 도시로 모여든 이농인구(離農人口)가 중소상인(中小商人)으로 자리 잡아감에 따라 1791년에 이른바 신해통공(辛亥通共)의 조치로 시전상인들의 특권을 없애

상업 활동의 기회를 균등히 했다.

백성들이 부당한 형벌(刑罰)을 받는 일이 없도록 하기 위해 영조(英祖) 때 시작된 형정(刑政)의 쇄신(刷新)을 계승하여 재위 2년째에 형방승지(刑房承旨)를 의금부형조(義禁府刑曹) 등에 급파(急派)하여 기준을 어긴 형구(刑具)의 실태를 조사해 이를 고치게 하고, 그 기준을 흠휼전칙(欽恤典則)에 실어 각 도에 배포(配布)하였다.

죄인의 유척(鍮尺)을 만들어 함께 보내면서 준수(遵守)를 엄명(嚴命)하고 어사(御使)들로 하여금 이를 자주 확인하게 하였다. 재위 7년부터는 의금부(義禁府)와 형저(刑曹) 등의 결옥안(決獄案)을 초록(抄錄)하여 매월 말에 보고하게 하고, 4분기(分期)마다 책자를 만들어 왕에게 올리도록 하였다. 사형수(死刑囚)의 결옥안(決獄案)은 밤을 새워가면서 10번이나 확인하여 억울함이 없도록 힘썼다.

그 심의기록(審議記錄)을 심이록(審理錄)이라는 책자로 전한다. 9년째 되던 해에는 역사법전(歷代法典)들을 모아 대전통편(大典通編)을 편찬하여 법치(法治)의 기반을 다졌다. 인재의 양성을 위해서는 초계문신(抄啓文臣, 노략질하는 신하) 문강(文講), 선전관(宣傳官) 무강(武講, 무술 교육) 제도를 실시하는 한편, 성균관(成均館) 월과(月課) 수강과목(受講科目) 지정제도(指定制度)를 실시하고, 유생(儒生)들이 관내(官內)에 상주(常住)하면서 공부하도록 하기 위해 사찰중려(寺刹僧侶)들의 회식제도(會食制度)를 도입하여 식당(食堂)을 설치하도록 하였다.

과거제도 개선을 위해 대과(大科)는 규장각(奎章閣)을 통해 국왕이 직접 관장하여 많은 과폐(科弊)를 없앴으며, 만년(晩年)에는 각 도에서 행해지는 소과(小科) 혁신(革新)하고자 주(周)나라의 고사(故事)를 빌려 빈흥과(賓興科)로 이름을 고쳐 실시했다.

빈흥과(賓興科)는 국왕이 직접출제(直接出題)하여 이것을 규장각신(奎章閣

臣)이 가지고 현지(現地)에 내려가 과장(科場)에서 개봉(開封)·게시(揭示)하고 답안지를 거두어 규장각(奎章閣)에 가지고 와서 국왕의 주관 아래 채점하여 합격자를 발표하도록 하였다.

각 지역별 성과를 『경림문희록(瓊林聞喜錄)』은 한성부(漢城府)=, 1792년), 『교남빈흥록(嶠南賓興錄)』은 영남(嶺南)=1793년), 『관동빈흥록(關東賓興錄)』은 강원도(江原道)=1794년), 『탐라빈흥록(耽羅賓興錄)』은 제주도(濟州道)=1795년) 『풍패빈흥록(豊沛賓興錄)』은 함흥(咸興)=1795년), 『관북관서빈흥록(關北關西賓興錄)』은 함경(咸鏡)·평안도(平安道)=1800년) 등으로 각각 간행하여 도과(道科, 소과(小科)의 별칭)의 새로운 전범(典範)으로 삼고자 하였다.

무과(武科)에서도 몇 차례의 경과를 통해 다수의 출신들을 배출(排出)하면서 『병학통 9년(兵學通, 9年)』, 『무예도보통지 14년(武藝圖譜通志, 14年)』 등 정예병 양성에 필요한 책들을 편찬하여 보급했다. 융정(戎政)으로는 기존 5군영(軍營)보다 친위군영(親衛軍營)인 장용영(壯勇營)을 중심으로 병력을 강화하고 서해의 해방(海防)을 위해 교동(喬桐)의 통어영(統禦營)과 강화도 경영(江華島經營)에 힘썼다.

재용면(財用面)에서는 중앙 각 관서(官署)와 군영(軍營)의 보유 양곡수(糧穀數)를 조사하여 곡부합록(穀簿合錄), 환곡행정(換穀行政)을 전국적 현황을 조사하여 곡총편고(穀總便考), 전세(田稅) 징수의 기본 상황을 파악하여 도지전부고(度支田賦考)를 각각 편찬하여 재정(財政)의 혁신(革新)을 위한 준비를 하였다.

실제로 각 관서 간(官署間)의 급대관계(給代關係)의 개선을 통해 각 계층의 부당한 부담들이 경감(輕減)되는 추세(趨勢)를 보였다. 재위 중에 치세(治世)의 방향 모색과 관련하여 규장각(奎章閣)을 통해 어정(御定)·어령(御命)으로 저술사업을 벌여 근 150종(種)의 새로운 저술들이 이루어졌다.

문장(文章)에 관한 것으로 『사원영화(詞苑英華)』, 『시락화성(詩樂和聲)』, 『팔

자백선(八子百選)』등 다수, 경학(經學)에 관한 것으로『경서정문(經書正文)』, 『역학계몽집전(易學啓蒙集箋)』등, 사서(史書)로『송사전(宋史筌)』,『사기영선(史記英選)』등 유가서(儒家書)로『주서백선(朱書百選)』, 불서(佛書)로『범우고(梵宇考)』,『지리서(地理書)』로『도리총고(道里摠攷)』, 축성서(築城書)로『성제도설(城制圖設)』, 왕조(王朝)의 의례관계(儀禮關係)로『속오례의(續五禮儀)』등 수다한 저술이 이루어졌다.

선왕(先王) 영조(英祖) 때 한국의 제도문물(制度文物)의 내력을 쉽게 알아보기 위해 편찬한『동국문헌비고(東國文獻備考)』를 크게 증보(增補)하여『증보동국문헌비고(增補東國文獻備考)』를 만들고, 1782年에는 역대 선왕들의 치적을 담은『국조보감(國朝寶鑑)』을 보완하였다.

보감(寶鑑)은 세조(世祖) 때 태조·태종(太宗)·세종(世宗)·문종(文宗) 4조조(祖朝)의 것을 편찬한 이후 숙종 때『선조보감(宣祖寶鑑)』, 영조(英祖) 때『숙묘보감(肅廟寶鑑)』을 편찬하는 데 그쳐, 그 사이에 12조(條)의 보감(寶鑑)이 궐문(闕文)이었는데 이를 보충하고『영조보감(英祖寶鑑)』을 새로 만들어 합쳐 1768권으로 완성시켰다.

1784년에는 보감을 종류별로 재편집하여『갱장록(羹墻錄)』이라고 하였다. 1781년에 강화도 외 규장각(奎章閣)을 설치하여 역대 왕실의 의궤(儀軌)들의 원본(原本)을 안치(安置)하여 영구보전(永久保全)을 꾀하였다. 비단 조선왕조의 역대 왕들의 치적을 높였을 뿐만 아니라 단군(檀君)·기자(箕子)·삼국(三國)·고려의 시조 등의 왕릉(王陵)을 수리하고, 수로왕릉(首露王陵)과 신라의 제 왕릉(王陵)에 두루 제사 지냈으며, 삼성사의궤(三聖祠儀軌)를 바로하고, 온조왕묘(溫祚王墓)를 숭렬전(崇烈殿)으로 이름 붙이고, 고려 4대 사묘(太師墓)에 사액(賜額)하였다.

외적 격퇴에 공이 큰 인물들의 전기 편찬에도 힘써『이충무공 전서(李忠武公全書)』를 비롯해『김충장유사(金忠壯遺事)』,『임충민실기(林忠愍實記)』,『양대사마실기(大司馬實記)』등을 편찬·간행하였다. 조선 전기에 만들어진 〈삼강행실도(三綱行實圖)〉와 〈이륜행실도(二倫行實圖)〉를 합쳐 〈오륜행실도(五倫行實圖)〉로 편찬 간행하고, 향촌 질서유지에 필요한 각종 의례들을 종합 정리하여 『향례합편(鄕禮合編)』을 펴내게 했다.

이 많은 저술들의 출판(出版)을 위해 임진자(壬辰字)·정유자(丁酉字)·한구자(韓構字)·생생자(生生字) 목활자(木活字)·정리자(整理字) 춘추관자(春秋館字) 철자(綴字) 등 여러 가지 자체(自體)의 활자를 8여만 자 이상 만들었다. 그러나 재위 중에 활자간행(活字刊行)을 한 것은 전체(신 저술 중 1/3 정도였으며 순조(純祖) 연간(年間)에 어느 정도 간행이 후계(後續)되었으나 현재 대부분 필사본으로 남아 있다.

근신(近臣)인 규장각(奎章閣) 각신(閣臣)들로 하여금 중요 정사(政事)를 매일(每日) 기록하게 하여 『일성록(日省錄)』이라는 새로운 연대기 작성을 시작했으며, 경연석상(經筵席上)에서 한 말은 참석자들이 기록하여 『일득록(日得錄)』으로 편집되었다.

1791년 윤지충(尹持忠)·권상연(權尙然) 등이 천주교 신자가 되어 제사(祭祀)를 거부하고 가묘(家廟)의 신주(神主)를 불사른 진산사건(珍山事件)이 발생하여 천주교 박해를 주장하는 소리가 높아졌으나, 정학(正學)을 신장(伸張)하면 사학(邪學)은 저절로 억제될 수 있다는 말과 함께 극형(極刑)은 유지충(尹持忠)·권상연(權尙然) 두 사람에만 한정(限定)하고 탄압으로까지 발전시키지 않았다.

이 때 천주교뿐만 아니라 명나라 말, 청나라 초 패관소품(稗官小品)의 학(學)을 속학(俗學)이라 하여 경계의 뜻을 함께 보였는데, 재위 초부터 문체가 날로 흐트러지는 추세(趨勢)를 바로잡으려는 뜻을 본래 가지고 있기도 했지만, 자신의 측근 가운데 천주교에 가까이 간 사람들이 많은 한편, 공격하는 측에 후자(後者)의 경향을 띤 자들이 많은 상황을 관파(看破)하여 양쪽의 잘못을 지적(指摘)하여 위기를 넘기고 새로운 발전을 다지려는 배려(配慮)가 있었던 것으로 풀이된다.

1795년에 어머니의 회갑연(回甲宴)을 아버지의 원소(園所)가 있는 화성유수부(華城留守府)에서 열어 전국의 노인(老人)들에게 두루 혜택(惠澤)이 돌아가는 조치를 내리기도 하였다. 즉 이 행사를 기념해 조관(朝官)은 70세 이상, 일반 사서(士庶)는 80세 이상, 80세 전이라도 해로(偕老)한 자 등에게 1계(階)를 가자(加資)하여 모두 75, 145인이 혜택을 보았는데『인서록(人瑞錄, 문. 무 백관에게 내린 교지)』이라는 책으로 이 사실의 자세한 내용을 남겼다.

1793년의 현융원(顯隆園) 참배(參拜)를 계기로 비변사(備邊司)로 하여금『원행정예(園行定例)』를 저술하게 하여 원행(園行)의 절차, 행렬(行列) 규모와 의식(儀式) 등을 정례화하고, 1795년 잔치(party)의 모든 사실은『정리의궤통편(整理儀軌通編)』으로 남겼다.

재위 10년째에 문효세자(文孝世子)가 죽자 24년째 정월(正月)에 수빈(綏嬪) 박 씨(朴氏) 몸에서 난 아들을 세자로 책봉했다. 재위 18년째인 1794년에 발병(發病)한 전후(癤候), 즉 부스럼이 피부(皮膚)를 파고드는 병이 격무(激務)와 과로(過勞)로 아주 심해져 1800년 6월 28일에 49세로 일생을 마쳤다.

타계(他界)하기 한 해 전에 아버지 장헌세자(莊獻世子)의 저술을 손수 편집하여 예제(睿製) 3책을 남겼고, 자신의 저술·강론(講論) 등도 수년 전부터 각신(閣臣)들에게 편집을 명하여 생전(生前)에『홍재전서(弘齋全書)』100권으로 정리된 것을 보았으며, 1814년에 순조(純祖)가 규장각(奎章閣)에 명하여 이를 간행하였다. 유언에 따라 현융원(顯隆園) 옆에 묻고 건릉(健陵)이라 했다. 시호(諡號)를 문성무렬성열인장효(文成武烈聖仁莊孝)라고 하였으며, 왕조(王朝)가 대한제국(大韓帝國)으로 바뀐 뒤 1900년에 선황제(宣皇帝)로 추존(推尊)되었다.

제23대 순조(純祖, 1800~1834)

조선의 제23대 왕의 이름 공(玜), 자는 공보(公寶)요, 호(號)는 순재(純齋)이며, 묘호(廟號)는 당초(當初)에 순종(純宗)이었으나 1857년 철종(哲宗, 8년)에 개정되었다. 묘호(廟號) 외에 6차례에 걸쳐 존호(尊號)가 바뀌져 정식(定式) 칭호(稱號)는 70글자에 이른다.

정조(正祖)의 후궁(後宮)인 바준원(朴準源)의 딸 수빈(綏嬪)에게서 부왕(父王)의 2남(男)으로 태어났으나 1남(男) 문효세자(文孝世子)가 일찍 죽어 1800년 정조(正祖, 24년) 왕세자(王世子)에 책봉되고 그해 6월에 11세의 나이로 즉위하였다. 즉위와 함께 영조비(英祖妃) 정순왕후(貞純王后)의 수렴청정(垂簾聽政)이 실시되어 경주김 씨(慶州金氏) 김관주(金觀柱)와 심환지(沈煥之) 등의 벽파(僻派)가 정치를 주도하였으나, 1803년 말에 친정(親政)을 시작한 후 몇 단계에 걸쳐 그들을 축출하였다.

그 후로는 정조(正祖)의 결정에 따라 장인(丈人)이 된 김조순(金祖淳) 및 외가(外家) 인물들의 권력 강화에 맞서 선왕(先王)의 여러 정책을 모범으로 국정(國政)을 주도하려고 노력하였다. 특히 19세 되던 재위 8년 이후로 정승(政丞) 김재찬(金載瓚)의 보필을 받아 실무관원(實務官員)과의 접촉(接觸), 암행어사(暗行御史) 파견, 만기요람(萬機要覽) 편찬, 국왕친위부대(國王親衛部隊) 강화, 하급친위(下級親衛) 관료육성(官僚育成) 등의 방식으로 국정(國政)을 파악하고 국왕의 권한(權限)을 강화하려 하였다.

그러나 조선 중기 이래 강화되어 왔고 영조(英祖)·정조(正祖) 대의 탕평책(蕩平策)에도 꺾이지 않은 소수 명문가문(名門家門)이 주도하는 정치질서를 개편하지 못하고 건강(健康)을 상한 데다가, 1809년의 유례 없는 기근과 1811년의 홍경래(洪景來)의 난에 부딪히면서 좌절하게 되었다. 그 이후 국정주도권(國政主導權)은 외척(外戚)간의 경쟁에서 승리한 김조순(金祖淳)에게 돌아가고 이른바 세도정치가 자리 잡음으로써 적극적인 권한 행사(權限行使)를 하지 못하였다.

1827년에는 오랫동안 계획해온 대로 아들 효명세자(孝明世子)에게 대리청정(代理聽政)시키고 국정 일선에서 물러났다. 세자는 김조순 일파(金祖淳一派)를 견제하면서 의욕적으로 정치의 개편을 추진하였지만 3년 후에 급서(急逝)함으로써, 다시 순조(純祖)가 정사(政事)를 보게 되었다. 그 이후 죽을 때까지 태도와 권한(權限)이 위축(萎縮)된 상태를 벗어나지 못하였다. 1835년 헌종(憲宗, 1년)에 세실(世室)로 모셔졌으며, 저술은 열성어제(列聖御製)에 묶여진 데 더하여 문집(文集)으로 순재고(純齋稿)도 있다. 능(陵)은 경기(京畿) 광주(廣州)의 인릉(仁陵)이다.

제24대 헌종(憲宗, 1834~1849)

조선시대의 제24대 왕의 휘(諱)는 환(奐). 자는 문응(文應)이고. 호(號)는 원헌(元軒)이다. 익종(翼宗) 추존왕(追尊王)의 아들. 어머니는 조만영(趙萬永)의 딸 신정왕후(神貞王后). 비(妃)는 김상근(金祖根)의 딸 효현왕후(孝顯王后). 계비(繼妃)는 홍재용(洪在龍)의 딸 명헌왕후(明憲王后)이다. 1830년 순조(純祖, 30년) 왕세손(王世孫)에 책봉되고, 1834년 순조(純祖)가 죽자 8세로 즉위하여 순조(純祖)의 비(妃) 순원왕후(純元王后) 김 씨(金氏)가 수렴청정하였다.

순조(純祖) 때 정권을 잡은 안동 김 씨(安東金氏)와 새로 등장한 풍양 조 씨(豐壤趙氏) 두 외척(外戚)이 권력을 다투다가 한때 풍양 조 씨(豐壤趙氏)가 집권하였으나, 1846년 조만영(趙萬永)이 죽정권은 다시 안동 김 씨(安東金氏)에게로 넘어갔다. 1839년 많은 천주교 신도를 허살(虐殺)하고 기해박해(己亥迫害), 천주교인(天主敎人)의 적발 방법(摘發方法)으로 오가작통법(五家作統

法)을 적용하였다.

1841년 비로소 친정(親政)을 하였으나, 삼정(三政)의 문란과 국정(國政)의
혼란으로 민생고(民生苦)가 더욱 가중되었다. 『동국사략(東國史略)』 『삼조보
감(三朝寶鑑)』 『동국문헌비고(東國文獻備考)』 등의 문헌이 찬수(撰修)되었고,
1837년 각 도(道)에 제언(堤堰)을 수축하는 등 치적도 있었다. 후사(後嗣)는
없으며, 글 씨에 능(能)하였다. 능(陵)은 양주(楊州)의 경릉(景陵)이다.

제25대 철종(哲宗, 1849~1863)

조선왕조 제25대 왕의 휘(諱)는 변(昇). 초명)初名)은 원범(元範)이고. 자
는 도승(道升)이며. 호(號)는 대용재(大勇齋)이다. 전계대원군(全溪大院君) 광
(壙)의 셋째 아들이고. 비(妃)는 철인왕후(哲仁王后) 김 씨(金氏)이다. 1844년
헌종(憲宗, 10년) 형 회평군(懷平君) 명(明)의 옥사(獄事)로 가족과 함께 강화에
유배되었다가, 1849년 대왕대비(大王大妃) 순원왕후(純元王后) 순조비(純祖妃)
의 명으로 궁중에 들어와 덕완군(德完君)에 책봉되었으며, 1850년 19세로
헌종(憲宗)의 뒤를 이어 즉위하였다.

즉위 후 대왕대비(大王大妃) 김 씨(金氏)가 수렴청정하였으며, 1851년 대왕
대비의 근친인 김문근(金汶根)의 딸을 왕비를 삼았다. 문근(汶根)은 국구(國
舅)로서 정권을 장악, 안동 김 씨의 세도정치가 절정에 달하였다.

1852년부터 왕의 친정(親政)이 시작되었으나 정치에 어둡고, 김 씨 일파
의 전횡(專橫)으로 삼정(三政)의 문란이 극도에 달하여 극심한 민생고(民生
苦)를 유발, 경상도(慶尙道) 진주(晉州), 함경도 함흥(咸興), 전라도 전주(全州)
등지에서 대규모의 민란(民亂)이 일어났다.

조정에서는 속출(續出)하는 민란(民亂)을 근본적으로 수습하려는 의욕(意

慾)조차 보이지 못하고 있었다. 이 같은 사회정세(社會情勢)에서 최제우(崔濟愚)가 주창(主唱)한 동학사상(東學思想)은 학정(虐政)에 허덕이는 민중 속으로 놀라운 속도(速度)로 파급(波及), 새로운 세력으로 확대되었으며, 만민평등(萬民平等)을 주장하는 천주교의 사상(思想)도 일반 민중은 물론 실세(失勢)한 양반층(兩班層)에까지 침투(浸透)되어 확고한 기반을 구축하기 시작하였다. 철종(哲宗)은 결국 재위 14년간 세도정치의 소용돌이 속에서 여색(女色)에 빠져 정치를 바로잡지 못한 채 병사(病死)하였다. 능(陵)은 예릉(睿陵) 고양(高陽)이다.

제26대 고종(高宗, 1863~1907)

조선 제26대 왕의 초휘(初諱)는 재황(載晃). 아면(兒名)은 명복(命福)이. 초자(初字)는 명부(明夫)이고. 자는 성림(聖臨)이며. 호(號)는 주연(珠淵)이다. 영조(英祖)의 현손(玄孫)인 흥선대원군(興宣大院君) 이하응(李昰應)의 둘째 아들이다. 비(妃)는 명성왕후(明成皇后)로, 여성부원군(驪城府院君) 민치록(閔致祿)의 딸이다. 1863년 철종(哲宗, 14년) 12월 철종 이 후사 없이 승하하자 조대비(趙大妃)의 전교(傳敎)로 12세에 즉위하였다.

새 왕이 나이 어리므로 예에 따라 조대비가 수렴청정하였으나, 대정(大政)을 협찬(協贊)하게 한다는 명분으로 정권은 대원군에게 넘어가 이로부터 대원군의 10년 집정시대(執政時代)가 열렸다.

척신 세도정치(戚臣勢道政治)의 배제(排除), 붕당문벌(朋黨門閥)의 폐해 타파, 당파를 초월한 인재의 등용, 의정부(議政府)의 권한 부활에 따른 비변사(備邊司)의 폐지및 삼군부(三軍府)의 설치, 한강 양화진(楊花津)의 포대(砲臺) 구축에 따른 경도수비 강화(京都守備强化), 양반(兩班)으로부터의 신포징수(身布徵收), 양반유생(兩班儒生)의 발호 엄단(跋扈嚴斷) 등은 고종 초기 10년 동안 대원군이 이룩한 치적이다.

그러나 경복궁 중수(重修)에 따른 국가 재정의 파탄(破綻), 악화(惡貨)인 당백전(當百錢)의 주조와 민생(民生)의 피폐와 가중(過重)한 노역(勞役)으로 인한 민심의 이반(離反)과 소요(騷擾), 천주교 탄압에 따른 8,000여 명의 교도 학살, 쇄국정책, 병인양요(丙寅洋擾) 신미양요(辛未洋擾) 등 어두운 정치적 자취를 남기고 1873년 고종(高宗, 10년) 11월, 명성왕후의 공작(工作)에 따라 대원군이 섭정에서 물러나자 고종(高宗)이 친정(親政)을 선포하게 되었다.

이로부터 정권은 명성왕후와 그 일족인 민승호(閔升鎬)·민겸호(閔謙鎬)·민태호(閔台鎬)로 대표되는 민 씨 일문의 세도정치가 다시 시작되었다. 이때부터 고종(高宗)은 명성왕후와 대원군의 세력다툼 속에서 국난(國難)을 헤쳐 나가야 했다.

1875년 운요호 사건(雲揚號事件)을 계기로 쇄국정책을 버리고 일본과 병자 수호조약(丙子修護條約)을 체결, 근대 자본주의 국가에 대한 개국과 함께 새로운 문물(文物)에 접하게 되자, 개화당(開化黨)이 대두(擡頭), 조정은 개화(開化)·사대당(事大黨)의 격심한 알락(軋轢) 속에 빠졌다.

1881년 신사유람단(紳士遊覽團)을 일본에 파견하여 새로운 문물(文物)을 시찰하게 하고, 군사제도(軍事制度)를 개혁, 신식 훈련을 받은 별기군(別技軍)을 창설하였으나 신제도(新制度)에 대한 반동(反動)으로 1882년 임오군란(壬午軍亂)이 일어나 개화·수구 양 파는 피비린내 나는 싸움을 벌이게 되어 1884년 갑신정변(甲申政變)을 겪고, 고종(高宗)은 개화당(開化黨)에 의해 경우궁(景祐宮)·계동궁(桂洞宮) 등으로 이전(移御)하였다.

이런 중에도 한(韓)·미(美), 한(韓)·영(英) 수호조약(修好條約)을 체결하여 서방 국가와 외교의 길을 텄지만, 1885년에는 조선에서 청나라의 우월권(優越權)을 배제(排除)하고, 일본도 동등한 세력을 가질 수 있게 하는 청(淸)·일

(日) 간의 톈진조약(天津條約)이 체결되어 일본이 한반도에 발판을 굳히는 계기가 되었다.

1894년에 일어난 동학농민운동(東學農民運動)이 청·일 전쟁을 유발하고, 일본이 승리하자 친일파(親日派)는 대원군을 영입(迎入), 김홍집(金弘集) 등의 개화파가 혁신 내각을 조직하여 개국 이래의 제도를 바꾸는 갑오개혁(甲午改革)을 단행하였다.

이로부터 한국 지배 기반을 굳힌 일본은 본격적으로 내정을 간섭하여 한국 최초의 헌법(憲法)이라고도 할 홍범 14조(洪範十四條)가 선포되고, 청나라의 종주권(宗主權)을 부인(否認)하고 독립국(獨立國)으로 행세하는 듯하였으나, 일본의 내정간섭(內政干涉)은 더욱 심하여져 관제(官制)를 일본에 준(準)하여 개혁하고, 8도(道)를 13도(道)로 개편하였다.

그러나 3국 간섭으로 일본이 랴오둥 영유(遼東領有)를 포기(抛棄), 국제적 위신(威信)이 떨어지자 민 씨 일파는 친 러시아(Russia)로 기울어 친일내각을 무너뜨리고 이범진(李範晋)·이완용(李完用) 등을 등용하여 제3차 김홍집(金弘集) 내각을 구성하였다.

이에 맞서 일본 공사(公司) 미우라 고로(三浦高炉)는 1895년 8월 대원군을 받들고 일본인 자객(刺客)들을 앞세워 경복궁(景福宮)으로 들어가 명성왕후를 시해(弑害), 고종(高宗)에게 강압하여 친 러시아 내각을 물러나게 하고 유길준(俞吉濬) 등을 중심으로 제4차 김홍집(金弘集) 내각을 수립하였다. 종두(種痘) 우체사무(郵遞事務)·단발령(斷髮令)·양력 사용(陽曆使用)·도형폐지(徒刑廢止) 등은 이 해의 제4차 김홍집 내각에 의해 이루어졌다.

1896년 2월 러시아 공사(公使) 베베르Veber의 계략으로 고종과 세자가 러시아 공사관(公使館)으로 피신하는 아관파천(俄館播遷)이 있자 김홍집·정병하(鄭秉夏)·어윤중(魚允中) 등 개화파 인사가 살해되고 다시 친 러시아 내각이 성립되었다.

이로부터 한동안 한국은 러시아의 보호를 받았지만, 고종(高宗)은 1897년 2월 25일 러시아와 일본의 협상(協商)에 따라 경운궁(慶運宮) 후의 덕수궁(德壽宮)으로 환궁(還宮), 8월에는 년호(年號)를 광무(光武)라 고치고, 10월에는 국호를 대한(大韓), 왕을 황제(皇帝)라 하여 고종(高宗)은 황제즉위식(皇帝卽位式)을 가졌다.

1904년 광무(光武, 8년) 러·일 전쟁에서 승리한 일본의 요구로 고문정치(顧問政治)를 위한 제1차 한·일 협약(協約)을 체결, 이듬해 한성(漢城)의 경찰 치안권(警察治安權)을 일본 헌병대 장악하였으며, 이해 11월에는 제2차 한·일 협약(協約)인 을사조약(乙巳條約)이 체결되어 외교권을 일본에 빼앗김으로써 병자호란(丙子胡亂) 이래 국가 존망(國家存亡)의 위기를 맞았다.

이에 우국지사(憂國之士) 민영환(閔泳煥)·조병세(趙秉世)·홍만식(洪萬植) 등은 자결(自決)로써 항의하였지만, 일본은 1906년 2월 통감부(統監府)를 설치하여 본격적인 대행정치 체제를 갖추었다. 1907년 제2회 만국평화회의(萬國平和會議)가 네덜란드(Netherland)의 헤이그(Hague)에서 열리자 고종(高宗)은 밀사(密使) 이준(李儁) 등을 파견하여 국권 회복을 기도하였다. 그러나 일본은 오히려 이 밀사사건(密使事件) 때문에 일본의 협박(脅迫)으로 황태자 순종(純宗)에게 양위(讓位)한 후 퇴위(退位), 순종황제(純宗皇帝)로부터 태황제(太皇帝)의 칭호(稱號)를 받고 덕수궁에서 만년(晩年)을 보내다가 1919년 1월 21일 일본인에게 독살(毒殺)된 것으로 전해진다.

고종의 재위 44년은 민족의 격동기(激動期)로서 실질적으로 국운(國運)과 명운(命運)을 함께 하여, 양위(讓位) 3년 후에는 나라를 빼앗기는 비운(悲運)을 맞았다. 능(陵)은 근곡(金谷)의 홍릉(洪陵)이고, 저서에 『주연집(珠淵集)』이 있다.

제27대 순종(純宗, 1907~1910)

　조선의 제27대 왕이자 최후의 왕이다. 이름은 척(拓)이고, 고종(高宗)의 둘째 아들이다. 어머니는 명성왕후 민 씨(閔氏)이고, 비(妃)는 순명효황후(純明孝皇后) 민 씨(閔氏)이다. 계비(繼妃)는 순정효황후(純貞孝皇后) 윤 씨(尹氏)이다. 1875년 고종(高宗, 12년) 2월 세자가 되었으며 1897년 황태자에 책봉되었다. 1907년 륭희(隆熙, 1년) 일본의 압력과 이완용(李完用) 등의 강요로 헤이그(Hague) 특사 사건(特使事件)의 책임을 지고 고종이 양위(讓位)하자 즉위하였다.

　같은 해 한일신협약(韓日新協約)을 허용하여 사실상 국내정치는 일본인이 해산(解散)하였으며, 12월에는 황태자가 유학(遊學)이라는 명목으로 일본에 인질(人質)로 잡혀갔고, 1908년 동양척식주식회사(東洋拓植株式會社)의 설립을 허가하여 경제 침탈(侵奪)의 길을 열어주었다. 1909년 일본은 한국의 민정(民情)을 살펴가며 국권 탈취 공작을 추진하여 7월에 군부(軍部)를, 10월에는 법부(法部)를 각각 폐지하여 정치 조직을 통감부 기능 속에 흡수하였다.

　통감(統監) 이토히로부미(いとうひろぶみ(伊藤博文)가 본국으로 간 뒤, 소네 아라스케(そねあらすけ(曾禰荒助)를 거쳐 데라우치 마사타케(てらうちまさたけ(寺内正毅)가 후임(後任)으로 오면서부터 더욱 야욕(野慾)을 드러내자, 각지에서 나라가 망함을 통탄(痛歎)하고 조정대신(朝廷大臣)들의 무능(無能)을 비난하여 암살을 기도하기 시작했다. 동년(同年) 10월 안중근(安重根)에 의하여 이토いと(伊藤)가 암살되고, 12월 이완용(李完用)이 습격을 당하였다. 1910년 8월 29일 국권(國權)이 피탈((被奪)되어 조선왕조는 27대(代) 519년 만에 망하고 일본의 지배 아래에 들어가게 되었다. 일본은 순종(純宗)을 창덕궁(昌德宮)에 머물게 하고, 이왕(李王)이라 불렀다. 1926년 4월(月) 25일 창덕궁(昌德宮)에서 죽었으며, 능(陵)은 유릉(裕陵)이다.

제11장

조선의 정치, 정변(政變), 사화 사건 사고

제1차 왕자의 난

귀족들의 세도정치를 타파(打破)하고 깨끗한 세상을 만들겠다는 열망(熱望)으로 등장한 조선은 건국 이후 채 10년도 되지 않아 피비린내 나는 내홍(內訌)을 두 차례나 겪는다. 1398년과 1400년에 벌어진 왕자의 난은 개국공신(開國功臣)과 왕자들을 하루아침에 적과 동지(同志)로 갈라놓았다. 군권(軍權)과 신권(新權)이 국정(國政) 주도권을 놓고 충돌하고, 왕자들이 왕위 계승권(繼承權)을 서로 차지(借地)하기 위해 골육상쟁(骨肉相爭)의 혈전(血戰)을 벌였다. 음모와 칼부림, 권력투쟁(權力鬪爭)으로 조선왕조는 시작부터 난투극(亂鬪劇)으로 얼룩졌다.

1398년 태조(太祖, 7년) 왕위 계승권을 둘러싸고 일어난 왕자 사이의 싸움은 방원(芳遠)의 난, 정도전의 난, 무인정사(戊寅靖社)라고도 한다. 이성계의 조선개국(朝鮮開國)에 공이 컸고 그가 태조가 된 뒤에도 신임이 두터웠던 창업공신(創業功臣) 정도전 일파와, 그들에게 못지않은 공을 세운 태조의 제5왕자 방원 일파 사이의 권력 투쟁에서 일어났다. 태조에게는 8왕자가 있었는데, 6왕자는 전비한 씨(前妃韓氏) 소생이고, 2왕자는 계비 강 씨(繼妃康氏) 소생이었다.

태조 즉위 후 세자 책봉 문제가 일어나자, 태조는 계비 강 씨의 뜻에 따라 태조의 제8왕자인 방석(芳碩)을 세자로 삼았는데, 이 같은 조처(措處)를 정도전·남문(南誾)·심효생(沈孝生) 등이 지대하였다. 이렇게 되자 방원(芳遠)은 크게 분개(憤慨)하였다. 첫째는 전비 한 씨(前妃韓氏)의 소생이 세자 책봉)에서 자신들의 공로가 무시(無視) 당하였다는 점도 있었으나, 창업 공신으로서의 자신의 공로를 인정해주지 않은 데 대한 불만이 더 컸다.

방원 일파와 정도전 일파 사이의 알락(軋轢)은 점차 심각해져, 1398년 마침내 두 파(派)사이에 싸움이 벌어졌다. 그 동안 정도전은 세자 방원(芳遠)의 보도 책임(輔導責任)까지를 지고 있어 노력이 당당(堂堂)하였으며, 남문(南誾)·심효생(沈孝生) 등도 강한 권력을 쥐고 있었다.

방원(芳遠)은 정도전(鄭道傳) 등이 태조의 병세(病勢)가 위독하다고 속이고 여러 왕자를 궁중으로 불러들인 뒤 일거(一擧)에 그들을 죽이려 했다고 트집 잡아, 사병(私兵)을 동원하여 정도전 등을 불의에 습격하여 모두 죽이고, 세자 방석(芳碩)을 폐출(廢黜)하여 귀양 보내는 도중에 죽이고, 방석(芳碩)과 동복(同腹)인 방번(芳蕃)까지도 살해하였다.

이 변란(變亂)이 일어나자 역시 창업 공신의 한 사람인 조준(趙浚)은 정도전·남문(南誾) 등을 논죄(論罪)하였고, 정세 판단이 빠른 방원은 세자의 자리가 당연히 자기에게로 돌아올 것이었으나, 이를 굳이 사양(辭讓)하고 태조의 제2왕자인 방과(芳果)에게 양보(讓步)하였다.

태조는 이 변란(變亂)에서 두 아들과 사위까지 잃어 크게 상심(傷心)하고 마침내 1398년 9월에 왕위를 세자인 방과(芳果)에게 물려주었다. 조선건국 초기에는 왕자들도 사병(私兵)을 거느리고 있어, 이것이 왕자의 난을 일으킨 원인이 되기도 하였다.

제2차 왕자의 난

1400년 정종(正宗, 2년) 왕위를 탐(貪)하여 방간(芳幹)이 일으킨 방간의 난, 혹은 박포(朴苞)의 난이라고도 한다. 방간(芳幹)은 조선태조(朝鮮太祖)의 제4남으로 왕위 계승에 대하여 야심을 품고 있었으나, 인격(人格)·공훈(功勳)·위세가 아우인 방원에게 미치지 못하였다.

그러나 왕우(王位)에 대한 야심을 버리지 않고 있었기 때문에 방원에 대한 시의심(猜疑心)을 품고 있던 중 제1차 왕자의 난에 큰 공을 세운 박포(朴苞)가 그 논공행상(論功行賞)에 불만을 품고 있었으므로, 자연 방간과 박포(朴苞)는 서로 뜻이 맞아, 둘이 공모(共謀)하여 방원의 세력을 꺾으려고 반란을 일으켰다.

방간과 방원의 군사는 개경(開京)에서 접전(接戰)하였는데, 결국 방간의 군대는 패하여 방간이 유배되었으며, 박포는 처형되었다. 이 난이 평정되자 정종(定宗)은 방원을 세제(世弟)로 삼았고, 같은 해 11月에 드디어 방원에게 양위(讓位)하였다.

공법상정소

세종(世宗)은 종래의 세법(稅法)인 답험손실(踏驗損實)이 폐해가 많으므로 1428년 세종 10년부터 정액세법(定額稅法)인 공법(貢法)실시를 구상(構想)했다. 1430년 그 실시에 대해 전국의 수령(守令)·관리·백성들에게 의견을 물었으나 별다른 결론을 얻지 못했다

1436년 공법(貢法) 실시 방침을 확정하고 황희(黃喜) 등에게 절목(折木)을 마련토록 한 뒤 그해 6월에 공법상정소(貢法上程所)를 두었는데, 공법상정소(貢法上程所)의 구체적 체제나 규모는 알려져 있지 않다.

공법(貢法) 절목(折木)에서 규정된 비옥도(肥沃度)에 따라 전국 각 도의 토지를 상(上)·중·하로 나누고 이를 다시 고을별로 3등으로 나눈다는 원칙을 바탕으로 하여 1437년 12~20두(斗)로 각각의 세액(稅額)을 정한 상정공법(上程貢法)이 제정되었다.

상정공법은 연분제(年分制)를 수용하는 수정(修政)을 거쳐 1443년 세종 25년 대군(大君)과 중신(重臣)들로 구성하여 새로 설치된 전제상정소(田制詳定所)의 의견으로, 경무법(頃畝法)을 적용하여 실제 면적을 바탕으로 전세(田稅)를 걷도록 하는 등 합리적으로 개정되어 시험(試驗)에 들어가게 되었다.

그러나 결국 반대 여론을 꺾지 못하고 1444년 여러 의견을 절충(折衷)하여 결부법(結負法)으로 환원(還元)한 뒤 경무법(頃畝法)의 요소를 가미하여 전분(田分)6등·연분(年分)9등으로 규정된 공법(貢法) 제도가 확정되었으며 공법상정소(貢法上程所)는 폐지되었다.

전제상정소(田制詳定所)

조선 전기(前期) 1443년 세종 25년에 전세(田稅)의 개혁을 위해 설치한 임시 관청이 보다 앞서 1436년에 공법상정소를 두어 공법(貢法)의 제정 및 그 내용을 논의하도록 하였으나, 그 기능을 다하지 못하여 의정부(議政府)와 호조(戶曹)에서 1443년 11월 토지 등급에 상관없이 단위면적(單位面積)을 일정하게 하는 경무법(頃畝法)으로, 토지등급을 다섯으로 나누는 오등전품제(五等田品制)로 하여, 해마다 작황(作況)에 따라 9등급으로 나눠 전세(田稅)를 차등 징수(差等徵收)하는 년분9등급제(年分九等制) 등의 골격(骨格)을 갖춘 전세개혁안(田稅改革案)을 마련하였다.

이 안(案)이 마련된 지후 구체적인 시행요목(施行要目)을 정하고 토지를 측량하여 토지 등급을 책정하는 일을 맡을 임시기구(臨時機構)로서 설치하여, 수양대군(首陽大君)을 도제조(都提調)에, 의정부좌찬성(議政府左贊成) 하연(河演), 호조판서(戶曹判書) 박종우(朴從愚), 중추원지사(中樞院知事) 정린지(鄭麟趾)를 제조(提調)로 임명하였다.

이들은 문물법제(文物法制)에 밝고, 그동안의 논의 과정에서 적극적인 입장을 취하였던 중신(重臣)이었다. 앞서 마련된 세제안(稅制案)을 몇몇 지역에 적용해 본 후 1444년 6월에 토지를 비옥도(肥沃度)에 따라 6등급으로 나누는 전분 6등법(田分六等法)과, 수확량(收穫量)을 기준으로 각 등급의 면적을 정하는 결부제(結負制)를 채택한다는 원칙을 마련하였다.

의정부(議政府)·육조(六曹)의 논의를 거쳐, 여기에 앞서 마련된 년9분등법(年9分九等法)을 아울러 공법(貢法)으로 확정하였다. 청안(清安)·비인(庇仁)·광양 등 6개 고을에 시험적용(試驗適用)한 후, 1450년 전라도부터 시작하여 전국에 걸쳐 실시하였다. 기록상으로는 1462년 세조(世祖) 8년 3월 이후의 활동 여부가 확인되지 않는다.

전분(田分) 육등법(六等法)

조선시대 전세(田稅) 징수(徵收)의 편의를 위해 토지 비옥도(肥沃度) 기준으로 여섯 등급으로 나눈 수취 제도(級聚制度)였다. 고려시대(高麗時代) 이래의 삼등(三等) 전품제(田品制)에서는 토지가 가장 비옥한 경상도(慶尙道)·전라도 지역에 대해서도 대부분의 토지가 가장 척박한 곳의 등급인 하등전(下等田)으로 책정되어 그 동안 지역에 따라 부균등(不均等)하게 발전되어온 농업생산력(農業生産力)을 제대로 반영(反映)하지 못하여 전분 육등법을 제정했다.

게다가 휴한법(休閑法)의 제약에서 벗어나 땅을 놀리지 않고 매년 농사를 지을 수 있게 되면서 지역마다 농업 생산력의 차이가 큰 현실을 감안(勘案)하여 새로운 전세수취(田稅收聚) 기준으로 마련한 것이었다.

1444년 세종 26년 전세상정소(田制詳定所)가 주관하여 완성된 공법(貢法)에서는 토지의 비옥도에 따라 수확량(收穫量)에 차이가 많은 현실을 반영(反映)하여 전국의 논밭을 여섯 등급으로 나누었다. 주측(周尺)을 기준측(基準尺)으로 하여 토지를 측량하되, 토지의 등급에 따라 길이 다른 자를 사용하여 기본 수세단위(收稅單位)인 결(結)의 실제 면적을 토지 등급마다 다르게 하였다.

종래 절대 다수를 차지하였던 하등전(下等田)은 1·2·3등전(等田)으로 상향 조정(上向調整)되었고, 산전(山田)은 상대적으로 축소된 면적의 5·6등전(等田)으로 편입되었다. 전체적으로 1결(結)의 면적은 축소된 반면에 전국 총(總) 토지 결수(結數)는 크게 증대(增大)되었다. 토지가 기름진 삼포지방(三南地方)은 대부분의 토지가 1·2등전(等田)으로 구분되었다.

연분(年分) 구등법(九等法)

조선시대 농사의 풍흉(豊凶)을 아홉 등급으로 나눠 田전세(田稅)를 부과한 수취제도(收聚制度)는. 세종대(世宗代)에 공법(貢法)의 시행문제(施行問題)를 논의하는 과정에서, 휴한법(休閑法)의 제약에서 벗어나 해마다 땅을 놀리지 않고 농사지을 수 있게 농사기술(農事技術)이 발전하였지만 아직 기후변동에 따라 농업 생산력이 크게 달라질 수밖에 없었던 현실 때문에 일률적으로 세액(稅額)을 고정(固定)하는 데 반대하는 의견이 많았으므로, 농사의 풍흉에 따라 세액에 차등을 두는 연분법(年分法)을 도입하는 문제에 대한 논의가 이루어졌다.

1443년 세종 25년 아홉 등급으로 나누는 문제에 대한 논의가 시작되어, 이듬해 군현(郡縣)을 단위로 농사의 상태를 상상년(上上年)부터 하하년(下下年)까지의 아홉 등급으로 나눠 세(稅)를 거둔다는 원칙을 세웠다. 풍작(豊作)일 때를 상상년(上上年)으로 하여 1결(結)마다 20말씩 징수(徵收)하고, 이하 2말씩 체감하여 농사 상태가 아주 좋지 않은 하하년(下下年)에 대해서는 4말을 거두도록 하였다.

이전의 손실답험법(損實踏驗法)에서 농경지(農耕地)를 필지(筆地)마다 답험(踏驗)하는 과정에서 발생했던 폐단(弊端)을 없애기 위하여 한 고을을 단위로 하였고, 수령(守令)이 농사 상태를 심사(審查)하여 관찰사(觀察使)에게 보고하면, 관찰사(觀察使)는 도내(道內)의 군현별(郡縣別) 농사 상태를 중앙정부(中央政府)에 보고하였고, 의정부(議政府)·육조(六曹)의 협의 과정을 거쳐 국왕의 재가(裁可)를 받은 후 연분(年分)을 결정하였다.

경우에 따라서는 정부에서 관리를 파견하여 다시 심사(審查)하였다. 1454년 단종 2년 면을 단위로 하여 한 고을에 대해 읍내(邑內)와 4면으로 나누어 연분 등급을 책정하였다.

한 고을이라 하더라도 농사 상태가 균일(均一)하게 될 수가 없는 당시의 농업 생산력 수준으로 볼 때, 고을을 하나의 단위로 묶는 것은 무리(無理)인 현실을 감안(勘案)한 것이었다. 또한 향촌사회(鄕村社會)에서 면리제(面里制)가 정착(定着)됨에 따라 비교적 객관적인 기준과 감안성(勘案成)을 지닌 전세(田稅) 수취제(收聚制)를 마련하려 한 것이었다. 그 뒤 산천(山川) 등으로 구획(區劃)되어 거의 동일(同一)한 자연적 조건을 가진 지역 고원단위(庫員單位)로 재조정하였다.

15세기 말까지는 해당 수령(守令)·관찰사(觀察使)의 보고보다도 중앙정부(中央政府)에서 등급을 더 높게 책정하는 것이 보통이었다. 16세기에 가서는 지주전호제(地主佃戶制)의 확대, 공물·요역(徭役)·군역(軍役) 등의 수취관계(收聚關係)의 변질(變質)과 함께 지방관(地方官)의 보고보다도 등급을 낮추는 것이 관행(慣行)으로 되어가다가, 16세기 후반에는 그 해의 풍흉(豊凶)에 관계없이 토지의 등급에 따라 대개 하중년(下中年) 또는 하하년(下下年)의 년분(年分)을 일률적으로 적용하여 1결당(結當) 6~4말로 고정(固定)되는 경향이 있었다. 1634년 인조(仁祖) 12년에 양전(量田)을 실시한 후 이 법을 혁파9革罷)하고, 지역별로 토지의 비옥도를 표준(標準)으로 하여 고정된 세율(稅率)을 적용하는 영정법(永定法)을 실시하였다.

사민정책(徙民政策)

조선시대 초기, 함길도(咸吉道), 평안도(平安道) 지방의 개척을 위하여 추진(推進한 이민정책(移民政策). 사실상 북방 이민(北方移民)은 고려 때부터 실시되었는데, 그 한 예가 윤관(尹瓘)이 9성(九城)을 쌓은 뒤 많은 사람들을 이주시켜 살게 한 일이었다. 덕종(德宗) 때에도 정주(靜州)에 1,000호(戶)를 이주시킨 일이 있다. 그러나 본격적인 사민(徙民)은 조선 초 4군(郡) 6진(鎭)을 개척하면서부터이다. 함길도(咸吉道) 지역의 경우, 1398년 태조 7년 새로 편입된 지역의 중심지(中心地)인 공주(孔州)에 경원부(慶源府)를 두고 그 관내(管內) 지역에 사는 부유한 백성들을 이주시킨 것이 북방 사민정책(徙民政策)의 시작이었다. 1410년 태종(太宗) 1년 여진족이 경원부(慶源府)에 쳐들어오자, 조정에서는 길주도(吉州都) 안무찰리사(安撫擦理使) 조연(趙涓)으로 하여금 여진족)을 토벌하도록 하였고, 그는 적장(賊將) 파이손(巴兒孫)을 쳐 두만강 건너 적의 본거지(本據地)까지 점거하였으며, 경원부(慶源府)를 경성(鏡城)으로, 다시 부거참(富居站)으로 옮기고 1,000여 호를 그곳에 이주시켰다.

1433년 세종 15년 경원부(慶源府) 자리에 영북진(寧北鎭)을 설치하고 대규모의 이주를 단행하였는데, 강원도는 물론(勿論)이고 충주(忠淸)·전라(全羅)·경상도(慶尙道)에서 까지 자원(資源) 및 초정(抄定) 사민(徙民)을 모집하는 방법까지 동원한 대거 사민(徙民)이었다.

초정사민(抄定徙民)은 주로 범죄자(犯罪者)를 강제로 입거(入居)시키는 제도였다. 이 때 양반이면 자품(資品)을 높여주거나 사관 직(土官職)을 주고, 향리(鄕吏)나 천인(賤人)에게는 면역(免役)과 관직 진출의 길을 열어주었으며, 양반(兩班)으로 면천(免賤)을 해주는 등의 사민(徙民) 우대책(優待策)이 나타나기도 하였다. 한편, 사민(徙民)의 공평한 선정(選定)과 이주 후의 안정된 정착을 위하여 여러 가지 통제(統制)와 벌칙(罰則)이 마련되기도 하였다.

평안도 일대(平安道一帶)에서는 1437년부터 3년간 여덟 번에 걸쳐 1만 5000여 명(1,000여 호)이 국경지대(國境地帶) 가까이 이주를 하였다. 그 까닭은 여진족의 국경 침입이 잦은 데다가, 국경의 경비(警備)에도 취약점이 많았기 때문이다. 그렇게 하여 평안도일대(平安道一帶)에는 황해도(黃海道)를 비롯하여 남도지방 일대(南道地方一帶)에서 사민(徙民) 3000여 호를 모집하여 이주시켰다. 이러한 사민정책은 성종 때까지 지속되었다.

계해조약(癸亥條約)

1443년 세종 25년 조정을 대표하여 변효문(卞孝文) 등이 쓰시마 섬(対馬も)에서 日本의 쓰시마 도주(対馬も王) 소사다모리(ソサダ森)와 세견선(歲遣船) 등에 관하여 맺은 조약. 1419년 쓰시마섬(対馬も)을 근거지로 하여 말썽을 부리던 왜인들을 정벌한 후, 한동안 조선·일본 사이의 왕래가 중단되었으나 쓰시마 섬 도주(島主)의 간청으로 다시 삼포(三浦みうら)를 개항(開港)하여 무역과 근해(近海)에서의 어로(漁獲)을 허락하면서 후환(後患)을 염려하여 종전(從前)에 비하여 상당한 제한을 가하는 구체적 조약(條約)을 체결하였다. 그 조건은 다음과 같다.

① 세견선(歲遣船)은 1년에 50척으로 한다.

② 선원 수(船員數)는 대선(大船) 40명, 중선(中船) 30명, 소선(小船) 20명으로 정하고 이들에게는 식량을 지급한다.

③ 삼포(三浦)에 머무르는 자의 날짜는 20일로 한하되, 상경(上京)한 자의 배를 지키는 관수인(看守人)은 50일로 정하고 이들에게도 식량을 지급한다.

④ 고초도(孤草島)에서 고기잡이 하는자 는 조선지세포(知世浦) 만호(萬戶)의 허락을 받은 뒤 고기를 잡고, 이어서 어세(漁稅)를 내야 한다.

⑤ 조선에서 왜인에게 주는 세사미두(歲賜米豆)는 쌀과 콩을 합 하여 200섬으로 제한한다는 등이다.

세종은 왜인들의 성품을 잘 알고 있었으므로 먼저 위세를 떨쳐 그들을 정벌한 다음, 다시 은정(恩情)을 베풀어 그들의 살 길을 열어주었다.

세견선(歲遣船)

조선시대에 쓰시마 섬(對馬島) 도주(島主)에게 왕래(來往)을 허락한 무역선(貿易船)을 말한다. 조선 전기에 왜구의 침략이 잦아지자 세종 초에 쓰시마 섬(對馬島)을 정벌하여 교통(交通)을 끊어버렸다 그러자 식량에 결핍(缺乏)을 느낀 도주(島主) 소사다모리(ソサダ森)는 조선에 사죄(謝罪)하고 통상(通商)의 길을 열어줄 것을 간청하니 조정에서는 평화회유책(平和懷柔策)으로 삼포(三浦)즉 제포(薺浦)·부산포(釜山浦)·염포(鹽浦)를 열어 무역을 다시 허가하고 거기에 왜관(倭館)을 두어 머물게 하였다.

그러나 그 후 왜인의 내왕이 잦아지게 되자 상주자 이외에는 모두 내쫓았으며, 1443년 세종 25년 일본에 갔던 통신사(通信士) 변효문(卞孝文)으로 하여금 세견선을 60척으로 제한하고, 좌선인수(坐船人數)는 대선(大船) 40명, 중선(中船) 30명, 소선(小船) 20명으로 정하여 식량을 지급하고, 삼포(三浦)에 머무르는 자의 체류기간을 20일로 한하되, 상경한 배를 지키는 자는 50일로 한하여 식량을 배급(配給)한다는 것과, 불가피한 경우에 한하여 2, 3척의 특송선(特送船)을 허락하도록 한 계유조약(癸亥條約)을 체결하게 하였다.

이 때의 대·중·소 3종(種)의 배는 이후 일본과의 말썽이 있을 때마다 수가 증감(增減)되기도 하였다. 1510년 중종(中宗) 5년에 삼포(三浦)의 왜란(倭亂)이 일어난 후 1512년 중종(中宗) 7년에는 왜인의 삼포 거주를 금하고, 삼포(三浦) 중 제포(薺浦)만 개항하며, 종전의 세견선도 반으로 줄여 30척으로 하는 등의 임신조약(壬申條約)을 체결하였으나 그 후 제포(薺浦)도 형세가 불리해지자 1544년 중종(中宗) 39년에 왜관(倭館)을 부산포(釜山浦)로 옮겼다(지금의 부산진역 옆이다).

『동국병감(東國兵鑑)』

조선 문종(文宗)의 명으로 편집되고 선조(宣祖) 때 간행된 조선의 전사(戰史). 목판본(木版本). 2권 2책. 23, 5×37, 2cm. 1608년 선조(宣祖) 41년 간행. 규장각도서(奎章閣圖書). 한무제(漢武帝)가 고조선을 침범하여 한사군(漢四郡)을 설치하였을 때부터 고려 말 이성계가 여진족 호발도(胡拔都)를 물리칠 때까지, 한국과 중국 사이에 일어난 30여 회에 걸친 전사(戰史)를 기록한 책이다.

상(上) 하 2책으로 되어 있고 내용은 37항목으로 되어 있다. 제1항(項)은 한무제(漢武帝)의 침공으로 인한 고조선의 멸망과 한사군(漢四郡)의 설치, 2~17항(항)은 삼국시대(三國時代) 및 통일신라시대(統一新羅時代), 18~31항(項)은 고려시대(高麗時代), 32~37항(項)은 고려 말 이성계의 무공(武功)을 다루고 있다.

이 책은 진법(陣法)과 함께 조선시대의 국방(國防)을 위한 기본적 병서(兵書)라 할 수 있으며, 한국과 이민족(異民族)과 전쟁에 있어서의 전술전략(戰術戰略)을 연구하는 데 귀중한 사료(史料)이다. 이 전사(戰史)는 1911년 상하 합본(合本)하여 국판(菊版)으로 간행된 바 있고, 1972년에는 원문(原文)을 붙여 간행되었으며, 최근에는 국방부 전사편찬위원회(戰史編纂委員會)에 의해 번역본이 간행된 바 있다. 여기에는 한서(漢書) 수서(隋書) 『사기(史記)』 당서(唐書) 『삼국사기(三國史記)』와 고려시대의 여러 문헌(文獻) 등이 참고자료로 사용되어 있다.

단종 복위운동

　조선 전기 단종(端宗)의 복위를 위해 일으켰던 거사를 이르는 말. 1453
년 단종 1년 10월 단종의 숙부(叔父)인 수양대군(首陽大君)이 계유정란(癸酉
靖難)을 일으켜 영의정(領議政) 황보인(皇甫仁) 좌의정 김종서(金宗瑞) 등을 제
거하고 스스로 영의정(領議政)이 되어 조정의 실권(實權)을 잡았다. 1455년
윤(閏)6月에는 자신의 추종세력(追從勢力)인 정인지(鄭麟趾)·신숙주(申叔舟) 등
에 의해 국왕으로 추대되었으며, 단종은 상왕(上王)으로 물러나게 되었다.

　계유정란(癸酉靖難) 직후에는 김종서(金宗瑞)의 당여(黨與)로서 함길도 도절
제사(咸吉道都節制使)로 있던 이징옥(李澄玉)이 난을 일으켰다가 실패하였으
나 민심을 크게 척극(刺戟)하였다. 한편, 세조(世祖)의 왕위찬탈(王位篡奪)은
과거 세종·문종(文宗)의 총애를 받았던 집현전(集賢殿)의 일부 학사 출신으
로부터 심각한 저항을 받았다.

　성삼문(成三問)·박평년(朴彭年)·하위지(河緯地)·이개(李塏)·류성원(柳誠源)·김문
기(金文起) 등의 유신(儒臣)들은 무관(武官)인 유응부(兪應孚)·성승(成勝) 등과
함께 세조(世祖)를 제거하고 상왕(上王)을 복위시킬 것을 모의하고 기회를
노리고 있었다.

　1455년 10월 세조 1년 명나라의 책명사(册命使)가 조선에 오겠다는 통보
(通報)를 계기로 56년 6월 1일 창덕궁에서 명나라 사신을 초대하여 연회
(宴會)를 베풀 때 거사할 것을 계획하였는데, 마침 이날 세조제거(世祖除去)
의 행동책을 맡은 별운검(別雲劍)이 갑자기 폐해져서 거사는 실행되지 못

하였다.

　이에 거사 계획이 탄로난 것을 두려워한 김질(金礩)이 장인(丈人) 정창손(鄭昌孫)에게 거사 계획을 누설하고, 정창손(鄭昌孫)과 함께 세조(世祖)에게 고변(告變)함으로써 거사 주동자인 사육신(死六臣)=성삼문(成三問), 박평년(朴彭年), 하위지(河緯地), 이개(李塏), 유응부(俞應孚), 류성원(柳誠源)과 그외 연루자(連累者) 70여 명이 모두 처형되면서 단종 복위운동은 실패로 돌아갔다.

　세조(世祖)는 이 사건 직후 유신(儒臣)들의 중심 기관인 집현전(集賢殿)을 폐지하고 경정(經筵)을 중지하였으며 새로운 유신들을 발탁하여 이들을 중심으로 왕권을 강화시켜 나갔다. 생육신(生六臣)은 김시습(金時習), 원호(元昊), 이맹전(李孟專), 조여(趙旅), 성담수(成聃壽), 남효온(南孝溫) 등이다.

이시애(李施愛)의 난

1467년 세조(世祖) 13년 함길도(咸鏡道)의 호족(豪族) 이시애가 일으킨 반란. 세조(世祖)가 즉위하면서 중앙집권의 강화를 위해 북도(北道) 출신 수령(守令)의 임명을 제한하고 경관(京官)으로 대체하였으며, 수령들에게 지방유지(地方有志)들의 자치기구인 유행소(留鄕所)의 감독을 강화하게 하여 출신인 수령(守令)들과 유행소와는 사이가 좋지 않았다.

회령부사(會寧府使)를 지내다가 상(喪)을 당하여 관직을 사퇴한 이시애는 유행소의 불만불평과 백성의 지역감정에 편승해서 아우 시합(施合), 매부(妹夫) 이명효(李明孝)와 반역을 음모하고 1467년 세조(世祖) 13년 5월 반란을 일으켰다.

그는 함길도의 절도사(節度使)가 진장(鎭將)들과 함께 반역(反逆)을 음모하고 있다고 선동(煽動)하여 절도사(節度使) 강효문(康孝文), 길주목사(吉州牧使) 설징신(薛澄新) 등을 죽이고 방금 남도(南道)의 군대가 바다와 육지로 쳐올라와서 함길도 군민(軍民)을 다 죽이려 한다고 선동했다. 그러자 흥분한 함길도의 군인과 민간인(民間人)들이 유행소를 중심으로 일어나 타도 출신 수령(守令)들을 살해하는 등 함길도는 대혼란(大混亂)에 휩싸이게 되있다.

또한 그는 중앙에서도 병마절도사(兵馬節度使) 강효문(康孝文) 등이 서울의 한명회(韓明澮)·신숙주(申叔舟) 등과 결탁하여 함길도 군대를 이끌고 서울로 올라가서 모반하려 하여 민심이 흉흉하니 함길도 사람을 고을의 수령(守令)으로 삼기 바란다'는 등 모략전술(謀略戰術)을 폈다. 세조(世祖)는 이에 속아 신숙주(申叔舟) 등을 투옥하였다가 곧 구성군역(龜城君浚)을 병마도총사(兵馬都摠使)로 삼아 토벌군(討伐軍)을 출동시켰다.

이시애는 여진족까지 끌어들여 대항하였으나 허경(許琮)·강순(康純)·어유소(魚有沼)·남이(南怡) 등이 이끄는 3만 군대는 홍원(洪原)·북청(北靑)을 돌파하고 이원(利原)의 만령(蔓嶺)에서 반란군 주력부대(主力部隊)를 분쇄(粉碎)하였다. 이시애는 길주(吉州)를 거쳐 경성(鏡城)으로 퇴각(退却)하여 여진(女眞)으로 도망치려 하였다.

이 당시 사동별좌(司饔別坐)의 벼슬에 있던 이시애의 처조카 허유례(許惟禮)는 자기 부친이 억지로 이시애의 일파에게 끌려갔다는 소식을 듣고 이시애의 부하인 이주(李珠)·황생(黃生) 등을 설득(說得)하여 이들과 함께 이시애 형제를 묶어 토벌군(討伐軍)에게 인계하였다. 8월 이시애 등이 토벌군의 진지(陣地) 앞에서 목이 잘림으로써 3개월에 걸쳐 함길도를 휩쓴 이시애의 난은 평정되었다.

이 난으로 길주(吉州)는 길성현(吉城縣)으로 강등(降等)되고 함길도는 남(南)·북(北) 2도로 분리되었으며, 유행소(留鄕所)도 폐지되었다. 구성군룡(龜城君浚)과 조석문(曹錫文)·허종(許琮)·어유소(魚有沼)·허유례(許惟禮) 등 41명은 조선의 제6차 공신(功臣)인 정충적개공신(精忠敵愾功臣)으로 녹훈(錄勳)되었다.

남이(南怡) 장군의 억울한 죽음

남이(南怡) 장군은 1441년 태종(太宗)의 외손자(外孫子)로, 출생하면서부터 기골(氣骨)이 장대하고 웅장한 기상을 지녔으며 17세에 무과(武科)에 급제하여 나라의 훌륭한 장수가 되었다. 1467년 이시애의 난을 평정한 공으로 적개공신(敵愾功臣) 1등에 책록(冊錄)되었으며, 건주위(建州衛)의 여진족을 토벌한 공으로 세조(世祖)의 총애를 받아 공조판서(工曹判書)가 되었다. 이듬해 오위도총부 도총관(五衛都摠部都摠管)과 병조판서(兵曹判書)를 겸임하였다.

1468년 세조(世祖)가 승하하자 그의 신임을 받던 남이는 한명회(韓明澮) 신숙주(申叔舟)의 사주(使嗾)를 받은 강희맹(姜希孟)의 비판으로 예종(睿宗)은 남이를 병조판서(兵曹判書)에서 해임하고 겸사복장(兼司僕將職) 직에 임명하였다.일찍이 남이가 스물다섯 살 때 북방(北方)의 건주위(建州衛)의 여진족을 토벌하기 위해 전장(戰場)에 나갔을 때 지은 시(詩)가 있다.

白頭山石磨刀盡=백두산 돌은 칼을 갈아 다하고
백두산석마도진
豆滿江水飮馬無=두만강 물은 말을 먹여 없애리
두만강수음마무
男兒二十未平國=사내 스물에 나라를 평정치 못하면
남아이십미평국
後世誰稱大丈夫=훗날 누가 대장부라 하리오
후세수칭대장부

유자광의 무서운 계략으로 아래와 같이 글자 평(平)자를 득(得)자로 조작하였다,

男兒二十未平國=사내 스물에 나라를 평정치 못하면
남아이십미평국
男兒二十未(得)國=사나이 스물에 나라를 얻지 못하면
남아이십미득국

이 시에는 남이의 성품이 잘 드러나 있다. 남이가 겸사복장(兼司僕將)에 있을 때 하늘에 혜성(彗星)이 나타났는데 그는 이 광경(光境)을 보고는 "이 일은 묵은 것을 몰아내고 새로운 것이 나타날 징조(徵兆)다"라고 말하였는데 이때 병조참지(兵曹參知) 유자광(柳子光)이 남이를 없애기 위해 음모를 꾸몄다.

그는 예종(睿宗)에게 달려가 남이가 역모(逆謀)를 꾸미고 있다고 무고(誣告)를 꾸민다. 유자광(柳子光)은 품에서 종이 한 장을 꺼내 예종에게 바쳤다.

그러나 여기에는 유자광(柳子光)의 무서운 계략(計略)이 숨어 있었다. 남이 장군은 원래 男兒二十未(平)國이라 했는데 유자광(柳子光)이 男兒二十未(得)國라 바꿔버린 것이었다. 유자광(柳子光)으로부터 보고받은 예종(睿宗)은 남이를 잡아들여 직접 국문하였다. "너는 무엇이 부족하여 역모(逆謀)를 꾸몄느냐?"라고 예종(睿宗)이 묻자 남이는 그런 일은 절대로 없다고 했다. 그러자 예종은 형리(刑吏)에게 더욱 혹독하게 고문(拷問)하라고 명을 내렸다. 이때 남이는 혹독한 고문(拷問)으로 정강이뼈가 부러지고 몸은 피투성이가 되고 말았다. 그래도 계속 고문하라는 예종의 명은 계속되었다. 남이는 살 수 없음을 알고 역모(逆謀)를 꾸몄다고 허위(虛僞)로 자백(自白)할 수밖에 없었다. 그러자 예종은 "너와 공모(共謀)한 자들을 모두 대라."라고 했다. 그러자 남이는 예종 옆에 있는 영의정 강순(姜舜)을 지목했다. "저기 서 있는 영상(領相)과 역모(逆謀)를 꾸몄나이다." 그러자 강순(姜舜)은 사시나무 떨 듯하며 "전하(殿下), 남이의 말은 거짓이옵니다. 헤아려주시옵소서."라고 했으나 예종은 형리(刑吏)로 하여금 강순(姜舜)을 끌어내어 형틀에 앉혔다. 이때 강순의 나이 80세인 늙은이로 모진 고문을 이기지 못하고 남이(南夷)와 역모를 꾀했노라고 허위 자백을 하고 말았다. 마침내 남이와 강순을 참형(斬刑)에 처하라는 어명(御命)이 떨어졌고, 그들은 형장(刑場)

으로 끌려가게 되었다. 이때 강순(姜舜)은 남이에게 "네가 죽으려거든 혼자 죽지 죄 없는 나는 왜 끌어들인 것이냐? 참으로 원통(怨痛)하도다."라고 말하자 남이가 "영상(領相)께서는 내가 아무런 죄가 없다는 것을 잘 아시면서 한 마디도 저를 위해 성상(聖上)께 말씀 올리지 않았잖소. 일국(一國)의 영상(領相)으로 어찌 그런 비정(非情)한 일을 할 수 있단 말이오. 젊은 나도 죽는데 80년을 산 영상(領相)이 뭐 그리 억울하단 말이오."라고 말하면서 그들은 그렇게 이 세상과 영원한 작별(作別)을 하였다.

조정의 권신(權臣)인 한명회(韓明澮)는 남이의 장인(丈人) 권람(權擥)과는 절친(切親)한 친구 사이로 그의 추천으로 수양대군(首陽大君)의 책사(策士)가 되어 그를 왕으로 세우는 데 큰 공을 세웠다. 그러나 이때 권람(權擥)은 병으로 이미 이 세상 사람이 아니었다. 남이에게는 크게 불행(不幸)한 일이라 할 수 있겠다. 남이는 세종 누이의 아들로 세조(世祖)에게는 고종(姑從) 사촌(四寸)지간(之間)이 되고 예종에게는 5촌 당숙(堂叔)이다.

권람(權擥)은 죽기 며칠 전 한명회(韓明澮)를 불러 자신의 사위 남이를 간곡(懇曲)하게 부탁하고 세상을 떠났다. 그러나 한명회는 도와주기는커녕 오히려 그를 없애기 위해 혈안(血眼)이 되었다. 남이는 억울하게 역모를 꾸몄다는 죄목(罪目)으로 형장(刑場)의 이슬로 사라졌다. 이때 남이의 나이 스물여덟 살이었다.

유향소(留鄕所)

고려 말(高麗末)~조선시대 지방 군(郡)·현(縣)의 수령(守令)을 보좌(補佐)한 자문기관(諮問機關). 수령(守令)의 아문(衙門)에 다음가는 중요한 관아(官衙)라 하여 이아(貳衙)라고 불렀으며, 향소(鄕所)·향소청(鄕所廳)이라고도 하였다. 이 제도는 고려의 사심관(事審官)에서 유래된 것으로, 초기에는 덕망(德望)이 높고 문벌(門閥)이 좋은 사람을 사심관으로 삼다가, 말기에는 전함전직(前銜前職) 품관(品官)들을 사심관에 임명하면서 유향품관(留鄕品官) 한양관(閑良官)이라 하였다.

조선시대에 들어와서는 이들 유향품관(留鄕品官) 한양관(閑良官)들이 자의적(自意的)으로 유향소(留鄕所)를 만들어 지방자치(地方自治)의 기능을 맡았다. 유향소(留鄕所)는 벼슬에서 은퇴한 이들 지방품관(地方品官)을 우두머리로 뽑아 지방의 풍기(風氣)를 단속(團束)하고 향리(鄕吏)의 악폐(惡弊)를 막는 등 민간자치의 지도자 역할을 맡았는데 태종 초(太宗初)에 와서 차차 지방수령(地方守令)과 대립하여 중앙집권을 저해(沮害)하는 성향을 띠게 되어 1406년 태종(太宗) 6년에 폐지되었다.

그러나 좀처럼 없어지지 않아 그 폐지가 불가능해지자 1428년 세종 10년에는 유향소(留鄕所)의 설치를 다시 명하여 각 유향소(留鄕所)의 품관(品官) 정원(定員)을 정하고 이를 감독하는 경재소(京在所) 제도를 강화하였으며, 수령(守令)의 비행 여부를 논할 수 없다는 법이 마련됨에 따라 유향소(留鄕所)의 자치적성격(自治的性格)은 크게 줄어들어 유향소 품관(品官)이 저축(沮

縮)된 지위의 보존을 위해 수령들과 타협, 결탁하기도 하였다.

유향소는 1467년 세조(世祖) 13년 함길도에서 일어난 이시애의 난에 그들의 일부가 이에 가담함에 따라 다시 폐지되었는데, 이때 폐지된 이유 중의 하나는 유향소가 수령의 편에 서서 백성을 침학(侵虐)함이 심하다는 것이었다. 그러나 이미 뿌리를 내린 유향소(留鄕所)는 쉽게 없어지지 않고, 꾸준한 복설운동(復設運動)의 결과 1488년 성종 19년에 다시 부활되어 향임(鄕任) 혹은 감관(監官)·향정(鄕正)의 임원(任員)을 두게 되었는데, 이들 임원(任員)은 주(州) 부(府)에 4, 5명, 군(郡)에 3명, 현(縣)에 2명의 정원(定員)을 두었으나 후대(後代)에는 회감(倉監) 고감(庫監) 등의 직책이 생겨 10명이 넘는 경우도 있었다.

둔전제(屯田制)

둔전제(屯田制)는 군량(軍糧)을 확보하거나 직접적인 재원(財源)을 확보하기 위해 국가가 직접 주도해 집단으로 농지를 경작하게 하는 제도를 말한다. 병사가 직접 경작하는 것을 특별히 군둔(軍屯)이라 하는데, 국경 지대에서 병사들 스스로 군량(軍糧)을 확보하며 국방(國防)에 임하는 방식이다. 둔전제(屯田制)에 대한 지식백과 내용을 첨부해본다. 중국에서 한(漢)나라 이후 청나라 때까지 시행된 토지제도(土地制度)다. 군량(軍糧)의 확보나 또는 직접적인 재원(財源)의 확보를 목적으로 하여 국가 주도하(主導下)에 경작자(耕作者)를 집단적으로 투입(投入)하여 관유지(官有地)나 새로 확보한 변방의 영토(領土) 등을 경작하는 토지제도(土地制度). 중국에서는 크게 군둔(軍屯)과 민둔(民屯)으로 나누었다.

중국에서 한(漢)나라 이후 청나라 때까지 실시된 토지제도(土地制度). 군량(軍糧)의 확보나 또는 직접적인 재원(財源)의 확보를 목적으로 하여 국가 주도하에 경작자(耕作者)를 집단적으로 투입하여 관유지(官有地)나 새로 확보한 변방의 영토(領土) 등을 경작하는 토지제도. 중국에서는 크게 군둔(軍屯)과 민둔(民屯)으로 나누었다(명나라 때는 이 외에도 상둔(商屯)이 있었다). 군둔(軍屯)은 병사가 경작에 종사 하는 것으로, 가장 대표적인 예로는 한 대(漢代, BC 202~AD 220)의 둔전제(屯田制)를 들 수 있다. 변경지대(邊境地帶)의 병사가 군량을 자급하기 위하여 경작하였는데, 이것은 스스로 경작하면서 스스로 국방(國防)에 임하는 방식이었다.

그러나 조정(王朝)에 따라 내용상의 차이는 있었다. 명대(明代, 1368~1644)에는 군제(軍制)인 위소제도(衛所制度)와 밀접히 결부되어 위소둔전제(衛所屯田制)가 실시되었다. 이 방식에서는 전투에 종군(從事)하는 병사와 농경에 종사하는 병사가 명확히 구분되어 있었다.

또 요(遼, 916~1125) 금(金, 1115~1234) 원(元, 1271~1368) 등의 소위 정복왕조(征服王朝)의 유목민(遊牧民)은 순수 졸병으로서, 경작에는 종사하지 않고 한인(漢人)들에게 소작(小作)을 시켰다. 군둔(軍屯)은 성질상(性質上) 변경(邊境)에 주로 분포되어 있으나 삼국시대(三國時代)나 정복왕조(征服王朝)의 중국 침입시대(中國侵入時代)와 같이 여러 왕조(王朝)가 대립하고 있을 때에는 각기 자기 나라 전선지대(戰線地帶)에 설치하고 있었다.

민둔(民屯)은 징모(徵募)된 일반 주민이 경작에 종사하는 것을 말하며, 내지(內地)에 주로 설치된다. 그 대표적(代表的)인 것으로는 196년에 위(魏)나라의 조조(曹操)가 허난성(河南省)의 쉬(許) 지방에서 시작하여 그 후 각 주(州)에 확대시킨 제도이다.

이것은 각 주(州) 군(郡)에 전농중랑장(典農中郎將) 전농농교위(典農校尉) 등의 전관(田官)을 두고 그 관리 하에 징발된 농민으로 하여금 황무지(荒蕪地)를 개간(開墾) 경작하게 한 뒤, 수확물의 50% 자기 소유의 농우(農牛)를 사용할 경우 또는 60% 관우(官牛)를 사용할 경우를 징수(徵收)하는 제도였다.

위의 둔전은 중국의 둔전사상(屯田史上) 가장 중요시되는데, 진(晉)나라의 점전법(占田法) 과전법(課田法), 나아가서는 북위(北魏)에서 시작한 균전법(均田法)과 연결(連結)된다는 점에서 중요시되며, 또 진(秦) 한(漢) 시대의 토지제도(土地制度)로부터 수(隋) 당 시대 토지제도(土地制度)로의 과도기적(過渡期的) 위치에 있는 것으로 평가되지만, 이에 반대하는 의견도 있다. 당·송대(宋代)의 민둔(民屯)은 영전(營田)이라고도 하며, 영전(營田)은 군둔(軍屯)을 의미하는 경우도 있다.

한편 특수한 둔전(屯田)으로서 명나라 때 개중법염법(開中法鹽法) 아래서 상인들이 실시한 상둔(商屯)을 들 수 있는데, 이것도 민둔(民屯)의 일종으로 간주된다. 한국에서 둔전제도(屯田制度)가 본격적으로 시행된 것은 고려시대(高麗時代)부터이다. 국둔전(國屯田)은 고려초기(高麗初期)부터 국경지대(國境地帶)인 양계(兩界)를 중심으로 설치되었고, 나중에는 남쪽 지방에도 설치되었다. 양계(兩界)의 둔전은 대(隊)로 편성된 둔전군(屯田軍)이 집단으로 토지를 경작하였다.

둔전군(屯田軍)은 일종의 농경부대(農耕部隊)의 역할을 하였다. 양계지역(兩界地域)의 둔전설치 과정은 주로 영토 확장과 그에 따른 방수군(防戍軍)의 진주(進駐)와 병행하여 이루어졌다. 주둔군(駐屯軍)이 군량(軍糧)을 확보할 목적으로 설치된 둔전은 계속된 영토 확장 과정에서 사민(徙民)들의 이주가 실시되었고, 이 과정에서 일부의 둔전은 군인에 의한 경작이 사민(徙民)으로 구성된 둔전군(屯田軍)에 의한 경작으로 바뀌어졌다.

남방지역(南方地域)의 둔전 경작에는 군인과 함께 노비가 동원되기도 하였다. 둔전은 국유지(國有地) 위에 설정(設定)되었으므로 토지소유주(土地所有主)인 국가와 경작민(耕作民)인 둔전군(屯田軍) 사이에서 형성되는 전호제적(佃戶制的) 방법으로 경작되었다. 국가는 소유권에 근거(根據)하여 둔전군

(屯田軍)을 전호(佃戶)로서 경작시키고 공전조율(公田租率)인 사분(4分)의 일조(1租)의 규정에 따라 정액지대(正額地代)를 수취(收取)하는 방식으로 경영하였다. 고려시대(高麗時代)에는 또 내지(內地)의 일반주현(一般州縣)에 설치되어 지방관청(地方官廳)의 경비(經費)를 보충한 관둔전(官屯田)이 따로 있었다.

관둔전에 해당하는 이러한 둔전은 1099년 숙종 4년에 처음 설치되었으며, 국유지(國有地)위에 설정하여놓고 지방관청(地方官廳)이 직접 경영하였다. 이런 둔전의 규모는 관청(官廳)의 크기에 관계없이 5결(結)이었으며, 군수(軍需) 또는 주현(州縣)의 경비(經費)를 위한 것이나 모두 2과(科) 공전(公田)의 범주(範疇)에 포함되었다. 고려 후기에는 원나라가 설치한 둔전이 한때 운영되었다. 원(元)은 1271년 元宗 12년 일본정벌(日本征伐)을 위한 재정(財政)을 확보하기 위해 둔전경략사(屯田經略使)를 두고 황주(黃州), 봉주(鳳州)에 둔전을 설치하였다.

이 때 설치한 둔전은 그 피해가 컸으므로, 고려의 계속된 요구에 따라 1278년 충렬왕(忠烈王) 4년 폐지되었다. 충선왕(忠宣王) 때는 가호둔전(家戶屯田)을 실시하였다. 이는 토지는 지급하지 않고 각호(各戶)에 종자(種子)만 나누어주고 둔조(屯租)를 거둬들인 제도였으므로 백성에게 부담이 매우 컸다. 이 때문에 1375년에 폐지되었으나 완전히 없어지지 않았다.

고려시대의 둔전제도(屯田制度)는 후기로 오면서 제대로 시행되지 못했고, 그에 따른 폐해도 많았다. 둔전을 경작하는 둔전군(屯田軍)은 과중(過重)한 부담으로 도망치기도 하고, 일반 농민도 둔전 경작(屯田耕作)에 동원되는 경우도 있었다. 특히, 고려후기(高麗後期) 권문세가(權門勢家)에 의해 토지겸병(土地兼倂)이 확대되고 농장(農場)이 발달하면서, 이들이 둔전을 차지하는 경우가 많았다.

공민왕 때는 둔전관(屯田官)을 파견하여 이를 실시(施政)하고자 하였으나 별다른 효과를 보지 못하였다. 조선시대에 들어와 문란해진 토지제도를 정비하는 차원에서 여러 차례 폐지와 복구(復舊)를 거듭하면서 지방 관청 (官廳)과 함께 중앙기관(中央機關)의 재정 기반으로 더욱 확대되었다.

1426년 세종 8년에는 각 도의 국둔전(國屯田)과 관둔전(官屯田)이 모두 폐지되기도 하나, 다음해 관둔전(官屯田)이 다시 설치되었다. 다만 지급전결수(支給田結數)를 제한하여 유수(留守)와 목관(牧官), 대도호부(大都護府)는 10결(結), 도호부지관(都護府知官)은 8결(結), 현령(懸令), 감(監)은 6결(結)로 정하였다. 이리하여 둔전제도는 세조 때에 국둔전과 관둔전은 이원적(二元的)인 체제로 정비되었다.

영문둔전(營門屯田) 아문둔전(衙門屯田)으로 대표되는 이들 둔전은 둔전 본래의 성격도 사라지고, 관청 경비를 충당하는 관둔전(官屯田)의 역할을 하게 되었다. 또 둔전의 설치도 영(營) 아문(衙門) 소유지와 함께 개인 소유지인 민전(民田)으로 확대되고 다양화되었다. 경영 형태도 부역(賦役) 노동(勞動)에 의한 경작은 사라지고 다양한 형태로 운영되었다. 영(營)아문(衙門) 소유지(所有地)에서는 병작제(竝作制), 민전(民田)에서는 1/10 정도를 수취(收聚)하는 형태로 경영되었다. 결국 둔전제도(屯田制度)의 변천(變遷)은 토지를 기반으로 하는 국가의 재정(財政) 수취제도(收聚制度)가 변화하는 과정이었다.

과전법(科田法)

고려 말 조선왕조 개창(開倉)을 주도한 신흥사대부(新興士大夫) 세력이 전제(田制) 개혁을 추진하여 1391년 공양왕(恭讓王) 3년 5월에 제정한 토지분급(分給) 제도로 조선 초기에도 통용(通用)되었다. 1388년 고려 우왕 14년 위화도 회군으로 정권을 장악한 신흥 사대부 세력은 사전(私田) 개혁을 추진하였다.

당시 권문세족들이 불법적으로 장악하고 있던 막대한 규모의 토지를 사전(私田)이라 불렀다. 정도전·조준(趙浚) 등은 애초(艾草)에 계민수전(計民授田) 즉 토지를 국가에서 몰수(沒收)하여 백성들에게 나누어주는 것을 원칙으로 세웠지만, 이는 실행 불가능하였다. 1388~1389년 사이에 양전(量田)을 통해 새로운 전적(田籍)을 마련하여 토지분급(分給) 대상(對象) 관인(官人)들에게 해당 전적(田籍)을 나누어 주었고, 그리고 1390년 9월 구래(舊來)의 공사(公私) 전적(田籍)을 모두 모아 개경(開京)의 시가(市街)에서 불태워버렸다.

그런 다음 1391년 5월 그동안 추진하던 전제(前提) 개혁을 과전법(科田法)이라는 이름으로 공포하였다. 과전법이 시행되면서 권문세족이 불법적으로 차지(借地)하고 있던 사전(私田)이 거의 사라지고 대부분 국가에서 전조(田租)를 걷는 공전(公田)이 되었다. 과전법은 전국의 토지를 크게 국가 수조지(收租地)인 공전(公田)과 개인 수조지인 사전(私田)으로 나누고, 관료(官僚)를 비롯한 지배층에게 사전(私田), 즉 수조지를 나누어주는 제도였다. 수조(收租)는 토지에 대한 세금인 세수조(稅收租)를 걷는 것이었고, 수조지를 받은 사람은 수조권(收租權)을 받은 것이었다.

사전(私田)은 명목에 따라 과전(科田)·군전(軍田)·공신전(功臣田)·외역전(外役田) 등으로 나누어져 있었다. 이 가운데 과전(果田)은 왕실 종친(宗親)과 현직(現職) 관리 및 서울에 거주하는 전직 관리들을 관직 관품(官品)에 따라 18등급으로 나누어 제1과(科) 150결(結)에서부터 제18과(科) 10결(結)에 이르기까지 차등(差等) 있게 분급(分給)하는 것이었다.

과전(果田)을 받은 사람이 죽었을 때 수신전(守信田) 휼양전(恤養田) 등의 명목으로 죽은 사람의 처와 자식이 생계를 이어나갈 수 있도록 하였다. 수조지(收租地)로 설정(設定)된 토지의 실제 주인인 농민은 토지를 마음대로 매매하지 못하는 등 여러 가지 제약을 받았다. 물론 전주(田主)도 전객(佃客)의 토지를 함부로 빼앗는 등의 침해를 가하지 못하게 되어 있었다.

과전법의 전조(田租) 수취는 1결(結)에서 논의 경우 조미(糙米, 현미) 30두(斗), 밭은 잡곡 30두(斗)를 거두는 것이었다. 전조(田租)로 거둔 것의 일부를 전세(田稅)라는 명목으로 국가에서 거두었는데, 논의 경우 1결(結)에 백미(白米) 2두(斗), 밭의 경우 1결(結)에 황두(黃豆) 2두(斗)였다. 전조(田租) 수취 방식은 답험손실(踏驗損實)이라 불렀는데, 수조권자(收租權者)인 전주(田主)가 농사의 작황(作況)을 직접 답사(踏査)하여 수조액(收租額)을 결정하고, 직접 전객(佃客)으로부터 수조액(收租額)을 수취하는 방식이었다.

그런데 답험손실(踏驗損實)은 작황(作況)의 자의적(恣意的)인 판단, 수조액(收租額) 이외의 불법적인 수탈(收奪) 등이 자행될 수 있는 여지(餘地)를 제공(提供)하였다. 이러한 폐단을 해소하기 위해 전조(田租) 수취 방식이 세종대에 공법(貢法)으로 바뀌었다. 과전법의 제정과 시행을 통해 조선왕조는 수조권(收租權)을 중심으로 국왕과 신하의 관계를 재정립할 수 있었다.

또한 조선 중앙정부(中央政府)는 토지 분급제도(分級制度)의 정비를 통해 농민의 생계를 안정시키고, 국가의 재정(財政)을 확보할 수 있었다. 하지만 분급(分級)대상(對象) 토지를 경기(京畿)로 한정(限定)한 결과 분급(分給)할 토지가 계속 부족하였고, 또한 수조권자(收租權者)인 전주(田主)가 실제 소유자(所有者)인 전객(佃客)에게 과도(過度)하게 수취(收取)하는 등의 문제가 계속 이어졌다 따라서 1466년 세조(世祖) 12년 현직(現職) 관리에게만 수조지(收租地)를 분급(分給)하는 직전제(職田制)로 바뀌게 되었다

직전법(職田法)

조선 전기(前期) 현직(現職) 관리에게만 수조지(收租地)를 분급(分給)한 토지제도. 과전(科田)은 경기도 내의 토지에 한하여 지급하였기 때문에 관리

수(官吏數)의 증가와 과전(果田)의 세습, 토지의 한정 등으로 인하여 양반관료층 내부에서 점차 대립이 격화(激化)되고 있었다. 또한 토지 소유권자(所有權者)인 전객(佃客)의 수조권자(收租權者)인 전주(田主)에 대한 항쟁이 지속적으로 일어났다.

이에 세조(世祖) 12년 (1466) 현직(現職)·전직(前職) 관료(官僚)를 막론하고 지급하던 사전(私田)을 폐지하고 직전(職田)이라는 명목으로 현직(現職)에 있는 관리에게만 수조지(收租地)를 분급하였다. 이때 전직 관료만 토지지급 대상(對象)에서 제외된 것이 아니라, 관료의 미망인이나 자녀 등 유가족에게 지급하던 수신전(守信田)·휼양전(恤養田)의 명목도 폐지하였다.

그 지급액(支給額)도 과전(果田)에 비하여 크게 줄어들었다. 이것은 관리들의 경제력을 약화시키고 국가 재정(財政)을 강화하려는 목적에서 실시된 것일 뿐만 아니라, 세조(世祖)의 집권을 시인(是認)하고 그 아래에서 관리로서 봉사(奉仕)하는 사람에게만 생활의 기반을 보장(保障)해주는 정치적인 의미도 가진 것이었다. 또한 농업기술(技術)의 발전으로 인한 농업 생산력의 성장, 농민경제의 발달에 따라 토지의 소유자(所有者)인 전객(佃客)의 권리(權利)와 사적(私的) 소유권이 안정되어 가는 추세(抽稅)를 반영하여, 전주(田主)의 직접적인 전객(佃客) 지배를 차단하고 국가가 농민을 직접 지배하는 방향으로 정책을 추진해간 것이었다.

이는 곧 통일신라시대 이래 지속된 봉건적 경제제도던 수조권(收租權)에 기초한 토지 점유 관계가 폐기되고 토지 소유권에 기초한 농업생산 관계가 점차 부상(浮上)하는 새로운 발전방향을 보여주는 것이다. 한편, 이 제도의 실시로 퇴직(退職) 혹은 사망한 뒤의 경제적 보장(保障)이 없어진 관료(官僚)들이 재직(在職) 중에 전객(佃客)에게서 전조(田租) 및 볏짚을 규정 이상으로 징수하는 등, 가혹한 수탈(收奪)을 자행하였다. 국가에서는 수조율(收租率)과 볏짚의 징수량(徵收量)을 규정하고, 전주(田主)인 관리들의 직접적인 답험손실(踏驗損實)을 금지하였다.

그러나 관리들의 수탈(收奪)은 계속되어 전객 농민의 항거도 그만큼 심각해져, 성종 1년 (1470) 직전세(職田稅)로 전환하고, 국가가 경작자에게서 직접 수조(收租)하여 관료(官僚)나 공신(功臣)에게 해당액(該當額)을 지급하는 관수관급제(官收官給制)를 실시하였다. 16세기 중엽 거듭되는 흉년과 전란(戰亂)으로 재정(財政)이 더욱 악화된 것을 계기로 명종(明宗) 11년(1556)에 직전(直傳) 분급(分給)의 중단을 공포한 후 이것이 장기간 계속됨으로써 직전(職田)은 유명무실해져 임진왜란(壬辰倭亂)을 겪으면서 완전히 폐지되었다.

직전(職田)의 소멸은 수조권에 입각한 토지지배(土地支配) 관계의 해체(解體)와 동시에 사적 소유권에 바탕을 둔 토지지배(土地支配) 관계, 지주(地主) 전호제(佃戶制)의 본격적인 전개를 의미하는 것이었다.

『경국대전(經國大典)』

조선왕조의 근본을 이루는 법전. 고려말(高麗末)부터 성종 때까지 약100 연간에 반포(頒布)된 제 법령(諸法令), 교지(教旨), 조례(條例) 및 관례(慣例)를 총망라(總網羅)한 법전으로서, 세조(世祖) 때 최항(崔恒)을 중심으로 노사신(盧思愼), 강희맹(姜希孟) 등이 만들기 시작했고, 1485 성종 16년에 간행하였다. 그 뒤로도 여러 차례 보완(補完)되었으나 기본 골격은 조선왕조 말기까지 계속 유지되어 적용되었다. 6권 3책으로 되어 있는 활자본(活字本)이다.

조선시대의 기본 법전으로. 조선은 개창(開創)과 더불어 법전의 편집에 착수(着手)하여 고려 말 이래의 각종 법령 및 판례법(判例法)과 관습법을 수집하여 1397년 태조 6년 경제6전(經濟六典)을 제정, 시행하였다.

그 전에 왕조수립(王朝樹立)과 제도정비(制度整備)에 크게 기여한 정도전이

『조선경국전(朝鮮經國典)』을 지어 바친 일이 있었지만, 개인의 견해에 그친 것이었다. 경제6전은 바로 수정(修正)되기 시작하여 태종(太宗) 때에 속육전(續六典)이 만들어지고, 세종 때에도 법전의 보완작업이 계속되지만 미비(未備)하거나 현실과 모순된 것들이 많았다. 국가 체제가 더욱 정비되어 감에 따라 조직적이고 통일된 법전을 만들 필요가 커졌다.

세조(世祖)는 즉위하자마자 당시까지의 모든 법을 전체적으로 조화시켜 후대(後代)에 길이 전할 법전을 만들기 위해 육전상정소(六典詳定所)를 설치하고, 최항(崔恒)·김국광(金國光)·한계희(韓繼禧)·노사신(盧思愼)·강희맹(姜希孟)·임원준(任元濬)·홍응(洪應)·성임(成任)·서거정(徐居正) 등에게 명하여 편찬 작업을 시작하게 하였다. 1460년 세조(世祖) 6년 먼저 호전(戶典)이 완성되고, 1466年에는 편집이 일단락되었으나 보완(補完)을 계속하느라 전체적인 시행은 미루어졌다. 예종 때에 2차 작업이 끝났으나 예종의 죽음으로 시행되지 못하다가, 성종 때 들어와서 수정(修正)이 계속되어 1471년 성종 2년 시행하기로 한 3차, 1474년 시행하기로 한 4차 경국대전(經國大典)이 만들어졌다. 1481년에는 다시 감교청(勘校廳)을 설치하고 많은 내용을 수정(修正)하여 5차 『경국대전(經國大典)』을 완성하였고 다시는 개정하지 않기로 하여, 1485년부터 시행하였다.

그 뒤로 구체적이고 개별적인 법령(法令)이 계속 마련되어 1492년의 대전집록(大典輯錄) 1555년 명종(明宗) 10년의 『경국대전주해(經國大典註解)』, 1698년 숙종 24년의 『수교집록(受敎輯錄)』 등을 거느리게 되었다. 1706년 숙종 32년의 전록통고(典錄通考)은 위의 법령집(法令集)을 『경국대전(經國大典)』의 조문(條文)과 함께 묶은 것이다. 또한 반포(頒布) 때에 이미 예전(禮典)의 의식 절차는 국조오례의(國朝五禮儀)를 따르고, 호전(戶典)의 세입(稅入)과 세출(稅出)은 그 대장(臺帳)인 공안(貢案)과 횡간(橫看)에 의거하도록 규정되었다. 또 형벌법(刑罰法)으로서 대명률(大明律)과 같은 중국법(中國法)이 형전(刑典)

에 모순되지 않는 범위 안에서 적용되었다. 시기가 많이 지남에 따라 후속 법전도 마련되었다. 1746년 영조(英祖) 22년에는 각종 법령 중 영구히 시행할 필요가 있는 법령(法令)만을 골라『속대전(續大典)』을 편찬하여 시행함으로써 또 하나의 법전이 나타났고, 1785년 정조(正祖) 9년에는『경국대전』과『속대전(續大典)』및『속대전(續大典)』이후의 법령(法令)을 합하여 하나의 법전으로 만든『대전통편(大典通編)』이 시행되었으며, 그 이후의 법령(法令)을 추가한 대전회통(大典會通)이 조선왕조 최후의 법전으로서 1865년 고종(高宗) 2년에 이루어졌다. 경국대전(經國大典)은 조선왕조 개창(開創) 때부터의 정부체제(政府體制)인 육전체제(六典體制)를 따라 6전(典)으로 구성되었으며, 각기 14~61개(個)의 항목으로 이루어졌다.

『이전(吏典)』은 궁중을 비롯하여 중앙과 지방의 직제(職制) 및 관리의 임면(任免)과 사령(辭令), 호전(戶典)은 재정을 비롯하여 호적(戶籍)·조세(租稅)·녹봉(祿俸)·통화(通貨)와 상법래(商去來) 등,례전(禮典)은 여러 종류의 과거와 관리의 의장(儀裝),외교, 의례(儀禮), 공문서(公文書), 가족(家族) 등, 병전(兵典)은 군제(軍制)와 군사, 형전(刑典)은 형벌(刑罰)·재판(裁判)·노비·상속9相續) 등, 공전(工典)은 도로(道路)·교량(橋梁)·도량형(度量衡)·산업(産業) 등에 대한 규정을 실었다. 짧게는 세조(世祖) 때 편찬을 시작한 지 30년 만에, 길게는 고려말(高麗末)부터 약 100년 간의 법률제정 사업을 바탕으로 완성된 이 법전의 반포(頒布)는 국왕을 정점(頂点)으로 하는 중앙집권적 관료제를 밑받침하는 통치 규범의 확립을 의미하였다. 또한 새로운 법의 일방적인 창조(創造)라기보다 당시 현존(現存)한 고유법(固有法)을 성문화(成文化)하여 중국 법의 무제한적인 침투를 막고 조선사회 나름의 질서를 후대로 이어주었다는 의미를 지닌다.

예를 들어 사유권(私有權)의 절대적 보호에 대한 규정, 형전(刑典)의 민사적(民事的) 소송절차에 대한 규정 등은 중국 법의 영향을 받지 않은 고유법(固有法)이다. 한편, 당시 사회의 한계도 그대로 반영(反映)되었다. 국왕에 대한 규정이 없는 것이 한 예이다. 실제 정치 운영(政治運營)에서는 점점 세밀한 규정들이 수립되어 국왕의 권한(權限)에 많은 제약을 가하였지만, 조선사회의 기본 정치이념에서 국왕은 법률(法律)의 대상이 아니었기 때문이다.

또한 관리의 자격에 대해 천민(賤民)이 아닐 것 이상의 신분적 제약을 정해놓지 않아 중세(中世) 신분제의 극복 과정에서 한층 발전된 수준을 보여주지만, 노비에 대한 규정을 형전(刑典)에 자세하게 담은 것은 당시의 지배층 노비제(奴婢制)의 기반위에 서 있었고 그들을 죄인으로 인식했음을 보여준다.

『경국대전(經國大典)』은 조선시대가 계속되는 동안 최고 법전(最高法典)으로서의 지위를 유대(維持)하였다. 법률(法律)의 개폐(改廢)가 끊임없이 계속되고 그것을 반영(反映)한 법전이 출현하였지만, 이 법전의 기본 체제와 이념은 큰 변화없이 이어졌다. 대전회통(大典會通)에는 비록 폐지된 것이라 하더라도 『경국대전(經國大典)』의 조항이 그 사실과 함께 모두 수록되었다. 사회운영(社會運營)의 질서(秩序)는 실질적으로 많은 변화를 겪었고 따라서 법전의 시행내용(施行內容)또한 매우 큰 폭(幅)으로 달라져 갔다. 그것은 단순한 법질서(法秩序)의 혼란이 아니라 사회의 변동(變動)과 발전에 대한 체제의 적응 노력이었다. 예를 들어 최고위관서(最高位官署)는 의정부(議政府)가 있고 그곳의 3정승(政丞)이 관료(官僚)의 정상을 이룬다는 기본 구조는 19세기 말까지 변화가 없었지만, 조선 전기 3정승과 의정부(議政府)가 비교적 강력하게 백관(百官)을 통솔(統率)하고 국정(國政)을 총괄한 반면, 조선중기(朝鮮中期) 이후로는 비변사(備邊司)가 국정(國政)을 총괄(總括)하는 관서(官署)가 되었고 3정승이 그곳의 대표자(代表者)로서 권한(權限)을 행사하였다.

이때의 비변사(備邊司)는 고위관리(高位官吏)의 회의(會議)를 통해 운영되는 합자기구(合坐機構)로서 당시 지배층의 확산(擴散)에 조응(調應)하여 좀더 많은 전문적(專門的)으로 이끌어간다는 의미를 지녔다. 물론 후기 법전인 속대전(續大典)부터는 비변사(備邊司)에 대한 규정을 담고 있다. 매우 여러 차례 간행되었으며 현대에 들어와서는 법제처(法制處)가 1962년에 번역본을, 한국정신문화연구원(韓國精神文化研究院)에서 1985년에 번역본과 주석서(註釋書)를 함께 간행하였다.

사가독서(賜暇讀書)

조선시대의 책읽기는 한 특권층에게만 해당된 것이 아니었고 신분에 따라 그 명칭도 다양했다. 왕에게는 경연(經筵), 세자는 서연(書筵), 문신에게는 사가독서(賜暇讀書), 잡직(雜職) 종사자(從仕者)는 습독관 제도(習讀官制度)를 두고 독서를 통하여 인격(人格)과 전문성을 향상시키는 계기를 마련토록 했다.일찍이 책읽기의 중요함을 일깨운 이는 세종대왕(世宗大王)이다. 사가독서(賜暇讀書)제도를 지속적으로 시행함으로써 신하들에게 높은 학식(學識)과 교양(敎養)을 쌓도록 해서다. 1426년 세종은 촉망받는 젊은 인재들이 독서에 전념할 수 있도록 1년 정도 휴가를 주는 이 제도를 시행했다.

현재 맡고 있는 직무(職務)로 인해 책 읽는 데 전심할 겨를이 없으니, 지금부터 본전(本殿)에 나오지 말고 집에서 전심으로 글을 읽고 성과를 내어 나라에 보탬이 되라는 게 제도의 핵심이다. 관리로 등용된 인재들에게 재충전(再充塡)의 시간(時間)을 주기 위함이었던 이 제도는 일명 독서 휴가제로도 불린다.

최소 1~3년에 이르는 사가독서 기간, 신하들은 집 혹은 산사(山寺)를 오가며 자유롭게 책을 읽었다. 그리고 한 달에 한 번씩 읽은 내용을 정리하

여 월과(月課)로 냈다. 왕은 식량과 술 및 물품 등을 내려주며 독서를 권장
(勸奬)하기도 하고, 과제(科第)를 주어 수시(隨時)로 그 결과를 평가하기도 했
다. 성종 때에는 독서당(讀書堂)도 지어 학문에 더욱 몰두할 수 있게 배려
했다. 한양(漢陽)에만 3곳이 있었다. 옥수동(玉水洞) 근처 한강변(漢江邊)에
있던 동호당(東湖堂), 마포(麻浦)에 있던 서호당(西湖堂), 용산(龍山)에 있던 남
호당(南湖堂) 등이 그곳이다

조선시대에 인재를 양성하기 위하여 젊은 문신들에게 휴가를 주어 학
문에 전념하게 한 제도. 세종 대에 학자를 양성하고 유교(儒教)를 통치 이
데올로기(ideol ogy)로 만들기 위한 정책을 추진하여, 1424년 세종 6년 집현
전학사(集賢殿學士) 중에서 젊고 재주가 있는 자를 골라 관청(官廳)의 공무
(公務)에 종사하는 대신 집에서 학문연구(學問研究)에 전념(專念)하게 한 데서
비롯되었다. 세종 말엽에 신숙주(申叔舟)·성삼문(成三問) 등 6인에게 휴가(休
暇)를 주어 절에서 글을 읽게 하는 등 여러 차례 시행되다가, 1456년 세종
(世祖) 2년 집현전(集賢殿)의 혁파와 함께 폐지되었다.

1476년 성종 7년 채수(蔡壽) 등 6인에게 다시 독서를 위한 휴가(休暇)를
주었고, 1483년에는 용산(龍山)의 빈 사찰을 수리하여 국왕이 독서당(讀書
堂)이라는 편액(扁額)을 내려 사가독서하는 장소로 쓰도록 하였다. 이곳을
남호당(南湖堂)또는 용호당(龍湖堂)이라고 하였다. 1504년 갑자사화(甲子士禍)
이후 이 제도와 함께 독서당(讀書堂)도 폐지되었다.

중종(中宗)이 즉위한 뒤 사가독서에 관한 절목(節目)을 마련하도록 지시하
면서 다시 시행되었다. 1517년 중종(中宗) 12년 두모포옥수동(豆毛浦玉水洞)
에 다시 독서당(讀書堂)을 지었는데, 이곳을 동호당(東湖堂)이라 하였다. 선
발(選拔)된 학자는 집현전(集賢殿)이나 홍문당관원(弘文館館員) 못지않게 국왕
의 총애를 받아, 국왕이 직접 술잔을 내려주며 술 마시는 것을 경계하기
도 하였다. 임진왜란(壬辰倭亂) 이후 명맥만 이어오다가 1709년 숙종 35년

이후 폐쇄되었다.

동호당(東湖堂)이 있던 지금의 옥수동일원(玉水洞一圓)을 얼마 전까지도 독서당(讀書堂) 마을이란 뜻으로 '한림말'이라 불렀고, 약수동(藥水洞)에서 옥수동(玉水洞)으로 넘어가는 고개를 '독서당 고개', 그 길을 지금도 '독서당길'이라 부른다. 이 제도는 오늘의 석좌제도(碩座制度)와 같은 것이라고 할 수 있다.

무오사화(戊午士禍)

1498년 연산군 4년 김일손(金馹孫) 등 신진사류(新進士類)가 류자강중심(柳子光中心)의 훈구파(勳舊派)에게 화(禍)를 입은 사건. 사림파(士林派)의 중앙 진출을 보면, 세조(世祖) 때 중앙집권 부국강병(富國强兵)을 지나치게 추구하고, 훈구대신(勳舊大臣)들이 권력 재산을 모으자, 성종 때 김종직(金宗直)을 중심으로 한 사림파(士林派)는 새로운 정치세력으로 등장, 정계(政界)로 진출하였다.

삼사(三司) '사련원(司諫院)·사헌부(司憲府)·홍문관(弘文館)'의 언론직(言論職) 및 사관직(史官職)을 차지하면서 훈구대신(勳舊大臣)의 비행(非行)을 폭로 규탄(糾彈)하고, 연산군의 향락을 비판하면서 왕권의 전제화(專制化)를 반대하였다. 한편 훈구파(勳舊派)는 사림파(士林派)를 야생귀족(野生貴族)으로 보고, 사림(士林)이 붕당(朋黨)을 만들어 정치를 어지럽힌다고 비난하여 연산군 이후 그 대립이 표면화되었다.

이러한 상황에서 김종직(金宗直)과 유자광(柳子光)은 일찍이 개인감정이 있었고, 김종직의 제자 김일손(金馹孫)이 성종 때 춘추관(春秋館)의 사관(史官)으로 있으면서 훈구파(勳舊派) 이극논(李克墩)의 비행과 세조(世祖)의 찬탈(簒奪)을 사초(史草)에 기록한 일로 김일손과 이극돈 사이에도 반목(反目)이 생기게 되었다. 유자광(柳子光) 이극돈(李克墩)은 김종직 일파를 증오(憎惡)하여 보복에 착수하였다.

1498년 『성종실록(成宗實錄)』을 편찬하자, 실록청(實錄廳) 당상관(堂上官)이

된 이극돈은, 김일손이 사초(史草)에 삽입(揷入)한 김종직의 조의제문(弔義帝文)이 세조(世祖)가 단종으로부터 왕위를 빼앗은 일을 비방(誹謗)한 것이라 하고, 이를 문제삼아 선비를 싫어하는 연산군에게 고하였다. 연산군은 김일손 등을 심문(審問)하고 이와 같은 죄악은 김종직이 선동한 것이라 하여, 이미 죽은 김종직의 관(棺)을 파헤쳐 그 시체의 목을 베었다. 사림파 김일손, 권오복(權五福), 이목(李穆), 허반(許盤), 권경유(權景裕) 등은 선왕(先王)을 무록(誣錄)한 죄를 씌워 죽이고, 정여창(鄭汝昌), 강겸(姜謙), 이수공(李守恭), 정승조(鄭承祖), 홍한(洪瀚), 정희양(鄭希良) 등은 난을 고하지 않은 죄로, 김광필(金宏弼), 이종준(李宗準), 이주(李胄), 박한주(朴漢柱), 박희재(林熙載), 강백진(姜伯珍) 등은 김종직의 제자로서 붕당(朋黨)을 이루어 조의제문의 삽입을 방조(傍助)한 죄로 귀양 보냈다.

한편 이극돈(李克墩), 류순(柳洵), 윤효손(尹孝孫), 어세겸(魚世謙) 등은 수사관(修史官)으로서 문제의 사초(史草)를 보고하지 않은 죄로 파면(罷免)하였다. 이로써 사화 발단의 단서(端緖)가 된 이극돈이 파면된 뒤 유자광(柳子光)은 그 위세가 더해진 반면, 많은 사림파(士林派) 인사들이 희생되었다.

조의제문(弔義帝文)은 조선 전기의 학자 김종직이 세조(世祖)의 찬탈을 비난한 글. 김종직은 찬탈에게 죽은 초(楚)나라 회왕(懷王), 즉 의제(義帝)를 조상(弔喪)하는 글을 지었는데, 이것은 세조에게 죽음을 당한 단종을 의제에 비유한 것으로 세조(世祖)의 찬탈(簒奪)을 은근(慇懃)히 비난한 글이다. 이 글을 김종직의 제자인 김일손이 사관(史官)으로 있을 때 사초(史草)에 적어 넣었다. 연산군이 즉위한 뒤 『성종실록(成宗實錄)』을 편찬하게 되었는데, 그때의 편찬 책임자는 이극돈으로 이른바 훈구파(勳舊派)에 속한 사람이었다.

그런데 김일손의 사초(史草) 중에 이극돈의 비행(非行)이 기록되어 있어 김일손에 대한 쾌심(快心)을 품고 있던 중, 김종직의 '조의제문(弔義帝文)'을 사초(史草) 중에서 발견한 이극돈은 김일손이 김종직의 제자임을 기화(奇貨)로 하여 김종직과 그 제자들이 주류를 이루고 있는 사림파(士林派)를 숙청할 목적으로, 조의제문을 쓴 김종직 일파를 세조(世祖)에 대한 불충(不忠)의 무리로 몰아 선비를 싫어하는 연산군을 움직여, 큰 옥사(獄事)를 일으켰다. 이것이 무오사화인데, 그 결과로 김종직은 부관참시(剖棺斬屍)를 당하였고, 김일손·권오복(權五福)·권경유(權景裕)·이목(李穆)·허반(許盤) 등이 참수되었다.

중종반정(中宗反正)

1506년 연산군 12년 성희안(成希顏)·박원종(朴元宗) 등이 연산군을 폐하고 진성대군(晉城大君, 中宗)을 왕으로 추대한 사건. 이조참판(吏曹參判)을 지낸 성희안(成希顏)과 중추부지사(中樞府知事) 박원종은 재위 12년간 화옥(禍獄)과 황육(荒慾) 등 폭정(暴政)으로 국가의 기틀을 흔들어놓은 연산군을 폐하기로 밀약(密約)하고 당시에 인망(人望)이 높던 이조판서(吏曹判書) 유순정(柳順汀), 연산군의 총애를 받고 있던 군자부정(軍資副正) 신윤무(申允武) 등의 호응을 얻어 왕이 장단(長湍) 석벽(石壁)에 유람(遊覽)하는 날을 기하여 거사(巨事)하기로 계획을 꾸몄다.

1506년 9월 1일, 박원종, 성희안(成希顏), 신윤무(辛允武)를 비롯해서 전 수원부사(水原府使) 장정(張珽), 군기시첨정(軍器寺僉正) 박영문(朴永文), 사복시첨정(司僕寺僉正) 홍경주(洪景舟) 등이 무사(武士)를 규합하여 훈련원(訓鍊院)에 모았다. 그들은 먼저 권신(權臣) 임사홍(任士洪)·신수근(愼守勤)과 그 아우 신수영(愼守英) 및 임사영(任士英) 등 연산군의 측근을 죽인 다음 궁궐을 에워싸고 옥에 갇혀 있던 자들을 풀어 종군(從軍)하게 하였다.

이튿날인 9월 2일 박원종 등은 군사를 몰아 텅 빈 경복궁에 들어가서 대비(大妃, 성종의 계비(繼妃))의 윤허(允許)를 받아 연산군을 폐하고, 진성대군(晉城大君)을 맞아 왕으로 옹립하니 그가 조선왕조 제11대 왕인 중종(中宗)이다.

중종(中宗)의 반정(反正)은 연산군의 학정(虐政)에 괴로움을 받던 백성과

두 번의 사화에 기(氣)가 꺾어진 유학계(儒學界)에 한 광명(光明)을 주고 활기를 일으켰다. 그리하여 사회의 행방면(行方面)에 개혁의 기운이 움직였다. 이때 김굉필(金宏弼)의 제자에 조광조(趙光祖, 호(號) 정암(靜菴)가 있으니, 그는 유학(儒學)을 진흥하고 정치를 정화(淨化)함으로써 기임(己任)을 삼고 중종(中宗)의 신임을 얻어 김정(金淨) 김식(金湜) 등 청년학도(靑年學徒)와 더불어 그 이상(理想)한 바를 실현하기에 노력하였다.

그리하여 비로소 향약법(鄕約法)을 시행하여 지방자치(地方自治)의 제도를 세우니 향약(鄕約)이라 함은 중국 송나라 사람들이 시작한 것으로, 한 지방 사람끼리 자치적(自治的)인 규약(規約)을 만들어 선 일을 서로 권면(勸勉)하고 악한 일을 서로 규간(規諫)하고 예의(禮義)로써 서로 교제(交際)하고 환란(患難)을 서로 구제(救濟)한다는 네 가지 취지(趣旨)에서 나온 것이다. 중종반정(中宗反正) 때에 공신(功臣)에 濫參한 자가 많았으니, 원래 반정공신(反正功臣)이라 함은 반정사업(反正事業)을 획책(劃策)하고 신명(身命)을 그 사업에 바친 자를 말함이다.

그런데 중종의 공신 중에 거사하는 날에 그 소문을 듣고 비로소 와서 열(列)에 참거(參擧)한 자 실제로 이 사업에 공헌(貢獻)한 일이 없이 공신(功臣)들과 인연(因緣)이 있는 자들이 공신명부(功臣名簿)에 기록됨으로 인하여 공신(功臣)인 자가 칠십(七十) 여인(餘人)에 달하고 공신(功臣)들은 국가로부터 공신전(功臣田)을 받아서 세습(世襲)하고 군(君)을 봉하여 사회적 특권을 향유(享有)하니 조광조(趙光祖) 일파는 이러한 공신들을 삭제(削除)하여야 한다고 생각하였으며, 또 당시 반정(反正)의 공이 있는 공신들 중에는 특권을 남용하여 세력을 얻기와 재화(財貨)를 모으기에만 힘쓰는 자가 적지 아니하니 이는 국가를 위하여 반정사업(反正事業)을 행한 것이 아니라 오로지 부귀(富貴)를 얻으려 하는 반정(反正) 모리배(牟利輩)의 행동이었다.

유신(儒臣) 대 공신의 싸움은 해를 지낼수록 더욱 심각하여지는 터이라 조광조(趙光祖) 유신 일파가 이를 그대로 간과(看過)할 리가 없었다. 그리하여 공신파(功臣派)에 어떠한 과실(過失)이 있는 때는 총궐기(總蹶起)하여 공격하고, 왕이 자기들의 의견을 듣지 아니하는 때에는 동맹(同盟) 퇴직한 일도 이삼차(二三次) 있었으나 중종왕(中宗王)은 암왕(暗王)이라 조광조(趙光祖)를 신임한 것도 마음속으로부터 나온 신임이 아니라 다만 일반세론(一般世論)을 듣고 그를 현인(賢人)이라 하여 대용(大用)한 것이다.

그런데 조광조 일파는 중종을 요순(堯舜)과 같은 성군(聖君)을 만들고 사회로 하여금 성의정심(誠意正心)할 것을 강요하다 깊이 탄(歎)하였다. 이 까닭에 조광조 일파는 폐정(弊政)을 개혁한 것이 많아서 백성으로부터 환영을 받는 반면에 공신 귀족들로부터 극도의 미움을 받고 왕도 또한 점점으로 염증(厭症)을 내게 되었다.

조광조 일하는 전혀 도학(道學)을 주장하여 소학과 같은 수신서(修身書)와 근사록(近思錄)과 같은 성리학(性理學)을 위주로 하고, 시(詩), 부(賦), 표(表), 책(策)과 같은 문장학(文章學)을 배척하며, 인재를 취함에 있어도 문장(文章)으로써 과거를 보는 현행 시험법(試驗法)을 폐지하고 인물고사(人物考査)로써 사람을 취하는 현량과(賢良科)를 행하기를 건의하니, 이때 영의정(領議政)으로 있는 정광필(鄭光弼)이 홀로 반대하여 말하되 현량과(賢良科)의 이름은 비록 좋으나 인심(人心)이 순후(淳厚)치 못한 금일에는 반드시 폐해가 생길 것이니 행할 수 없다고 하였으나 왕은 조광조(趙光祖)의 말을 좇아 마침내 시행하였다.

그러나 현량과(賢良科)의 시험관(試驗官)은 주로 조광조 일파가 당하고 있었음으로 그 취하는바 사람은 거의 성리학(性理學) 파들이어서 문장을 주로 하는 선비들의 불평(不平)이 적지 아니하고 인재를 씀이 편벽(偏僻)하다는 비난이 각 방면에서 일어났다.

이조(李朝)의 전제(田制)는 국유제(國有制)이오 매매(買賣)와 전당(典當)을 금하더니 징병제도(徵兵制度)에 입영(入營)하는 비용 또 병역복무 중(兵役服務中) 의식제비(依食諸費)를 군인이 자담(自擔)하는 관계로 농민이 군대에 징소(徵召)되는 때에는 그 입영(入營)하는 모든 비용을 마련하기 爲하여 경작하던 土地를 전당(典當)치 아니할 수 없고 전당기간(典當期間)은 五年으로하되 그 기간이 지나도 부채(負債)를 갚지 못하는 때는 토지가 대금업자(貸金業者)의 소유(所有)로 넘어가는 것이니 이것이 비록 국법(國法)에 위반(違反)되는 일이나 국가에서는 군대징소상(軍隊徵召上) 금지할 수 없는 일임으로 묵인치 아니할 수 없으니 이것이 전제파탄(田制破綻)의 시초였다.

그리하여 처음에는 전당행위(典當行爲)가 비밀리에 행하더니 내종(乃終)에는 공공연하게 관습화하고 소유의 이전(移轉)도 자유로 행하여 완전한 사유제(私有制)로 화(化)하고 따라서 토지 없는 농민들은 남의 토지를 경작하고 수확물(收穫物)의 일부를 지주(地主)에게 주게 되었으니 이것이 지주와 소작인이 발생한 시(始)이오 세종 말년으로부터 세조(世祖) 때에 걸쳐서 생긴 일이다.

그 후에는 전당기간(典當期間) 5년이라는 것이 50일로 단축(短縮)되니 군대로 징소(徵召)되는 군인이 오십일(五十日) 기간 내(期間內)에 환토(還土)할 수는 없음으로 전당(典當)하는 날이 곧 토지가 영영 방매(放賣)되는 날이다. 이 까닭에 빈민(貧民)들의 경지(耕地)는 급속도로 부인(富人)의 손에 겸병(兼併)되고, 중종 때에 이르러서는 지주와 소작인이라는 두 계급이 똑똑히 사회면에 나타났다

강릉사람 박수량(朴遂良)은 어전(御前)에서 현량과(賢良科) 시험(試驗)을 마치고 말하되 "평소에 생각하고 있는 바를 한번 전하(殿下)께 아뢰고자 하였는데, 이 기회에 아뢰어도 좋은가?"라고 물어서 왕의 허락을 받고 아뢰기를, "지금 강릉 지방은 토지없는 농민이 허다(許多)하여 농민 생활이 대단히 궁핍하니, 이것은 하루 바삐 고치지 아니하면 국가의 장래(將來)에

큰 근심이 될 것이니 다시 균전제(均田制)를 행하는 것이 가하다"라고 하였다.

　중신(重臣)들 중에는 지주(地主)의 토지를 국가에서 수상(收上)하여 토지 없는 농민에게 분급(分給)할 수 는 있으나, 그렇게 하면 공연한 혼란을 일으킬 것이라 하여 반대하고 전일(前日)에 분급한 것을 지주에게 팔고 농토를 잃었으니 지금 분배(分配)하여 주더라도 또 얼마후에 다시 지주에게 팔 것이 아니냐하여 웅치 아니하였다.

　이 문제가 한번 제의(提議)되자 조정 안에는 양론(兩論)이 대립하고, 조광조 파에서는 토지를 다시 분배하자는 혁신론(革新論)을 주장하여, 비록 후일에 다시 팔아버리는 일이 있다 하더라도 금일의 일은 금일의 정(情)에 맞게 하는 것이 정치의 본지(本旨)라 하여 기어이 토지제도를 개혁하려 하였다.

　왕은 중신(重臣)들로 하여금 여러 날 동안 토론시킨 결과 한 사람의 토지 소유(所有)는 오십 결(結) 이내로 제한하기로 하니, 당시에 있어서 토지 소유를 제한한 것은 일대(一大) 개혁이 아닌 것은 아니나, 대체로 지주 계급에 유리한 해결이오 금후의 토지 겸병(兼併)의 방지에 아무런 실효(實效)를 내지 못하는 것이었다. 그러나 지주(地主) 계급이 이 제도령(制度令)에 대하여 불만을 가진 것은 물론(勿論)이다.

　조광조(趙光祖) 일파의 정치 이념은, 그 이상(理想)은 좋으나 그 수단(手段)이 과격한 점이 많고 공신 귀족들과의 사이에 극단의 비타협(非妥協) 태도를 취하고 성리학파(性理學派) 이외의 사람에게는 편협한 배타심으로 대하여 당시 현(賢) 재상(宰相)으로 이름난 정광필(鄭光弼) 같은 이도 그들은 비부(鄙夫)라고 통매(痛罵)하였다.

　그리하여 그들은 자기 일파의 사람들을 조정에 포열(布列)하고 점점 정치의 실권(實權)을 잡으며 백성들은 그들을 크게 환영하게 되니 이에 왕은 은 연히 위구(危懼) 불평(不平)한 마음을 품게 되었다.

그러던 중 그들은 칠십여인(七十餘人)의 위훈(僞勳)을 삭제(削除)하자고 제의(提議)하니, 공신들이 크게 두려워하여 떠들기 시작하고 평소에 유신파(儒臣派)로부터 소인(小人)이라는 이름 밑에 극도의 배척(排斥)을 받은 남곤(南袞)과 공신의 한 사람인 심정(沈貞) 등이 주동(主動)이 되어, 한편으로 왕의 마음을 동요시키고, 한편으로 조광조 파의 모역(謀逆)함을 무고(誣告)하여 중종(中宗) 14년 기묘(己卯)에 조광조(趙光祖)와 그의 동지(同志)들을 일망타진(一網打盡)하여 즉회(卽回)로 죽이려 했다. 그것을 정광필(鄭光弼)이 왕의 소매를 붙잡고 "신진(新進) 연소(年少)들이 시무(時務)를 알지 못하고 그 행동이 과격하였을 뿐이오. 이지(異志)가 있는 것이 아니라" 하여 눈물을 흘리면서 만류(挽留)하여 모두 귀양살이 보내더니 미구(未久)에 적소(謫所)에서 대부분을 죽이니 이것이 기묘사화(己卯士禍)이다.

이 화(禍)가 있은 후에 현량과(賢良科)를 폐하고 토지제도(土地制度) 한령(限令)이 스스로 소멸됨은 물론 소학(小學)과 『근사록(近思錄)』을 읽는 자는 모두 조광조 파라 하여 강압함으로 이러한 글은 당세(當世)의 큰 금물(禁物)이 되고, 남곤(南袞), 심정(沈貞) 등이 용사(用事)하여 정치를 어지럽게 하고 정광필(鄭光弼)도 그들에게 물려 나갔다.

남곤(南袞) 심정(沈貞) 등이 정권을 잡고 그 당류(黨類)를 이끌어 들여 정치를 어지럽힌 지 10여 년에 왕은 그 무리에게 속은 줄을 깨닫고 김안로(金安老)를 써서 그 무리를 없애니 이를 이독제독(以毒制毒)이라 하여 안노(安老)의 흉악(凶惡)함은 곤정(袞貞)의 무리보다 더 심하였다.

안노(安老)가 용사(用事)한 지 7년에 왕은 그 일파를 모두 제거하니 간신(奸臣)이 정권을 잡음이 전후(前後) 19년 동안이었다. 왕은 크게 회오(悔悟)하여 탄식(歎息)하되 처음에 조광조 일파를 몰아내면 국사(國事)가 잘될 줄 알았더니 곤정(袞貞) 일파의 간악(奸惡)은 말할 수 없이 심하였고 이 일파를 몰아내면 금후(今後)는 아무 일 없을 줄로 생각했더니 안노의 흉악(凶惡)은 전보다 더 심하여 국가를 위태롭게 하고 백성을 괴롭게 하였다.

후세에 나를 어떤 임금이라 칭할까 하고 정광필(鄭光弼)을 적소(謫所)로부터 불러들여 정승(政丞)을 삼으니, 백성들이 천일(天日)을 본 듯이 환호(歡呼)하였다. 이에 『소학(小學)』, 『근사록(近思錄)』의 금지가 스스로 풀리고, 유신(儒臣)들을 거용(擧用)하였으며 풍기군수(豊基郡守) 주세붕(周世鵬)은 비로소 서원(書院)을 짓고 거기에 선현(先賢)을 모시고 유생(儒生)들이 모여서 도학(道學)을 연구하게 하니 이것이 이조(李朝) 서원(書院)의 시초이다.

그러나 중종은 암주(暗主)라 조정 안에 왕권 쟁탈(爭奪)의 단서(端緒)가 열렸다. 중종도 비(妃)에 선비(先妃) 윤 씨(尹氏)는 인종(仁宗)을 낳고 계비(繼妃) 윤 씨(尹氏)는 명종(明宗)을 낳았는데, 인종의 외숙은 윤임이오 명종(明宗)의 외숙은 윤원형(尹元衡)이니 세인(世人)이 윤임을 대윤(大尹)이라 하고 윤원형을 소윤(小尹)이라 하고 이 두 사람의 세력 다툼을 대윤 소윤의 싸움이라 하였다.

인종(仁宗)은 중종(中宗)을 이어 왕이 된 지 겨우 1년에 승하하고, 아들이 없음으로 그 아우 명종(明宗)이 12세에 왕이 되고, 그 모후(母后) 문정왕후(文定王后)가 정치 실권(實權)을 잡고 윤원형(尹元衡)이 용사(用事)하니, 최초부터 척리(戚里)파(派)를 미워하는 유생(儒生)들이 명종 외가(外家)의 천정함을 좋아할 리가 없었다. 이에 윤원형은 전부터의 정적(政敵)인 대윤(大尹) 일파와 자기에게 좋지 못한 감정(感情)을 가지고 있는 유신(儒臣)들을 일체 배제(排除)하기로 정하고 명종(明宗)이 왕이 되던 을사(乙巳)년에 근거 없는 사실을 꾸며서 역적(逆賊)의 이름으로 많은 사람을 혹은 죽이고 혹은 귀양 보내니 이를 을사사화(乙巳士禍)라 한다.

을사사화는 여러 차례 사화 중 가장 참혹(慘酷)하고 인심(人心)이 가장 분개(憤慨)하였다. 무오(戊午) 기묘(己卯)의 사화는 그 상대자가 간신(奸臣)들이었고, 갑자사화(甲子士禍)는 연산군이 그 어머니를 위한 복수(復讐)이니 혹 그럴 수도 있는 일이지만, 을사사화는 왕의 모후(母后)와 왕의 외숙이 아무런 죄가 없는 유신들을 무함(誣陷)하여, 절대 충성을 다할 것을 학문의 대본(大本)을 삼고 있는 유학도(儒學徒)들도 왕실에 대한 충성이 엷어지지 아니할 수 없었다.

전자(前者)에 세 번의 사화에는 비록 참혹한 변(變)을 당하였으되, 오히려 다시 유학(儒學)을 진흥하여 그 이상(理想)하는 바를 정치에 실현하려고 노력하는 사람이 연(連)달아 나왔지만 을사사화 이후에는 그들은 정치에서 물러나 현실 세상과 인연(因緣)을 끊고 산림(山林)에 숨어서 오로지 학문에만 힘쓰게 되었음으로 정치와 학문이 나뉘어져서 소위(所謂) 산림학자(山林學者)라는 것이 생기고 실사(實事)를 떠나서 이론에 행동을 떠나서 사색(思索)에 치우치는 경향이 나타났다.

그리하여 서경덕(徐敬德, 호는 화담), 조식(曺植, 호는 남명〔南溟〕), 이황(李滉, 호는 퇴계〔退溪〕), 기대승(奇大升, 호는 고봉〔高峯〕), 이지함(李之菡, 호는 토정〔土亭〕) 같은 일대 명유(名儒)가 나서 명종(明宗) 시대의 유학계(儒學界)에 꽃을 피웠다. 그러나 그들은 정치 방면(方面)에 발을 들이지 아니하고 비록 이황(李滉) 같은 이는 왕의 부름을 받아서 벼슬에 나온 일이 있으나, 기회만 있으면 다시 산림(山林)으로 돌아갔음으로 그때에 이를 평하여 산금(山禽)이라고 별명을 지은 일도 있었다.

기묘사화(己卯士禍)

중종(中宗)의 불쾌(不快)한 마음을 헤아린 심정(沈貞)과 남곤(南袞)은 조광조(趙光祖) 일파에 의해 공신록(功臣錄)에서 이름을 삭제당한 사람들로 사림파(士林派)에 불만이 많은 사람들이었다. 이에 연산군을 몰아낸 반정(反正) 1등 공신에 책봉된 남양군(南陽郡) 홍경주(洪景舟)를 끌어들였다.

홍경주의 딸이 중종(中宗)의 희빈(禧嬪)으로 매우 영리(英里)하여 중종의 총애를 받고 있었다. 홍경주는 딸에게 시켜 임금에게 사림파(士林派)를 헐뜯게 만들었다. "전하(殿下), 지금 나라의 인심(人心)이 모두 조 씨(趙氏) 일파에게 쏠려 있사옵니다. 그들이 공신록(功臣錄)에서 공신들을 없애라는 것은 공신들을 없애야 자신들의 마음대로 조정을 다스리자는 것입니다. 그리고 현량과(賢良科)를 만든 것은 자신들의 뜻에 반대하는 사람들을 없애기 위함입니다." 한편 홍경주는 궁녀들을 시켜 대궐 후원(後苑)에 있는 나뭇잎에 꿀물로 '주초위왕(走肖爲王, 조(趙) 씨가 왕이 된다)'이라는 네 글자를 써 놓게 했다. 며칠이 지나자 나뭇잎에 발라놓은 꿀물을 따라 벌레들이 갉아 먹어 주초위왕(走肖爲王)'이라는 글자가 선명하게 드러난 나뭇잎을 홍경주의 딸 희빈(喜賓) 홍 씨(洪氏)는 중종에게 바쳤다. 그리고는 '조 씨(趙氏)가 나랏일을 마음대로 하기 때문에 백성들이 기뻐한다'는 소문을 퍼뜨리자 조정은 발칵 뒤집혔다.

1519년 중종은 은밀히 홍경주(洪景舟) 등 훈구파(勳舊派) 대신(大臣)들을 불러 조광조(趙光祖) 일파를 없앨 음모를 꾸몄다. 중종과 훈구파(勳舊派) 대신들과 합의(合意)가 끝나자 홍경주(洪景舟) 등은 미리 대기시킨 군사들에게 명령하여 조광조(趙光祖) 일파를 잡아들였다. 이때 그들에게 뒤집어 씌운 죄목(罪目)은 실(實)로 어처구니없었다. "조광조(趙光祖) 일파는 무리를 지어 자신들에게 아첨(阿諂)하는 사람들을 조정에 들이고 자신들을 배척(排斥)하는 사람들은 모두 내쫓고 후학(後學)들을 꾀어 국론(國論)을 무너뜨려 조정의 일을 그르쳤다." 이때 영의정 정광필(鄭光弼)이 나서 조광조 일파를 적극 변호(辯護)하여 유배를 보내는 선(線)에서 사건을 마무리하도록 건의했다. 중종도 그들에게 죄가 없다는 것을 잘 알고 있었기에 정광필의 의견에 따랐다. 조광조는 전라도 화순(和順)의 능주(綾州)로 유배되었으며 그를 따르는 김식(金湜), 기준(奇遵), 한충(韓忠), 김정(金淨), 김안국(金安國) 등도 각자의 유배지(流配地)로 가게 되었다. 그들이 유배지로 떠날 때 백성들이 거리로 몰려 나와 유배 가는 그들을 눈물로 전송(餞送)했다. 조정의 권력을 잡은 훈구파(勳舊派) 대신들은 중종에게 조광조를 죽여야 한다고 매일 건의했다. 중종은 그들의 뜻을 꺾지 못하고 마침내 조광조(趙光祖)에게 사약(死藥)을 내렸다. 의금부도사(義禁府都事)가 조광조(趙光祖)에게 사약을 받으라고 하자 그는 잠깐의 시간(時間)을 달라고 부탁하여 시(詩) 한수 지어 읊었다.

愛君如愛父=임금 사랑하길 어버이 사랑하듯
애 군 여 애 부
憂國如憂家=나라 근심하길 집안 근심하듯
우 국 여 우 가
白日臨下土=흰 해가 밝게 이 땅에 내리쬐어
백 일 임 하 토
昭昭照丹衷=붉은 충정을 뚜렷하게 비추리
소 소 조 단 충

그는 이렇게 읊고 나서 자신의 시중(侍中)을 들던 사람에게 장례(葬禮)는 간소하게 치르라 당부하고 사약을 들어 37세의 나이로 세상과 영원한 작별을 했다. 이때 조광조를 비롯하여 70여 명이 사약을 받고 죽었는데 이 것이 이른바 기묘사화(己卯士禍)이며, 이 때 죽은 사람들을 기묘명현(己卯名 賢)이라 한다.

신사무옥(辛巳誣獄)

　1521년 중종 16년에 일어난 안처겸(安處謙) 일당의 옥사(獄事). 기묘사화
(己卯士禍)의 여파로 심정(沈貞)·남곤(南袞) 등이 세력을 떨치던 때 안당(安瑭)
의 아들 안처겸(安處謙)은 이정숙(李正叔)·권전(權磌) 등과 남곤(南袞)·심정(沈
貞)이 사림(士林)을 해치고 왕의 총명(聰明)을 흐리게 한다고 하여 이를 제거
할 것을 모의하였다.

　이때 함께 있던 송사련(宋祀連)은 정상(鄭鏛)과 공모(共謀)한 후 안처겸(安
處謙)의 어머니가 죽었을 때 이 조객록(弔客錄)을 가지고 고변(告變)하여 대
신(大臣)을 모해(謀害)한다고 하였다. 이로써 안처겸(安處謙)·안당(安瑭)·안처
근(安處謹)·권전(權磌)이충건(李忠楗)·조광좌(趙光佐)·이약수(李若水)·김필(金
珌) 등 많은 사람이 처형되고, 송사련(宋祀連)은 그 공으로 당상관(堂上官)으
로 30여 년간 세력을 잡았다.

　기묘사화 이후 정치의 주도권은 훈구(勳舊) 계열로 돌아가 있었다. 때문
에 중종 이전부터 문제시(問題視)되어온 정치체제(政治體制)의 모순에 대한
근본적인 시정(是正)은 이후에도 기대하기 어려워, 훈구(勳舊)와 사림(士林)
두 계열 간의 대립이 재현되었다. 송사련(宋祀連)은 정상(鄭湘)과 짜고 안처
겸(安處謙)의 모친상(母親喪) 때의 조객록(弔客錄)을 근거로 하여 안처겸 일당
이 대신들을 제거하기 위한 음모를 꾸몄다고 고변(告變)함으로써 이 무옥
사건(誣獄事件)이 일어났다.

　이 결과 안당(安瑭), 안처겸(安處謙), 안처근(安處謹) 3부자(父子)를 비롯하

여 많은 사람들이 연루(連累)되어 처형되고, 송사련(宋祀連)은 고변(告變)의 공으로 30연간 세력을 누렸다. 이 신사무옥 사건은 다른 사화(史禍)처럼 훈구대신(勳舊大臣)과 신진(新進) 사류(士類) 사이의 반목과 질시가 발단이 된 사건이기는 하지만, 그 투쟁 방법이 기묘사화 때의 그것과 같이 정치적 목적이나 정치 이념에서가 아니고 순전히 정적(政敵)을 타도(打道)하기 위하여 무고(誣告)하는 정치적 음모를 동원하였다는 점에 그 특징이 있다.

작서의 변(灼鼠 變)

1527년 2월 26일 동궁(東宮) 해방(亥方)에 쥐를 잡아 사지(四肢)와 꼬리를 자르고 입·귀·눈을 불로 지진 쥐 한 마리를 동궁(東宮)의 북정(北庭) 은행나무에 걸어놓고 생나무 조각으로 방서(榜書, 써서 걸어둔 글)를 만들어 걸어두었다 이때 동궁(東宮)은 세자궁(世子宮)에 거처하였다. 그런데 그는 해 생(亥生)이요, 2월 25일이 생일인 데다가 '해(亥)'는 돼지에 속하고 쥐도 돼지와 비슷하므로 당시의 조정 제신(朝政諸神)들은 동궁(東宮)을 저주한 것이라 하였다.

이어 3월 초하루에도 이런 사건이 대전(大殿) 침실(寢室)의 전란(典欄)에서 다시 일어나자, 우의정 심정(沈貞)이 이를 듣고 이유청(李惟淸)과 함께 왕에게 아뢰어 범인의 검거(檢擧)를 청했다 그러나 범인은 잡히지 않은 채 의혹(疑惑)만 커가서 당시 지목(指目)당하고 있던 경빈 박 씨(敬嬪朴氏)의 소행(所行)이라 하여 그의 시녀(侍女)와 사위인 홍려(洪礪)의 종(從)들이 심문 중 매를 맞아 죽었다. 또한 형벌(刑罰)에 못 이겨 거짓 자백(自白)한 자도 있었다. 이에 경빈박 씨(敬嬪朴氏)와 아들 복성군(福城君)은 함께 서인(庶人)이 되어 쫓겨났다. 그 뒤 다시 동궁의 가상(假像)을 만들어서 나무패를 걸고 거기에 망측스런 글을 쓴 일이 생겨, 서인(庶人)이 된 경빈 박 씨와 복성군(福城君)은 사사(賜死)되었다.

두 옹주(翁主)를 폐서인(廢庶人)으로 만들었으며, 홍려(洪麗)도 매를 맞아 죽었다. 광천위(光川尉) 김인경(金仁慶)은 밖으로 내쫓겼으며, 좌의정 심정(沈貞)도 경빈 박 씨와 결탁하였다 하여 사사(賜死)되었다.

1532년 이종익(李宗翼)의 상소에 의해 진범(眞犯)이 김안로(金安老)의 아들 희(禧)라는 사실이 밝혀졌다. 김안로는 심정(沈貞)과 유자광(柳子光) 등에게 원한을 품어오던 중 아들 희(禧)를 시켜 작서(雀鼠)의 변(變)을 일으키게 한 것이다. 이 사건은 아들이 부마(駙馬)로 있음을 계기로 정권을 농단(壟斷)하다가 권세를 잃게 되자, 권세(權勢)를 만회(挽回)하고자 한 김안로(金安老)의 사행(邪行)으로, 당시 정계(政界)에 큰 파문을 일으켰다.

삼포왜란(三浦倭亂)

1419년 세종 1년 3군도체찰사(三軍都體察使) 이종무(李從茂)가 대마도를 정벌했다. 대마도주(對馬島主)는 신하의 예로서 섬길 것을 맹세(盟誓)하고, 조선국(朝鮮國) 경상도의 일부로서 복속(服屬)하기를 청했다. 그리고 왜구(倭寇)를 스스로 다스릴 것과 조공(朝貢)을 바칠 것을 약속하였다.

세종이 이를 허락하고, 이후 웅천(熊川)의 제포(薺浦), 동래(東萊)의 부산포(富山浦), 울산(蔚山)의 염포(鹽浦) 등 3포(三浦)를 개항할 때에 대마도 도주(島主)에게 통상(通商)의 권한을 부여, 평화로운 관계로 전환(轉換)됐다. 계해조약(癸亥條約)은 1443년 세종 25년 조정을 대표하여 변효문(卞孝文) 등이 대마도에서 왜국(倭國)의 대마도주(對馬島主) 소사다모리(ソサダ森)와 세견선(歲遣船) 등에 관하여 맺은 조약이다.

1419년 이종무(李從茂)가 대마도를 근거지로 하여 말썽을 부리던 왜구(倭寇)들을 정벌한 후 한동안 조선과 왜(倭) 사이의 왕래가 중단되었으나 대마도주(對馬島主)의 간청으로 다시 3포(三浦)를 개항(開港)하여 무역과 근해(近海)에서의 어획(漁獲)을 허락하면서 세견선(歲遣船)은 1년에 50척으로 하며 선원 수는 대선(大船) 40명, 중선(中船) 30명, 소선(小船) 20명으로 정하고 이들에게는 식량을 지급하고 3포(三浦)에 머무르는 자의 날짜는 20일로 제한하는 구체적 조약을 체결했다.

510년 중종 5년 3포(웅천(熊川)의 제포(薺浦), 동래(東萊)의 부산포(釜山浦) 울산(蔚山)의 염포(鹽浦))에서 일어난 왜인 거류민(居留民)의 폭동사건(暴動事

件)으로 경오왜변(庚午倭變)이라고도 한다. 3포, 즉 웅천(熊川)의 제포(薺浦)
동래(東萊)의 부산포(釜山浦), 울산(蔚山)의 염포(鹽浦)를 개항한 이래 왜인들
의 무역·거류(居留)가 허가되고, 해마다 그 수가 늘어났다.

조정에서는 이 3포, 웅천(熊川)의 제포(薺浦), 동래(東萊)의 부산포(釜山浦)
울산(蔚山)의 염포(鹽浦)에 왜관(倭館)을 두어 그들의 교역(交易)·접대(接待) 장
소로 하는 한편 여러 차례 그들의 귀환을 요구하고 통제(統制)에 부심(腐心)
하였다.

왜인 거류민은 1443년, 세종 25년 계해조약(癸亥條約) 체결 당시 60명에
한하여 허가하였으며 세종 말년에는 부산포(釜山浦)에 약 350명, 내이포(乃
伊浦)에 약 1,500명, 염포(鹽浦)에 약 120명 등 약 2,000명으로 증가하였다.

3포(三浦)의 거류 왜인을 총괄하는 조직체는 기동성을 갖고 있어 3포왜
란(三浦倭亂)을 일으키는 데 주역을 담당했다.

중종은 1510년 중종 5년 대마도주(對馬島主) 소사다모리(ソサダ森)에게 통
고(通告)하여 그들의 철거를 요구하고 왜선(倭船)에 대한 감시를 엄중히 하
자 그들의 불평이 늘어갔다. 3포(浦)의 왜인들은 대마도 왜인의 원조를 얻
어 폭동을 일으켰다. 오바리시(大針市)와 야스고(ヤスこ) 등이 대마도주(對馬
島主)의 아들 종성홍(宗盛弘)을 대장(隊長)으로 삼아 4-5천여 명의 난도(亂徒)
들을 이끌고 부산(釜山)과 제포(薺浦)를 공격하는 3포 왜란을 일으켰다.

이때 부산첨사(釜山僉使) 이우중(李佑仲)을 살해하고 한때 내이포(乃伊浦)·
부산포(釜山浦)를 함락시키고 웅천(熊川) 방비(防備)를 격파하였으나, 조정에
서는 이에 즉각 대응하였다.

황형(黃衡)·류담년(柳聃年)을 경상좌우도(慶尙左右道) 방어사(防禦使)로 임명
하여 이를 반격하여 대파하고 곧 3포의 왜인 거류민도 추방하였다.

조선국(朝鮮國)은 군민(軍民) 272명이 피살되고 민가(民家) 796호가 불탔으
며, 왜국(倭國)은 배 5척이 격침되고 295명이 참획(斬獲)되었다. 조선과 왜

(倭) 간의 교통(交通)이 중단되었는데, 왜국(倭國)의 아시카가막부(足利幕府)는 다시 수교할 것을 간청해 왔다. 이에 따라 계해조약(癸亥條約)을 개정하여 1512년 임신조약(壬申條約)을 체결, 제포(薺浦) 하나만을 개항하였다.

소격서(昭格署)

조선시대 도교(道敎)의 일월성신(日月星辰)을 나타내며 하늘과 땅, 별 등에 제사(祭祀)하던 기관. 1466년 세조(世祖) 12년 관제(官制) 개정 때 이름을 소격서(昭格署)로 칭함이고, 제사 지내는 초제(醮祭)를 담당했다. 이와 함께 도학(道學)을 가르치기도 했는데 도학(道學) 생도(生徒)의 정원(正員)은 10여 명이었다. 관원(館員)으로 제조(帝祖) 영(領) 1명, 별제(別祭) 2명, 종(從)5품 1명, 종(從)9품 참봉(參奉) 2명을 두었으며, 영과 별제는 모두 문관(文官)으로 임명했다.

유교(儒敎)를 기본 이념으로 하는 조선은 개국하면서 고려시대(高麗時代)부터 있었던 도교(道敎)의 여러 궁관(宮觀)과 전당(殿堂)을 없애고 소격전(昭格殿)과 대청전(大淸殿)만 남겼다. 1396년 태조 5년 한양(漢陽)으로 천도하면서 지금의 서울특별시 종로구 삼청동(三淸洞)에 소격전(昭格殿)과 삼청전(三淸殿)을 새로 설치했다.

1466년 세조(12년 관제 개정 때 이름을 소격서(昭格署)로 바꾸었고 이후『경국대전(經國大典)』에 수록되었다. 그런데 유학(儒學)에 대한 이해가 깊어지고 그 덕목(德目)에 의한 실천운동이 활발해지면서 소격서(昭格署) 혁파논의(革罷論議)가 대두(對頭)했다. 최초의 혁파논의는 1479년 성종 15년에 제기되었다. 그러나 제천의식(祭天儀式)과 기우제(祈雨祭) 등은 국가적인 큰일이고 유래가 오래되었으므로 혁파할 수는 없다 하여 비용을 줄이거나 청결하게 제사)하는 선에서 논의가 마무리되었다.

1496년 연산군 2년에 다시 혁파논의가 발생했는데, 소격서(昭格署)가 비용만 많이 들고 국가에 도움은 되지 않는다는 이유였다. 이에 소격서(昭格署)를 안양군(安陽君) 항(行)의 집으로 옮겨 공식적으로는 혁파된 셈이 되었다.

중종이 즉위하자 소격서는 다시 복원되었다. 그러나 이후 조광조를 비롯한 사림파(士林派) 인사(人士)들이 대거 등장하면서 혁파논의가 강하게 대두(對頭)했다. 이들은 소격서가 노자(老子)를 숭상하는 이단(異端)이며, 제후(諸侯)의 나라인 조선에서 직접 하늘에 제사하는 것은 불가(不可)하다는 것을 이유로 내세웠다.

결국 1518년 중종 13년 유신(儒臣)들과 성균관(成均館) 유생(儒生)들의 집요(輯要)한 요청으로 소격서를 혁파했으나, 1522년 대왕대비(大王大妃)의 병환(病患)을 구실로 다시 회복시켰다. 이와 같은 소격서의 혁파와 복설(復設)은 유교(儒敎) 주의(主義) 정치의 정착(定着)과정에서 전통적(傳統的)인 관습·제도와의 갈등에서 빚어진 것이었다. 소격서는 임진왜란 이후에 완전히 폐지되었다.

을사사화(乙巳士禍)

  조선시대, 1545년 명종(明宗) 1년에 일어난 사화. 윤원형(尹元衡) 이인종(李寅鍾)의 외숙(外叔)인 대윤(大尹)의 거두 윤임(尹任) 일파를 몰아내는 과정에서 대윤파(大尹派)에 가담했던 사림(士林)이 크게 화(禍)를 입었다.

  이 해 을사년(乙巳年) 10월에 윤원형(尹元衡)은 지중추(知中樞) 정순명(鄭順明), 병조판서(兵曹判書) 이기(李芑), 호조판서(戶曹判書) 임백령(林百齡)과 결탁하여 윤임 및 그 무리들인 유관(柳灌), 유인숙(柳仁淑) 등을 제거하려고 모의하고, 임금에게 윤임이 다른 뜻을 품고 계림군(桂林君) 유(瑠)는 성종의 둘째 아들 계성군(桂城君) 순(恂)의 계자(繼子)를 옹립하려는 낌새가 있다고 고하였다.

  이리하여 사화가 다시 일어났으며 윤임, 유관, 유인숙을 비롯하여 명사(名師)들 중 주살(誅殺)되거나 귀양 간 사람이 약 100명이었으며, 계림군(桂林君) 및 봉성군(鳳城君) 완(岏) 중종의 6남 역시 연루(連累)되어 살해되었다. 이를 을사사화(乙巳士禍)라고 한다.

  이리하여 정권은 윤원형(尹元衡)의 수중으로 돌아가고, 사화는 일단락된 것으로 보였다. 하지만 여러 사림들이 서로 배척하며 싸우는 기세는 완전히 바뀌어 선조(宣祖) 제14대 때에 이르러 붕당(朋黨)의 분쟁을 보이기에 이르렀다. 연산군 이래 사화로 주살(誅殺)되거나 귀양에 처해진 명사(名師)들 중 주요한 인물들을 열거하면 다음과 같다.

  무오사화(戊午士禍)에 김종직(金宗直), 추형(追刑), 김일손(金馹孫), 권오복(權

五福), 권경유(權景裕), 정여창(鄭汝昌), 김굉필(金宏弼)이 있다.

갑자사화(甲子士禍)에 한명회 추형(追刑), 정창손(鄭昌孫) 추형, 어세겸(魚世謙) 추형, 한치형(韓致亨) 추형, 윤필상(尹弼商), 이극균(李克均), 성준(成俊), 홍귀달(洪貴達)은 귀양 감.

기묘사화(己卯士禍)에 조광조(趙光祖), 김정(金淨), 김식(金湜), 김구(金絿), 권발(權撥).

을사사화(乙巳士禍)에 윤임, 유관(柳灌) 유인숙(柳仁淑) 이언적(李彦迪) 백인걸(白仁傑) 노수신(盧守愼). 열거된 서적(書籍) 조야첨재(朝野僉載)」「동각잡기(東閣雜記)」「용재집(容齋集)」「정암집(靜庵集)」「기묘속록(己卯續錄)」「국조보감(國朝寶鑑)」「석담일기(石潭日記)」「을사전문록(乙巳傳聞錄)」.

을묘왜변(乙卯倭變)

　삼포왜란(三浦倭亂) 1510년, 사량진왜변(蛇梁鎭倭變) 1544년 등 왜구들의 행패(行悖)가 있을 때마다 이에 대한 제재조치(制裁措置)로 그들의 세견선(歲遣船)을 엄격(嚴格)히 제한하여 조선으로부터 물자의 보급을 받아야 하였던 왜인들은 이의 완화조치를 요구하여 왔으나 조선 정부는 이에 응하지 않았다.

　이와 같은 조선 정부의 통제에 대해 불만을 품은 왜구는 1555년 명종(明宗) 10년 배 70여 척으로 전라남도 연안지방을 습격, 먼저 영암(靈岩)의 달량성(達梁城)·어란포(於蘭浦), 진도(珍島)의 금갑(金甲)·남도(南桃) 등의 보루(堡壘)를 불태우고 만행(漫行)을 자행하였고 장흥(長興)·강진(康津)에도 침입하였다.

　이를 막던 전라병사(全羅兵使) 원적(元積)과 장흥부사(長興府使) 한온(韓蘊) 등은 전사(戰死)하고, 영암군수(靈巖郡守) 이덕견(李德堅)은 사로잡혔다. 이에 조선정부(朝鮮政府)는 호조판서(戶曹判書) 이준경(李浚慶)을 도순찰사(都巡察使), 김경석(金慶錫)·남치훈(南致勳)을 방어사(防禦使)로 삼아 왜구를 토벌, 영암(靈巖)에서 이를 크게 무찔렀다. 왜구가 물러간 후 쓰시마[對馬] 도주(島主)는 을묘왜변(乙卯倭變)에 가담한 왜구들의 목을 베어 보내 사죄하고 세견선(歲遣船)의 부활을 거듭 요청하였으므로 정부에서는 이를 승낙, 세견선 5척을 허락하였고, 임진왜란(壬辰倭亂) 발생 전까지 계속되었다.

비변사(備邊司)

팔도(8道)의 군읍(郡邑)이 모두 잔폐(殘弊)하게 된 것은 수령(守令)을 자주 바꾼 데 대하여 특별히 방지하지 않을 수 없다. 선산부사(善山府使) 박필건(朴弼健)을 지난 정사(亭舍)에서 경주부윤(慶州府尹)으로 이배(移拜)하였는데, 선산(先山)은 영남(嶺南)의 명부(名府)로 지금은 피폐한 고장이 되고 말았다. 박필건(朴弼健)이 "부임한 지 겨우 10개월밖에 안 되었는데, 비록 훈신(勳臣)의 기대가 다른 사람에 비해 각별하여도 지금 갑자기 바꾸어서는 안 됩니다. 선산부사(善山府使) 박필건(朴弼健)을 우선 유임시키고, 경주(慶州)는 해조(害鳥)로 하여금 다시 각별(各別)히 가려 차출(差出)하여 며칠 안으로 독촉해 출발시키게 해야 합니다. 지금부터는 비변사(備邊司)의 천망(薦望) 외에 2주년이 되지 않은 수령(守令)은 이동시키지 말라고 해조(害鳥)에 신칙(申飭)하는 것이 어떻겠습니까?" 하니, 윤허(允許)한다고 답(答)하였다.

비변사(備邊司)의 계사(啓事)에 방금 포전(布廛)의 시민(市民) 등이 하소연하기를 '저희들이 살아나가는 것은 다만 포필(布疋)을 매매하는 것에 달렸는데 작년(昨年) 가을 이후로 본가(本價)를 건지지도 못한 경우도 있고 탈취당하여 영구히 잃어버린 경우도 있어서 포전(布廛)의 꼴이 형편없이 되어 지탱해 나갈 수가 없게 되었습니다. 기유년(己酉年) 헌종(憲宗) 15년, 서기 1849년에 특별히 시행한 예에 따라 1만 냥을 10년에 한하여 빌려주소서.' 하였다. '그해 포전(布廛)의 형편이 과연 호소한 바와 같고 또 기유년(己酉年)에도 행한 전례가 있어 그들이 지금까지도 감동하여 칭송(稱訟)하고 있는데, 지금 일체 대면하여 볼 수만은 없으니 본사(本司)의 별치(別置) 중에서 호조(戶曹)에 남겨둔 포(布) 1백 동(同)을 특별히 빌려준 다음 10년을 기한(期限)으로 매년 1천 냥씩 해조(該曹)에 갖추어 납부하게 하여 별치(別置)로 삼게 하라는 내용으로 분부하는 것이 어떻겠습니까?' 하니, 윤허(允許)

한다고 답(答)하였다.

조선시대 임진왜란(壬辰倭亂)과 병자호란(丙子胡亂) 이후 국방(國防)에 대한 관심이 높아지고 특히 지리(地理) 정보(情報)에 대한 중요성이 부각면서, 비변사(備邊司)에서는 국가사업(國家事業)으로 전국 각지의 대(大) 축척(縮尺) 지도 제작에 착수(着手)한다. 이에 앞서 1706년 우리나라 북방(北坊)과 만리장성(萬里長城)을 포함한 중국 동북(東北) 지방 군사 요새(要塞)를 상세히 그린 '요계관방도(要界關防圖)' 제작이 그 시초를 이루었고, 비변사에서는 그동안 축적한 정보를 통해 전국 지도제작에 돌입(하게 된 것이다.

조선 시대에 국가 차원에서 이용되는 지도는 홍문관·규장각·비변사 등에서 제작하는 것이 보통이었다. 여기에서 홍문관이나 규장각은 학술 기관이지만 비변사는 일종의 상설 국가 안보 회의라고 할 수 있는 성격의 기관으로 국방은 물론 주요 국정 현안을 종합적으로 처리했다.

기관 성격이 다른 만큼 지도(地圖)의 용도도 달랐다. 홍문관(弘文館)이나 규장각(奎章閣)에서 만든 지도가 지방 통치를 돕기 위해 만들어진 것이라면 비변사(備邊司)에서 제작한 지도는 기본적으로 군용(軍用) 지도가 많았다. 18세기 비변사(備邊司)에서 만든 '비변사(備邊司)인 방안(方案) 지도'는 전국을 5만분의 1 내지 8만분의 1의 축척(縮尺)으로 그려낸 초대형 지도책이다. 일명 '비변사 지도'라고도 부르는 이 지도는 거의 1m 크기의 지도 수백 장으로 구성된 지도책이다. 비변사(備邊司) 지도(地圖) 중 경상도(慶尙道)의 지도는 각각 세로 106~108㎝, 가로 83~89㎝ 크기의 총 71개 지도로 구성되어 다른 도(道)의 경우도 비슷하다.

한편 이 시기 정상(正常)기의 「동국지도(東國地圖)」, 신경준(申景濬)의 「동국여지도(東國輿地圖)」 등 지도 제작에 대한 관심과 수요(需要)가 높아졌고, 1861년에는 김정호(金正浩)의 「대동여지도(大東輿地圖)」가 간행되기에 이른다.

조선시대 군국기무(軍國機務)를 관장(管掌)한 문무합의기구(文武合議機構),

비국(備局)·주사(籌司)라고도 한다. 조선의 군사행정(軍事行政)은 국방부격(國防部格)인 병조(兵曹)에서 관장(管掌)하였는데, 외적의 침입 등 변방에 국가적 비상사태가 발생하면 병조 단독으로 군사 문제를 처결(處決)할 수 없어, 의정부(議政府)와 육조(六曹)의 대신(大臣), 그리고 변방의 일을 잘 아는 지변사재상(知邊司宰相)으로 구성한 회의에서 협의 결정하였다.

그러나 이 회의는 대개 적의 침입이 있다는 보고를 받은 연후(然後)에 소집되어 즉각 대처하지 못하는 일이 많았기 때문에, 남쪽 해안(海岸)과 북쪽 국경지대(國境地帶)에 대한 국방대책(國防對策)을 사전(事前)에 마련하기 위해, 1517년 중종 12년 6월 비변사(備邊司)를 설치하였다.

그러나 초기에는 1524년의 여연(閭延)·무창(茂昌)에 침입한 야인(野人)을 격퇴할 때, 1544년 사량왜변(蛇梁倭變)이 일어났을 때, 1555년 명종(明宗) 10년 을묘왜변(乙卯倭變)이 일어났을 때와, 기타(其他) 변방에 중대한 사건이 일어났을 때만 활동하였다. 또 청사(廳舍)가 설치되고 관원(官員)이 임명된 것도 1555년이었다.

이때에는 변방의 군무외(軍務外)에도 전국의 군무(軍務)를 모두 처리하였기 때문에, 주무대신(主務大臣)인 병조판서(兵曹判書)와 국가최고행정기관(國家最高行政機關)인 의정대신(議政大臣)도 군사기밀군무(軍事機密軍務)를 알지 못하는 폐단이 생겨 행정체계가 무너진다는 비판이 일어 폐지론(廢止論)이 대두되기도 하였다.

그러나 1592년 선조(宣祖) 25년 임진왜란이 일어나 국가의 모든 행정(行政)이 전쟁 수행에 직결되자, 비변사의 기구가 강화되고 권한도 크게 확대되었다. 따라서 의정(議政) 판서(判書) 오군문(五軍門)의 장(長), 사부유수(四都留守) 등 국가 주요 기관(國家主要機關)의 장(長)이 모두 도제조(都提調) 제조(提調)가 되어 이에 참여하였으며, 국방 문제뿐만 아니라 외교, 산업(産業), 교통(交通), 통신(通信) 등 주요 국방 전반을 비변사 회의에서 토의, 결정하였다. 이렇게 되자 국기 최고 행정기관인 의정부(議政府)와 육조(六曹)는 실권(實權)이 없어 제구실을 하지 못하였다. 관원(官員)으로는 도제조(都提調)·제조(提調)·부제조(副提調)·낭청(郎廳)을 두었는데, 도제조(都提調)는 시임(時任) 삼의정(三議政)과 과거에 의정(議政)을 지낸 사람이 자동적으로 겸임하게 하였다.

제조(提調)는 처음엔 지변사(知邊司) 재상(宰相), 이(吏)·호(戶)·례(禮)·병(兵)의 4판서(判書),강화유수(江華留守)가 겸임(兼任)하였으며, 부제조(副提調)는 정(正)3품 당상관(堂上官)의 문관중(文官中)에서 병사에 능(能)한 사람을 뽑아 임명하였다. 이들 도제조(都提調), 제조(提調), 부제조(副提調)를 비변사당상(備邊司堂上)이라 하였다.

또한 이 중에서 병무(兵務)에 통달한 사람 3명을 뽑아 유사당상(有司堂上) 상임위원(常任委員)으로 임명하여, 매일비변사(每日備邊司)에 나가 군무(軍務)를 처리하게 하였다. 그 뒤 훈련도감(訓練都監) 대제학(大提學) 형조판서(刑曹判書) 개성유수(開城留守) 어영대장(御營大將)·수어사(守禦使)·총계사(摠戎使)·금위대장(禁衛大將)·수원유수(水原留守)·광주유수(廣州留守) 등 도 제조(提調)를 겸직하게 하여, 비변시당상(備邊司堂上)의 수는 수십 명에 이르렀다. 숙종 39년에는 팔도구관당상제(八道勾管堂上制)를 두어 각 도(道)에 1명의 구관당상관(勾管堂上官)이 군무(軍務)를 분담하여 그 도의 상계(狀啓)와 문부(文簿)를 처리하고, 다시 4명의 읍사당(邑事堂)을 두어 각기 2도(道)의 군무를 담당하게 하였다. 또한 낭청(郎廳)은 종6품으로 12명을 두었는데, 1명은 병조(兵曹)의 무비사랑청(武備司郎廳)이 겸직(兼職)하고, 3명은 문관(文官), 8명은 무관(武官)중에서 임명하였다.

이 밖에도 잡무(雜務)를 맡아본 서리(書吏) 16명, 서사(書寫) 1명을 두었고, 잡역(雜役)을 맡아본 고직(庫直) 2명, 사령(使令) 16명, 청직(廳直) 1명, 문서직(文書直), 수직군사(守直軍士) 3명, 발군(撥軍) 3명 등을 두었다. 여기에서 토의 결정된 중요 사항을 기록하여 1년에 1권씩 사건이 많을 때는 2~3권 『비변사 등비록(邊司謄錄)』을 엮어냈다.

현존(現存)하는 것으로는 임진왜란(壬辰倭亂) 이전의 것은 없고, 1617년 광해군(光海君) 9년부터 1892년 고종(高宗) 29년까지『비록(謄錄)』273권이 있다. 행정상(行政上)의 질서, 기능상의 중복(重複), 그리고 권한의 한계성 등 때문에 폐지론(廢止論)이 여러 차례 제기되었으나 후기까지 존속(存續)하다가, 1865년 대원군이 집정(執政)하면서 의정부(議政府)와 비변사(備邊司)의 한계를 규정, 국정의결권(國政議決權)을 의정부(議政府)에 이관(移關)하면서 그 기능이 약화되었다. 이후 삼군부(三軍府) 제도를 부활시켜 군무(軍務)를 처리하게 함으로써 폐지되었다.

임진왜란(壬辰倭亂)

　1592년 선조(宣祖) 초에 일본에서는 풍신수길(豊臣秀吉)이 국내를 통일하고 장차 대륙(大陸)으로 진출할 야심이 있어 우리나라에 사신을 보내어 양국이 서로 친화(親和)하게 지내자 하고 또 우리나라에 침입할 뜻이 있다는 풍설(風說)이 퍼지고 있음으로 선조(宣祖) 23년에 조정에서는 황윤길(黃允吉)과 김성일(金誠一)을 통신사(通信使)로 일본에 보내니, 그 형식은 양국 수호(修好)를 위함이나 실은 수길(秀吉)의 태도를 타진(打診)하는 것이었다.

　황(黃)과 김(金)이 돌아온 후 두 사람의 복명(復命)이 서로 같지 아니하니, 황(黃)은 말하되 수길(秀吉)의 안광(眼光)이 빛나고 태도가 거만(倨慢)하니 반드시 입구(入寇)하리라 하고, 김(金)은 말하되 수길의 눈이 쥐눈 같고 인물이 보잘 것 없으니 반드시 입구치 아니한다. 하였다. 황(黃)은 서인이므로 서인들은 덮어놓고 황(黃)의 말을 옳다 하고, 김(金)은 동인(東人)이므로 동인들은 김의 말을 지지하여 국가명일(國家明日)의 흥망(興亡)이 달려 있는 중대사에 적의 실정(實情)을 깊이 검토치 아니하고 오직 당인(黨人) 옹호(擁護)만을 위주하였다. 이때 동인(東人)의 세력이 컸음으로 조정의 의는(議論)은 김(金)의 말을 좇게 되고, 선조 또한 김(金)이 선사(善使)하였다 하여 포상(褒賞)하고 착수 중에 있는 남방(南方)의 군비(軍備)도 수면상태(睡眠狀態)에 빠지고 군신 이하가 모두 태평몽(泰平夢)에 취도(醉倒)하였다.

　일본 수길(秀吉)은 우리나라의 군비(軍備)의 허실(虛實)을 전일(前日)의 사신 왕래 시(時)에 미리 탐지(探知)하고 선조 이십오년(二十五年) 임진(壬辰, 단기

3925년)에 명나라를 치러 가니, 조선은 길을 빌려달라고 빙자(憑藉)하고 그
해 사월(四月)에 군사 20만과 소서행장(小西行長) 가등청정(加藤淸正) 등 장수
를 보내어 풍우(風雨)같이 몰려와서 부산에 상륙했다. 이는 우리나라의 청
천벽력(靑天霹靂)이오 취생몽사(醉生夢死)하던 아국(我國) 군대가 백전(百戰)
노련한 왜병을 막을 수는 없었다. 이에 동래성(東來城)이 일전도 못 하고
함락되고, 적군은 거침없이 동서 두 길로 나뉘어 경성(京城)을 향하여 북
상(北上)했다. 조정에서는 이 급보를 듣고 모두 창황망조(蒼皇罔措)하고, 선
조는 김식일(金識一)이 국사(國事)를 그르쳤다 하여 곧 잡아오라고 엄명(嚴
命)을 내리더니 성일(誠一)이 황공(惶恐) 입경(入京)하는 차에 선조는 다시 명
령을 내리어 이번 왜구는 너로 인하여 오는 것이니 네가 나가서 막으라
하여 남방(南方)으로 보내었다.

조정에서는 적을 막을 힘이 없고 서로(西路)를 좇아 피난의 길을 떠나니
경성(京城) 안에 있던 난민(亂民)들이 경복궁에 불을 질렀으며 각지의 수령
(守令)들은 대부분이 직무(職務)를 버리고 도망하였다. 그러으로 호구(戶口)
와 토지의 문적(文籍)이 이때에 대개 멸실(滅失)되었다. 왜병이 부산(釜山)에
상륙(上陸)한지 겨우 20일 만에 경성(京城)이 함락되고 팔도(八道) 인심이 토
붕(土崩)하듯이 무너져서 다시 수습할 수가 없었다.

선조는 서로(西路)를 피난하면서도 서도(西道) 인심(人心)의 향배(向背)를
크게 의구(疑懼)하여 이원익(李元翼)을 불러서 말하되 "경(卿)이 일직 안주
(安州) 목사(牧使)가 되었을 때, 행정(行政)을 잘하여 평안도 백성이 지금까
지 경(卿)을 생각한다하니 경(卿)이 먼저 평안도(平安道)에 가서 민심을 안무
(按撫)하라" 하고, 또 최흥원(崔興源)을 불러 말하되 "경(卿)이 일직 황해(黃
海) 감사(監司)가 되었을 때 백성을 사랑하였으므로 황해도 백성이 지금까
지 경(卿)을 잊지 아니한다, 하니 경(卿)이 먼저 황해도에 가서 민심을 수습
하라" 하고 눈물을 흘리면서 두 사람을 먼저 보냈다. 그리고 개성에 가서

얼마 동안 머물다가 왜병이 따라옴을 보고 평양을 거쳐서 의주(義州)에 가서 머물고 있었다.

국세(國勢)가 이렇게 위태로운 지경(地境)에 이르렀을 때에 국내에는 오직 두 줄기의 생기(生氣)가 움직였으니 그 하나는 이순신(李舜臣)의 해전(海戰)이오 또 하나는 의병의 궐기이다. 이순신(李舜臣)은 전라도 좌수사(左水使)가 된 때로부터 미리 왜적(倭賊)의 침입이 있을 것을 짐작하고 우수한 전선(戰船)을 제조하려 하여 백제 시대 이래 고려 시대로 거쳐서 전해오는 아국(我國) 특유의 조선(造船) 기술을 써서 새로이 한 배를 창조(創造)하니, 그 배는 철판(鐵板)으로 위를 덮어서 거북의 등처럼 만들고 그 위에 송곳을 꽂고 적병(敵兵)이 올라오지 못하게 하고 그 사이에 십자로(十字路)를 통하여 우리 군사가 자유로 통행하게 하고 전후(前後)좌우에 총혈(銃穴)을 내어서 군사가 그 밑에 숨어 총(銃)을 놓게 된 것이니 이를 구선(龜船)이라 한다.

이순신(李舜臣)은 왜병이 들어옴을 보고 구선(龜船) 80척을 거느리고 5월 7일 옥포(玉浦)에서, 6월 4일에 당포(唐浦)에서, 7월 8일에 한산도(閑山島)의 앞바다 등 적의 수군(水軍)을 연거푸 쳐부수고, 한산도의 길목을 수비(守備)하니 적이 다시 남해(南海) 변(邊)을 엿보지 못하였다. 처음에 왜병은 육로와 해로의 두 길로 병진(倂進)하여 일거에 우리나라를 삼키려 한 것인데, 해로가 이순신에게 막힌 까닭에 육로(陸路) 군의 동(東)은 함경도 두만강까지 들어가고 서(西)는 평양까지 들어갔으되 더 북상(北上)하기를 두려하여 왕을 쫓아가지 못하였으니 이 대란(大亂)에 우리나라가 다시 소생(蘇生)한데는 이순신의 힘이 절대적인 것이었다.

왜병이 처음 들어 올 때에는 인심(人心)이 모두 황겁(慌怯)하여 어찌 할 바를 알지 못하고 또 적은 조총(鳥銃)을 가지고 있는데 총(銃)의 위력이 얼마나 큰가를 알지 못함으로 감히 접전(接戰)할 용기를 내지 못하더니 시일이 경과함을 따라 점차로 적의 정세(情勢)를 알게 됨으로부터 우국지사(憂

國之士)들의 거의(擧義)하려는 기운이 움직였다. 경상도(慶尙道)에서 처음으로 의병을 일으킨 자는 곽재우(郭再祐)(호(號)는 망우당(忘憂堂))이니 홍의(紅衣)를 입고 마(馬)를 타고 적진에 들어가서 횡행(橫行)하되 적이 감(敢)히 막지 못하고 천강홍의장군(天降紅衣將軍)이라 부르고 홍의장군이 있는 곳에는 적이 반드시 피거(避去)하였다.

전라도에서는 광주(光州)의 고경명(高敬命)(호(號)는 제봉(霽峰))이 아들 종후(從厚), 인후(因厚)와 김천일(金千鎰) 등으로 더불어 의병을 일으키니 이 소식을 듣고 각지에서 의병이 연거푸 일어났음으로 임진왜란 중에 의병의 세력이 가장 큰 곳이 호남이었고, 이 의병의 힘에 의하여 호남이 보전된 까닭에 국가의 생맥(生脈)이 끊어지지 아니한 것이다.

호남 의병 가운데 고경명(高敬命) 군과 아울러 유명한 것은 금산(錦山)의 조헌(趙憲, 호는 중봉(重峯)) 군이다. 조헌(趙憲)은 임진(壬辰) 전년(前年)에 미리 명년(明年)에 큰 병란이 일어날 줄을 알고 선조에게 상소하여 정치의 잘못됨을 통론(痛論)하고 급(急)히 방비의 책(策)을 세울 것을 극언(極言)하니 그 말이 너무 과격함으로 조정에서는 이를 광인(狂人)이라 하여 귀양 보내었다.

임진(壬辰)난이 일어남에 동지(同志)를 모아서 의병을 일으키니 원근(遠近)의 뜻 있는 사람들이 모두 조헌이 일어났다 하여 용관(聳觀)하고 우국(憂國)하는 선비들이 모여들었다. 여러 번 왜병과 싸워서 이기더니 금산(錦山) 싸움에서 중과(衆寡)과가 부적(不適)하여 패사(敗死)하고 동지인 700의사(義士)도 함께 죽으니 지금도 전쟁하던 자리에 700의사 총(塚)이 있다. 이 싸움에 왜병도 죽은 자가 많고 또 전쟁의 후방(後方) 세력이 어떠함을 알지 못하여 물러가고 다시 전라도를 엿보지 못하니 호남북부(北部)의 보전(保全)함은 주로 조헌(趙憲)의 힘이었다. 이밖에도 각 도에서 의병이 일어나서 큰 전공(戰功)은 이루지 못하였으나 적병(敵兵)을 괴롭게 하여 마음대로 횡행(橫行)치 못하게 하고 우리나라 백성에게 한줄기의 기(氣)를 넣어준 공은 적지 아니하였으며 특히 승병(僧兵)의 힘이 또한 적지 아니하니 승(僧) 유정(惟政)(호(號)는 사명산인(泗溟山人))은 서산대사(西山大師) 휴정(休靜)의 고제(高弟)로서 승병(僧兵)을 모아 비록 실전(實戰)에는 참가치 아니하였으나 물자(物資)의 운반과 여러 가지 역사(役事)에 큰 조력을 하였다.

이 때 국군(國軍)들도 점차로 세력을 얻어서 왜병을 쳐부수려는 용기를 내게 되고 권율(權慄)은 이기(梨崎, 배티, 대둔산 부근)에서, 이정암(李廷馣)은 연안(延安)에서, 김시민(金時敏)은 진주(晉州)에서 모두 크게 이겼다.

이 정도의 병력만으로는 전국에 가득히 찬 적을 몰아낼 수는 없었다. 왕(선조)은 의주(義州)에 있어서 유성룡(柳成龍), 이항복(李恒福, 호는 백사(白沙)), 이덕형(李德馨, 호는 한음(漢陰))등으로 더불어 국사(國事)를 의논하는데 난이 일어난 후에 당쟁은 일시 멈추어졌으나, 그 저류(底流)에는 여전이 동서의 알력이 있었다. 그러므로 선조 왕(宣祖王)은 "痛哭關山月 傷心鴨水風 朝臣今日後 寧復有西東=관문산(關門山)에 걸린 달을 보고 통곡하노라니, 몰아치는 압록강 바람 이 마음 상(傷)하는구나 조신(朝臣)들 오늘날이 있는 다음에도 또다시 서인이니 동인이니 하겠는가?" 하여 동서의 싸움이 국가로 하여금 이 지경을 만들어놓고 또 여기까지 몰려와서 동서 싸움을 하느냐 한탄하였다.

국사(國事)가 이에 이르매 독력(獨力)으로는 회복할 만한 길이 없으므로 명나라에 청병(請兵)하기로 결정하였다. 이때 명나라에서는 이상한 와언(訛言)이 전파(傳播)되어 조선이 왜(倭)와 공모하여 명국(明國)을 치러온다고 하였다. 그 증거는 왜병이 들어온 후 한 번의 결전(決戰)도 없이 왕(王宣祖)은 압록강변까지 들어오고 왜병은 평양까지 들어왔다는 것이다.

조정에서는 청병(請兵)하는 사신을 보내어 이를 변명(辨明)하고 또 원병(援兵)을 보내어 달라고 간청했다. 명나라에서는 사신을 보내어 조사한 결과 일본 수길(日本秀吉)이 장차 명나라를 치기 위하여 조선에 길을 빌려달라

하고, 조선이 그를 거절하자 곧 침입한 사정(事情)과, 명국(明國)의 울타리가 되고 있는 조선이 명국을 대신하여 왜구의 화(禍)를 받고 있다는 사실을 확실히 알게 되고, 이에 조선에 원병(援兵)을 보내기로 결정하였다. 그리하여 癸巳年 正月에 명장(明將) 이여송(李如松)이 군사 사만(四萬)을 거느리고 압록강을 건너와서 평양의 적을 대파하니 적이 개성 방면으로 물러났다.

이여송(李如松)은 적을 경히 여기고 추격하여 벽제관(碧蹄舘)에서 싸우다가 패하고 다시 추격할 생각이 없었다. 이때에 권율(權慄)이 행주(幸州)에서 크게 적을 파(破)하니 적은 제해권(制海權)을 잃어서 보급(補給)이 끊어지고 또 평양과 행주(幸州)에서 대패(大敗)하여 기세가 점점 줄어들더니 이여송이 명나라 사람 심유경(沈惟敬)을 시켜서 왜장(倭將) 소서행장(小西行長)과의 사이에 화의(和議)를 진행시켰으므로 왜병은 이해 4월에 경성(京城)을 물러나서 남해안으로 내려갔다.

왜병은 남해안에서 오래 머물 계획을 세우고 또 전일(前日)에 진주(晉州)에서 패한 것을 분(憤)하게 여겨서 10여 만의 군사로 진주성(晉州城)을 포위하였다. 전번에 김시민(金時敏)이 진주(晉州) 싸움에 대승할 때는 수천 병으로 적의 10만 병(兵)을 물리쳤는데, 이번에는 성중 병(城中兵)이 6만에 이르니 사람마다 모두 성을 지키기에 아무 염려가 없다고 말하고 있으나, 오직 진주 기생 논개(論介)가 근심하였다.

의병장(義兵將) 김천일(金千鎰)이 그 연고(緣故)를 물으니 논개가 대답하되, "전번(前番)에는 군사가 비록 적으나 장수가 서로 사랑하고 호령(號令)이 한군데서 나온 까닭에 이겼지만, 이번은 군사가 비록 많으나 통솔(統率)이 없고 장수가 병(兵)을 알지 못하니 이 까닭에 근심한다고 하였다.

성중(城中)은 구일구야 동안에 100여 차례를 싸워서 번번이 적을 막으나 마침내 성이 함락하고 성중(城中)의 백성들까지 모두 7만 명이 죽으니 그 참혹(慘酷)하기가 임진란(壬辰亂) 중에서도 가장 심하였다. 논개는 적장(敵

將)에 끌려서 촉석루(矗石樓) 아래의 암상(岩上)에서 적의 주연(酒宴)에 나갔다가 적장의 허리를 안고 함께 강중(江中)에 떨어져 죽으니, 후인(後人)이 이 암석을 의기암(義妓岩)이라고 이름 지었다.

왕(宣祖)은 경성(京城)이 수복(收復)한 후 경성을 떠난 지 1년 반 만에 구도(舊都)에 돌아왔다. 그러나 왜병이 아직 남방(南方)에 가득히 차 있어 어느 때에 다시 쳐올지 알 수 없고, 심유경(沈惟敬)의 화의(和議)의 대하여는 반대의 태도를 취하고 명나라에 적극 남공(南攻)하기를 청하였다 명나라에서는 군사와 물자를 원수(遠輸)하기가 곤란하다 하여 구차(苟且)히 화의(和議)를 성립시키려 하니 왕(王宣祖)은 국력이 약하여 독력(獨力)으로 왜(倭)를 섬멸치 못함을 슬퍼하여 군제(軍制)의 대(大) 개혁을 제안하니, 이 안(案)은 예(隸)를 해방하여 군사로 쓰자는 것인데 이는 군제(軍制) 개혁이 될 뿐만 아니라 사회계급 제도의 일대 혁명이 되는 것이다.

아국(我國)의 군제(軍制)는 양반계급(兩班階級)은 군역(軍役)이 면제되고 노예계급(奴隸階級)은 천인(賤人)이라 하여 군역에 참여치 못하게 하니, 그 까닭은 만일 천인(賤人)이 먼저 입대(入隊)하여 군교(軍校)가 되고 양민(良民)이 후에 입대하여 병졸(兵卒)이 되면 양민이 천인(賤人)의 지휘를 받게 되어 사회의 질서가 어지러워진다는 것이다.

왕(王宣祖)은 양민이나 천인이나 모두 나의 적자(赤子)이오 또 국가의 앞날을 생각하여 볼 때 군사가 부족한 현실을 타개하려면 수십만의 천인(賤人) 장정(壯丁)을 쓰지 않을 수가 없으니, 종래의 계급제도를 깨뜨리고 천인을 양민과 함께 군사로 쓰게 하려 하니, 제신(諸臣)들은 이를 잘 토의하라고 영(令)을 내렸다.

조정 제신(諸臣)중에는 여기에 찬성한 사람도 없지 아니하였으나, 사노(私奴)를 많이 부리고 있는 양반계급은 강경한 반대운동을 일으켰다. 그 이유는 노주(奴主)의 분(分)은 군신(君臣)의 분(分)과 같으매 만일 노예를 해방하여 양민을 만들면 이는 강상(綱常)이 무너지는 것이라 하니, 기실은 국가의 강상(綱常)을 존중히 여기는 데서 나온 주장이 아니라, 전혀 노예를 부려서 호화로운 생활을 누리려는 사심(私心)에서 나온 것이다.

그리하여 왕 선조의 제안(提案)이 마침내 통과되지 못하니 왕(王宣祖)은 "국가를 살리는 최선(最善)의 안(案)이 개인들의 사심(私心) 때문에 실행되지 못하니 가탄(可歎)한 일이로다" 하고 이 제도를 공노(公奴)에게만 시행하였다. 공노 중에는 주야로 무예(武藝)를 연습하여 군대에 들어가서 양민(良民)이 된 사람도 적지 아니하였으나 한편으로 양반 계급의 여러 가지 방해로 인하여 완전한 실시를 보지 못하였다.

왜병은 남해안으로 물러간 후에 명나라와의 사이에 화의(和議)가 진행되어 차츰 본국으로 물러가더니 양국의 대표 사이에 결정한 화의(和議) 조건과 명나라가 풍신수길(豊臣秀吉)에게 보낸 칙서(勅書)의 내용이 서로 틀린다 하여 선조 30년 정유(丁酉)에 다시 대군을 보내어 쳐들어오니 이를 정유란(丁酉亂)이라 한다.

왜병은 전번(前番)의 실패에 삼가서 수군(水軍)을 더 증가하고 또 미리 간첩(間諜) 요시라(要詩羅)를 놓아서 우리 조정과 이순신(李舜臣)과의 사이를 이간(離間)하니, 우리 조정에서는 그 모략(謀略)에 넘어가서 이순신을 잡아다가 옥에 가두고 장차 죽이려 하였다. 그러나 이 사건의 이면에는 역시 당파 싸움이 숨어 있으니, 조정이 의주(義州)에 있을 동안은 당쟁(黨爭)이 한동안 멈추고 있더니 경성(京城)에 환도(還都)한 후에 다시 재연(再燃)하여 북인(北人)의 세력이 우세한 판인데, 이순신은 유성룡(柳成龍)의 천거(薦擧)한 사람이고, 유성룡은 남인이기 때문에 북인(北人)들은 이순신을 당쟁의 희생으로 삼으려는 것이다.

왕은 이순신 처치(處置)에 대하여 의견을 유성룡에게 물으니 유성룡은 "이순신은 명장(名將)이라, 왜인의 말을 듣고 함부로 죄 줄 수도 없고 또 전란(戰亂)이 끝나지 아니한 때 이런 명장을 죽이는 것은 불가하다" 하였다.

왕은 이 말을 중히 여겨 다만 면직(免職)시키고 석방하니, 이때 사신(史臣)은 이를 평(評)하기를 "남해(南海)를 홀로 지켜서 국맥(國脈)을 붙잡고 오던 명장(名將)이 적의 모개(謀介) 이간(離間)과 당쟁(黨爭)의 여파로 이런 일을 당하니 멀리 남방(南方)의 적세(賊勢)를 바라보고 가까이 조정의 형편을 살펴봄에 가슴속에서 통곡(痛哭)이 저절로 터져 나오는구나" 하였다.

이순신이 면직된 뒤에 원균(元均)이 삼도수군통제사(三道水軍統制使)가 되니 원균(元均)은 본시 이순신과 함께 수사(水使)로 있었는데 이순신이 통제사(統制使)가 된 뒤에 그 부하되기를 부끄러워하여 항상 이순신을 조정에 모해(謀害)하던 자이오 먼저에 이순신이 죄를 받은 것도 원균(元均)의 모해(謀害)가 유력한 하나의 원인이 된 것이다. 왜병들은 원균)이 이순신을 대신함을 듣고 수군(水軍)을 크게 발(發)하여 우리 수군(水軍)을 치니 원균이 대패(大敗)하여 육지에 올라와 도망하였는데 그 생사(生死)는 세상이 알지 못하며 적은 전라도 해안을 점령하고 멀리 충청도의 직산(稷山) 당진(唐津)에 까지 침입하였다.

조정에서는 크게 당황하여 어쩔 줄을 모르는 판이라 하는 수 없이 다시 이순신으로 통제사(統制使)를 삼았다. 이때 왜병이 전라도 육지에 깊이 들어와 싸우므로 이순신은 산곡(山谷)길을 좇아 우수영(右水營)에 이르니, 전선(戰船)의 남은 것이 겨우 12척이었다. 피난선(避難船)을 모아 가지고 진도(珍島)의 울돌목(명량(鳴梁))서 적선(敵船) 500척을 무찌르고 고금도(古今島)를 무찌르니, 적의 세력이 꺾여서 다시 서해(西海)로 나가지 못하였다 이때 육지에서는 명나라 원군(援軍)이 남원(南原)에서 패하고 또 울산(蔚山), 사천(泗川), 순천(順天) 등지에 진지(陣地)를 쌓고 적과 싸우다가 모두 패하였다.

적세(敵勢)가 다시 성(盛)함을 보고 전라도 광주(光州)사람 김덕령(金德齡)이 의병을 일으키니 김덕령은 용력(勇力)이 있고 안광(眼光)이 횃불과 같아서 대적(對敵)하는 바가 없고 왜병이 두려하여 감히 나가 싸우지 못하였다. 그러나 이때 충청도에서 반란군이 일어나서 김덕령도 자기들과 합모(合謀)한다고 선전(宣傳)하니, 조정에서는 곧 김덕령을 잡아다가 조사한 결과 그 무죄(無罪)함을 알았으나 김덕령은 이귀(李貴)의 천거(薦擧)한 사람이오 이귀(李貴)는 서인이라 동인(東人)이 조정안의 세력을 잡고 있는데 김덕령의 목숨을 구원하여 줄 사람이 없을 뿐 아니라 도리어 김덕령 같은 용장(勇將)을 방면(放免)하였다가 후일에 만일 반란을 일으키면 억제할 수 없다 하여 마침내 죽였다.

우리나라 군사와 명나라 군사는 남해안에서 오랫동안 적병(敵兵)과 대치(對峙)하고 있더니 선조 삼십일년(三十一年) 무술(戊戌) 십일월(十一月)에 풍신수길(豊臣秀吉)이 죽으면서 왜병을 철수(撤收)시키는데 이순신은 그 퇴로(退路)를 막고 경상도(慶尙道) 노량(露梁)에서 적을 맞아 싸워 크게 파(破)하더니 적의 탄알에 맞아 전사(戰死)하고, 적이 도환(逃還)한 자가 겨우 50여 척에 불과하고 7년 동안의 대란(大亂)이 이로써 끝났다. 이때 조정의 일부에서는 이순신이 "만일 전승(戰勝)하고 돌아오더라도 반드시 간신(奸臣)들의 모해(謀害)로 죽을 것이니 차라리 전사(戰死)하리라" 하고 일부러 투구를 벗고 탄알을 맞아 죽었다고 하였다.

임진왜란(壬辰倭亂)은 일본이 무단(無端)히 군사를 일으켜서 인국(隣國)을 침략하여 무고(無辜)한 인민(人民)을 함부로 살육하고 우리나라는 기근과 질병이 이에 겹 들어서 참혹(慘酷)한 화(禍)가 몽골의 침입보다 더 심하였고 명나라가 오랫동안 군사를 움직여서 이 때문에 나라가 몹시 병폐(病弊)하였다.

명나라 군사가 우리나라에 와서 있는 동안에 횡폭(橫暴)한 일도 적지 아니하고 소위 관왕묘(關王廟)라 하여 중국 옛날의 관우장군(關羽將軍)을 모시고 선조 왕으로 하여금 절하게 하는 일도 있어 우리나라를 괴롭게 함이 많았으나 우리나라 사람들은 대란(大亂)을 구해주는 은혜를 깊이 감사하여 아무런 불평도 말하지 아니 하였고 명나라는 이 난리에서 많은 군사와 재물을 잃은 까닭에 얼마 되지 아니하여 만주족(滿洲族)에게 망하게 되니 우리나라에서는 더욱 깊이 명나라 은혜를 생각하여 오래 잊지 아니하였다.

이 난리(亂離)에 무기의 발달한 것은 구선(龜船) 이외에 비격진천뢰(飛擊震天雷)가 있으니 이는 이장손(李長孫)이 만든 대포(大砲)로서 이 포(砲)가 터지면 소리가 천지(天地)를 진동(震動)하고 철편(鐵片)이 튀어 나가서 적을 해치는 것인데, 경상좌수사(慶尙左水使) 박석(朴昔)이 이 포를 써서 경주(慶州)를 회복하였다. 왜병으로부터 얻은 조총(鳥銃)은 본시 일본이 서양 사람들에게서 배운 것인데, 우리나라도 이 법을 얻은 후에 공장(工匠)에게 명령하여 제조하니 이 우리나라가 총(銃)을 사용한 처음이다. 왜병은 물러갈 때에 여러 가지 기술자를 사로잡아 가고 특히 그 중에는 도공(陶工)이 가장 많았으므로 일본의 도자기 공업(工業)이 이로부터 시작하였다. 왜병은 저희들도 많은 군사와 물자를 희생하고 아무런 소득이 없이 돌아갔으나 우리나라의 우수(優秀)한 기술을 배워 갔음으로 저희들끼리 말하기를 "무장(武裝)한 유학생(遊學生)을 조선에 보냈다"고 하였다.

풍신수길(豊臣秀吉)이 죽은 후 덕천가강(德川家康)이 새로이 막부(幕府)를 열어서 이전의 잘못을 말하고 국교(國交)를 회복하기를 거듭 청하며, 또 그들에게 사로잡혀간 수천 명의 포로를 돌려보냈다. 우리나라에서는 일본에 대한 복수심이 복받쳐서 허락하지 아니하더니, 양국 간에 오랫동안 국교가 끊어지는 것은 옳지 못한 일이라 하여 전쟁이 끝난 지 7년 만에 을사(乙巳) 일본의 소원을 들어서 부산(釜山)에 다시 왜관(倭館)을 열고 대마도와의 무역을 허락하여 그 후 300년 동안 계속하였다.

한산대첩전(閑山大捷戰)

선조 25년 서기 1592년 5월 29일(양력 7월 8일)에 2차 출동(出動)한 조선 수군의 전라좌수사(全羅左水使) 이순신(李舜臣)의 함대는 6월 10일 (양력 7월 18일)까지 사천(泗川), 당포(唐浦), 당항포(唐項浦), 율포(栗浦) 등에서 일방적인 승리를 거두었으나, 육지(陸地)에서는 패전을 거듭하고 있었다. 일본수군(日本水軍)은 일본육군(日本陸軍)에 호응하여 가덕도(加德島)와 거제도(巨濟島) 부근에서 10여 척에서 30여 척까지 함대를 이루어 서진(西進)하고 있었다.

일본은 해전(海戰)의 패배를 만회하고 제해권(制海權)을 재차 장악하고자 병력을 증강였다. 와키자카 야스하루(ワキジカ康晴)의 제1진 70여 척은 웅천(熊川)에서, 구키 요시타카(九鬼嘉隆)의 제2진은 40여 척을, 제3진의 가토 요시아키(加藤嘉明)도 합세하였다.

이에 이순신(李舜臣)은 7월 5일(양력 8월 11일), 전라우수사(全羅右水使) 이억기(李億祺)와 함께 전라(全羅) 좌(左), 우도(右道)의 전선(戰船) 48척을 본영(本營)이 있는 여수(麗水) 앞바다에 집결시켜 합동훈련을 실시하였고, 다음 날인 6일에 이억기(李億祺)와 더불어 48척을 거느리고 출진(出陣)하였고, 노량(鷺梁)에서 경상우수사(慶尙右水使) 원균의 함선 7척이 합세하여 조선 수군의 전력은 55척이 되었다. 7월 7일(양력 8월 13일) 저녁, 조선 함대는 당포(唐浦)에 이르러 정박하였다. 이 때 목동(牧童) 김천손(金千孫)에게서 일본의 와키자카 야스하루(ワキジカ康晴)의 함대 73척(대선 36척, 중선 24척, 소선 13척)이 견내량(見乃梁,거제시 사등면 덕호리)에 들어갔다는 정보를 접했다.

견내량파(見乃梁派) 왜병장(倭兵長)을 보면 한산도해전(閑山島海戰) 당시 일본 수군(水軍)은 전선(戰船) 73척 : 아다케부네(アダけぶね) 36척, 세키부네(関船) 24척, 고바야부네 (コバヤブネ) 13척이며, 아다케부네(アダけぶね)는 전투원(戰鬪員) 60명, 노꾼 80명, 대포(大砲) 3문, 철포병(鐵砲兵) 30명이며, 세키부네

(関船)는 전투원(戰鬪員) 30명 노꾼 40명 대포 1문 철포병(鐵砲兵) 20명, 고바야부네(コバヤブネ)는 전투원(戰鬪員) 10명, 노꾼 20명, 철포병(鐵砲兵) 8명이다. 그리하여 일본 수군은 7110명이 선을 넘을 수 없었다.

견내량(見乃梁) 해협에서 유인하여

한산도(閑山島), 한산대첩(閑山大捷) 전투의 길잡이 견내량(見乃梁) 해역(海域)은 거제도(巨濟島)와 통영만(統營灣) 사이에 있는 긴 수로로 길이 약 4km에 넓은 곳도 600m를 넘지 않는 데다 암초가 많아 판옥선(板屋船)이 운신(運身)하고 전투를 벌이기에 좁은 해협이었다. 반면 한산도는 거제도(巨濟島)와 통영(統營) 사이에 있어 사방(四方)으로 헤엄쳐나갈 길도 없다, 한산도는 당시 무인도(無人島)나 다름이 없는 섬이었기 때문에, 궁지에 몰려 상륙한다 해도 굶어 죽기에 알맞은 곳이었다. 이리하여 먼저 판옥선(板屋船) 5~6척만으로 한산도 앞바다로 일본 함대를 유인하여 격멸(擊滅)한다는 전략이 세워졌다.

대여섯 척의 조선 함대를 발견한 일본 수군(水軍)은 그들을 뒤쫓아 한산도 앞바다에까지 이르렀고 그곳에서 대기(待期)하던 전 조선 함대가 배를 돌려 학익진(鶴翼陣)을 펼쳤다. 여러 장수와 군사들은 지·현자총통(地玄字銃筒) 등 각종 총통(銃筒)을 쏘면서 돌진(突進)하였다. 싸움의 결과 중위장(中衛將) 권준(權俊)이 층각대선(層閣大船) 한 척을 나포(拿捕)한 것을 비롯해 왜선(倭船) 47척을 불사르고 부수었고 12척을 나포(拿捕)하였다. 와키자카 야스하루(ワキジャカ康晴)는 뒤에서 독전(毒箭)하다가 전세(戰勢)가 불리해지자, 패잔선(敗殘船) 14척을 이끌고 김해(金海) 쪽으로 도주했다. 이 해전(海戰)은 조선 수군의 큰 승리로 막을 내렸다. 격전(激戰) 중 조선 수군의 사상자(死傷

者)는 있었으나 전선(戰船)의 손실은 전혀 없었다. 왜병 400여 명은 당황하여 한산섬으로 도주했다가 뒷날 겨우 탈출하였다.

일본의 전선(戰船)들은 판옥선(板屋船)에 비해 급격한 회전이 어려웠고 따라서 후방은 비워져 있었지만, 쉽게 도망갈 수 없었다. 속도가 빠르기 때문에 함대의 정면(正面)에 배치된 함선은 많은 피해가 우려되었지만, 조선 함대는 압도적인 화포(火砲)의 화력(火力)으로 이 불리한 점을 극복하였다.

격침(擊沈)되거나 나포(拿捕)된 일본 함선은 모두 총 59척이었고, 병력 4~5000명 고려 선전기(善戰期) 등을 토대로 마치 한산해전(閑山海戰)에 1500명이 참전했다는 식(式)으로 곡해하는 사람들이 있지만, 어떤 일본 사료(史料)에도 그러한 말은 없다.

아다케급(安宅級) 함선부터가 7척 참여했는데, 1,500명이 참전했다는 것은 너무나 큰 무리수(無理數)이다. 상당수가 전사(戰死)했으며, 한산도로 도망친 와키자카(ワキジャカ) 휘하(麾下)의 병력 400여 명이다. 이순신(李舜臣)이 조정에 올린 견내량파(見乃梁派) 왜병장(倭兵將)에는 400명, 와키자카기(ワキジャカキ)에는 200여 명은 군량(軍糧)이 없어 13일간 해초(海草)를 먹으며 무인도에서 떠돌다 뗏목으로 겨우 탈출하였다고 한다. 마나베 사마노조(真鍋左馬允組)는 이때 자신의 배가 소각(燒却)되자 섬에서 할복(割腹)하였다.

이 전투는 행주대첩(幸州大捷)과 진주성대첩(晉州城大捷)과 함께 임진왜란 때의 3대 대첩(大捷)의 하나로 불리며, 이순신은 그 공으로 정헌대부(正憲大夫)로, 이억기(李億祺)와 원균은 가의대부(嘉義大夫)로 승서(陞敍)되었다.

정유재란(丁酉再亂)

1597년 정유(丁酉) 7월 칠천량(漆川梁) 해전(海戰)에서 조선 수군이 완전히 궤멸(潰滅)되고 그제야 정신 차린 선조와 주변 신하들은 이순신 백의종군(白衣從軍)에서 풀어주었는데 그 교지(敎旨)를 받는 곳이 진주(晉州) 수곡(水谷)에 있는 손경래(孫慶來)의 집이다. 이순신은, 선조를 향해 망궐례(望闕禮)를 한 차례도 안했다. "맑음. 이른 아침에 뜻밖에 선전관(宣傳官) 양호(楊鎬)가 교서(敎書)와 유서(諭書)를 가져왔다. 유지(宥旨) 내용은 삼도수군 통제사를 겸하라는 명령이었다. 숙배(肅拜)한 뒤에 삼가(參賀) 받았다는 서장(書狀)을 써서 봉해 올렸다." 『난중일기(亂中日記)』에서 1597년 8월 3일 이순신은 진양(晉陽, 진주) 수곡면(水谷面) 원계리 손경래(孫慶來)의 사랑채에 있었다고 한다. 조선 수군이 궤멸(潰滅)되고 선조는 삼도수군 통제사에 재임명(再任命)하는 교지(敎旨)에 탄식하며 이순신(李舜臣)에게 이르기를 "더 이상 무슨 말을 하리오, 무슨 말을 하리오"라고 하셨다.

그 당시 일본에서 온갖 상인들이 조선에 왔다. 그 중에 사람을 사고파는 자도 있었다. 본진(本鎭)의 뒤를 따라다니며 남녀노소 할 것 없이 사들였다. 새끼로 목을 묶은 후 여럿을 줄줄이 옭아매 몰고 가는데, 잘 걸어가지 못하면 뒤에서 몽둥이로 두들겨 팼다. 지옥(地獄)의 아방(阿房)이라는 사자(使者)가 죄인을 잡아가듯이 하였다.

조선인을 죽이고 코를 베어오면 그 값을 영수증(領收證)으로 대체(代替)받은 왜장(倭將)들은 그 근거(根據)로 "포상(褒賞)"받게 되어 그 코를 소중히 보

관하여 1일 일본(日本) 교토시(京都市) 히가시야마(東山) 구의(句意) 옛 대불사(大佛寺)터에. 정유재란의 주범 도요토미히데요시とよとみひでよし(豊臣秀吉)를 신(神)으로 받들어 모시는 도요쿠니신사(豊國神社) 부근에 코 무덤을 만들었다.

1597년 7월 칠천량(漆川梁) 해전에서 원균이 이끄는 조선 수군(水軍)에게 대승(大勝)을 거둔 왜군(倭軍)은 호남 내륙 유린(蹂躪)을 본격화했다. 그해 8월 한가위 무렵, 진주(晉州)와 구례(求禮)를 분탕질한 일본 좌군(左軍)은 섬진강을 거슬러온 수군(水軍)과 연합(聯合)해 남원성(南原城)으로 진격(進擊)했다. 일본 우군(右軍)이 함양(咸陽)의 황석산성(黃石山城)이 함락하고 민초(民草)들을 도륙(屠戮)했다.

졸장(卒將) 원균(元均)의 실책에 조선수군(朝鮮水軍)은 오합지졸(烏合之卒)이 되어 칠천량(漆川梁)의 눈물을 흘렸다. 1597년 7월, 도요토미 히데요시とよとみひでよし(豊臣秀吉)가 모처럼 큰 웃음을 터뜨렸다. 정식으로 조선 재침공을 명령한 지 5개월 만이다. 히데요시(豊臣秀吉)는 측실(側室)인 요도도노(尿道遠野)가 머무는 교토(東京)의 고하타산(木幡山) 기슭 후시미(伏見)성(城)에서 칠천량(漆川梁) 해전 승전보고를 받았다. 고니시 유키나가(小西行長) 등 5명의 왜군 장수들이 공동으로 표창받았다.

'재침(再侵)'. 일본 간사이(關西) 지방의 최대 도시 오사카(大阪) 시를 상징하는 오사카 성(大阪城)은 도요토미 히데요시とよとみひでよし(豊臣秀吉)가 일본을 통일한 후 절대 권력을 과시하기 위해 지은 성이다. 히데요시는 이 성에서 임진왜란을 기획하고, 또한 정유재란을 명령했다

사천왜성(泗川倭城) 혈전 참패로 색다른 신병(新兵)을 데리고 와서 정유재란이 치열한 국면으로 치닫던 1598년 5월 26일. 선조 임금은 한양 도성 인근에 주둔했던 명군(明君) 진영(鎭營)을 방문했다. 명군이 남해안 일대의 왜군(倭軍)을 공격하기에 앞서 한양(漢陽)에 머물면서 전열(戰列)을 정비하던

때다. '정유재란'으로 조선의 강토(疆土)는 붉은 피로 물들였다. "명(明)을 칠 테니 길을 내라(征明假道)" 했던 1592년 임진년(壬辰年) 침공에 이은 1597년 재침(再侵)으로 남쪽 4도를 노린 도요토미 히데요시의 야욕(野慾)은 하늘을 찔렀다. 백성들이 귀를 잘리고 코를 베어 잔인(殘忍)한 전리품(戰利品)으로 삼은 것이 정유재란이라 할 것이다.,

이순신 무언가 보여주고 마지막 길을 택했다

1597년 선조 30년(음력 9월 16일[10월 25일]) 명량해전(鳴梁海戰) 또는 명량 대첩(鳴梁大捷)은 정유재란(丁酉再亂) 때 이순신이 지휘하는 조선 수군 13척이 명량(鳴梁)에서 일본 수군 300여 척을 격퇴한 해전(海戰)이었다.

전남(全南) 울돌목. 일본의 정예(精銳) 함선 133척이 바다를 덮었다. 예비(豫備) 함대 170척도 뒤를 따랐다. 조선 수군의 세력은 불과 13척. 누가 봐도 결과가 뻔한 싸움에서 기적이 일어난 결과는 100척 이상의 일본 함대를 침몰시킨 조선의 압승(壓勝). 한산대첩(閑山大捷)과 더불어 사상 최고의 해전(海戰)이 명량대첩(鳴梁大捷)이다. 조선 수군의 승전 요인은 명장(名將) 이순신의 존재라 할 것이다. 빠르고 급변하는 울돌목의 해류(海流)를 이용할 줄 아는 지략(智略)과 불굴(不屈)의 의지, 전술(戰術) 마인드(mind)가 승리를 이끌었다.

명량해전으로부터 10개월 뒤에 주력선(主力船)인 판옥선(板屋船)은 85척으로 불어난다. 생산에서도 뛰어난 실적을 거두었다는 증좌(證左)다. 당시의 함선 건조(建造) 비용에 대한 기록은 없지만 요즘 복원(復原)되는 거북선 건조비(建造費)가 척당(隻當) 22~40억 원이라는 점을 감안하면 적지 않은 규모의 경제를 운영했음을 엿볼 수 있다. 부상병(負傷兵)과 피난민(避難

民)을 동원해 둔전을 일구고 선박(船舶) 통행세(通行稅)를 거두어 군비(軍費)를 충당했다. 탁월한 재정(財政) 운영이 통산(通算) 23전(戰) 23승(勝)이라는 불멸(不滅)의 전적(戰績)을 세운 셈이다 노량해전(露梁海戰)을 끝으로 임진왜란은 마침내 그 종지부를 찍었다. 7년간 홀로 조선의 바다를 지켜낸 이순신 장군에 함대는 마지막 해전(海戰)에서도 또 한 번에 대승(大勝)을 거두었으나 그 대가는 장군의 죽음이었다. 경상(慶尙) 우수사(右水使) 이순신의 지휘로 고금도(古今島)에 귀환(歸還)한 조선수군은 병사들에 오열(嗚咽)속에 장군에 영구(靈柩)를 모셨다. 이에 장군에 영구 앞에서 마지막 승전의 보고(報告)를 올렸다.

보고(報告)=경상(慶尙) 우수사(右水使) 이순신 : 통제(統制)님께 보고(報告)드립니다! 침몰(沈沒)한 적선(敵船) 200척, 납포(納布)한 적선(敵船) 100척, 파손(破損)된 적선(敵船) 100척, 베어낸 적에 수급(首級) 500두(頭), 전투는 아군(我軍)의 완벽(完璧)한 승리로 끝났습니다.! 통제사(統制使)님께 대하여 전병사(全兵士)는 경례(敬禮)!

너무도 치열한 전투였기에 조선 수군의 사상자(死傷者)와 전사자(戰死者) 또한 300명이 넘었는데, 그 중 1명이 바로 통제사 이순신 장군이었다. 노량해전의 승리와 공(公)에 죽음은 임금 선조에게도 전해졌다. 선조에게는 실로 애증의 존재였던 이순신 장군!

여기서 잠시『선조실록(實錄)』이 전하는 선조와 명나라 국문(國門) 형계(刑啟)에 대화(對話)를 살펴보자!

이 대화(對話) 내용을 보면 선조는 이순신 장군에 죽음보다는 오히려 명나라 장수 등자룡(鄧子龍)의 죽음을 더 애석해하는 듯하다. 너무도 위대한 영웅의 죽음 뒤에는 음모론(陰謀論)과 같은 논란(論難)이 재기되곤 하는데,

공 또한 예외(例外)는 아니었다. 그 대표적인 것이 바로 이순신 장군은 자살설(自殺設)이다.

"장군의 죽음이 워낙 극적(劇的)이다 보니 후대(後代)에 많은 논란(論難)을 불러 일으 켜는데 그 중 하나가 이순신 장군의 자살(自殺) 설(設) 이다. 그 배경에는 바로 선조가 있는데요. 전쟁이 끝난 후 임금에게 죽임을 당할 것을 염려(念慮)한 장군이 일부러 적의 총탄(銃彈)을 맞고 죽음을 선택했다는 것이죠."

이순신 장군이 일종에 미필적(未畢的) 고의(故意)에 의한 죽음을 택했다는 것이 이 주장에 핵심인데 이들은 다음과 같은 근거를 제시하고 있다.

"그러니까 일찍이 선조는 의병장(義兵將) 김덕령한테 모반죄(謀叛罪)를 뒤집어씌워 죽음을 내렸으니. 백성들에 큰 신망(信望)을 얻고 있는 김덕령이 두려웠기 때문이지요. 이런 선조가 그보다 더 큰 지지와 명성(名聲)을 얻은 이순신 장군을 그냥 놔뒀을 리가 있었을까? 몇몇 기록에 따르면 장군은 노량해전(露粱海戰)에서 갑옷을 그냥 홀라당 벗어던지고 선두(先頭)에 서서 전투를 지휘했는데. 총알이 빗발치듯 날아다니는 전장(戰場)에서 왜 굳이 갑옷을 벗었을까요? 그건 이미 장군이 삶을 도외시(度外時)했던 것이었던 것입니다."

하지만 대부분에 사람들은 회의적(懷疑的)인 시각을 보이고 있는데 반박(反駁)하는 이들에 주장도 들어보자!

"장군의 자살(自殺) 설(說)이 얼마나 근거 없는 주장인지는 장군의 마지막 유언만 봐도 알 수 있어요! 장군은 적에 총탄(銃彈)을 맞은 상황에서도 전투가 급(急)하니 내 죽음을 알리지 말라고 당부(當付)하셨다! 그렇게 병사들의 사기(使氣)와 전황(戰況)을 걱정하신 분이 과연 그 급박(急迫)한 순간에 일부러 죽음을 택하셨을까요? 최고 사령관의 부재(不在)가 얼마나 큰 영향을 미치는지 누구보다 잘 아시는 분인데 말이죠! 그리고 이순신 장군의 언행(言行)과 행적을 살펴본다고 해도 알 수 있듯이 장군은 죽음보다는 명분과 의(義)를 더 중시하는 분이십니다! 그러니까 그 이상(異狀)한 주장 좀 하지 마세요!"

전쟁이 끝난 후 조정은 공을 선무(選武) 일등 공신에 봉하고 좌의정에 추중(推重)했다. 고금도(古今島)에 있던 영구(靈柩)는 그해 12월 아산(牙山)으로 옮겨진 후 이듬해 2월 매장됐으며 시호(諡號)는 충무공(忠武公)이었다.

이순신 : 한산(閑山)에서 달 밝은 밤에 큰칼 옆에 차고 깊은 시름 하는 차에 어디서 일성호(一聲浩) 가는 남해 해(海)를 끝나니!

정묘호란(丁卯胡亂)

이보다 앞서 오랑캐 야인(野人) 부락(部落) 중에서 애친각라 씨(愛親覺羅氏)가 흥기(興起)하여 나라 이름을 만주라고 하고 태조 누르하치(山海关)가 즉위하였다. 이후 국력이 점점 강성(强盛)하여져서 사방의 이웃 나라들을 병탄(倂呑)하더니, 임진왜란 때에는 사신을 보내어 조선을 구원하고자 하는 뜻을 알렸다. 그러나 조정에서는 나중에 해를 입을까 염려(念慮)하여 예를 갖추어 거절하였다.

그 후 광해군(光海君) 때에 누르하치가 황제(皇弟)의 자리에 즉위(卽位)하여 명나라의 변경(邊境) 지역을 침범하였으므로 광해군 11년 (서기 1619년) 기미(己未)에 명나라가 양호(楊鎬)로 하여금 병사 24만 명을 거느리고 만주를 정벌하게 할 때 우리나라에 병사를 요청하였다.

이에 광해군(光海君)이 참판(參判) 강홍립(姜弘立)을 도원수(都元帥)로 임명하고, 평안병사(平安兵使) 김경서(金景瑞)를 부원수(副元帥)로 삼아 병사 2만여 명을 거느리고 가서 돕게 하였다. 강홍립은 광해군의 밀지(密旨)를 받고는 형세(形勢)를 살펴 향배(向背)를 결정하고자 하다가 명나라의 북로군(北路軍)이 패배하자 싸우지 않고 항복하였다.

그러나 김응하(金應河)와 오직(吳稷)·계강(桂杠) 등은 심하(深河)에서 힘을 다해 싸우다가 죽었는데, 이때 김응하가 나무에 기대어 활로 적을 쏘니 백발백중이었으므로 적이 감(敢)히 범접(犯接)하지 못하였으나, 화살이 다 떨어져서 죽었다. 김경서(金景瑞)는 적에게 사로잡혔으나 굴복하지 않다가 죽었으며, 오신남(吳信男)·박난영(朴蘭英) 등은 강홍립(姜弘立)을 따라 항복하였다.

그 후 인조(仁祖) 때에 한명련(韓明璉)의 아들 한윤(韓潤)이 만주로 도망가서 강홍립(姜弘立)에게 권하여 조선을 치라고 하니, 청나라 태종 황태극(皇太極)이 강홍립의 말을 듣고 패륵(貝勒) 작호(爵號) 아민(阿敏)과 제이합랑(濟爾哈朗), 강홍립 등으로 하여금 3만여 명의 병사를 거느리고 가게 하였다. 인조(仁祖) 5년 (1627) 정묘(丁卯)에 압록강을 건너 의주(義州) 부윤(義州府尹) 이완(李莞)을 죽이고 철산(鐵山)을 유린하였으며, 명나라 장수 모문룡(毛文龍)을 가도(椵島)로 내쫓고, 곽산(郭山)과 정주(定州)를 쳐서 함락하였다.

또 청천강(淸川江)을 건너 안주(安州)를 포위하자 목사(牧使) 김준(金浚)과 병사(兵使) 남이흥(南以興) 등이 병사와 백성들을 이끌고 성을 지키다가 마침내 성이 함락되자 남이흥·김준은 모두 분신(焚身)하여 죽었다. 평안감사(平安監司) 윤훤(尹暄)은 안주(安州)가 함락되었다는 소식을 듣자 평양을 버리고 도망가니, 평양이 또한 함락되었다.

온 조정이 크게 놀라서 도원수(都元帥) 장만(張晩)으로 하여금 평산(平山)으로 병사를 이끌고 나아가 방어하게 하고, 김상용(金尙容)을 유도대장(留都大將)으로 삼아 도성(京城)을 지키게 한 후 왕은 영의정 윤방(尹昉), 우의정 오윤겸(吳允謙) 등과 더불어 강화도로 옮기셨다. 이후 적의 장수 아민(阿敏)이 중화(中和)에 이르러 부장(副將) 유흥조(劉興祚)를 보내어 강화(和議)를 맺자고 하니, 왕이 어쩔 수 없이 단(壇)을 쌓고, 흰 말과 검은 소를 죽여 하늘에 제사를 지내고, 만주와 형제의 나라를 맺기로 맹서하였다. 이에 적군(敵軍)이 철수하고, 왕이 도성(都城)으로 돌아오셨다.

이때에 사신 김상헌(金尙憲)이 북경(北京)에 있다가 본국에서 난이 일어났다는 소식을 듣고 구원을 요청하니, 명나라가 요동순무(遼東巡撫) 원숭환(袁崇煥)으로 하여금 병사를 이끌고 가게 하였는데, 도중에 강화(講和)가 이루어졌다는 소식을 듣고는 군사를 되돌렸다. 일본도 사신을 보내어 조선을 구원할 뜻을 알렸으나 조정에서 예를 갖추어 거절하였다.

병자호란(丙子胡亂)

청나라가 정묘년(丁卯年)에 맺었던 형제지맹(兄弟之盟)을 군신지의(君臣之義)로 바꾸고 조선에게 신하의 예를 갖출 것을 요구했으며, 세폐(歲幣) 규모도 크게 늘렸다. 이에 조정에서는 외교적(外交的) 교섭(交涉)으로 문제를 해결하자는 주화론(主和論)과 무력으로 강력하게 응징해 명분을 세워야 한다는 주전론(主戰論)이 맞선다. 조경(趙絅), 김상헌(金尙憲), 유계(兪棨) 등 소장파는 주전론, 이귀(李貴), 최명길(崔鳴吉), 홍서봉(洪瑞鳳) 등 인조반정(仁祖反正)을 주도한 공신들은 주화론(主和論)을 내세웠다 이 과정에서 조선과 청(靑) 사이에는 갈수록 전운(戰雲)이 짙어졌다. 1636년 2월에는 용골대(龍骨大)와 마부대(馬夫大)가 인열왕후(仁烈王后)의 국상(國喪)에 사신으로 왔다가 인조(仁祖)가 국서(國書)를 받길 거부하고, 또 주전론자들이 두 사신을 엄히 처벌해야 한다는 상소를 올리자 황급히 조선을 떠났다.

이어 청나라는 황제(皇弟) 대관식(戴冠式)에 참석(參席)한 조선사신(朝鮮使臣)에게 왕자와 주전론 주창자(主唱者)들을 볼모로 보내지 않으면 다시 군대를 일으키겠다"라고 위협하고, 11월에는 최후통첩을 보냈다. 하지만 주전론 쪽으로 기울 던 조선에서는 이 같은 요구를 계속 받아들이지 않았다.

그러자 청 태종은 12월 1일, 청군(靑軍) 7만 명, 몽골인(蒙骨人) 3만 명, 한족 2만 명 등 모두 12만의 군사를 일으켜 조선을 침공하였다. 이것이 병자호란(丙子胡亂)이다. 이들은 압록강을 넘은 뒤 거침없이 한성(漢城)으로 향했다. 청나라 군대가 12일에 압록강을 넘은 뒤, 13일에는 평양, 14일에는 개성까지 진격했다는 보고가 잇따랐다.

도성(都城)의 주민들 사이에는 혼란이 일었고, 피난 행렬이 줄을 잇기 시작했다. 이에 인조도 한성에서 벗어나기로 하고, 세자빈(世子嬪) 강 씨(姜氏)와 원손(元孫), 둘째 봉림대군(鳳林大君), 셋째 인평대군(麟坪大君)을 14일 강화도로 피란(避亂) 보냈다. 인조도 이날 밤 강화도로 향하려 했으나, 청군(靑軍)이 이미 연서역(延曙驛)을 통과했고, 강화도로 가는 길까지 차단했다는 보고를 받고 강화도 행을 포기했다. 인조는 소현세자(昭顯世子)와 함께 백관(百官)을 대동(帶同)하고 남한산성으로 향했다

그러자 한성 주변 관리들이 수백 명씩 군사를 몰고 집결해 산성 내 병력은 1만 4,000여 명에 이르렀다. 당시 인조는 도성(都城)에서 빠져나오기 직전(直前), 적군(敵軍)이 이미 양철평(良鐵坪)까지 왔다는 급보(急報)를 받자 최명길(崔鳴吉)을 청군(靑軍)에게 보내 강화(講和)를 청하면서 시간(時間)을 끌게 했다. 15일 새벽, 인조는 강화도로 옮기기 위해 남한산성을 나섰으나, 눈보라가 심하게 몰아치고 산길이 얼어붙었다. 인조는 말에서 내려 걷기 시작했으나, 여의치 않아 결국 남한산성으로 되돌아갔다.

또 강화도로 향한 세자빈(世子嬪) 강 씨(姜氏) 일행은 갑곶(甲串)나루에 이르렀으나, 나룻배가 없어 이틀을 추위에 떨다가 겨우 강화도로 들어갈 수 있었다. 하지만 수많은 백성들은 미처 나룻배를 타지 못한 채 청군에게 희생됐다. 조정에서 일반 백성들에 이르기까지 청군의 거센 진격에 제대로 손쓸 틈이 없었던 셈이다.

이에 사헌부(司憲府)와 사간원(司諫院)은 15일 "적군(敵軍)이 압록강을 건넌 뒤로 어느 한 곳도 막아내지 못한 채 적군(敵軍)을 깊이 들어오도록 내버려둬 백성이 큰 고통을 겪고, 국왕이 어찌할 도리가 없도록 만들었다"라며 도원수(都元帥) 김자점(金自點) 등에게 죄를 물을 것을 청했다. 이튿날 마침내 청군이 남한산성에 이르렀다.

조선군(朝鮮郡)과 청군은 서로 전면전(全面戰)은 피한 채 한동안 산발적(散發的)인 싸움을 벌였고, 이 과정에서 조선군(朝鮮郡) 300여 명이 청군의 유인작전(作戰)에 말려들어 성 바깥으로 나갔다가 몰살(沒殺)당하는 일이 있었다. 조선 군사들은 청군이 일부러 소와 말을 풀어둔 것을 알고 나가지 않으려 했으나, 체찰사(體察使) 김류(金瑬)가 이를 잡아오라며 재촉하는 바람에 결국 화(禍)를 당했다. 이 일로 군사들의 사기(士氣)는 다시 한 번 크게 떨어졌다.

해가 바뀌고 1월 들어 청 태종은 군사를 20만 명으로 늘려 남한산성 밑 탄천(炭川)에 포진(布陣)시켰다. 남한산성은 갈수록 고립무원(孤立無援)의 지경(地境)으로 빠져들었다. 당초 산성 내에는 양곡 1만 4, 300석(石)과 장(醬) 220항아리 등 50일간(日間)의 양곡이 준비돼 있었지만, 이마저도 거의 바닥을 드러내고 있었다. 『산성일기(山城日記)』 1월 14일자에서 '하루 양식으로 군병은 3홉씩 줄이고, 백관은 5홉씩 줄여도 다음 달까지 닿지 못하니, 어떻게 될지 모르겠다' 하고 기록하였다.

이를 간파한 청 태종은 직접 서한(書翰)을 보내 화친(和親)의 뜻을 내비치며, 인조가 직접 성 밖으로 나와 군신(君臣)의 예를 갖추고, 그에 앞서 척화신(斥和臣) 두세 명을 먼저 내보라고 압박했다. 하지만 인조는 "차라리 척화(斥和)한 신(身)과 함께 죽을지언정 그들을 내줄 수 없다" 하며 거부했다. 그러자 이미 싸울 뜻을 잃은 일부 군사들은 척화신(斥和臣)을 내보내라고 목소리를 높였고, 주전론자인 윤집(尹集)과 오달제(吳達濟)는 스스로 적진에 가기를 청했다.

그러던 중 강화도가 이미 함락됐다는 사실이 알려지자, 마침내 인조는 청 태종의 요구를 받아들이기로 결심했다. 이때 청군에 넘겨진 윤집과 오달제는 홍익한(洪翼漢)과 함께 심양(瀋陽)에 끌려가서도 청에 항복하기를 거부해 죽음을 맞는다. 이 세 사람을 일러 삼학사(三學士)라고 한다. 피신한

지 48일째인 1월 30일, 인조는 소현세자(昭顯世子)와 남색(藍色) 옷을 입고 서문(西門)을 통해 산성(山城) 밖으로 나갔다. 성에서는 통곡 소리가 울려 퍼졌다. 청 태종(太宗)은 한강 동편(東便)의 나루터인 삼전도(三田渡)에 9층으로 단(壇)을 만들어 그 위에 앉아 있었다.

황제(皇帝)를 상징하는 황색(黃色)의 막(幕)과 양산(陽傘)에 병기(兵器)와 깃발이 단(壇)을 에워싸고 있었고, 정병(精兵) 수만 명이 단을 중심으로 네모지게 진(陣)을 치고 있었다. 청(靑) 태종은 장수들에게 활쏘기를 시키다가 멈추게 하고는 인조에게 100보(步) 가량(假量)을 걸어서 삼공육경(三公六卿, 3 정승(政丞)과 6조(曹) 판서(判書))과 함께 뜰 안의 진흙 위에서 배례(拜禮)하게 했다 신하들이 돗자리 깔기를 청했지만, 인조는 "황제 앞에서 어찌 감히 스스로를 높이리오"라고 말했다.

이렇게 인조는 청 태종(太宗)이 앉아 있는 단을 향해 세 번 절하고 아홉 번 머리를 조아리는 삼배구고두(三拜九叩頭)의 예를 행했다. 이를 두고 '삼전도(三田渡)의 굴욕(屈辱)'이라고 한다. 이어 청 태종이 인조에게 돈피(獤皮, 모피) 갖옷 두 벌을 건네자, 인조는 그중 한 벌을 입고 다시 뜰에서 세 번을 절하며 사례(謝禮)했다.

이로써 조선은 청(靑)과 군신 관계를 맺고 조약을 체결했다. 그 내용은 청(靑)에 신하의 예를 갖출 것, 명(明)과 단교(斷交)할 것, 청(靑)에 물자와 군사를 지원할 것, 청에 적대적인 움직임을 보이지 말 것, 세폐(歲幣)를 보낼 것 등이다. 조선과 청의 이런 관계는 1895년 청일전쟁(淸日戰爭)에서 청이 패배할 때까지 그 기본 방향이 유지됐다.

청(靑)은 철군(撤軍)하면서 소현세자(昭顯世子)와 세자빈(世子嬪), 봉림대군(鳳林大君) 등을 볼모로 데려갔다. 조선인 여자 50만 명도 함께 끌려갔다. 당시 심양(瀋陽) 시장(市場)에서 팔린 조선인만 해도 66만여 명이나 됐다. 인조가 항복의 예를 마친 뒤 백관(百官)과 함께 도성(都城)으로 향할 때,

포로로 잡힌 남녀 조선인 1만여 명이 길의 좌우에서 "우리 임금이시여, 우리를 버리고 가십니까"라며 울부짖었다.

이처럼 굴욕적인 항복에 분노한 백성들은 곳곳에서 의병을 일으켰다. 대표적인 것이 박철산(朴撤山)의 의병부대(義兵部隊)로, 이들은 용강(龍江) 근처 적산(狄山)에서 적의 주력군(主力軍)을 맞아 완강(頑强)하게 저항했으며, 때문에 적산(狄山)은 '의병산(義兵山)'으로 불렸다. 의주(義州) 부윤(府尹) 임경업(林慶業)은 1642년 청(靑)의 요청으로 명(明)에 출병(出兵)했다가, 명군(明軍)과 손잡고 청(靑)에 맞서려다 사전(事前)에 발각돼 실패로 끝났다. 두 차례의 호란(胡亂)으로 국가 운영과 존명사대주의(尊明事大主義)에 심각한 타격을 입은 조선은 인조에 이어 즉위한 효종(孝宗) 재위 기간에 북벌론(北伐論)을 통해 위기 수습을 시도한다

공서(公書)

조선시대 당파의 하나인 서인 중, 1623년 인조반정(仁祖反正)에 가담하여 공을 세운 서인. 김유(金瑬), 심기원(沈器遠), 김자점(金自點) 등이 주장하던 소당파(小黨派)는 정조(正祖) 때, 서학(西學)에 동정적(同情的)이던 임금과 채제공(蔡濟恭)의 두호(斗湖)로 천주교가 확장되자, 이에 맹렬히 반발하고 서학(西學)을 배척(排斥)하던 당파는 대체로 이이(李珥)가 죽은 후 광해군 말까지 모두 40년간에 다소(多少) 변동(變動)이 있었으나, 동인(東人)이 세력을 가졌을 때 서인은 인조를 도와 반정(反正)을 한 공으로 비로소 뜻한 바를 이루었다. 이에 서인도 나뉘어 청서(淸書), 공서(功西)가 되었다.

대동법(大同法)

조선시대에 공물을 하급 관리나 상인들이 대신하여 나라에 바치고 백성들에게서 높은 대가를 받아 내던 일. 폐단이 많아 임진왜란(壬辰倭亂) 후에 대동법(大同法)이 나오게 되었는데, 방납(防納)은 조선시대 지방에서 중앙으로 공물을 대신 바치던 일이다.

공물은 세대(世帶)를 대상으로 부과하여 백성들이 공납(貢納)하던 토산물을 말하는데, 토산(土産)이 아닌 공물이나 농가(農家)에서는 만들기 어려운 가공품(加工品) 등을 공납(貢納)해야 될 경우에는 현물(現物)을 사서라도 바쳐야 했다. 따라서 이를 기회로 중간에서 이득을 취하는 상인 혹은 하급 관리들이 나오게 되었다.

또 이들은 자기들의 이익을 위하여 불법적인 수단(手段)으로 농민의 상납(上納)을 막기까지 하였으므로 방납(防納)이라는 명칭이 생기게 되었다. 또한 지방에서 공납(貢納)이 가능한 물품이라 할지라도 국가의 수요(需要)와 공납(貢納)이 시기적으로 일치하지 않는 경우가 많고, 먼 지방으로부터의 수송(輸送)에도 불편이 많았을 뿐 더러 각 궁방(宮房)·관청(官廳)에서 수납(收納)할 때에도 그 규격(規格)을 검사(檢査)하여 불합격품(不合格品)은 이를 되돌려 다시 바치게 하는 등, 여러 가지 혼란이 일어났다.

그러므로 국가에서는 경주인(京主人) 등으로 하여금 필요한 물품을 대신 바치게 하고 그 대가를 지방민(地方民)에게 갑절로 받게 하였으므로 수요자(需要者)와 방납자(防納者)는 서로 결탁하여 지방의 납공자(納貢者)들을 괴롭혔다. 그러므로 1569년 선조 2년 이이(李珥)는 동호문답(東湖問答)을 바쳐 공물을 미곡(米穀)으로 대신 내게 함으로써 방납에 따르는 납공자들의 피해를 덜어야 된다고 주장하였다.

그러나 이 주장은 임진왜란 이전에는 시행되지 않았다가 임진왜란(壬辰

倭亂) 이후 토지의 황폐(荒弊), 백성의 이산(離散) 등으로 조세(租稅)가 감소되어 국가 재정(財政)이 곤란해지자 비로소 그 보충을 목적으로 대동법(大同法)을 실시하게 되었다.

조선시대 공물을 대신 납부하고 이자(利子)를 붙여 받은 일. 공물의 종류와 수량(數量)은 국가에서 소요(所要)되는 것을 기준으로 책정하기 때문에 천재(天災)를 입었다 하더라도 감면(減免)되기 어려웠다. 더욱이 그 지방에서 생산(生産)되지 않는 토산물까지 부과하여 백성은 현물(現物)을 외지(外地)에 가서 사와서 납부하기도 하였다. 이러한 어려움 속에 상인·관원(官員)이 끼어들어 백성 대신 공물을 대납(代納)해주고 그 대가로 막대한 이(利)를 붙여 착취하였다.

또 직접 공납(貢納)하려 하여도 방납자(防納者)와 악덕(惡德) 관원(官員)이 결탁하여 관청(官廳)에서 물품을 수납(受納)할 때 그 규격(規格)을 검사(檢査)하면서 불합격품은 이를 되돌려 다시 바치게 하는 점퇴(點退)가 행하여져, 백성은 점퇴(漸退)의 위협 때문에 이후의 막대한 손실(損失)을 무릅쓰고서라도 방납자들에게 대납을 맡길 수밖에 없었다. 또한 지방에서 직접 공납(貢納)이 가능한 물품이라도 국가의 수요(需要)와 공납 시기가 맞지 않을 때가 많고, 거리가 먼 지방에서는 수송(輸送)에도 어려움이 많아 방납이 성행하였다.

이와 같은 방납의 폐단을 중종 때 조광조(趙光祖)는 "여러 토산물이 고르지 못한 데도 1되 방납에 1말을 받아내고 1필을 방납하면 3필을 받아내니 이의 폐단이 극심하다"고 하여 공안(貢案)을 개정할 것을 주장하였다. 1570년 선조 3년 당시 이서(吏胥)들에 의한 방납의 폐는 원공(元貢) 실제로 나라에 공납(貢納)한 공물의 10배·100배를 받아내어 백성들의 어려움이 말이 아닌 지경(地境)에 이르렀으므로 정공도감(正供都監)을 설치하여 방납 금지에 힘썼으나 좀처럼 시정(施政)되지 않을 뿐더러 더욱 심해졌다.

1574년 이이(李珥)는 방납금지책(防納禁止策)과 관련하여 ① 이런 폐단 때문에 농민의 이농(離農)이 두드러져 전토(田土)는 황폐(荒幣)하고, ② 이전에 100명이 납부한 분량(分量)의 공물을 전년에는 10명이, 다시 금년에는 한 사람이 납공(納貢)하여야 할 실정(實政)이므로, ③ 공물 배정(配定)의 원칙을 전결(田結)과 민호(民戶)의 다소에 의거하여 정하고, ④ 공물은 지방관(地方官)이 직접 중앙에 납입(納入)할 것 등을 주장하였으나, 실현되지 못한 채 임진왜란이 일어났다. 임진왜란 후 류성룡(柳成龍)은 상공(常貢)의 대가를 1년 통산(通算)하여 전결(田結)에 나누어 매긴 액수(額數)를 쌀로 환산(換算)하여 차별 없이 부과·징수(徵收)하도록 하였고, 정부의 수요물자(需要物資)는 경상(京商) 또는 물자 공급인을 별도로 지정하여 구입하도록 하였다.

그후 1608년 광해군(光海君) 1년 경기도에 한하여 선혜법(宣惠法)이라는 이름으로 경기도에 한하여 대동법(大同法)을 실시하고 중앙에 선혜청(宣惠廳)과 지방에 대동청(大同廳)을 두고 이를 관장(管掌)하였다. 이어 인조 때 강원청(江原廳), 효종(孝宗) 때 호서청(湖西廳)과 호남청(湖南廳), 숙종 때 영남청(嶺南廳)과 해서청(海西廳)을 각각 설치하여 초기 공물제도(貢物制度)로서 대동법(大同法) 실시와 더불어 작미법(作米法)으로 하여 미포(米布)를 대동상납(大同上納)하였다. 즉" 정부에서 필요한 물품을 새로이 공인(貢人)을 지정하여 그들을 통해 구입하게 함으로써 방납의 폐단은 없어지게 되었다.

예송(禮訟)

조선후기(朝鮮後期) 현종대(顯宗代)에 효종(孝宗)과 효종비(孝宗妃) 인선왕후(仁宣王后)의 국상(國喪)에 대한 인조의 계비(繼妃) 장렬왕후(莊烈王后)의 복상(服喪)기간을 둘러싸고 일어난 서인과 남인 간의 두 차례에 걸친 예 논쟁이다. 표면적(表面的)으로는 단순한 왕실 내 전례(典例) 문제처럼 보이지만, 왕위계승 원칙인 종법(宗法)의 이해 차이에서 비롯된 성리학(性理學) 이념 논쟁이었다.

병자호란으로 청나라에게 굴복(屈伏)한 뒤 인조의 첫째 아들 소현세자와 둘째 아들 봉림대군(鳳林大君)이 청나라에 볼모로 잡혀갔다. 소현세자는 돌아온 지 석 달 만에 죽었는데, 그 아들 원손(元孫)이 세손(世孫)으로 책봉되어 왕위를 이어야 종법(宗法)을 온전히 지킬 수 있었으나, 소현세자의 동생인 봉림대군이 인조의 뒤를 이어 즉위하였다. 효종(孝宗)이 즉위한 지 10년 만에 승하하여 효종(孝宗)에 대한 장렬왕후(莊烈王后)의 복상(服喪)기간이 문제되었는데, 이것이 제1차 예송(禮訟)인 기해예송(己亥禮訟)이었다.

정태화(鄭太和)는 『경국대전(經國大典)』의 "장자(長子)이든 차자(次子)이든 1년이다."의 규정을 내세워 복상(服喪) 기간을 기년(紀年), 즉 1년으로 주장했다. 그러나 남인 허목(許穆)과 윤선도(尹善道)가 부모가 장자(長子)에 대해서는 3년상(年喪)을 하고 차자(次子) 이하의 아들에게 기년상(朞年喪)을 한다고 하며 이의(異議)를 제기하였다. 반면 송시열(宋時烈), 송준길(宋浚吉) 등 서인들은 효종(孝宗)은 장렬왕후에게 둘째 아들이므로 장렬왕후는 차자에 대한 기년복(朞年服)을 입는 것이 당연하다고 하였다. 특히 송시열(宋時烈)은 사종지설(四種之說) 가운데 체이부정(體而不正)을 내세워 입론(立論)을 뒷받침하였다.

체이부정은 서자(庶子)를 세워 후사(後嗣)로 삼는다는 내용이다. 이 '서자(庶子)'에 대해 서인은 '중자(衆子)'로 해석한 반면, 남인은 첩자(妾子)'로 해석하여 효종은 이에 해당되지 않는다고 주장하였다. 기해(己亥) 예송(禮訟)은 서인의 승리로 끝나 효종의 국상(國喪)에 장렬왕후는 기년복(朞年服, 1년인 상례에 입는 상복)을 입었다.

제2차 예송인 갑인예송(甲寅禮訟)은 효종 비 인선왕후(仁宣王后)가 현종(顯

宗) 15년(1674년)에 승하하자, 며느리를 위해 시어머니인 장렬왕후가 상복(喪服)을 어떻게 입을 것인가를 두고 일어난 논쟁이다. 서인들은 차자부(次子婦)로 보아 대공(大功) 9개월복(個月服)을 입을 것을 주장하였고, 남인들은 장자부(長子婦)로 보아 기년복(朞年服)을 입도록 주장하였다. 갑인(甲寅) 예송(禮訟)에서는 남인들의 주장이 받아들여져 장렬왕후는 기년복을 입었다.

예송은 17세기 서인과 남인 사이에서 예치(禮治)가 행해지는 이상사회를 위한 실현 방법을 둘러싸고 전개된 성리학 이념 논쟁이자 권력투쟁의 논쟁으로, 조선 후기 붕당(朋黨) 정치 시기에 일어난 대표적인 정치적 사건이었다.

경신환국(庚申換局)

'환국(換局)'은 '정국(政局)의 전환(轉換)'을 뜻한다. 환국이 잦았다는 얘기는 당파 간의 경쟁이 그만큼 격렬(激烈)했다는 의미다. 다만 당시 환국의 주체(主體)는 특정 당파가 아니라 왕 숙종(肅宗, 1674~1720) 자신이었다. 숙종은 집권 세력을 쉽게 교체(交替)함으로써 왕권을 강화하고 충성(忠誠) 경쟁을 유발시키는 효과를 노렸다. 특정 당파가 권력를 강화시켜, 대출척(大黜陟)으로 정권의 국면을 바꿔 버리는 일이 반복됐다. 이 과정에서 숙종은 외척(外戚)을 기용해 특정 당파의 권력 독점(獨占)을 견제하기도 했다. 하지만 이처럼 잦은 환국은 각 붕당(朋黨)이 견제와 균형의 원리로 공론(公論)을 모색하기보다는 일당 전제(專制)로 나아가는 측면(側面)이 강했음을 의미하기도 한다.

현종(顯宗) 재위 마지막 해인 1674년 1월 효종(孝宗) 비(妃)인 인선왕후(仁宣王后)가 타계하자, 시어머니인 장열왕후(莊烈王后) 조대비(趙大妃)의 복제(服

制)를 놓고 남인은 1연간 상복(喪服)을 입어야 한다는 기년설(朞年說)을, 서인은 9개월이면 된다는 대공설(大功說)을 각각 내세웠다. 주자가례(朱子家禮)를 해석함에 있어 서인은 효종 비가 맏며느리가 아니라 둘째 며느리라는 점에 방점(傍點)을 찍었고, 남인은 효종 비가 중전을 지냈으므로 큰며느리의 예를 따라야 한다고 주장했다. 결국 현종(顯宗)은 남인의 기년설(朞年說)을 받아들였다. 앞서 1659년 효종이 타계(他界)했을 때는 서인이 1년설(年說)을, 남인이 3년설(年說)을 제기해 서인의 주장이 채택됐다.

당시는 예가 성리학적 사회질서(社會秩序)의 핵심 규범(規範)이었던 시기로, 이 같은 논쟁은 단순히 장례(葬禮) 절차에 그치는 문제가 아니었다. 서인과 남인 간의 복상(服喪) 논쟁이 1674년 8월 숙종이 즉위한 직후 서인을 옭아매는 빌미(口實)가 된 것도 이 때문이었다. 특히 서인의 거두(巨頭) 송시열(宋時烈)은 복상(服喪) 논쟁에서 '적처(嫡妻)가 낳은 둘째 아들부터는 모두가 서자(庶子)'라고 해석(解析)했다. 이는 효종(孝宗)이 적자(嫡子)가 아닌 서자(庶子)의 신분으로 왕통(王統)을 이었다는 점을 부각시킨 것으로, 왕위 계승의 정당성(正當性)에 관한 민감한 문제였다.

전국의 유생(儒生)들은 송시열의 예론(禮論)에 대해 찬반(贊反)으로 갈라졌고, 남인들은 외척(外戚) 김석주(金錫胄)와 결탁해 송시열을 비롯한 서인을 맹렬(猛烈)히 몰아붙였다. 결국 숙종은 남인의 손을 들었고, 이로써 서인들을 일제(一齊)히 몰아냈다. 이것이 갑인환국(甲寅換局)이다. 정권 교체(交替) 이후 남인은 서인의 처벌 문제에 있어 강경파(强硬派)인 허목(許穆), 윤휴(尹鑴) 등의 청남(淸南)과 온건파(穩健派)인 허적(許積), 권대운(權大運) 등의 탁남(濁南)으로 나뉘고, 정국(政局)의 주도권은 탁남(濁南)이 쥐게 된다.

경신환국(庚申換局)은 숙종 6년인 1680년 일어났다. 당시는 남인 영수(領袖) 허적이 막강한 영향력을 행사할 때였다. 그해 3월 허적은 조부(祖父) 허잠의 시호를 맞이하는 잔치(宴會)를 베풀었는데, 도중에 비가 내리자 숙종은 비가 새지 않도록 기름을 먹인 유악(帳幕)을 허적에게 갖다줄 것을 지시했다. 하지만 허적은 허가도 받지 않고 이미 유악을 가져간 상태였다. 유악(帳幕)은 왕궁(王宮)에서 쓰는 군사 물자(物資)로서, 개인적(個人的)인 이유로 빌려갈 수 없는 것이었다. 당시 숙종은 허적을 비롯한 남인들의 호가호위(狐假虎威)하는 형태에 불만을 갖고 있던 터여서, 이 일을 계기로 서인들을 대거 요직(要職)에 불러들였다.

며칠 후에는 병조판서(兵曹判書) 김석주(金錫冑)의 사주(使嗾)를 받은 정원로(鄭元老) 등이 "허적의 서자(庶子) 견(堅)이 복선군(福善君)을 왕으로 삼으려고 그 형제들과 역모(逆謀)를 도모하고 있다"라고 고변(告變)했다. 허견(許堅) 등이 전시(戰時) 사령부(司令部)인 도체찰사부(都體察使府) 소속 경기 이천(利川) 둔군(屯軍)에게 매일(每日) 특별한 군사 훈련을 시켰고, 도체찰사부(都體察使府)가 지휘하던 개성 대흥산성(大興山城)에서도 훈련이 있었는데, 이는 복선군 옹위(擁衛)에 대비하기 위한 것이라는 내용이었다. 도체찰사(都體察使)는 영의정이 맡도록 돼 있었고, 당시 영의정은 허적이었다 허견(許堅)은 숙종이 병이 잦아 만약(萬若) 불행(不幸)한 일이 닥치면 화(禍)를 예측(豫測)할 수 없으니 미리 대비해야 한다고 복선군과 윤휴(尹鑴) 등에게 말했다는 사실을 털어놓았다.

복선군도 이를 인정했다. 복창군(福昌君), 복선군, 복평군(福平君) 삼형제(三兄弟)는 인조의 3남(男) 인평대군(麟坪大君)의 아들로, 숙종과는 오촌(五寸) 사이었다. 이 일로 복선군과 허견(許堅)은 처형됐고, 허적은 삭직(削職)된 뒤 사사(賜死) 당했으며, 윤휴(尹鑴)도 역시 사약(死藥)을 받았다. 이 밖에 100여 명의 남인들이 처벌을 받는 등 남인들이 대거 축출됐다. 김석주(金錫冑)가 치밀(緻密)하게 계획한 '3복(伏)의 변(變)'으로 남인 세력은 물론 그들과 가깝게 지내는 종친(宗親) 세력까지 제거당한 것이다. 이로써 정권을 잡은 서인은 송시열을 영수(領袖)로 하는 노론과 윤증(尹拯)을 중심으로 한 소론으로 나뉘었다.

　권력의 핵심을 장악한 것은 송시열의 노론(老論)과 김석주(金錫胄), 김만기(金萬基), 민정중(閔鼎重) 등 왕실의 외척이었다. 경신환국(庚申換局)으로 밀려난 남인은 그로부터 9년 뒤 다시 정권의 중심으로 들어섰다. 기사환국(己巳換局)은 1689년 숙종이 후궁(後宮) 장 씨(張氏)의 소생인 왕자 윤(昀)을 인현왕후(仁顯王后)의 양자(養子)로 들여 원자로 삼겠다는 뜻을 밝히면서 비롯됐다. 숙종의 정비(正妃)는 노론(老論)인 김만기(金晩基)의 딸 인경왕후(仁敬王后)였으나 1680년 타계(他界)했고, 노론(老論) 민유중(閔維重)의 딸인 계비 인현왕후는 원자를 낳지 못했다. 이에 노론(老論)은 인현왕후의 나이 아직 젊으며, 태어난 지 두 달밖에 안 된 후궁 소생을 원자로 삼는 것은 부당하다며 반대했다.

　그럼에도 숙종이 왕자 윤(昀)을 원자로 확정하고, 생모 장 씨(張氏)를 빈(嬪)으로 승격시키자 송시열은 거듭 시기상조(時機尙早)라는 의견을 밝혔다. 그러자 숙종은 송시열을 포함해 노론계를 대거 유배 보냈고, 송시열에게는 사약을 내렸다. 또 숙종이 인현왕후를 폐비하려 하자, 반대 상소를 올린 노론 인사(人事)들도 귀양을 보냈다. 이를 계기로 희빈(禧嬪) 장 씨(張氏)가 중전이 되고, 원자 윤(昀)은 세자로 책봉된다. 아울러 정국(政局)의 주도권은 민암(閔黯)과 이의징(李義徵) 등 남인이 되찾았다. 그러나 남인의 집권은 오래가지 못했다. 기사환국(己巳換局) 5년 뒤인 1694년, 노론계인 광성부원군(光城府院君) 김만기(金晩基)의 맏손자 김춘택(金春澤)과 소론계인 승지(承旨) 한구(韓構)의 아들 한중혁(韓重赫) 등이 폐비 민 씨(閔氏)의 복위운동을 벌이다 일당인 함이완(咸以完)의 고변(告變)으로 체포된다.

　당시 우의정 민암(閔黯) 등 남인은 이 사건을 부각(浮刻)시켜 노론(老論)을 몰아내기로 하고, 복위운동에 연루된 서인들을 모두 하옥시켜 심문(審問)했다. 하지만 당시 숙종은 중전 장 씨(張氏)와 사이가 좋지 않았고, 민 씨

(閔氏)를 폐위한 것을 후회하고 있었다.

게다가 당시 총애하던 숙원(淑媛) 최 씨(崔氏)를 남인이 독살(毒殺)하려 한다는 고변(告變)이 서인 측으로부터 올라왔다. 그러자 숙종은 남인을 축출하고 다시 서인을 불러들였다. 또 폐비 민 씨(閔氏)를 복위시키는 한편, 중전 장 씨는 빈(嬪)으로 강등했다. 송시열의 관작이 복구된 것도 이때였다. 이것이 갑술환국(甲戌換局)으로, 이후 남인은 재기할 힘을 잃게 된다.

갑술환국 직후에는 남구만(南九萬)을 비롯한 소론(小論) 세력이 정권을 장악했다하지만 소론(小論)은 7년 뒤 '무고(巫蠱)의 옥'으로 노론(老論)에게 밀려난다. 희빈(禧嬪)으로 강등(降等)된 장 씨(張氏)가 자신의 거처인 취선당(就善堂) 주변에 신당(神堂)을 지어놓고 궁인(宮人)과 무당(巫堂)을 시켜 인현왕후 민 씨(閔氏)를 저주(咀呪)한 사실이 밝혀진 게 계기였다. 숙종 27년인 1701년, 인현왕후 민 씨(閔氏)가 원인 모를 병마(病魔)에 시달리다 죽은 직후였다. 희빈(禧嬪) 장 씨(張氏)가 위기에 처하자 평소 장 씨(張氏)와 그의 소생인 세자를 지지하던 소론계가 숙종에게 장 씨(張氏)를 용서(容恕)해 줄 것을 간청했다. 하지만 분노한 숙종은 이를 거부하고 희빈(禧嬪) 장 씨(張氏)를 사사(賜死)했으며, 소론계 인사(人事)들도 귀양 보내거나 파직시킨다. 이로써 조정의 주도권은 노론의 손에 쥐어졌다

기사환국(己巳換局)

1689년 숙종 15년 숙종이 후궁(後宮) 소의(昭儀) 장 씨(張氏)이 낳은 아들을 원자로 정호(定號)하려는 문제를 반대한 송시열(宋時烈) 등 서인이 정권에서 쫓겨나고, 남인이 정권을 장악한 사건은 인현왕후가 왕자를 낳지 못한 가운데 1688년에 소의(昭儀) 장 씨(張氏)가 아들 균(均)을 낳자, 숙종은

균(均)을 원자로 삼아 명호(名號)를 정하고 소의(昭儀) 장 씨(張氏)를 희빈(禧嬪)으로 봉하려고 했다. 이 때 영의정 김수흥(金壽興)을 비롯한 노론계는 중전이 아직 젊은데 후궁(後宮) 소생을 낳은 지 두 달 만에 원자로 삼는 것은 옳지 않다고 반대했다.

숙종은 1689년 5월에 이들의 반대를 묵살하고 원자의 명호(名號)를 정하여 종묘사직(宗廟社稷)에 고하고 소의(昭儀) 장 씨(張氏)를 희빈(禧嬪)으로 삼았다. 이에 노론측(老論側)의 우두머리인 송시열이 2번이나 상소하여, 송나라의 신종(神宗)이 28세에 철종(哲宗)을 얻었으나 후궁의 소생이라 하여 번왕(藩王)에 책봉했다가 적자(嫡子)가 없이 죽자 그 때야 태자로 책봉하여 왕위를 잇게 했다는 예를 들면서 다시 반대했다.

그러나 숙종은 이미 원자의 명호(名號)를 결정한 이상 이를 반대하는 것은 잘못이라고 하면서 분노했다. 이때 남인계(南人係)인 승지(承旨) 이현기(李玄紀)·윤빈(尹彬), 교리(敎理) 남치훈(南致薰)·이익수(李益壽) 등이 상소하여 송시열의 주장을 반박(反駁)했다. 숙종은 이들과 의논하여 송시열의 관직을 삭탈(削奪)하여 제주도(濟州島)로 유배하고, 영의정 김수흥(金壽興)을 파직시켰다.

그밖에 송시열의 주장을 따른 많은 노론계 인사(人事)를 파직·유배했다. 결국 송시열의 상소는 노론이 권력에서 쫓겨나는 결정적(決定的)인 계기가 되었다. 반면(盤面)에 권대운(權大運)이 영의정에, 목내선(睦來善)이 좌의정에, 김덕원(金德遠)이 우의정에 오르는 등 남인계(南人係)가 대거 등용되었다. 그 뒤 남인들은 서인의 죄를 계속 추궁(追窮)하여, 송시열은 제주도(濟州島)에서 정읍(井邑)으로 유배지(流配地)를 옮기던 중 사약(死藥)을 받았고, 김만중(金萬重)·김익훈(金益勳)·김석주(金錫胄) 등은 보사공신(保社功臣)의 호(號)를 삭탈(削奪) 당하거나 유배 당했다.

이어 숙종이 중전 민 씨(閔氏)가 원자 책봉에 불만을 품고 있다는 이유로 중전을 폐비하려고 하자, 이에 재야(在野)의 서인이던 오두인(吳斗寅) 등 86명이 이를 저지하려고 상소했다. 숙종은 상소의 주동자(主動者)인 전 응교(應敎) 박태보(朴泰輔), 전 참판(參判) 이세화(李世華), 오두인(吳斗寅) 등을 밤낮으로 신문(訊問)한 뒤 유배했다. 마침내 숙종은 이듬해 숙종 16년 5월 2일 중전을 폐하여 서인(庶人)으로 만들고, 6월에는 원자를 세자로 책봉한 뒤 10월에 희빈(禧嬪) 장 씨(張氏)를 왕비로 책립(冊立)했다. 이렇게 서인이 집권 10년 만에 남인에게 정권을 빼앗긴 국면을 기사환국(己巳換局)이라 한다.

갑술환국(甲戌換局)

1694년 숙종 20년 갑술년(甲戌年)에 일어난, 정세가 바뀐 사건 남인인 민암(閔黯) 등이 폐비 민 씨의 복위를 꾀하는 소론의 김춘택(金春澤) 한중혁(韓重爀) 등을 제거하려다 실패하여 화(禍)를 당한 사건이다. 이를 계기로 남인계(南人係)의 세력이 무너지고 소론계가 집권하게 되었으며, 정계(政界)는 노론과 소론의 양립 국면으로 바뀌었다.

갑술옥사(甲戌獄事) 또는 갑술경화(甲戌更化)라고도 한다. 당시 소론의 김춘택(金春澤) 한중혁(韓重爀) 등이 폐비 민 씨(閔氏)의 복위 운동을 전개했는데, 집권파(執權派)인 남인은 이를 계기로 반대당인 소론 일파를 축출할 목적으로 김춘택(金春澤) 등 수십 명을 체포하여 국문하였다.

남인은 1689년의 기사환국(己巳換局)으로 집권했는데, 이 때 그들은 민 씨(閔氏) 폐출(廢黜)의 원인이 된 소의 장 씨(昭儀張氏) 소생의 원자정호(元子定號)에 찬성했던 것이다. 그런 판국(販局)에 만일 민 씨(閔氏)가 복위하여 다시 왕비가 되면 남인은 또 실권(失權)하게 되므로 민 씨(閔氏)를 지지하는 김춘택(金春澤) 등을 몰아내려 한 것이다. 처음에 숙종은 장 씨(張氏)를 총애하여 희빈(禧嬪)을 삼았으며 아들을 낳자 나중에는 왕비로까지 책봉하였으나, 장 씨(張氏)가 차차 방자한 행동을 취했으므로 그를 싫어하고 민씨를 폐한 일을 뉘우치게 되었다.

정언(正言)

조선시대 사간원(司諫院)의 정육품(正六品) 관직으로 정원(定員)은 2원(員)이다. 위로 대사간(大司諫, 정삼품 당상관), 사간(司諫, 종삼품), 헌납(獻納, 정오품) 각 1원(員)씩 있다. 1401년 태종 1년 문하부(門下府)를 의정부(議政府)에 합하고 낭사(郎舍)를 사간원으로 독립시키면서 문하부(門下府)에 속(屬)했던 좌·우습유(左右拾遺)를 좌·우정언(左右正言)으로 고쳐 사간원에 2원(員)을 두었다. 다른 관원(官員)과 함께 간관(諫官) 언관(言官) 또는 대관(臺官)으로 불리었다.

간관(諫官)으로서 국왕에 대한 간쟁(諫諍)과 봉박(封駁)을 담당하였다. 그러나 실제 임무(任務)는 이에 제한되지 않고 사간원의 다른 관료(官僚) 및 사헌부(司憲府) 홍문관(弘文館)의 관료(官僚)와 함께 간쟁(諫諍), 탄핵(彈劾), 시정(時政), 인사(人事) 등에 대한 언론과 경연(經筵), 서연(書筵)의 참여 및 인사(人事) 문제와 법률(法律) 제정에 대한 서경권(署經權) 국문(鞠問) 및 결송(決訟) 등에 참여하였다

이인좌(李麟佐)의 난

경종(景宗)이 재위 4년 만에 죽고 영조(英祖)가 즉위하자 정권에서 배제(排除)된 소론과 남인 일부 세력은 영조(英祖)와 노론을 제거하기 위한 반란을 일으켰다. 이인좌(李麟佐,~1728)가 대원수(大元帥)가 되어 반란을 지휘하였고, 반란군은 충청도(忠清道) 청주(清州)를 점령하면서 북진하기 시작하였다. 이 과정에서 반란군은 청주(清州)에서 가까운 목천(木川)에 머물며 병사를 모았다. 목천(木川)은 남인 세력이 강한 지역이었으므로 반란에 호응할 것을 기대하였기 때문이었다. 반군은 목천(木川)을 지나 안성(安城)과 죽산(竹山)에 이르렀지만 이곳에서 관군(官軍)에게 대파당하고 호남과 영남(嶺南)의 반군 역시 궤멸됨으로써 반란은 진압되었다.

경종(景宗)은 세자 때부터 병약(病弱)하여 국사(國事) 처리에 어려움이 많았고, 숙종은 이를 우려해 이이명(李頤命)과 정유독대(丁酉獨對, 1717년)를 통해 후에 영조(英祖)가 되는 연잉군(延礽君)을 부탁하였다. 경종 초기에 연잉군(延礽君)이 세제(世弟) 책봉되고 세제(世弟) 대리청정까지 하게 되자 소론 측은 경종(景宗) 보호의 명분을 들어 신임사화(辛壬士禍) 1721년에 일어나 1722년에 대옥(大獄)으로 끝났다는 의미에서 임인옥(壬寅獄)이라고도 함, 소론 정권의 기반을 굳혔다. 그러나 경종(景宗) 재임 4년 만에 죽고 세제인 영조(英祖)가 즉위하여 임인옥사(壬寅獄死)에 대한 책임을 묻게 됨으로써 소론은 배척(排斥)당하고 노론의 지위는 회복되었다. 이에 소론에서는 영조(英祖)와 노론을 제거하기 위한 계획을 세웠다.

1725년 영조(英祖) 1년부터 소론은 세력을 결집해 나가며 영조(英祖)를 폐하고 밀풍군(密豊君) 탄(坦) 소현세자(昭顯世子, 인조의 장자)의 증손(曾孫)을 왕으로 추대하고자 하였다. 전국 각지의 소론계 인물이 이에 호응하며 흉서(凶書)와 괘서(掛書) 사건을 일으키고, 가정(家丁)·노비 등의 가속인(加速人)을 모군(募軍)하고 명화적(明火賊) 등을 군사로 동원하기로 하였다. 1727년 정미환국(丁未換局)으로 소론 온건파(穩健派)가 기용되면서 반란 모의가 노출되기 시작했다. 등용된 이들이 반란 세력의 동태(動態)를 고변(告變)하자 영조(英祖)는 친국(親鞠)을 설치하고 삼군문(三軍門)에 호위(扈衛)를 명하였다. 반란은 1728년 영조(英祖) 4년 3월 15일 이인좌(李麟佐)가 청주성(清州城)을 함락하면서 시작되었다.

반군은 상여(喪輿)에 무기를 싣고 청주성(清州城)에 들어와 청주(清州)의 충청(忠淸) 병영(兵營)을 급습하여 충청 병사 이봉상(李逢祥)과 영장(令長) 남연년(南延年) 등 관리를 살해하고, 자체적으로 목사(牧使)와 병사를 세운 후 여러 읍(邑)에 격문(檄文)을 보내 병마(兵馬)를 모집하였다. 그리고 이인좌(李麟佐)를 대원수(大元帥)로 하여 청주(清州)를 장악한 다음 주변 고을인 목천(木川)과 청안(淸安), 진천(鎭川)을 통과(通過)해 안성(安城), 죽산(竹山)으로 진군하였다.

청주(清州) 반군이 안성(安城)으로 향하면서 가장 먼저 점령한 지역이 목천(木川)이었다. 목천(木川) 현감(縣監) 윤취은(尹就殷)은 3월 15일 관문을 닫고 이미 도주(逃走)한 상태였고 반군은 가짜 목천(木川) 현감(縣監)에 곽장(郭章)을 임명하여, 목천(木川) 향소(鄕所)를 중심으로 군사와 군마를 모집하였다. 그러나 내용을 모르고 향소에 모인 군사들이 출발 즈음 사정을 알고 흩어져 도망하였다.

목천(木川)은 이황(李滉)의 제자인 영남(嶺南)의 거유(巨儒) 정구(鄭逑)를 제향(祭享)한 도동서원(道東書院)이 소재할 만큼 충청 지역에서는 드물게 남인 세력이 강한 지역이었다. 도동서원(道東書院)에 제향(祭享)된 정구(鄭逑)는 말년에 목천(木川) 번자울(蕃字亐)에서 우거하며 목천(木川)의 선비들과 죽림정사(竹林亭舍)를 세워 강학(講學) 활동을 하였으며, 남인 김일손(金日孫) 역시 처향(妻鄉)인 목천(木川)에 거주하고 있었고, 정구(鄭逑)의 제자 황종해(黃宗海)는 목천(木川)이 가향(家鄉)이었다. 이들의 영향을 받아 목천(木川)은 남인 계통(系統)의 사족(士族)들이 활약하고 있던 지역이었다. 이러한 배경 때문에 반군이 모병(募兵) 지역으로 선정(選定)한 것으로 보인다.

안성(安城)과 죽산(竹山)으로 진격(進擊)한 반군은 관군(官軍)에게 크게 패하고 이 사이에 청주(淸州) 역시 상당성(上黨城)에서 궤멸(潰滅)되었다. 이인좌(李麟佐)의 난에는 청주 주변의 고을 외에도 영남(嶺南)과 호남 지방에서도 호응하였다. 그러나 경상도의 반군은 충청도 반군과 합류하려다 실패하였고, 전라도의 반군은 주모자(主謀者)가 체포됨으로써 반란 세력은 크게 약화)되었다.

영조(英祖)는 도성 문을 폐쇄하고 도성 밖 관군(官軍)을 동원해 서울을 방비(防備)하면서, 토벌군(討伐軍)을 보내 반군을 소탕하였다. 반란 세력을 평정한 관군(官軍)이 4월 19일 개선(凱旋)하자 영조는 친히 숭례문(崇禮門) 누(樓)에 나가 영접(迎接)하였다.

이인좌(李麟佐)의 난을 주동한 이들이 소론이지만, 난을 평정한 것 역시 소론 정권이었기에 이후 소론의 처지는 약화될 수밖에 없었고, 영조의 탕평책(蕩平策)은 더욱 강화되기에 이르렀다. 천안(天安, 목천) 일대는 조선시대 충청우도(忠淸右道)에서는 드물게 소론과 남인이 공존하는 지역이었으므로 반란군 측에서 협력을 기대했던 곳이었다. 그렇지만 이 지역 선비들이 호응하지 않았고 이에 이인좌(李麟佐)의 반란군이 무너지는 데 일조를 하였다.

균역(均役)

영조는 양민(良民)들에게 과도하게 부과되고 있는 군역(軍役)과 세금(稅金)를 개혁하겠다고 선언했다. 과도한 세 부담(稅負擔)에 백성들의 삶은 어려워지고 있었지만 영조의 개혁을 막는 기득권의 저항도 엄청났다. 이상적인 방법인 '양반에게 세금을 물리는' 방식은 결국 성공하지 못하여 서민(庶民) 감세(減稅) 형식으로 문제를 풀어냈으나 근본적인 해결책이 되지 못해 30년이 지나서는 폐단이 나타나기도 했다.

그럼에도 불구하고 영조의 개혁 의지는 신하들을 다그치며 끝까지 개혁을 포기)하지 않았고, 현장(現場) 상황을 정확하게 파악하고자 노력했으며, 단호(斷乎)한 의지를 보임으로써 신하들이 이 문제를 고민하지 않을 수 없도록 만들고 마지막으로 영조는 근본적인 해결책을 만들어 조세(租稅)의 균등 과세(課稅)의 비전(祕典)을 제시하기도 했다. 기업(企業)의 혁신(革新), 국가의 개혁을 고민하는 자세'라 할 수 있다.영조의 화두(話頭)는 "요사이 전국에 흉년이 들어 백성들은 아침저녁 기근자(飢饉者)가 의탁(依託)할 곳이 없어 이리저리 떠도는 이들의 신포(身布)를 이웃이나 죽은 이들에게까지 징수(徵收)하고 있다고 들었다. 심지어 한 사람이 온 문중(門中)의 역(役)을 떠안는 경우도 있다 하니, 슬프도다! 살아서 편안(便安)함을 누리지 못한 우리 백성들이 죽은 다음에도 신역(身役)을 면하지 못하는 구나!" 『영조실록(英祖實錄)』 영조는 즉위한 지 20여 일 만에 이와 같은 교서(敎書)를 발표하며 양역(良役)을 변통하겠다고 천명했다.

양역(良役)이란 토지세(土地稅)와 공납(貢納)과 함께 조선의 백성들이 부담했던 3대 의무로, 16세에서 60세 사이의 성인(成人) 양인(良人) 남자가 담당하는 부역(負役)이라는 뜻에서 '양역(良役)'이라고 불린 것이다. 일정(日程) 기간 군대에 복무(服務)하는 '군역(軍役)'이 대표적으로, 직접 군인이 되지 않는 사람들은 대신 국방(國防)경비(經費)로 군포(軍布) 2필을 납부해야 했다.

그런데 조선 초기와 달리(達理) ① 양반층이 군역(軍役) 대상(對象)에서 이탈(離脫)하면서 그 몫이 일반 백성들에게로 전가(轉嫁)됐고 ② 양반 인구의 비율이 늘어난 데다 임진왜란과 병자호란(丙子胡亂)이, 연이은 대기근(大飢饉)을 거치면서 양인(良人) 인구가 감소한 상황에서 ③ 새로운 군영(軍營)이 창설되는 등 국방력(國防力) 확충을 위한 재정 수요는 오히려 늘어나게 되면서 문제가 생겨났다.

조세(租稅)환경(環境)이 악화됐지만 각 고을에 할당된 군포(軍布)의 총액(總額)은 변(變)함이 없으면서 고을 수령(守令)들은 정해진 양(量)을 채우기 위해 군포(軍布)를 무리(無理)하게 거둬들였고, 그 과정에서 죽은 사람에게 군포를 징수(徵收)하는 백골징포(白骨徵布) 어린아이를 군적(軍籍)에 올리는 황구첨정(黃口簽丁)의 폐단이 발생한 것이다. 살기가 힘들어 집을 떠나 유민(流民)이 된 경우 그 사람의 몫을 일가에게 대신 거두는 족징(族徵), 이웃에게 거두는 인징(隣徵)도 백성들을 힘들게 했다.이처럼 양역(良役) 제도가 문란해지면서 민심이 매우 악화(惡化)되자 임금과 조정은 대책(對策) 마련에 나선다. 그대로 둘 경우 자칫 민생(民生)이 파탄(破綻)이 나고 국가의 존립(存立)마저 위협받을 수 있다고 판단한 것이다. 하지만 논의가 지지부진(遲遲不進)해 별다른 성과를 내지 못했는데 기존 관성(慣性)을 유지하려는 반발 때문이었다.

국가의 필수 재정(財政)을 유지하면서 백성의 부담을 줄여주려면 기관 통폐합(統廢合)·인력 감축을 통해 지출 비용을 절약하고 다른 세원(稅源)을 발굴해 세입(稅入)을 늘려야 한다. 하지만 자신들, 혹은 자신이 속한 기관의 이익과 기득권을 유지하기 위해 지출 절감(節減)을 반대하는데다 특히 새로운 세원(稅源)으로 지목(指目)된 양반층(兩班層)이 저항하면서 양역변통(良役變通) 작업은 계속 표류했다. 숙종 대에 관련 논의가 많이 이뤄졌지만 어떤 결론을 내리지도, 무엇을 바꾸지도 못한 것은 그래 서다.

　양란(兩亂) 이후 조선은 국방력(國防力) 강화를 명분으로 5군영(軍營)을 설치했는데 국왕 호위(扈衛)와 수도(首都) 방어라는 성격과 임무(任務)에서 서로 겹쳐 저 통합 운영이 가능한 것이다. 각 지방의 병영(兵營)과 진보(鎭堡)도 경쟁적(競爭的)으로 설치되면서 백성들에게 군역(軍役)의 부담을 가중시키고 있으니 이를 통폐합(統廢合)하거나 감축함으로써 지출을 줄이자는 것이다.

나주괘서(羅州掛書) 사건

1755년 영조 31년 소론의 윤지(尹志) 등이 일으킨 모역(謀逆) 사건. 을해옥사(乙亥獄事)라고도 한다. 윤지(尹志)는 숙종 때 과학에 급제하였으나, 1722년 경종(景宗) 2년 임인무옥(壬寅誣獄)을 일으킨 김일경(金一鏡)의 옥사(獄事)에 연좌(連坐)되어 1724년 나주(羅州)로 귀양 갔다. 오랜 귀양 살이 끝에 노론을 제거할 목적으로 아들 광철(光哲)과 라주목사(羅州牧使) 이하징(李夏徵), 이효식(李孝植) 등과 모의하여 동지 규합(同志糾合)에 나섰다. 이들은 수차의 변란(變亂)으로 벼슬을 할 수 없게 된 부류들과, 소론 중에서 벼슬을 지낸 집안들을 흡수하고, 우선 민심동요를 위하여 1755년 나라를 비방(誹謗)하는 글을 나주 객사(羅州客舍)에 붙였는데, 이것이 윤지(尹志)의 소행임이 발각되어 거사하기 전에 붙잡혀 서울로 압송되었다. 윤지(尹志)는 영조의 직접 심문을 받고 2월에 박찬신(朴纘新), 김윤(金潤), 조동정(趙東鼎), 조동하(趙東夏) 등과 같이 사형당하였으며, 이광사(李匡師) 윤득구(尹得九) 등은 귀양 갔다. 그밖에도 윤지(尹志)의 일당인 심정연(沈鼎衍)이 나라를 비방하는 글을 써서 체포되기도 하였다.

초계문신(抄啓文臣)

1781년 2월 18일 내규장각(內規長角)인 내각에서 초계문신(抄啓文臣)의 강제절목(講製節目)을 정조(正祖)에게 올렸다. 절목(節目)의 내용은 이제 문사(文士)들을 선발(選拔)하여 경전(經典)을 강(講)하는 강경(講經)과 부(賦), 고시(古詩), 명(銘), 잠(箴) 등을 짓는 제술(製述)인 강제(講製)를 시험(試驗)하는 것은 대개 인재를 양성하려는 성의(聖意)에서 나온 것이다.

초계문신제(抄啓文臣制)는 조선전기(朝鮮前記)의 사가독서제(賜暇讀書制)를 이어받은 것으로, 37세 이하의 참상(參上)·참하(參下)의 당하문신(堂下文臣) 중 승문원(承文院)의 분관(分館)인 자를 뽑아 규장각(奎章閣)에서 교육시키고 40세에 졸업시키는 제도이다. 1781년에 처음 시행되었고, 1784년 규장각지(奎章閣志)가 완성될 때 제도적으로 정착했다.

교육의 성과를 높이기 위해 초계문신(抄啓文臣)들은 신분 및 경제적 보장(保障) 조처가 취해졌고, 잡무(雜務)도 면제되었으며, 왕이 직접 이들을 지도 편달(鞭撻)하는 친림(親臨)의 행사도 있었다. 정조(正祖)는 이 제도의 시행을 통해 연소(年少)한 문신들을 재교육함으로써 인재를 양성하고, 나아가 자신의 친위세력(親衛勢力)을 배출하여 시파(時派)·벽파(僻派)의 당파나 사색(四色) 당파의 타파를 기도했으나, 후자의 목표는 성공하지 못했다.

그러나 이 제도는 정조 대(代)의 문화정책(文化政策)의 수행(修行)이나 인재의 양성에 기여했다고 평가된다. 본래 규장각(奎章閣)은 '상이극(上伊極) 준봉(遵奉) 모훈(謨訓) 지도'와 '하이(下二) 진작(振作) 성인(聖人) 재지방(才智放)'이라는 2대(代) 목표하에 설립된 것인데, 초계문신제(抄啓文臣濟)는 후자의 일환으로 시행되었다. 이 제도는 1781년 2월의 문신강제절목(文身講製節目)의 의정(議定)을 통해 그 기초를 닦고 최초로 20명의 초계문신을 선발했으며, 같은 해 규장각지(奎章閣志) 재(再)초본(抄本) 배양(培養) 조(助)로 정리된 후, 다시 1784년에 규장각지(奎章閣志)가 완성될 때 제도적으로 정착하게 되었다.

초계문신으로 선발될 수 있는 사람은 참상(參上)·참하(參下)의 당하문신(堂下文臣) 중 승문원(承文院)의 분관(分館) 새로 문과(文科)에 급제한 사람으로서 승문원(承文院)·교서관(校書館)·성균관(成均館)에 추천된 자인 자로서 37세 이하인 사람이었으며, 40세가 되면 여기에서 벗어났다. 교육 과정은 경전류(經典類)를 강론(講論)하는 시강(試講)과 강론 받은 것을 기반으로 해서 제술문(製述文)을 짓는 시제(試題)가 있었다.

시강(試講)은 매(每)달 10일 전과 15일 후의 월 2회 이문원(摛文院)에서 시행했으며 승지(承旨)는 이를 감독하여 왕에게 보고해야 했다. 시강(試講)의 교과서는 사서삼경(四書三經)의 칠서(七書)로, 『대학(大學)』·『논어(論語)』·『맹자(孟子)』·『중용(中庸)』·『시경(詩經)』·『서경(書經)』·『역경(易經)』의 순서로 진행되었으며, 강론은 전 교과 과정을 100회로 나눈 진행표에 따라 시행되었다. 또 강론의 성과는 통·략(略)·조(粗)·불(不)의 4등급으로 평가되었으며 구두(口頭)보다는 문의에 통달한 것을 우선으로 했다.

시제(試題)의 종목은 처음에 논·책(策)·표(表)·배(培) 율(律)·서(序)·기(記) 등 6종류였으나, 차츰 그 수가 늘어나서 최종적으로는 30종목으로 정착, 규정되었다. 시제(試題)의 문체 중 치용을 중시한다는 의미에서 논과 책(策)이 가장 중시되었다. 교육의 성과를 높이기 위해서 초계문신의 신분 및 경제적 보장 조처(措處)가 취해지고, 잡무(雜務)도 면제되었으며, 왕이 직접 이들을 지도 편달하는 친림(親臨)의 행사도 있었다.

정조(正祖)는 이 제도의 시행을 통해서 2가지 목표를 달성하려고 했다. 즉 37세 이하의 연소(年少)한 문신들을 재교육(再敎育)함으로써 인재를 양성하고, 나아가 자신의 친위(親衛) 세력을 배출하여 시파(詩派)·벽파(劈破)의 당파나 사색(四塞) 당파의 타파(他派)를 기도(奇道)했다. 그러나 후자(後者)의 목표는 성공하지는 못했던 것으로 보이며, 단지 정조대(正祖代)의 문화정책의 수행이나 인재의 양성에는 일정한 기여를 했다고 생각된다.

대고(大誥)

　사서삼경(四書三經) 원문(原文) 독파 과정 『서경(書經)』 제33강 성왕(成王)이 크게 훈고(訓誥)하다. 『서경(書經)』의 책명(編名)은 주(周)나라 무왕(武王)이 사망하자 성왕(成王)이 어린 나이로 즉위하였는데 주공(周公)이 정승(政丞)으로서 조카인 성종(成王)을 보좌(補佐)하였음. 이때 은(殷)을 감시하러 나가 있던 관숙(管叔), 채숙(蔡叔) 등이 "주공(周公)이 나라를 넘본다"는 유언비어(流言蜚語)를 퍼뜨리고 이를 대의명분(大義名分)으로 삼아 반역을 일으켰음. 주공(周公)이 이들을 토벌하려 하자 여러 신하들이 반대하였음. 그러나 성왕(成王)이 이를 물리치고 '관숙(管叔)의 무리를 정벌하지 않을 수 없음을 밝혀 백성들에게 고(誥)하는' 내용으로 대도(大道)를 부연(敷衍)한 글을 지어 천하에 널리 반포하였다. 그 글의 이름이 대고(大誥)로 『서경(書經)』 〈주서(周書)〉에 들어 있는 편명(編名)이다.

신해통공(辛亥通共)

　1791년 정조(正祖) 15년에 각 시전(市廛)의 국역(國役)은 존속시키면서 도가상업(都價商業)에 대해 공식적으로 금난전권(禁亂廛權)을 금지시킨 조치는 이 해(年)가 신해년(辛亥年)이었으므로 신해통공(辛亥通共)이라 한다. 조선 중기(中期) 이후 농촌(農村) 인구의 도시 유입으로 도시 상업의 양상(梁商)이 변화하기 시작하였다.

　한편 시전상인의 도가상업(都價商業)에 타격을 받으면서도 꾸준히 성장해온 영세사상인층(零細私商人層)의 부단한 공세(攻勢)와 세궁민(細窮民)의 반발(反撥) 및 도가상업의 폐단으로 도가상업 전체에 대한 새로운 조치가 취해지지 않을 수 없었다.

이에 따라 당시의 좌의정인 채제공(蔡濟恭)은 도가상업의 폐해를 지적(指摘)하면서 육의전(六矣廛)이외의 모든 시전(市典)에게 금난전전매권(禁亂廛專賣權), 즉 도가권(都價權)을 허용하지 말며, 설립 30년 미만의 시전(市典)은 이를 폐지할 것을 건의하였다. 이 건의가 받아들여져 실시하게 되었는데, 이 조치는 조선의 상업이 발전하는 계기가 되었다.

금란전권(禁亂廛權)

조선 후기 육의전(六矣廛)과 시전상인이 난전(難廛)을 금지할 수 있는 권리(權理) 시전이 가진 본래적 특권이라기보다 조선 후기 상업발전과 더불어 성장한 비시전계(非市廛係) 사상인층(私商人層)인 난전(難廛)과의 경쟁에서 유리한 위치를 확보하려고 시전 상인이 정부와 결탁하여 확보한 강력한 독점 상업 특권이다. 난전(難廛)은 전안(廛案) 숙종 32년부터 실시한 제도로, 시전에서 취급한 물종(物種)과 상인의 '주소, 성명을 등록한 상행위자(常行慰藉)의 대장(臺帳)'에 등록되지 않은 자나 판매를 허가받지 않은 상품을 성안(成案)에서 판매하는 행위였다.

조선 후기 이래 난전(難廛)의 등장은 곧 붕괴적(崩壞的) 어용상인(御容商人)인 시전상인의 상권(商權)을 침해하였고, 이에 시전상인은 자신의 상업적 특권을 유지·보호하려고 난전(難廛) 금지를 정부에 요청하였다. 정부 는 재정 수입을 늘릴 목적에서 국역(國役)을 부담하는 육의전(六矣廛)을 비롯한 시전상인에게 서울 도성(都城) 안과 도성(都城) 아래 십 리(十里) 이내의 지역에서 난전(難廛)의 활동을 규제(規制)하고, 특정 상품에 대한 전매권(專賣權)을 지킬 수 있도록 하는 금난전권(禁亂廛權)을 부여하였다. 즉 금난전권(禁

亂廛權)은 시전측(市廛側)으로서는 새로이 성장하는 비시정계(非市廛係) 상인인 난전 또는 사상(私商)과의 경쟁을 배제하고 이윤을 독점할 수 있고, 그것을 인정한 정부로서는 이를 통해 상업계(商業界)에 대한 파악도(把握度)를 높이고 특정 상인의 자본(資本)을 육성(育成)함으로써 세수입(稅收入)을 증대시키는 방책이었다. 그러나 금난전권의 실시는 조선 후기 이래 확대된 상품화폐 경제의 발전을 가로막는 장애물(障碍物)이 되어, 도시 소비자뿐만 아니라 시전(市廛)체계 안에 포섭되지 못한 사상층(私商層)에게 큰 피해(避害)를 주었다. 또한 권세가(權勢家)·궁방(宮房) 등과 결탁한 사상도고(私商都賈)의 세력이 점차 확대되면서, 금난전권의 혁파에 대한 여론이 높아졌다.

이에 정부는 18세기 말경(末頃) 통공발매정책(通共發賣政策)을 취하여, 육의전(六矣廛)을 제외한 일반 시전(市廛)이 가진 금난전권의 특권을 혁파하고, 육의전(六矣廛)에서 취급한 상품을 제외한 모든 상품을 자유(自由)로이 판매(販賣)하게 되었다. 이후 시전상인이 금난전권을 되찾으려고 여러 가지 노력을 기울였지만, 정부에 의해 번번이 거절되었다. 이처럼 조선 후기 금난전권의 출현과 혁파는 조선 사회를 지배한 봉건적(封建的) 상업질서(秩序)의 붕괴였고, 농업 생산력의 발전과 도시 인구 증가에 따른 상품 화폐 경제 발달의 반영이었다.

김충장유사(金忠壯遺事)

김덕령(金德齡, 1567~1596). 본관(本貫) 광산(光山). 자는 경수(景樹). 시호(諡號)는 충장(忠壯)이다. 김덕령(金德齡)이 『이충무공전서(李忠武公全書)』를 비롯한 『김충장유사(金忠壯遺事)』, 임경업 장군의 『임충민실기(林忠愍實記)』, 『오륜행실도(五倫行實圖)』 임진왜란 때 의병장 『양대사마실기(梁大司馬實記)』 등을 편찬 간행하였다.

임충민실기(林忠愍實記)

임경업(林慶業, 1594년~1646년)은 조선 중기(中期)의 명장(名將)으로 친명비정 파무장(親明排淸派武將)이었다. 자는 영백(英伯), 호(號)는 고송(孤松) 시호(諡 號)가 충민(忠愍)이며, 본관(本貫)은 평택(平澤)이며, 충주출생(忠州出生)이다. 임충민(林忠愍)의 실기(實記)는 조선 제22대 정조대왕(正祖大王, 1776~1800년) 때 규정각(揆政閣)에서 편찬 간행하였다.

『양대사마실기(梁大司馬實記)』

조선 선조 때 의병장(義兵將) 양대박(梁大樸, 1544~1592). 자는 사진(士眞). 호 (號)는 송암(松巖)또는 죽암(竹巖)·하곡(荷谷), 본관(本貫)은 남원(南原)이고 양 집의(梁執義)의 아들이며 남원 출신으로 성혼(成渾)의 문인(文人)이다. 청계 도인(靑溪道人)으로 시호는 충장(忠壯)이다. 임진왜란이 일어나자 의병을 모 아 고경명(高敬命) 휘하에 들어가서 활약하였다.

양대박의 유문(遺文)과 행적 등을 모아놓은 책으로 정조(正祖) 23년 왕명 으로 1799년 편찬되었다. 양대박의 아들 양경우(梁慶遇, 1568~?)와 양형우(梁 亨遇, ?~1623)가 유문(遺文) 및 행적을 제호집(霽湖集)과 동애집(東崖集)을 양형 우라, 하여 부록으로 첨부되어 있다. 권수(卷首, 책, 서두)에 심환지(沈煥之)의 봉교서(奉敎書, 1799)의 글이 있다.

어려서부터 총명절륜(聰明絶倫)했으며, 궁리진성지학문(窮理盡性之學問)에 전심했다. 명종(明宗) 때 정치가 문란해지자 폐거(廢擧)하고 박순(朴淳), 정철(鄭澈) 등과 교유(交遊)하면서 학문과 시세(時勢)를 토론했다. 1592년 임진왜란이 일어나자 학관(學官)으로서 가재(家財)를 털어 의병을 모집, 두 아들과 가산(家僮)을 백여 명(百餘名)이 이끌고 대오(隊伍)를 편성하여 담양(潭陽)으로 갔다. 이 해 6월 8일 이곳에서 고경명을 만나 그를 맹주(盟主)로 추대하고 자신은 부장(副將)이 되었다.

의병 3천여 명을 이끌고 전주(全州)로 가는 도중 임실(任實) 운암(雲巖)에서 왜병을 대파하여, 큰 공을 세웠으며 전주에 들어가 과로로 발병하여 진중(陣中)에서 죽었다. 글씨를 잘 썼으며 시(詩)를 잘했고 병서(兵書)에도 밝았다. 사후(死後) 정문(閭門)이 세워졌으며 정조 때 병조판서(兵曹判書)에 추증(追贈)되고, 시호(諡號)는 충장(忠壯) 저서(著書)로『청계집(淸溪集)』이 있다.

양경우(梁慶遇)의 자는 자점(子漸)이고, 호(號)는 제호·점역재·요정·태암(霽湖·點易齋·蓼汀·泰巖)이며 장현광(張顯光,우주의 궁극(窮極) 도(道)라 함)의 문인(文人)이다. 25세 때 임진왜란이 일어나자 아버지를 따라 의병에 가담, 병기 제작과 격문(檄文) 전달(傳達) 등의 일을 보았으며, 특히 군량미(軍糧米) 조달(調達)에 큰 공을 세웠다. 진중(陣中)에 군량미가 떨어지자 명문(名文)의 포고문(布告文)을 지어 식량사정(食糧事情)이 어려운데도 불구하고 일거에 7천여 석을 모으기도 했다.

1597년 참봉(參奉)으로 별시문과(別試文科)에 병과(丙科)로 급제, 죽산(竹山)과 연산(連山)의 현감(縣監)에 이어 판관(判官)이 되었다. 1616년 광해군(光海君 8년) 문과중시(文科重試)에 병과로 급제하고, 교리(校理)를 거쳐 봉상사첨정(奉常寺僉正)에 이르렀으나 정치가 문란해지자 향리(鄕里)에 퇴거했다.

패관소품(稗官小品)

패관소품(稗官小品)은 소설(小說)이나 수필과 같은 가벼운 한문 문체로, 조선시대 정통 산문(散文) 문체인 고문(古文)과 상대되는 개념이다. 명나라와 청나라 문사(文士)들에 의해 창작(創作)된 소품문(小品文)과 장편소설(長篇小說)인 『수호지(水滸志)』『금병매(金瓶梅)』를 비롯한 사대기서(四大奇書), 『서상기(西廂記)』와 같은 희곡(喜曲) 등이 널리 읽히면서 조선 문단(文壇)에서 그를 모방한 문체가 나왔으니, 이것이 패관소품이다.

패관소품을 쓴 주요 작가로는 박지원(朴趾源), 이옥(李鈺) 등이 있고, 그밖에 서울과 그 주변 지역 문사(文士)들 중에도 패관소품을 쓴 작가가 많다. 패관(稗官)이 주로 이야기로서의 소설(小說) 문학을 의미한다면, 소품(小品)은 길이가 짧고 주제(主題)가 가벼우며 감성적(感性的)인 산문 문장을 뜻한다.

본래 유가(儒家)에서는 이른바 '문이재도(文以載道)'라 하여 도(道)를 담은 문학(文學)을 창작(創作)하려는 것이 주류였다. 패관소품은 정조 대(正祖代)를 전후(前後)한 시기에 조선시대의 주류 문체인 고문(古文)과는 다른 문체(文體)로 등장하여, 문학적(文學的)으로 새로운 변화의 모습을 보여주었다. 뿐만 아니라 사회와 정치, 과학(科學)과 종교(宗敎) 분야에서도 논쟁을 불러일으켰기 때문에 역사적인 현상(現想)으로 주목할 가치가 있다.

홍경래(洪景來)의 난

 1811년 순조(純祖) 11년 평안도(平安道) 지역에서 홍경래(洪景來, 1771~1812)가 주도하여 일으킨 반란이다. 홍경래(洪景來)의 난은 조선 후기 농민들의 저항 의식(衣食) 성장과 서북(西北) 지역의 특성이 결합(結合)하면서 일어난 농민 항쟁이었다.

 조선 후기는 상업의 발달과 교육 기회 증가 등에 따라 지식인(知識人) 계층이 확대되고, 이를 토대(土臺)로 과거에 응시(應試)하려는 사람들도 많아졌지만 이전의 관직 체계로는 그들을 포섭할 수 없어서 불만 세력은 갈수록 늘어갔다. 특히 평안도(平安道)는 성리학적 기풍(氣風)이 강하지 않았기에 사회 질서(秩序)와 문화가 낙후(落後)되었다.

 또한 군사 전략 지역이자 사신 접대(接待) 지역이라는 특수성(特殊性) 등으로 독자적인 재정 운영을 하면서 재정적인 부담도 가중되었기에 지역민(地域民)들의 불만은 더욱 커져갔다.

 홍경래는 풍수가(風水家)로 활동했던 우군칙(禹君則), 진사(進士) 김창시(金昌始) 등과 반란을 모의하여 1811년 순조(純祖) 11년 12월 18일 흉년으로 흉흉(凶)해진 틈을 타서 반란을 일으켰다. 홍경래의 난은 홍경래가 총지휘(總指揮)를 맡고, 무사층(武士層)에서 군사를 지휘하고, 대상인(大商人)들의 후원을 받는 형태로 진행되었다.

 홍경래를 중심으로 한 반란의 주역(主役)들은 다양한 처지에 놓여 있었지만 사회경제적(社會經濟的) 처지는 농민과 다를 바 없었고, 의식(儀式)과 행동 면에서 농민들과 강한 친화력(親和力)을 지니고 있었다. 이를 바탕으로 홍경래의 난은 빈민층(貧民層)까지 자발적으로 반란에 참여함으로써 대규모 민란(民亂)으로 확대될 수 있었다.

봉기(蜂起) 초기 청천강(淸川江) 이북 8개 지역을 단숨에 장악하였으나 의견 대립(對立) 등으로 점차 수세(守勢)에 몰리면서 반란군은 정주성(定州城)으로 퇴각(退却)하였다. 1812년 순조(純祖) 12년 4월 19일 정부군(政府軍)에 정주성(定州城)이 함락되면서 홍경래의 난은 실패로 끝났다. 그러나 장기간(長期間)에 걸쳐 정주성(定州城)에서 벌인 농민들의 치열(治熱)한 투쟁은 농민 일반의 주체적(主體的) 참여가 이루어지지 못했다는 한계(限界)는 있었지만 이후 농민 항쟁에 많은 영향을 미친 중요한 사건이었다.

오가작통법(五家作統法)

조선시대, 범죄자(犯罪者)의 색출(索出)과 세금징수(稅金徵收) 및 부역동원(負役動員) 등을 효과적(效果的)으로 시행하기 위해 다섯 집을 한통으로 묶던 호적제도(戶籍制度)는 조선 초기부터 시행 논의가 있었으나, 1485년 성종 16년과 1675년 숙종 1년에 이르러 시행되었다 후기에 이르러 호패(戶牌)와 더불어 호적(戶籍)의 보조(補助)수단(手段)이 되어 역(役)을 피(避)하여 호구(戶口)의 등록(登錄) 없이 이사(移徙)·유리(流離)하는 등의 만성(晚成)화된 유민(流民)과 노석의 은닉(隱匿)을 방지하는 데 이용하였고, 헌종 때에는 통(統)의 연대책임을 강화하여 천주교 교도를 적발하는 데 크게 이용하였다.

『삼조보감(三朝寶鑑)』

조선시대에, 조인영(趙寅永) 등이 왕명(王命)에 따라 편집한 책. 정조(正祖)와 순조(純祖) 추존(追尊)된 문조(文祖) 3代 동안의 치적을 수록하였다. 헌종(憲宗) 14년 서기 1848년에 간행되었다. 14권 4책이다..

삼정(三政)의 문란과 흥선대원군

조선 후기 전정(田政)·군정(軍政)·환곡(還穀) 양곡대여(糧穀貸與) 등 3대 국가 재정(國家財政)을 둘러싼 정치부패. 전정(田政)의 문란은 잡다한 토지세(土地稅)의 부당한 부과와 그 징수(徵收)를 둘러싼 정치적 횡포를 말하고, 군정(軍政)의 문란은 군역(軍役) 부과의 부당성(不當性)이며, 환곡(還穀)의 문란은 정부대여곡(政府貸與穀)의 대여(貸與)와 환수(還收)를 둘러싼 지방관리들의 농간을 말한다. 이와 같은 재정 행정(財政行政)의 문란은 특히 안동김 씨(安東金氏)의 세도정치 때 심하였으며 홍경래의 난, 임술민란(壬戌民亂) 등 농민 반란을 유발하였다.

흥선대원군(興宣大院君)

흥선대원군(1820년 12월 21일[음력 11월 16일]~1898년 2월 22일[음력 2월 2일])은 조선 후기의 왕족(王族)이자 정치가, 화가(畵家)이며 대한제국(大韓帝國)의 황족(皇族), 추존왕(追尊王)이다. 이름은 이하응(李昰應)이다. 부인은 여흥부대부인(驪興府大夫人) 민 씨(閔氏)이다. 남연군(南延君) 원래는 인평대군(麟坪大君)의 6대손(代孫)이나 후에 양자(養子) 입적(入籍)과 군부인(郡夫人) 민 씨의 넷째 아들이며, 대한제국 고종 황제의 친아버지이다.

1863년 어린 고종(高宗)을 대신하여 국정(國政)을 이끌었으며, 안으로는 유교(儒敎)의 위민(爲民)정치를 내세워 전제왕권의 재확립을 위한 정책을 과단성(果斷性) 있게 추진하였고 밖으로는 개항(開港)을 요구하는 서구 열강의 침략적 자세에 대하여 척왜(斥倭), 강경(强勁)정책으로 대응하였다.

또한 서원(書院)을 철폐 및 정리를 하여 양반·기득권 토호(土豪)들의 민폐(民弊)와 노론의 일당 독재(獨裁)를 타도하고 남인과 북인(北人)을 채용하였으며, 동학(東學)과 천주교를 탄압하고 박해(迫害)하였다. 1864년 1월부터 1873년 11월까지 조선의 국정(國政)을 이끌었다.

직접 며느리 명성황후(明成皇后)를 간택(簡擇)하였으나, 도리어 명성황후에 의해 권좌(權座)에서 축출당하였다. 1873년 11월 명성황후와 유학자(儒學者) 및 (신) 안동 김 씨(安東金氏), 풍양 조 씨(豐壤趙氏), 여흥 민 씨(驪興閔氏) 등에 의해 축출된 이후 명성황후와 권력투쟁을 벌였다. 일본인과 결탁하여 며느리 명성황후의 암살을 기도하기도 했다. 유길준(俞吉濬)에 따르면 흥선대원군은 명성황후를 제거해 달라고 일본 공사관(公使館)에 수시로 부탁했다고 한다.

명성황후와 민 씨(閔氏) 일족 및 고종을 폐출(廢黜)하고 완흥군(完興君) 이재선(李在善) 등을 조선국왕(朝鮮國王)으로 옹립하려는 정변(政變)을 기도했으나 실패하였다. 이후 손자 영선군(領船軍) 이준용(李埈鎔)을 왕위에 앉히기 위해 여러 번 정변(政變)을 기도하였으나 모두 실패했다.

을미사변(乙未事變)의 조선인 주요 협력자의 한사람이기도 하다. 쇄국정책과 천주교도(天主敎徒) 대량 학살, 무리한 경복궁(景福宮) 중건(重建) 과정, 일본에 명성황후의 제거를 청탁한 점 등은 비판의 대상이 되고 있다. 한성(漢城) 출신으로 자는 시백(時伯), 호(號)는 석파(石坡)·해동거사海東居士)이며, 본관(本貫)은 전주(全州)이다. 1907년 10월 1일 대원왕(大院王)으로 추봉(推捧)되었고, 헌의(獻懿)를 시호(諡號)로 받아 흥선헌의대원왕(興宣獻懿大院王)이 되었다.

당백전(當百錢)

1866년 고종(高宗) 3년 11월에 주조(鑄助)되어 6개월여(個月餘) 동안 유통(儒通)되었던 화폐. 흥선대원군이 발행(發行)한 화폐 상평통보(常平通寶)에 비해 가치(價値)가 100배에 해당 그러나 물가가 폭등하고 재정(財政)이 혼란하게 되어 1년 만에 사용이 중지되었다.

당백전을 주조하게 된 가장 큰 이유는 당시 조선 정부의 재정(財政) 악화(惡化)에 있었다. 세도(勢道)정권하 삼정문란(三政紊亂)으로 재정궁핍(財政窮乏)이 심하였고, 흥선대원군의 집권 뒤 왕권 강화책의 일환으로 왕실의 위엄(威嚴)과 권위를 높이기 위해 착수(着手)된 경복궁 중건에 소요되는 막대한 경비가 부족했다.

또, 1860년대(年代)에 접어들면서 서구 열강의 조선에 대한 문호개방(門戶開放) 요구가 점증(漸增)하자, 군대를 증강(增强)하고 군비(軍費)를 확장하는 등의 국방(國防) 정책의 강화에도 많은 재원(財源)이 필요하게 되었다. 그래서 비상(非常) 대책(對策)으로 당백전(當百錢) 주조를 단행하게 되었다. 그 결과 1866년 11월부터 금위영(禁衛營)에서 당백전(當百錢)을 주조하기 시작해, 이듬해 4월까지 6개월여 동안 1600만 냥이라는 거액(巨額)을 주조하였다.

당백전은 종래 주로 사용되던 상평통보(常平通寶)에 비해 소재가치(所在價値)는 5, 6배에 지나지 않지만 액면가치(額面價値)가 100배나 되는 고액전(高額錢)이었다. 따라서 거액의 임시 수입으로 국가재정 수요에 충당할 수 있었다. 그러나 당시 화폐에 대한 일반인의 가치관이 실질가치(實質價値) 중심적인 것으로 되어 있었다.

때문에 당백전의 실질가치가 상평통보(常平通寶)의 100배에 훨씬 못 미치는 악화(惡貨)였으므로 일반인(一般人)에게 통용(通用)되지 못하고, 화폐단위(貨幣單位)도 일반 상거래(商去來)에서 통용(通用)되기에는 너무 컸다. 또한 정부도 당백전(當百錢)을 물품구입(物品求入)의 수단(手段)으로만 썼을 뿐 조세수납(租稅收納)에서는 받아들이지 않아 스스로 당백전의 화폐로서의 공신력(公信力)을 추락(墜落)시키는 결과를 초래하는 행위를 했다. 따라서 당백전(當百錢)이 남발(濫發)되면서 그 가치(價値)는 폭락하는 반면, 물가는 폭등하게 되었다.

결국 발행(發行)되기 시작한 지 반년 만인 1867년 4월에 주조가 중단되고, 발행(發行)한 지 1년만인1867년 10월에는 최익현(崔益鉉)의 상소를 계기로 유통(流通)까지도 금지하기에 이르렀다.

병인양요(丙寅洋擾)

병인양요(丙寅洋擾)는 1866년 고종(高宗) 3년에 흥선대원군의 천주교 탄압을 구실로 삼아 외교적(外交的) 보호를 명분으로 하여 프랑스가 일으킨 제국주의적(帝國主義的)인 전쟁이다 로즈(Rhodes) 제독(提督)이 이끄는 프랑스 함대 7척이 강화도를 점령하고 프랑스 신부(神父)를 살해한 자에 대한 처벌과 통상조약(通商條約) 체결을 요구했다. 흥선대원군은 로즈 제독의 요구를 묵살(默殺)한 뒤 훈련대장(訓鍊大將) 밑에 순무영(巡撫營)을 설치해 무력으로 대항했다. 조선군(朝鮮軍)이 완강(頑强)히 저항하자 프랑스 해군(海軍)은 40여 일 만에 물러났다. 프랑스가 병인양요(丙寅洋擾)를 일으킨 진짜 이유는 천주교 박해(迫害)에 대해 보복(報復)한다는 구실로 침범하여 조선의 문호(門戶)를 개방(開放)시키려는 것이었다.

이 사건으로 말미암아 조선의 쇄국정책은 한층 강화되었다. 청나라 측은 조선이 비록 속국(屬國)이나 '내정(內政)과 외교는 자주(自主)'이므로, 청(靑)이 개입(介入)할 여지(餘地)는 실질적으로 없다는 식(式)의 답신(答信)을 보내, 사건이 청나라와는 무관(無關)함과 향후 이에 대해 어떤 일이 발생하더라도 청나라 정부는 간섭할 수 없음을 프랑스 공사관(公使館) 측에 통고했다. 한편 청나라를 통하여 프랑스의 침략 의사(意思)를 전해들은 대원군은 탄압을 더 심하게 하는 한편 변경(邊境)의 방비(防備)를 더 굳게 하였다 1866년 10월 26일(음력 9월 18일) 지금의 마곡철교(磨谷鐵橋) 하단부(下壇部)를 통과하여 한성부(漢城府) 근교 양화진(楊花津)·서강(西江) 일대에 진출했다.

이로 인해 서울 도성(都城)은 공포와 혼란 속에 빠지게 되었다 이에 조선 정부 는 급(急)히 어영대장(御營大將) 이용희(李庸熙)를 파견하여 한강 연안 경비(警備)를 강화하였다. 프랑스 함대에서는 3척의 소함대(小艦隊)로써 도성(都城)의 공격이 곤란함을 깨닫고, 그 부근의 지형(地形)만 정찰(偵察)하고 11월 2일(음력 9월 25일)에 청나라로 물러났다 11월 20일(음력 10월 14일)에는 프랑스 함정(艦艇) 4척과 해병대(海兵隊)의 일부가 강화도의 갑곶진(甲串鎭) 부근의 고지(高地)를 점령한 뒤 한강의 수로(水路)를 봉쇄(封鎖)했다. 이어 11월 22일(음력 10월 16일)에는 프랑스군의 전군(全軍)이 동원되어 강화성(江華城)을 공략해 점령하고 여러 서적(書籍) 등을 약탈하였다.

이에 조선 정부는 이경하(李景夏)·이기조(李基祖)·이용희(李庸熙)·이원희(李元熙) 등의 장수들을 급히 양회진·통진(通津)·광성진(廣城津)·부평(富平)·제물포(濟物浦) 등의 여러 요소, 문수산성(文殊山城)·정족산성(鼎足山城) 등지에 파견하여 도성(都城) 수비(守備)를 강화했다. 11월 25일(음력 10월 19일)에는 프랑스측에 공문(公文)을 보내 프랑스 군의 철수를 요구했다. 그러나 로즈(Rhodes)제독(提督)은 조선 측의 선교사 처형 등의 천주교 탄압 행위를 비난하면서 전권(全權) 대신(大臣)의 파견을 요구했다.

12월 2일(음력 10월 26일)에는 120여 명의 프랑스 군이 문수산성(文殊山城)을 정찰(偵察)하다가 매복(埋伏) 중이던 한성근(韓聖根) 등 조선군(朝鮮軍)의 공격을 받고 27명의 사상자를 내고 물러났다 12월 13일(음력 11월 7일) 프랑스(Franc)군은 다시 교동부(喬桐府)의 경기수영(京畿水營)을 포격(砲擊)하고, 대령(大領) 올리비에(Olivierde)의 지휘로, 앞서 강화부(江華府)를 점령한 160여 명의 프랑스 해병(海兵)이 정족산성(鼎足山城)의 공략을 시도했다. 그러나 그곳에서도 매복(埋伏) 중이던 천총(千摠) 양헌수(梁憲洙) 및 사격(射擊)에 능한 500여 명의 조선군 포수(砲手)들의 공격을 받아 6명이 사망하고 30여 명이 부상(負傷)을 입으면서 프랑스 군의 사기(使氣)는 크게 저하되었다.

로즈(Rhodes) 제독은 조선 침공의 무모(無謀)함과 더 이상의 교전(交戰)이 불리함을 깨닫고 철수를 결정했다. 12월 17일(음력 11월 11일) 프랑스 군은 1개월 동안 점거한 강화성을 철거하면서, 장녕전(長寧殿) 등 모든 관아(官衙)에 불을 지르고 약탈한 금(金)은괴(銀塊)와 대량의 서적, 무기, 보물 등을 가지고 갑곶진(甲串津)을 거쳐 청나라로 철군(撤軍)했다. 결과적으로 프랑스 군을 물리친 일로 자신감(自信感)을 가진 대원군은 기존에 고수(固守)하고 있었던 통상 수교 거부 정책을 더욱 강화하게 된다. 병인양요(丙寅洋擾)는 두 달 만에 끝났지만, 강화도 외규장각(外奎章閣)에 보관돼 있던 귀중 도서와 은괴(銀塊) 19상자 등을 약탈당했다고 한다.

명성황후 시해 사건

조선 고종(高宗)의 황후(皇后, 1851~1895). 성은 민(閔)이다. 대원군의 집정(執政)을 물리치고 고종(高宗)의 친정(親政)을 실현하였다. 통상수교(通商修交)에 앞장서 1876년 일본과 외교 관계를 맺게 했으며, 임오군란(壬午軍亂) 후에는 중국 청나라를 개입(介入)시켜 개화당(開化黨)을 압박하고 친 러시아정책을 수행(修行)하였다. 1895년에 일본인에 의해 시해(弑害)된 후 서인(庶人)으로 강등(降等)되었다가 1897년에 명성황후로 추서(追敍)되었다.

대한제국(大韓帝國) 명성황후는 1897년 책봉 1851년 철종(哲宗) 2년 경기도 여주(驪州)에서 탄강(誕降)하였으며, 8세 이후 아버지 민치록(閔致祿) 소유의 한성(漢城) 감고당(感古堂)에서 살았으며 1866년 왕비로 간택되어 운현궁(雲峴宮)에서 가례(嘉禮)를 거행하고 조선국(朝鮮國) 왕비로 책봉되었다.

1873년 11월 고조(高祖) 광무제(光武帝)가 친정(親政)을 시작하자 명성황후는 1876년 조일(朝日) 병자(丙子) 조규(條規,강화도조약)을 체결하는 등 외국에 문호(門戶)를 개방하고, 김홍집(金弘集), 어윤중(魚允中), 김윤식(金允植) 등 개화파를 지원했다. 개화사상(開化思想)가인 박규수(朴珪壽)를 발탁(拔擢)하여 우의정에 등용(登庸)하여 통리기무아문(統理機務衙門)을 설치하고 신사유람단(紳士遊覽團)과 영선사(營繕司)를 일본과 청(靑)에 파견했다.

청일전쟁(淸日戰爭)을 일본이 승리한 직후 러시아 독일·프랑스가 일본이 청일전쟁(淸日戰爭)에 승리하여 얻은 이권(利權)을 내놓게 한 3국 간섭으로 일본은 조선국(朝鮮國)에서의 지위도 흔들렸으며 명성황후는 일본의 세력을 약화시키기 위해 러시아의 힘을 이용하려 했다.

이토 히로부미(いとうひろぶみ 伊藤博文) 일본 총리(總理)의 명령을 받은 주한(駐韓) 일본공사(公使) 미우라, 육군(陸軍) 소장(小將) 데라우치 마사타케(てらうちまさたけ, 寺内正毅)가 20여 명의 일본군을 지휘하고 궁성문(宮城門)을 열어준 친일 훈련대(訓練隊) 대대장(大隊長)의 협조를 받아 1895년 10월 8일 경복궁(景福宮)으로 침입하였으며 미야모토 다케타로(宮本家太郎)가 지휘한 20여 명의 일본군은 치밀하게 계획을 짜고 건청궁(乾淸宮) 곤녕합(坤寧閤)으로 침입하였다.

내부 대신(大臣)의 고문(顧問) 이시즈카 에이조(石塚英蔵)가 일본 정부 의 법제국(法制局) 장관(長官)인 스에마쓰 가네즈미(スエマスカネジュミ)에게 보낸 에이조 보고서(報告書)에 따르면, 20여 명의 일본군은 건청궁(乾淸宮) 곤녕합(坤寧閤)으로 깊이들어가 친일 상궁(尙宮)에게 제보(提報)받은 신체적(身體的) 비밀을 확인하기 위해 몸을 검사(檢査)하고 신원(身元)을 확인한 명성황후를 밖으로 끌어내 코인 비(鼻)와 두 귀인 양이(兩耳)를 베어내는 인(刃)하고 녹원(鹿苑)으로 옮겨서 불태워버렸다.

일본 정부의 명성황후 살해사건(殺害事件)은 고조(高祖) 광무제(光武帝)가 러시아공사관(公使館) 이어를 결정하게 하였고, 을미(乙未) 독립운동의 계기가 되었다.1897년 10월 대한제국(大韓帝國) 건국과 함께 명성황후로 추책(追冊)되었으며, 국장(國葬)을 치르고 청량리(淸凉里)에 장례되었다가 경기도 남양주(南陽州) 금곡(金谷) 홍릉(洪陵)으로 천장(遷葬)되었다. 명성황후를 1897년 10월 대한제국(大韓帝國) 건국 후 추책(追冊)를 4회 알현(謁見)했던 영국인 이사벨라 버드 비숍(Isabella Bird Bishop)은 『한국과 그 이웃 나라들(1897년)』이라는 책에서, "명성황후는 40세를 넘긴 듯했고 퍽 우아한 자태(姿態)의 늘씬한 여성(女性)이었으며 피부는 너무도 투명하여 꼭 진줏빛 가루를 뿌린 듯했으며 예지(叡智)가 빛나는 표정이었고, 대화의 내용에 흥미

(興味)를 갖게 되면 그녀의 얼굴은 눈부신 지성미(知性美)로 빛났다. 나는 그녀의 우아(優雅)하고 고상(翺翔)한 태도에 감명(感銘)받았으며, 그녀의 기묘(奇妙)한 정치적 영향력, 통치력을 충분히 이해하게 되었다. 명석(名釋)하고 야심적(野心的)이며 책략(策略)에도 능(能)할 뿐 아니라 매우 매혹적(魅惑的)이고 여러 가지 면에서 매우 사랑스러운 여인(女人)"이라고 묘사하였다.

언더우드(Underwood) 부인과 번커(Beonkeo) 부인의 명성황후 묘사도 비슷하였다. 1883년 산수(山水) 인물 화가(畫家)이며 최초의 사진사(寫眞師) 지운영(池雲英)은 종로(鐘路) 마동(麻洞)에서 사진관(寫眞館)을 개설하고 일반인의 사진을 촬영했으며, 1884년 지운영은 미국인 퍼시벌 로웰(Lowell, Percival)과 함께 고조(高祖) 광무제(光武帝), 명성황후 사진을 촬영하였다. 대한제국(大韓帝國)시대에는 1901년 사진도감(寫眞都監)을 설치하여 고조(高祖) 광무제(光武帝)와 황태자를 사진을 촬영하였다.

명성황후의 사진을 보고 그린 초상(肖像)은 양녕대군(讓寧大君)의 16세손(世孫) 이승만(李承晩)이 옥중(獄中)에서 집필(執筆)하여 1910년 미국에서 간행된『독립정신(獨立精神)』과 1927년 사학자(史學者)이자 독립운동가인 장도빈(張道斌)의『대원군과 명성황후』, 1940년 일본 신문사가 발간한『반도(半島) 이면사(裏面史)』에 실렸으며 명성황후를 알현(謁見)한 비숍 언더우드(Bishop, Underwood) 부인, 번커(Beonkeo) 부인의 명성황후 묘사와 일치하므로 문화재청(文化財廳) 국립(國立)고궁(高穹)박물관(博物館)은 심청색(深靑色) 이화문(李花紋) 12등(十二等) 황후(皇后) 적의(翟衣)를 착용한 명성황후 초상(肖像)을 전시 홍보(弘報)하여야 한다.

운요호사건(雲揚號事件)

　　1875년 9월 20일 발생한 한일 간(韓日間) 포격(砲擊)사건으로 일본군함(日本軍艦) 운요호(雲揚號)가 강화해협(海峽)을 불법으로 침입함으로써 발생하였다. 조선정부는 병인양요(丙寅洋擾) 이래(移來)로 "외국군함(軍艦)의 항행(航行)을 금지한다"는 이른바 '해문방수타국선신물과(海門防守他國船愼勿過)'라는 비석(碑石)을 강화해협(海峽) 입구(入口)에 세웠다.

　　1875년 고종 12년 9월 20일 일본 군함(軍艦) 운요호(雲揚號)가 조선의 강화해협(海峽)에 불법침입해 포격(砲擊)을 가(加)하고 살륙·방화(放火)·약탈을 자행(自行)했다. 또는 강화도 사건이라고 부른다. 운요호(雲揚號)는 1871년 (메이지 4년) 5월 일본제국(帝國) 해군(海軍)에 편입되었으며 1868년 영국의 에버딘에서 건조(建造)되었다.

　　1873년 이후부터 일본에서는 정한론(征韓論)이 크게 대두되었다. 그러나 세력다툼에서 밀린 정한론자(征韓論者)들은 총퇴진(總退陣)했고, 이에 반발하는 무사(武士)계급과 국민 대다수(大多數)의 관심을 돌리기 위해 일본은 1874년 타이완 침략을 단행했다. 일본의 타이완 침략에 위기를 느낀 조선은 일본에게 우호적인 태도를 취하기 시작했다.

　　일본은 조선 정부의 태도변화를 침략의 호기로 보고 군함 파견을 결정했다. 운요호(雲揚號)와 제이정묘호(第二丁卯號)가 각각 1875년 5월 25일과 6월 12일에 부산(釜山)에 입항(入港)했다. 조선의 항의를 무시하고 연안을 탐측(探測)하면서 무력 시위를 벌이던 운요호(雲揚號)는 9월 20일 강화도 동남(東南)쪽 난지도(難智島)에 정박(碇泊)해 초지진(草芝鎭)에 잠입(潛入)하다가 조선수비병(守備兵)의 공격을 받고 후퇴(後退)했다. 철수(撤收)한 일본군은 즉각 반격(反擊)에 나서 대대적인 포격(砲擊)을 가하며 상륙작전(上陸作戰)을 벌였다. 근대식 무기로 무장(武裝)한 일본군에 쫓긴 조선군은 패주(敗走)했다.

이후 일본은 계속 무력을 앞세워 1876년 2월 27일 강화도에서 불평등 조약인 강화도 조약을 체결했다.

강화도조약(江華島條約)

고종 13년 1876년 조선과 일본 두 나라 사이에 체결된 조약. 조약의 정식명칭(定式名稱)은 조일수호조규(朝日修好條規)이며 병자수호조약(丙子修好條約)이라고도 한다. 이 조약이 체결됨에 따라 조선과 일본 사이에 종래의 전통적이고 봉건적(封建的)인 통문관계(通文關係)가 파괴되고, 국제법적(國際法的)인 토대(土臺) 위에서 외교관계가 성립되었다.

이 조약은 일본의 강압 아래서 맺어진 최초의 불평등 조약이라는 데 특징(特徵)이 있다. 대원군이 하야하자, 일본은 이때야말로 대한침략(對韓侵略)의 절호(絕好)의 기회라 보고 외무성(外務省)의 모리야마 시게루〔森山茂〕를 조선에 파견, 정보(情報)를 수집하여 보고하게 하였다. 조선의 허점(虛點)을 파악한 일본은 3척의 군함(軍艦)을 파견하여 무력 시위(施威)를 감행(敢行)하는 한편, 서해안(西海岸) 측량을 핑계로 강화도로 접근, 연안포대(砲臺)의 포격을 유발하여 고의적으로 운요호사건(雲揚號事件)을 일으키고 수호조약(修好條約)을 강요하기에 이르렀다.

그들은 표면상으론 운요호 사건(雲揚號事件)의 평화적 해결, 통상(通商)수호조약(修好條約)의 체결이란 구실로 구로다 기요타카(黑田淸隆) 전권대사(全權大使)를 조선에 파견했다. 구로다 일행은 고종 13년 1876년 1월 부산(釜山)에 입항(入港), 교섭(交涉)이 잘 진전(進展)되지 않으면 전투가 일어날 것까지 준비한 후 개항(開港)을 강요하기 시작하였다.

2월에는 군함(軍艦) 2척, 400명의 병력을 거느리고 와서 협상(協商)을 요구했다. 이때 조선 정부에서는 대원군 일파와 유생(儒生)들의 반대로 의견이 구구하였으나 박규수(朴珪壽)·오경석(吳慶錫) 등의 주장과 청나라 이홍장(李鴻章)의 권고에 의하여 3차에 걸친 회의 끝에 개국을 결정했고 결국은 양국 사이에 수호조약이 체결되었다. 조선이 개국을 결정하게 된 이유는,

① 세계 대세(大勢)로 볼 때에 개국을 해야만 할 객관적 조건이 성숙(成熟)했으며

② 일본정부의 무력시위(施威)가 국내의 척화론(斥和論)보다 강력히 작용(作用)했고

③ 민 씨(閔氏) 일파에게는 개국을 버리고 쇄국(鎖國)을 하게 된다는 것은 민 씨 파(閔氏派)의 실각(失脚), 즉 대원군의 득세(得勢)를 초래하는 결과를 가져오는 것이었고

④ 청나라가 개국을 찬성한 때문이었다.

이 조약은 12조(條)로 되어 있는데 그 주요 내용은 다음과 같다.

① 조선은 자주(自主)국가로서 일본과 동등권(同等權)을 보유한다 (제1조)

② 조선은 20개월 이내에 부산(釜山) 이외의 2개 항구(港口)를 열고 일본 상인의 거주, 무역의 편리(便利)를 제공(提供)한다. (제4·5조).

③ 일본은 조선의 연해(沿海)·도서(島嶼)·암초(岩礁) 등을 자유로이 측량하고 해도(海圖)를 작성할 수 있다. (제7조)

④ 일본은 조선이 지정한 항구(港口)에 영사(領事)를 파견하고, 조선에 거주하는 일본 상인의 범죄는 일본 관원(官員)이 심판한다. (제8·10조)

조약의 규정대로 일본은 조차지(租借地)를 확보했고 아울러 치외법권(治外法權)을 설정(設定)하여 일본인 상인들의 사법권(司法權)을 규정해놓았다.

조선에 대하여 일방적인 정치적·군사적·경제적 침략이었고 불평등 조약이었으나 제1조의 '조선은 자주국(自主國)'이라는 규정은 청(靑)의 종주권(宗主權)을 배격(排擊)함으로써 조선의 대외정책(對外政策)에 큰 변화를 가져왔다. 이로 인하여 서양 여러 열강과 통상(通商)관계를 맺게 되었고 서양의 새로운 문물(文物)을 수입하는 계기가 되었으며 동시에 열강의 침략을 받는 계기도 되었다.

신사유람선(紳士遊覽團)

1881년에 4월 10일 일본에 파견한 시찰단(視察團)으로서 1876년에 한일수호조약(韓日修好條約)이 체결되자 김기수(金綺秀)를 수신사로 일본에 파견하였고, 그 뒤 1880년에는 김굉집(金宏集·金弘集) 등 수신사 일행이 다시 일본에 파견되었다. 그들은 일본에서 서양 근대의 기술적 성과를 살피고 돌아와서 일본의 문물제도(文物制度)를 배워야 한다고 강력히 주장하였다.

이에 정부에서는 박정양(朴定陽)·엄세영(嚴世永)·강문형(姜文馨)·조병직(趙秉稷)·민종묵(閔鍾默)·조준영(趙準永)·심상학(沈相學)·어윤중(魚允中)·홍영식(洪英植)·이원회(李元會)·김용원(金鏞元)·이헌영(李永) 등 12명을 동래부(東萊府) 암행어사(暗行御史)로 임명하고 그 밑에 각각 이들을 보조(補助)하는 수원(隨員) 2명과 통사(通事)·종인(從人) 각 1명씩을 대동(帶同)하게 하여 평균 5명으로 1반(班)으로 전체 12반(班) 62명을 편성하였다.

이러한 대규모의 계통적(系統的)인 일본 시찰 계획이 암행어사(暗行御史)로 위장(僞裝)하여 극비리(極祕利)에 추진된 것은 당시 신사척사운동(辛巳斥邪運動)이 전개되고 있어서 불필요한 마찰(摩擦)을 피(避)하기 위해서였다.

이들 신사유람단(紳士遊覽團)은 약 4개월 동안 일본에 체재(體裁)하면서 도쿄(東京)·오사카(大), 그리고 때로는 이와 인접한 지방에까지 나가 문교 (文敎)·내무(內務)·농상(農商)·외무(外務)·대장(大藏)·군부(軍府) 등 각 성(省)의 시설과 세관(稅關)·조폐(造幣) 등의 각 분야 및 제사(製絲), 잠업(蠶業) 등에 이르기까지 시찰하고 귀국하였다.

즉 이들 시찰단(視察團)은 일본의 정부 수뇌(首腦)들과 접촉(接觸)하고 각기 분담하여 정부 각 부처(部處)의 실무(實務)를 자세히 조사했는데, 박정양 (朴定陽)은 내무성(內務省) 및 농상무성(農商務省), 민종묵(閔種默)은 외무성(外務省), 어윤중(魚允中)은 대장성(大藏省), 조준영(趙浚榮)은 문부성(文部省), 엄세영(嚴世永)은 사법성(司法省), 강문형(姜文馨)은 공부성(工賦省), 홍영식(洪英植)은 육군(陸軍), 이헌영(李憲榮)은 세관(稅關) 등을 각기 담당 분야에 대하여 책임지고 시찰을 해서 자세한 보고서를 작성하도록 했다.

이들은 4월 28일 일본 도쿄(東京)에 도착하여 74일간 체류(滯留)하면서 일본 정부의 각 분야(分野)를 시찰했으며, 귀국 즉시 각자의 여행기(旅行記)인 문견(聞見)기록과 함께 시찰 보고서를 작성하여 고종에게 제출했다. 이들 기록은 100여 책에 달하는데, 시찰기 류(視察記類)와 견문 사건 류(見聞事件類)로 크게 구별된다. 시찰기류(寄留)에 나타나듯이 중앙 정부의 각 관서(官署)를 비롯하여 포병공창(布甁工廠) 등 산업(産業)시찰을 했으며, 도서관·박물관 등 문화시설도 골고루 조사했다.

특히 송헌빈(宋憲斌)의 『동경일기(東京日記)』, 강진형(姜晉馨)의 『일동록(日東錄)』등과 같은 일본 견문기(見聞記)가 있으며, 일본의 근대농법(農法)을 소개한 안종수(安宗洙)의 『농정신편(農政新編)』등은 이후 국내의 개화(開化) 풍조(風潮)를 고조(高潮)시키는 데 커다란 역할을 했다. 신사유람단원(紳士遊覽團員)들은 대개 정부 내의 중견(中堅) 관료(官僚)로 구성되어, 1882년 1월에 통리기무아문(統理機務衙門) 각 사(司)의 개편에 따라 조사 12명은 각기 그 해당 부서(府署)의 요직(要職)에 배치된 뒤 개화(開化)정책을 주도하게 되었다.

임오군란(壬午軍亂)

1882년 고종 19년 6월 일본식 군제(軍制) 도입과 민 씨(閔氏) 정권에 대한 반항(反抗)으로 일어난 구식(舊式) 군대의 군변(軍變)을 말한다. 강화도조약(江華島條約)의 체결로 대원군의 쇄국정책은 점차 붕괴되고 대신 국내의 정세는 개국·개화(開化)로 향하게 되었다. 정권은 대원군을 중심으로 하는 수구파(守舊派)와 국왕과 명성황후 측의 척족(戚族)을 중심으로 하는 개화파로 양분(兩分), 대립하게 되었으며 외교노선(外交路線)은 민 씨 정권이 추진한 문호개방 정책에 따라 일본을 비롯한 구미제국(歐美諸國)과의 통상관계가 이루어지게 되었다. 이에 따라 개화파와 수구파의 반목(反目)은 더욱 심해졌으며 보수적(保守的)인 입장에 있는 백성들을 도외시(度外視)함으로써 사회적(社會的) 혼란과 불안은 거듭되었다.

한편 개화(開化)정책에 따른 제도의 개혁으로 정부 기구(에는 개화파 관료(官僚)가 대거 기용되었으며 1881년 일본의 후원으로 신식군대(新式軍隊) 별기군(別技軍)을 창설하고 이듬해에는 종래의 훈련도감(訓鍊都監)·용호(龍虎)·금위(禁衛)·어영(御營)·총융(摠戎)의 5영(營)을 무위영(武衛營)·장어영(壯禦營)의 2영으로 개편하자 여기에 소속하게 된 구영문(舊營門)의 군병들은 자기들보다 월등히 좋은 대우를 받는 신설 별기군(別技軍)을 왜별기(倭別技)라 하여 증오하게 되었다.

구 군영(舊軍營) 소속 군인들에게는 군량(軍糧)이 풍부하였던 대원군집정(執政) 시대와는 달리 13개월(個月) 동안 군료(軍料)가 밀려 불만은 고조(高

操)되었고 불온(不穩)한 기운이 감돌았다. 군병은 민 씨 정권 이후 빈번하게 일어나는 군료(軍料) 미불(未拂) 사태의 원인이 궁중비용의 남용(濫用)과 척신(戚臣)들의 탐오(貪汚)에 있다고 생각하였으며, 특히 군료 관리의 책임자인 선혜당당상(宣惠廳堂上)·병조판서(兵曹判書) 민겸호(閔謙鎬)와 경기도관찰사(京畿道觀察使) 김보현(金輔鉉)에 대해서는 깊은 원한을 가지고 있었다.

특히 1882년 6월 초 전라도조미(全羅道漕米)가 도착되자 6월 5일 선혜청(宣惠廳) 도봉소(都捧所)에서는 우선 무위영(武衛營) 소속의 구(舊)훈련도감(訓鍊都監) 군병들에게 1개월분(個月分)의 급료(給料)를 지불하게 되었다. 그러나 선혜청(宣惠廳) 고직(庫直)의 농간으로 겨와 모래가 섞였을 뿐 아니라 두량(斗量)도 절반 정도밖에 되지 않아 군료(軍料)의 수령(受領)을 거부하고 시비(是非)를 따지게 되었다.

군료의 지급 담당자가 민겸호(閔謙鎬)의 하인이며 그의 언동(言動)이 불손(不遜)하여 군병들의 격노를 유발시킴으로써 군료(軍料)의 수령을 거부한 구(舊) 훈련도감(訓鍊都監) 포수(砲手) 김춘영(金春永)·유복만(柳卜萬)·정의길(鄭義吉)·강명준(姜命俊) 등을 선두(先頭)로 하여 선혜청(宣惠廳) 고직(庫直)과 무위영(武衛營) 영관(營官)을 구타(毆打)하고 투석(投石)하여 도봉소(道峯所)는 순식간에 수라장(修羅場)이 되었다. 이 소식을 들은 민겸호(閔謙鎬)는 주동자 체포령(逮捕令)을 내려 김춘영(金春永)·유복만(柳福萬) 등 4, 5명의 군인이 포도청에 잡혀갔다.

이어서 그들이 혹독한 고문(拷問)을 당하고 있다는 것과 그들 중 2명이 곧 사형되리라는 소문이 퍼지게 되어 군병들은 더욱 격분(激忿)하였다 이에 김장손(金長孫)·유춘만(柳春萬:유복만(柳福萬)의 동생이 주동(主動)이 되어 투옥된 군병의 구명운동(救命運動)을 전개시키기 위해 통문(通間)을 작성하였다.

투옥된 이들이 사형당할 것이라는 소문이 돌면서 훈련도감 하급군병이 많이 살고 있던 왕십리(往十里) 지역을 중심으로 이들을 구출하기 위한 활동이 시작되었다. 왕십리(往十里)는 하급 군병·빈민들이 주로 거주하는 곳으로, 잡혀간 군병 4명 가운데 3명이 왕십리 거주자였다. 하급 군병과 빈민(貧民)들은 계층적으로 일치(一致)했는데 서울의 하급 군병은 대부분 서울의 빈민층(貧民層) 가운데서 충당되었을 뿐 아니라 다른 빈민층(貧民層)과 마찬가지로 낮은 급료(給料) 때문에 대부분 적은 자본(資本)으로 수공업(手工業)·상업을 하거나 도시 근교에 야채를 재배(栽培)해서 팔거나 막노동에 종사 하여 생계를 유지해야만 했다.

서울의 빈민층은 도성(都城) 내의 빈촌(貧村)이나 교외(郊外), 한강 연안 지역의 변두리 마을 등에 촌락(村落)을 형성하고 집단적으로 거주했는데 왕십리(往十里)도 그런 곳 중의 하나였다. 이들 빈민(貧民)은 민 씨(閔氏) 정권 아래 각종 수탈(收奪)을 받았을 뿐 아니라 개항(開港) 이후 영세(零細) 수공업(手工業)의 몰락, 미곡(米穀)수출(輸出)로 말미암은 곡가(穀價) 앙등(仰騰) 등으로 생계에 심각한 위협을 받고 있었다. 더욱이 하급 군병들은 5군영(軍營)의 폐지로 일자리를 잃게 되었을 뿐 아니라 남아 있는 군병들도 별기군(別技軍)에 비해 상대적으로 낮은 처우에 불만을 품었으며 13개월(個月)이나 급료가 지불)되지 않자 불만은 한층 고조되었다.

6월 8일에는 이최응(李最應)이 별파진(別破陣)을 동원하여 군변(軍邊)을 진압할 것을 국왕에게 건의했다는 소문이 퍼져 군병들은 더욱 흥분되어 도봉소(道峯所)의 군료(軍料)시비(是非)사건은 정변(政變)으로 확산되었다.

조선 후기 무관잡직(武官雜職)으로 편성된 특수 병종(兵種). 1687년 숙종 13년에 제도화(制度化)한 군대이다. 이들은 무관(武官) 잡직(雜職)으로 편성되었으며, 각 아문(衙門)에 소속되어 화포(火砲)를 주로 다루었고, 화기장방(火器藏放)과 화약고(火藥庫)의 입직(入直)을 맡았다.

본래는 별파군진(別破軍陣)이나 보통(普通) 별파군(別破軍) 또는 별파진(別

破陳)이라고도 한다. 인원(人員)은 어영청(御營廳)에 160인, 수어청(守禦廳)에 385인, 총융청(摠戎廳)에 100인, 금위영(禁衛營)에 160인이 배속(配屬)되었다.

별파진(別破陳)의 화포식고강(火砲式考講)은 집사(執事)의 병학지남(兵學指南) 강서(講書)날에 하며 1년에 네 차례 시행한다. 번은 매월 10인씩 돌려가며 들 되, 매인(每人)에게 마(麻) 3필과 쌀 11두(斗)를 번들 때 지급하였다.

이들에 대한 각 도(道)의 군보(軍保)는 총(總) 780인으로, 이 중 목보(木保)는 694인, 포보(布保)는 86인인데 매인에 1필씩 납부하며 돈으로는 모두 2냥씩 납부한다.

6월 9일 김장손(金璋遜)과 유춘만(柳春萬)을 선두로 한 무위영(武衛營) 군병들은 무위대장(武衛大將) 이경하(李景夏)의 집에 가서 민겸호의 불법과 억울한 사정(事情)을 호소하였으나 이경하(李景夏)는 군료(軍料)관할의 권리(權利)가 없다는 것을 내세워 변백구해(辨白求解)하는 글을 써주고 민겸호에게 직접 호소하도록 하였다.

민겸호의 집 앞에 이르른 군민(軍民)들은 도봉소(道峯所) 고직(庫直)을 발견하여 민겸호의 집안으로 난입(亂入)하게 되었으나 민겸호와 고직(庫直)은 찾지 못한 채 가재도구(家財道具)와 가옥(家屋)을 모두 파괴시키고 폭동을 일으켰다. 사태의 중요성(重要性)을 생각하여 민 씨 정권의 보복이 있을 것이라 예상(豫想)한 김장손(金璋遜)과 유춘만(柳春萬) 등은 운현궁(雲峴宮)으로 올라가 대원군에게 진정(陳情)한 후 진퇴(進退)를 결정해주기를 요청하였다.

대원군은 이러한 군민(軍民)의 소요 사태에 대해 무위영(武衛營) 군졸(軍卒) 장순길(張順吉) 등에게 명하여 표면상으로는 효유(曉諭) 선무(先務)하는 태도를 취하여 밀린 군료(軍料)의 지급을 약속하며 해산(解散)하도록 하고 한편으로는, 김장손(金璋遜)과 유춘만(柳春萬) 등을 불러 밀계(密啓)를 지령(指令)하고 심복인(心腹人) 허욱(許煜)을 군복(軍服)으로 변장(變裝)시켜 군민(軍民)들을 지휘하게 하였다.

대원군과 연결된 군민(軍民)들은 좀더 대담하고 조직적인 행동을 개시)하여 일대(一隊)는 동별영(東別營)의 무기고(武器庫)를 부수고 무기를 약탈하여 포도청(捕盜廳)에 난입(亂入)한 후 김춘영(金春永)·유복만(柳春萬) 등을 구출하고 이어서 의금부(義禁府)를 습격하여 척사론자(斥邪論者)인 백낙관(白樂寬) 등 죄수들을 석방시켰다.

다른 일대(一隊)는 경기감영(京畿監營)을 습격하여 무기를 약탈하고 나머지 일대(一隊)는 강화유수(江華留守) 민태호(閔台鎬)를 비롯한 척신(戚臣)과 개화파 관료(官僚)의 집을 습격 파괴하였다. 군민(軍民)들은 이날 저녁에 일본 공사관(公使館)을 포위 습격하자 공사(公使) 하나부사 요시타다(花房義質) 등 공관원(公館員) 전원이 인천으로 도피하였다.

또 한편의 군민(軍民)들은 별기군(別技軍) 병영(兵營) 하도감(下都監)을 습격하여 일본인 교관(敎官) 호리모토 레이조(堀本禮造) 공병(工兵) 소위(少尉)를 살해하고 일본순사(巡使) 등 일본인 13명을 살해하는 등 일본 공사관(습격을 마지막으로 하여 이날의 폭동은 끝났다.

이튿날은 전날보다 더 강력해진 폭동 군민(軍民)들이 대원군의 밀명(密命)에 따라 돈령부영사(敦寧府領事) 흥인군(興寅君) 이최응(李最應)과 호군(護軍) 민창식(閔昌植)을 살해하고, 창덕궁(昌德宮) 돈화문(敦化門)에 육박한 후 곧 명성황후를 제거하기 위해 궐내로 난입하였다.

난군(亂軍)들은 궐내 도처에 흩어져 명성황후와 척신(戚臣)들을 수색하던 중 선혜(宣惠) 당당상(撞塘相) 민겸호와 경기도관찰사(京畿道觀察使) 김보현(金輔鉉)을 발견하여 살해하고 계속 명성황후의 행방(行方)을 찾았다. 이러한 위급한 상황에서 궁녀의 옷으로 변장(變裝)한 명성황후는 무예별감(武藝別監) 홍재희(洪在羲)의 도움으로 충주(忠州) 장호원(長湖院)의 충주목사(忠州牧使) 민응식(閔應植)의 집으로 피신하였다.

한편 군민(軍民)들의 난동(亂動)을 조정에서는 민겸호의 보고에 의해 단순한 도봉소(道峯所)의 군료(軍料) 분쟁으로 생각했으나 척신(戚臣)들의 집들이 습격·파괴되고 군민(軍民)이 대거 폭동에 참가하게 되자 무위대장(武衛大將) 이경하(李景夏)를 동별영(東別營)에 보내어 진무(鎭撫)시켰으나 실패하였다.

점점 사태가 위급하게 번지자 당면(當面)의 책임자를 문책(問責)한다는 뜻에서 선혜청당상(宣惠廳堂上) 민겸호 도봉소(道峯所) 당상(堂上) 심순택(沈舜澤), 무위대장(武衛大將) 이경하(李景夏), 장어대장(壯禦大將) 신정희(申正熙) 등을 파직시키고 무위대장(武衛大將) 후임(後任)으로 대원군의 장자 이재면(李載冕)을 임명하여 민심을 수습하는 한편 상호군(上護軍) 조영하(趙寧夏)의 제안에 따라 별기군(別技軍) 영병관(領兵官) 윤웅렬(尹雄烈)을 통해 일본 공사(公司) 앞으로 서한(書翰)을 보내어 군변(軍變) 사실을 통고하고 자위책(自慰策)을 강구하도록 요구하였다. 그러나 군민(軍民)들의 공격으로 공관원(公館員) 전원이 인천(仁川)으로 탈주한 뒤였다.

한편, 난민들이 궐내로 진입을 하게 되자 국왕은 사태의 수습을 위해 대원군의 입시(入侍)를 명하였고 이에 따라 대원군은 부대부인(府大夫人) 민씨와 장자 이재면(李載冕)을 대동(帶同)하고 입궐하였는데, 이때 허욱(許煜)의 지휘하에 구훈국병(舊訓局兵) 200명이 대원군을 호위(扈衛)하였다. 대원군은 사태수습(事態收拾)의 책임을 맡고, 왕명(王命)으로 '자금(自今) 이후 대소 공무(公務)는 대원군 전에 품결(稟決)하라'는 명령을 내림으로써 사실상의 정권을 장악했다.

곧이어 국왕의 자책교지(自責敎旨)가 반포(頒布)되어 군변(軍變)의 정당성이 합리화되었고, 대원군은 이를 계기로 군민을 무마하여 사태수습(事態收拾)에 나서 우선 군병의 요청에 따라 무위영(武衛營)·장어영(壯禦營)과 별기군(別技軍)을 혁파하고 5영을 복구시키도록 하였으며, 통리기무아문(統理機務衙門)을 혁파하고 3군부(三軍府)를 설치하였다.

또한 군병들에 대해 군료(軍料)의 지급을 공약(公約)하고 척족(戚族)의 제거를 위한 인사(人事) 조치를 단행하여 이재면(李載冕)으로 하여금 훈련대장(訓鍊大將)·호조판서(戶曹判書)·선혜(宣惠)당당상(撞塘相)을 겸임하게 하여, 병(兵)·재(財) 양권(揚權)을 장악하게 하고 중앙의 각 부서(部署)와 지방의 관찰사(觀察使) 등 수령(守令)들에 새로운 인물을 등용하였다.

대원군이 기용한 인물은 대개 남인 계열의 노(老) 정치가들이며 인재의 보충을 위해 투옥되었거나 정 배당(配當)한 죄수들을 석방시키는 조치를 단행하였다. 또한 서정(庶政) 개혁을 단행함으로써 민심의 안정을 꾀하고자 했는데 6월 15일에는 각 지방의 미납세미(未納稅米)를 급(急)히 서울로 보낼 것을 지방관(地方官)에 명하여 군병들의 군료(軍料)와 도민(都民)의 식량에 충당했으며 20일은 각공원가(各貢援價)에 감합(勘合) 등의 절차는 갑자년(甲子年:1864) 이후의 신정정식(新定定式)에 의하도록 하고, 21일에는 민폐(民弊)의 근원이 되는 신감채(辛甘菜)·해홍채(海紅菜)의 징수(徵收)를 금지하도록 했다.

이어서 22일에는 주전(鑄錢)을 금지시키고 동시에 각종 도고(都賈)의 민폐(民弊)에 관한 것도 혁파시켰으며 26일에는 수세(收稅)에 원래 정한 액수(額數) 이외의 부과는 일체 금지하도록 하였다. 한편 일부 난병(亂兵)들은 명성황후의 처단(處斷)을 주장하고 해산을 거부했으므로 대원군은 명성황후의 실종(失踪)을 훙거(薨去)로 단정(斷定)하고 명성황후 상(喪)을 공포하였다.

이에 민 씨 일파는 큰 타격을 받았으나 곧 청나라 톈진(天津)에 주재(駐在)하고 있던 영선사(領選使) 김윤식(金允植) 등에게 통지(通知)하여 청나라의 원조(援助)를 청하였다. 통지(通知)를 받은 김윤식(金允植) 등은 대원군의 존재 위험성과 함께 난당(亂黨)의 소탕, 조선과 일본과의 사이에 청국(淸國)이 조정(措定)해줄 것을 요청하였고, 청국(淸國) 정부는 김윤식(金允植)의 의견에 따라 일본과 대항하기 위해서는 군대를 파견할 필요성을 느끼고 오장경(吳長慶) 등으로 하여금 4,500명의 군대를 거느리고 곧 출동하게 하였다.

한편 명성황후의 국상(國喪)을 강제 진행함에 따라 대원군의 정치적 실권(失權)은 단축(短縮)을 가져오게 되었으며, 청국(淸國)은 종주국(宗主國)으로서 속방(屬邦)을 보호해야 한다는 주장을 갖고 이 기회에 일본에 빼앗겼던 조선에 대한 우월(優越)한 기득권을 회복하려 하였다. 이에 군사를 거느리고 입경(入京)한 오장경(吳長慶)은 서울 요소(要所)에 군사를 배치한 후 조선의 내정(內政)에 직접·간접으로 간섭을 하며 군령(軍令)을 찾아온 대원군을 납치하여 톈진(天津)으로 호송함으로써 대원군은 정권에서 다시 축출되었다.

한편 일본에 도착한 하나부사(副使) 공사(公使)가 군변(軍變)의 사실을 일본 정부에 보고하자 일본은 곧 군함(4척과 보병(步兵) 1개(個) 대대(大隊)를 조선의 서울에 파견하였다. 그러나 대원군은 일본의 이러한 요구에 무력으로 대응할 방침(方針)을 세우고 마산포(馬山浦)에 상륙 중인 청국군(淸國軍)에게 일본군을 견제해줄 것을 요청했다.

서울에 들어온 청군은 대원군 정권과 일본 측을 중재(仲裁)하는 듯한 태도를 보이면서 대원군을 청국(淸國)으로 납치해가는 한편, 군대를 몰아 서울 시내와 궁궐을 장악했다. 이러한 청(靑)의 신속한 군사 행동에 대항하지 못했고 대원군이 청나라에 의해 제거되었기 때문에 조선 측에 대한 강경한 태도로 책임을 물어 제물포조약(濟物浦條約)을 체결하게 되었다.

그 내용은 일본 정부는 조선에 대해 군란(軍亂)의 수모자(首謀者)를 처단(處斷)하고, 일본인 조해자(遭害者) 유족에게는 위문금(慰問金)을 지불할 것이며, 일본 정부에 손해배상금(損害賠償金) 50만 원을 지불할 것과 일본 공사관(公使館)에 경비병(警備兵)을 주둔시키는 것 등이다. 군변으로 시작한 이 사건이 대외적으로는 청나라와 일본의 조선에 대한 권한(權限)을 확대시켜주는 국제 문제로 변하였고, 대내적으로는 갑신정변(甲申政變)의 바탕을 마련해주었다.

청(淸)은 이후 조선의 내정(內政)에 적극적으로 간섭하였다. 곧 위안(偽贋)스카이(袁世凱) 등이 지휘하는 군대를 상주(常住)시켜 조선 군대를 훈련시키고, 마젠창(馬建常)과 묄렌도르프를 고문(顧問)으로 파견하여 조선의 내정과 외교 문제에 깊이 간여하였다.

또 조선에 조·청상민수륙무역장정(朝·淸商民水陸貿易章程)의 체결을 강요하여 청나라 상인의 통상(通商) 특권을 규정하고, 경제적 침투(浸透)에 적극적으로 나섰다. 한편, 다시 집권하게 된 민 씨 일파는 정권을 유지하기 위하여 친청(親淸) 정책으로 기울어졌다.

갑신정변(甲申政變)

1884년 고종 21년) 김옥균(金玉均)을 비롯한 급진개화파(急進開化派)가 개화사상(開化思想)을 바탕으로 조선의 자주독립(自主獨立)과 근대화(近代化)를 목표로 일으킨 정변(政變)은 조선후기 이래로 조선의 사회는 안으로는 봉건체제(封建體制)의 낡은 틀을 깨뜨리고 자본주의의 근대사회로 나아가려는 정치·경제·사회적(社會的) 변화가 일고 있었고, 밖으로는 무력을 앞세워 통상(通商)을 요구하는 구미(歐美) 자본주의 열강의 침략 위협이 높아지고 있었다. 이런 가운데 일부 중인 출신(中人出身) 지식인과 양반관료들 사이에서는 조선사회의 사회경제적인 모순을 깨닫고 세계 역사의 발전 방향에 따라서 사회를 이끌려는 개화사상(開化思想)이 형성되었다.

이 사상(思想)에 따라 내외정치(內外政治)를 개획(改革)하려고 결집된 정치세력이 개화파이다. 김옥균(金玉均)·박영효(朴泳孝)·서광범(徐光範)·홍영식(洪英植) 등의 양반 출신 청년 지식인은 19세기 중엽 박규수(朴珪壽)·오경석(吳慶錫)·유홍기(劉鴻基) 등의 사상(思想)과 그들로부터 받은 서구 사회에 관한 문명 서적을 통해서 실학사상(實學思想)의 긍정적 요소와 세계 정세의 흐름 및 자본주의에 관한 새로운 지식을 습득함으로써 조선사회의 개혁(改革)에 눈을 뜨기 시작하였다.

개항 이후 개화파들은 민 씨 정권의 개화정책에 참여하면서 점차 김옥균(金玉均)을 중심으로 결집하여 개화사상을 현실 정치에서 실현하려는 하나의 정치세력, 즉 개화파를 형성하였다. 그런데 개화파 안에서는 개혁의 궁극적 방향을 같이 하면서도 실현 방법에서 입장의 차이를 드러내고 있었다.

김홍집(金弘集)·어윤중(魚允中)·김윤식(金允植) 등의 온건개화파(穩健開化派)는 부국강병(富國强兵)을 위해 여러 개혁 정책을 실현하되, 민 씨 정권과 타협 아래 청(淸)과의 사대외교(事大外交)를 종전대로 계속 유하면서 점진적(漸進的)인 방법으로 수행(遂行)하자는 입장이었다. 반면에 급진개혁파는 청(淸)에 대한 사대관계(事大關係)를 청산(淸算)하는 것을 우선과제(優先課題)로 삼고 민 씨 정권도 타협의 대상이 아닌 타도의 대상(對象)으로 삼았다. 개화파는 개항 후 전개되는 나라 안팎의 정세변화(情勢變化)에 관심을 가지면서 충의계(忠義契)를 통하여 동지(同志)를 규합(糾合)하는 한편, 개혁운동(改革運動)의 수단(手段)으로서 당시 서구의 근대문물(近代文物)에 관심을 표명(表明)하던 고종에게 적극 접근하였다.

특히 1880년 이래 조선정부(朝鮮政府)의 해외시찰 정책(海外視察政策), 즉 일본수신사(日本修信使)와 신사유람단(紳士遊覽團)의 파견, 청(淸)으로의 영선사파견(營繕司派遣) 등에 박영효(朴泳孝) 김옥균(金玉均) 등 개화파가 적극 참여함으로써 세계의 정세흐름과 새로운 문명(文明)을 직접 확인하고 자각(自覺)을 넓혀 나갔다

독립당(獨立黨)의 우두머리인 김옥균(金玉均), 홍영식(洪英植) 등은 모의하여 급히 사건을 일으켜, 사대당(事大黨)의 우두머리들을 살상(殺傷)하고 순식간에 정권을 장악하였지만, 곧 사대당이 세력을 회복하여 홍영식(洪英植)은 살해되고 김옥균(金玉均) 등은 일본으로 망명(亡命)하였다. 그것을 갑신정변(甲申政變)이라고 한다. 이 사건이 일어났을 때 일본군은 국왕의 요청에 따라 왕궁(王宮)을 보호하였는데, 청나라 군대는 사대당을 지원하여 궁중으로 난입(亂入)하자, 일본군대(日本軍隊)는 그들과 싸웠지만 인원(人員)이 적어 대적(對敵)할 수 없었으며, 이어서 일본 공사관(公使館)은 청나라 군

대및 폭도(暴徒)들에게 불태워졌다.

이 때문에 이듬해에 일본은 우선 조선 정부에 교섭(交涉)하여 조선이 국서(國書)로써 일본에 대해 사의(謝意)를 표시하고 또 배상금(賠償金)을 지불하도록 하였으며, 이어서 청나라와 조약을 체결하여, 일본과 함께 완전히 군대를 반도(半島)에서 철수(撤收)하기로 하였다. 이 사변(事變) 이후 사대당은 청나라의 후원을 믿고 오랫동안 세력을 떨쳤지만 그 사이에 정치는 조금도 개량(改良)되지 못하고 더욱 부패(腐敗)하여, 관리들은 오로지 사적(私的) 이익을 도모(圖謀)하고, 백성은 그 가혹한 수탈(收奪)로 심한 고통을 받았다.

톈진조약(天津條約)

중국 톈진(天津)에서 청국(淸國)과 여러 외국 간에 맺은 최초의 톈진조약(天津條約)은 애로호 사건(艾老號事件)에 관련하여 1858년 6월, 러시아·미국·영국·프랑스 등 각 4개국과 청국(淸國)이 맺은 4개의 조약이다. 이 4개 조약은 모두가 편무적 최혜국조관(片務的最惠國條款)이 삽입되어 있으므로 동일한 조약이라고도 할 수 있다. 가장 전형적(典型的)인 대 영국 조약의 내용은 대략 다음과 같다.

① 외교사절의 베이징(北京) 상주(常住),

② 내지(內地) 여행(旅行)과 양쯔강(揚子江) 통상(通商)의 승인,

③ 새로운 무역규칙(規則)과 관세율(關稅率) 협정(이로써 아편 무역이 합법화되었다.)

④ 개항장(開港場)의 증가,

⑤ 그리스도교(Christian)의 공인(公認) 등이다.

이 밖에 영국과 프랑스 양국에 대하여 합계 600만 냥(兩)의 배상금(賠償

金)과 그 지불이 완료될 때까지 광둥성성(廣東省城)의 보장점령(保障占領) 등이 있다. 영국·프랑스와의 조약은 1860년 영국·프랑스 연합군(聯合軍)의 베이징(北京) 점령 후, 베이징(北京) 협정과 동시에 비준(批准) 교환되었다. 이밖에 주요 톈진조약(天津條約)으로서 1871년 청·일 양국이 상호 대등한 입장에서 맺은 영사(領事) 재판권을 상호 인정하고 최혜국조관(最惠國條款)을 포함하지 않는 것을 특색으로 하는 통상조약(通商條約), 조선의 갑신정변(甲申政變)에 관련하여 조선으로부터의 청·일 양국 군대의 철병(撤兵)을 약속한 1885년의 톈진협정(天津協定,청·일), 청·프 전쟁에 관련하여 1886년 맺은 톈진조약(天津條約, 청·프, 청은 베트남이 프랑스의 보호국임을 인정하였음) 등이 있다. 그리고 1860년대 독일· 포르투갈· 덴마크·네덜란드·에스파냐, 1870년대 페루·브라질과 맺은 톈진조약(天津條約)이 있다.

갑오개혁(甲午改革)

1894년 고종 31년 7월~1896년 2월까지 추진되었던 일련의 개혁운동(改革運動)을 갑오개혁(甲午改革)이라 한다. 갑오경장(甲午更張)이라고도 하는 이 사건은 일본의 개입에 의한 타율적(他律的) 개혁으로 보는 견해도 있지만 근대사에 있어 한 획(劃)을 그을 만큼 커다란 사건이 틀림없다.

갑오개혁(甲午改革)이 가지는 또 다른 의미는 구(舊) 질서의 종지부(終止符)를 찍고 근대국가로서의 모습을 갖추었다는 데 있다. 갑오개혁은 대표적으로 신분계급의 타파(打破)로서 노비제도 폐지, 조혼(助婚) 금지, 부녀자(婦女子) 재가(再嫁) 허용 등이 있다. 1년 반이 넘게 지속되었지만 국민들의 반발에 부딪혀 소기(小技)의 성과를 거두지 못했다. 당위성(當爲性)은 충분했지만 오랜 세월 굳어진 관습을 벗어내기란 역부족이었던 것이다.

이제두 갑자(甲子)를 보내고 다시 갑오년(甲午年)을 맞이했다. 정부와 각 기관 단체(團體)에서는 변화와 개혁이라는 한 목소리로 '신(新) 갑오개혁(甲午改革)'을 외치고 있다. 이러한 시점에서 기독교인들도 '영적(靈的) 갑오개혁'을 생각해봐야 하지 않을까?

갑오개혁(甲午改革)의 또 다른 말인 '갑오경장(甲午更張)'에서 '경장(更張)'은 '느슨해진 가야금(伽倻琴)의 줄을 다시 팽팽하게 당겨 음을 조율(調律)한다'는 뜻을 가지고 있다. 기존 체제의 틀 속에서 다시 새롭게 개혁한다는 의미다. 120년 전 갑오개혁이 이루어졌던 당시 양반과 천민(賤民)의 신분 계급을 타파한다는 것은 쉽지 않았을 것이다. 노비를 부리던 사람이 스스로 일을 해야 하고, 일평생 몸에 밴 생활양식(生活樣式)과 습관들을 고치는 일도 만만치 않았을 것이다.

하지만 오늘날 우리는 그 모든 것이 타파되고 개혁된 시대에 살고 있다. 만약(萬若) 개혁되지 않은 채라면 양반과 천민(賤民)이 구별되고, 노비 부모를 둔 사람은 태어나면서부터 상전(上典)을 모셔야 하고, 고등학교를 졸업하기도 전에 결혼을 하고, 과부(寡婦)는 죽을 때까지 혼자 살아야 한다. 이 얼마나 우스운 형국(形局)인가.

이처럼 개혁은 시도가 중요하다. '영적(靈的) 갑오개혁'을 해야 할 당위성은 충분하다. 성경(聖經)에 입각한 진리의 개혁만이 우리를 구원과 영적 가나안 복지(福祉)로 인도할 수 있기 때문이다. 관습처럼 행하고 있는 일요일(日曜日) 예배(禮拜) 성수(聖壽), 교회(敎會)의 상징물이라며 섬기고 있는 십자가 우상(偶像), 태양신교(太陽神敎)의 축제일(祝祭日)인 12월 25일, 성경에 없는 추수감사절 등은 분명 타파돼야 할 부분이다. 이러한 진리의 개혁이 선행(善行)되지 않고서는 하나님 보시기에 시대착오적인 우스운 모양(새로)비쳐질 뿐이다.

홍범십사조(洪範十四條)

홍범(洪範) 14조는 1895년 1월 7일 고종은 세자와 대원군·종친(宗親) 및 백관(百官)을 거느리고 종묘(宗廟)에 나아가 먼저 독립의 서고문(誓告文)을 제정된 한국최초(韓國最初)의 근대적 헌법(憲法)을 선포하였다. 다음날인 1월 8일에는 이를 전 국민에게 반포하였다. 이 서고문(誓告文)을 홍범14조(洪範14條)라 하며, 근세(近世) 최초의 순수(純粹) 한글체와 순수(純粹) 한문체 및 국한문(國漢文) 혼용체(混用體)의 세 가지로 작성하여 발표하였는데, 순수(純粹) 한글체에서는 홍범14조(洪範14條)를 '열네 가지 큰 법'이라 표기(表記)하였다.

14개 조목(條目)의 강령(綱領)으로, 자주(自主) 독립의 확립, 왕위 세습제(世襲制), 후빈(后嬪)의 정치 불(不) 간여(干與) 조세(租稅) 법률(法律) 주의(主義)와 예산편성(豫算編成) 지방관제(地方官制)의 개혁과 지방 관리의 권한(權限) 제한, 선진 외국의 학예(學藝)와 문화 수입(輸入), 입법(立法)과 국민의 생명 재산 보호, 징병(徵兵)과 군대의 양성, 광범위한 인재 등용이 그 내용이다.

제1 청국(淸國)에 의존(依存)하는 생각을 끊고 자주독립(自主獨立)의 기초를 세운다.

제2 왕실 전범(王室典範)을 작성하여 대통(大統)의 계승과 종실(宗室)·척신(戚臣)의 구별을 밝힌다.

제3 국왕(大君主)이 정전(政殿)에 나아가 정사(政事)를 친히 각 대신(大臣)에게 물어 처리하되, 왕후(王后)·비빈(妃嬪)·종실(宗室) 및 척신(戚臣)이 관여(關與)함을 용납치 아니한다.

제4 왕실 사무(事務)와 국정(國政) 사무(事務)를 분리(分離)하여 서로 혼동(混同)하지 않는다.

제5 의정부(議政府)와 각 아문(衙門)의 직무(職務) 권한(權限)의 한계(限界)를 명백히 규정한다.

제6 부세(賦稅,세금의 부과)는 모두 법령(法令)으로 정하고 명목을 더하여 거두지 못한다.

제7 조세(租稅) 부과와 징수(徵收) 및 경비(經費) 지출은 모두 탁지아문(度支衙門)에서 관장(管掌)한다.

제8 왕실은 솔선(率先)하여 경비(經費)를 절약(節約)해서 각 아문(衙門)과 지방관(地方官)의 모범이 되게 한다.

제9 왕실과 각 관부(官府)에서 사용하는 경비(經費)는 1연간의 예산(豫算)을 세워 재정(財政)의 기초를 확립한다.

제10 지방관(地方官) 제도를 속(速)히 개정하여 지방관(地方官)의 직권(職權)을 한정(限定)한다.

제11 널리 자질(資質)이 있는 젊은이를 외국에 파견하여 학술(學術)과 기예(技藝)를 익히도록 한다.

제12 장교(將校)를 교육하고 징병제(徵兵制)도를 정하여 군제(軍制)의 기초를 확립한다.

제13 민법(民法) 및 형법(刑法)을 엄정(嚴政)히 정하여 함부로 가두거나 벌(罰)하지 말며, 백성의 생명(生命)과 재산을 보호한다.

제14 사람을 쓰는 데 문벌(門閥)을 가리지 않고 널리 인재를 등용한다.

삼국간섭(三國干涉)

청·일 전쟁에서 승리한 일본은 1895년 청(靑)과 시모노세키(下關) 조약을 맺어 타이완(台滿)과 요동반도(遼東半島)를 할양(割量)받게 되었다. 이에 러시아, 프랑스, 독일 세 나라가 공동으로, 일본이 요동반도(遼東半島)를 획득하게 되는 것은 동양평화(東洋平和)에 해롭다는 구실을 내세워 일본이 요동 반도를 청에 반환(半圜)하도록 강력히 요구하였다.

이 외교 간섭이 이른바 삼국 간섭이다. 남하(南下) 정책의 일환으로 요동 반도에 진출하려던 러시아가 당시 일본을 견제하던 프랑스, 독일과 함께 일본에 압력(壓力)을 가(加)하여 배상금(賠償金) 3천만 냥을 받는 대신 요동 반도를 청(靑)에 돌려주게 한 것이다. 삼국 간섭으로 러시아의 국력을 확인한 조선정부(朝鮮政府) 내에서는 반일(反日) 친(親)러(Russia)의 기운이 돌아 친일 세력인 박영효(朴永曉)가 축출되고, 러시아 공사(公使) 베베르(K.I.Veber)의 활동으로 이범진(李範晉) 이완용(李完用)을 입각(入閣)시켜 친(親)러(Russia) 내각(內殼)인 이른바 제3차 김홍집(金弘集) 내각을 세웠다.

이에 일본은 이런 대세(大勢)를 돌려놓기 위해 강경파(强硬派)인 미우라 고로(三浦梧樓)를 공사(公司)로 보내 그의 주도로 명성왕후(明聖王后)를 시해(弑害)하게 하는 야만적인 행위 을미사변(乙未事變)을 저지르게 하였다.

제1차 한일협약

1904년 광무(光武) 8년 8월 일본이 고문정치(顧問政治)를 실시하기 위하여 한국(韓國)과 맺은 조약 노일전쟁(露日戰爭)이 일어나자, 우리나라는 중립(中立)을 선언하였으나, 일본은 무력으로 위협하여 한일의정서(韓日議定書)를 체결하고, 군사기지를 확보하였다.

그 후 전쟁이 일본 측에 유리하게 전개되자 일본 공사(公司) 하야시(林權助)는 조정에 들어와 현재 한국은 재정(財政)이 문란하니, 외국인 재정고문(財政顧問)을 초빙(招聘), 그 수습을 담당케 하고, 외교에도 정당한 인물을 택하여 고문(顧問)으로 삼을 것을 강요하면서 조약의 체결을 강요하였다.

이에 외부대신(外部大臣) 이하영(李夏榮), 탁지부대신(度支部大臣) 민영기(閔泳綺)는 강압에 못 이겨 일본인 재정 고문 1명과 일본이 추천한 외교 고문 1명을 초빙한다는 내용의 의안(議案)을 제출하였다.

하야시(アンテナ[ビル]の林)는 여기에 외교 관계의 처리에는 미리 일본 정부와 협의토록 하는 내용의 안(案)을 첨가, 1904년 8월 22일 전문(全文) 3조(條)로 된 제1차한일협약(第一次韓日協約)을 조인(調印)하였다. 이 결과 재정고문에 메가다(めかた, 目方)가 입국하고, 계속하여 외교 고문에 스티븐스(Stevens) 군사 고문에 노즈(ノーズ, nose) 야진진무(野津鎭武) 경무고문(警務顧問)에 마루야마(まるやま, 丸山) 학정참여관(學政參與官)에 시데하라(幣原喜重郎) 등이 취임하였다.

이듬해 2월 하야시(アンテナ[ビル, 林]는 의정서리(議政署理) 조병식(趙秉式)과

같이 황제(皇帝)를 뵙고, 각국에 주재(駐在)하던 공사(公使)를 전부 소환케 하니, 일본은 명실공히 실권(實權)을 잡아 외교(外交) 및 내정(內政)을 간섭함으로써 주권(主權)을 유린(蹂躪)하기 시작하였다. 동(同) 협약의 전문(全文)은 다음과 같다.

한(韓)일(日) 협약(協約) 조항(條項)

제1조　대한정부(大韓政府)는 대일본정부(大日本政府)의 추천(推薦)한 일본인 일명을 재정고문(財政顧問)으로 대한정부(大韓政府)에 용빙(傭聘)하여 재무(財務)에 관한 사항(事項)은 모두 그 의견을 들어 시행할 일.

제2조　대한정부(大韓政府)는 대일본정부(大日本政府)의 추천(推薦)한 외국인 일명을 외교고문(外交顧問)으로 외부(外部)에 용빙(傭聘)하여 외교에 관한 요무(要務)는 모두 그 의견을 물어 새행(施行)할 일.

제3조　대한정부(大韓政府)는 외국과의 조약체결(條約締結)기타(其他) 중요한 외교안건(外交案件), 즉 외국인에 대한 특권 양여(特權讓與) 혹은 계약(契約)등의 처리에 관하여는 미리 대일본정부(大日本政府)의 상의(商議)를 경(經, 중용)할 일.

광무(光武) 8년(八年) 八月 二十二日 외무대신서리(外務大臣署理) 윤치호(尹致昊) 인(印) 명치(明治) 37년(三十七年) 八月 二十二日

특명 전권공사(特命全權公使)

임권조(林權助) 인(印)

을사조약(乙巳條約)

1905년 광무(光武) 9년 일본이 한국의 외교권을 박탈하기 위해 한국정부 (韓國政府)를 강압하여 체결한 조약. 을사보호조약(乙巳保護條約)·제2차 한일 협약(韓日協約)·을사오조약(乙巳五條約)·을사늑약(乙巳勒約)이라고도 한다. 제3 차 러·일 '노일협약(露日協約)' 체결을 계기로 러시아와 일본이 타협하고, 일 제의 한국 진출은 경제적인 면에 주력하게 되었다.

청·일전쟁의 결과는 일본이 청국(淸國)으로부터 받은 배상금은, 한국 전 체의 철도(鐵道)부설권(敷設權)을 점차 획득하고 광산(鑛山)·삼림(森林)·어업 (漁業)·항시(港市)·온천(溫泉) 등에서 얻은 갖가지 이권(利權)과 함께 한국의 금(金) 수출·상 무역(商貿易)까지 장악하는 밑바탕이 되었다. 이 무렵 만주 를 점령하던 러시아에 대해 영일동맹(英日同盟)을 체결한 영국(英國)과 일본 이 철수(撤收) 요구를 하는 등 만주를 둘러싼 국제적인 관계는 더욱 미묘 (微妙)하게 진행되었다.

1903년 4월 러시아군(Russian troops)이 만주의 마적(馬賊)과 함께 한만 국 경(韓滿國境)을 넘어서 용암포(龍岩浦)를 강제 점령하자 일본은 즉각 러시아 의 철수(撤收)를 요구하게 되었고, 이에 대해 러시아는 오히려 한반도를 북 위(北緯) 39도선(度線)을 중심으로 분할점령할 것을 제안하였으며, 일본 측 에서는 이를 거부하였다. 이러한 국제적인 상황 아래서 1904년 1월 23일 한국 정부는 엄정(嚴正) 중립국(中立國)임을 해외(海外)에 선포하였다.

2월 6일 39도선(度線) 문제와 만주문제로 대립하던 러시아와 일본이 국 교를 단절하여 8일 뤼순[旅順]에서 첫 포성이 울렸고, 이튿날 새벽 일본군 이 인천에 상륙, 서울로 입성하고 10일 대 러시아 선전포고(宣戰布告)를 함 으로써 러시아와 일본은 전쟁 상태에 들어갔다.

만국평화회의(萬國平和會議)

철종(哲宗) 10년 1859년~융희(隆熙)1년 1907년 본관(本貫)은 전주(全州) 자는 순칠(舜七) 호(號)는 일성(一星)으로 이병관(李秉瓘)의 아들이다. 조선 후기의 항일우국지사(抗日憂國志士)로서 함경남도(咸鏡南道)북청군(北靑郡) 속후(俗厚面) 중산리(中山里)에서 태어났다.

1887년 북청(北靑)에서 초시(初試)에 합격한 후 함흥의 순릉(純陵) 참봉(參奉)이 되었다. 상경(上京)한 후 법관양성소(法官養成所)에서 수학(修學)하였고, 졸업 후 한성부(漢城府) 재판소 검사보(檢事補)로 근무하였다.

1896년경 일본에 가서 조도전대학무(稻田大學) 법과(法科)를 졸업하였고 귀국후(歸國後) 평리원검사平(理院檢事)에 임명되었다. 이후 그는 관료(官僚)로서보다 계몽운동가로서 더 활발하게 활동하였다.1898년부터 독립협회(獨立協會)에 가입(加入)하면서 민권운동(民權運動)에 참여하기 시작하였다. 1902년에는 이상재(李商在)·민영환(閔泳煥)·이상설(李相卨)·이동휘(李東輝)·양기탁(梁起鐸) 등이 조작한 비밀결사 단체인 개혁당(改革黨)에 참여하였다.1904년에 일본의 황무지 개척권 요구에 반대하여 송수만(宋秀晩) 정순만(鄭淳萬) 등과 대한보안회(大韓保安會)를 조직, 총무(總務)로서 활동하였다

1904년 일제의 주구(走狗) 기관인 일진회(一進會)에 대항하기 위해' 만민공진(萬民共進)이란 뜻을 담은 공진회(共進會)를 조직하여 회장을 맡아 활동하다가 황주(黃州) 철도(鐵島)에 유배되기도 하였다. 1905년 11月 을사5조약(乙巳5條約) 체결 직후에는 김덕기(全德基) 정순만(鄭淳萬)·이동휘(李東輝)·최재학(崔在學)·조성환(曺成煥)·김구(金九) 등과 함께 조약 폐기를 요구하는 상소운동(上疏運動)을 전개하였는데, 이때 상소문(上疏文)을 작성하였다.

그 후 1906년에는 국민교육회(國民敎育會) 1904년 8월 24일 설립 회장에 취임(就任)하였다. 그가 회장에 취임한 사실은 계몽운동에서 그의 비중이

적지 않았음을 시사한다. 이외에도 한북흥악회(漢北興學會),헌정연구회(憲政研究會) 회장직을 역임(歷任)하면서 국권 회복운동의 폭을 넓혀나갔다. 그가 만국평화회의(萬國平和會議)의 밀사(密使)로 선정된 것은 만국공법(萬國公法)에 대한 법률적인 소양(素養)과 위와 같은 국정회복 운동의 경력 때문이었다.

1907년 6월~7월간 네덜란드 헤이그에서 만국평화회의(萬國平和會議)가 열릴 때 광무황제(光武皇帝) 고종황제(高宗皇帝)는 특사를 파견하여 일제의 불법침약(不法侵略)을 세계에 알리고, 을사조약(乙巳條約)은 광무황제(光武皇帝)가 비준(比准)하지 않아 무효(無效)라는 것을 주장하여 국권을 되찾고자 계획하였다. 특사는 이상설(李相卨), 이준(李儁), 이위종(李瑋鍾)으로 결정되었다 이상설은 당시 러시라 블라디보스톡에 있었고, 이위종은 러시아의 수도 페테르스부르크에 있었다.

이준(李儁)은 1907년 4월21일 서울을 출발, 블라디보스톡에 도착하여 이상설(李相卨)을 만나 특사임명(特使任命)의 칙서(勅書)를 전하고, 다시 함께 페테르스부르크에 가서 이위종(李瑋鍾)과 합세하였다. 이때 세 특사는 러시아 황제에게 광무 황제(光武皇帝)의 친서(親書)를 전달하고 외교적인 협조도 약속받았다. 세 특사는 1907년 6월25일 헤이그(HAIG)에 도착하여 공식(公式) 한국 대표로서 평화회의(平和會議)에 참석하기 위한 활동을 벌였으나 실패하였다.

이어 세 특사는 일제의 한국 침략을 폭로 규탄(糾彈)하고 을사5조약(乙巳5條約)이 무효(無效)임을 주장하는 공고사(控告詞)를 작성하여 각국 대표에게 보내고 또 신문(新聞)에도 발표하였다. 그러나 그 회의(會議) 제국주의 강대국(强大國)들의 잔치였으므로 참석(參席) 대표들의 반응(反應)은 냉담(冷談)하였다. 계획(界劃)했던 목적을 달성하기 어렵게 되자 그는 식음(食飮)을 중단하고 자정(自靖)으로 순국(殉國)하였다. 정부에서는 그의 공훈(功勳)을 기리어 1962년 건국훈장(建國勳章) 대한민국장(大韓民國章)을 추서(追敍)하였다 도봉구(.道峰區) 수유동(水踰洞)에 묘소(墓所)가 있다.

순정황후(純貞皇后) 윤 씨(尹氏)

　순정효황후(純貞孝皇后) 윤 씨(尹氏, 1894년 양력 9월 19일~1966년 양력 2월 3일)는 대한제국(大韓帝國) 순종 황제(純宗皇帝)의 계후(繼后)로 본관(本貫)은 해평(海平)이다. 박영효(朴永曉), 이재각(李載覺) 등과 함께 일본 정부로부터 후작 작위(侯爵爵位)를 받았던 친일 인사(人事)인 윤택영(尹澤榮)의 딸이다. 정식 시호는 헌의자인순정효황후(獻儀慈仁純貞孝皇后)이며, 순종과 사이에 자녀는 없다. 한국 역사상 마지막 황후이다.

　1894년 양력(揚歷) 9월 19일(水) 양평군(陽平君) 서종면(西宗面) 문호리(汶湖里)에서 출생하였다. 1904년에 당시 황태자비(皇太子妃)였던 순명효황후 민 씨(閔氏)가 사망하자 1906년에 13살의 어린 나이에 동궁계비(東宮繼妃)로 책봉되었고, 이 때 아버지 윤택영과 시 서모(庶母) 순헌황귀비(純獻皇貴妃) 엄 씨(嚴氏) 사이에 거액(巨額)의 뇌물이 오갔다는 풍설(風說)이 돌았다. 이듬해인 1907년에 부군(夫君) 순종 임금이 황제로 즉위함에 따라 그녀는 황후가 되었다.

　순정효황후(純貞孝皇后)는 1910년 병풍 뒤에서 어전회의(御殿會議)를 엿듣고 있다가 친일 성향의 대신(大臣)들이 순종에게 한일병합조약(韓日倂合條約)의 날인(捺印)을 강요하자, 국새(國璽)를 자신의 치마 속에 감추고 내주지 않았는데, 결국 백부(伯父) 윤덕영(尹悳榮)에게 강제로 빼앗겼고, 이후 대한제국(大韓帝國)의 국권(國權)은 일제에 의해 피탈(被奪)되어 멸망을 맞게 되었다.

순종의 지위가 이왕(李王)으로 격하됐으므로 그녀도 이 왕비(李王妃)가 되어 창덕궁의 대조전에 머물렀으며, 1926년 4월, 순종이 붕어(崩御)하자 대비(大妃)로 불리며 창덕궁의 낙선재(樂善齋)로 거처를 옮겼다.

1950년 한국 전쟁이 일어나자, 창덕궁에 남아 황실(皇室)을 지키고자 하였으며 궁궐에 들이닥쳐 행패(行悖)를 부리는 조선 인민군(朝鮮人民軍)을 당시 57세의 나이에도 불구하고 크게 호통(號筒)을 쳐서 내보냈다는 일화(逸話)가 있을 정도로 순정효황후는 두려움을 모르는 여걸(女傑)이었다. 그러나 이듬해인 1951년 대한민국(大韓民國)의 전세(戰勢)가 급박해지자 미군(美軍)에 의해 피난길에 오르게 되었고, 궁핍한 생활을 전전했다. 1953년 한국 휴전협정으로 전쟁이 중단되자 바로 환궁(還宮)하려 하였으나, 제1공화국의 이승만(李承晩)이 순정효황후에 대한 민심을 두려워하여 환궁을 방해하였기 때문에, 정릉(定陵)의 수인재(修仁齋)로 거처를 옮겨야 했다.

1959년에는 비구니(比丘尼)로 불교에 귀의(歸依)하여 대지월(大地月)이라는 법명(法名)을 얻었고, 이듬해인 1960년 전 구(舊) 황실사무총국장(皇室事務總局長) 오재경(吳在璟)의 노력으로 환궁에 성공하였다. 이후 일본에서 귀국한 덕혜옹주(德惠翁主) 및 의민태자(義民太子) 일가와 함께 창덕궁 낙선재에서 지내며 독서와 피아노 연주로 소일하였다.

죽는 그 순간까지 온화한 성정(性情)과 기품을 잃지 않았던 순정효황후는 대한제국의 마지막 황후로서, 당당함과 냉철함으로 황실을 이끌어 많은 이들의 존경을 받았다. 평생 영어(英語) 공부를 게을리하지 않았으며, 그 실력은 타임지를 읽어낼 성도였다고 전한다.

1966년 2월 3일, 창덕궁 석복헌(錫福軒)에서 심장마비로 73살의 나이에 불우한 일생을 마감하였다. 경기도 남양주시(南揚州市) 금곡동(金谷洞)에 있는 유릉(裕陵)에 순종과 합장(合葬)되었다.

가족관계

해평 윤 씨 (海平尹氏) 고조부(高祖父):윤치희(尹致羲),증조부(曾祖父):윤용선(尹容善),조부(祖父):윤철구(尹徹求),아버지:윤택영,오빠:윤홍섭(尹弘燮),오빠:윤의섭(尹毅燮)이다.

한일신협약(韓日新協約)

별칭(別稱): 정미칠조약(丁未七條約). 1907년 정의(定議) 1907년 일본이 한국을 강점(强占)하기 위한 예비 조처로서 체결한 7개 항목의 조약. 정미칠조약이라고도 부른다.

1905년의 을사조약(乙巳條約)으로 외교권을 박탈하고 통감부(統監部)를 설치여 여러 가지 내정(內政)을 간섭해 오던 일본은, 헤이그 특사 파견사건(Hague, 海牙特使派遣事件)을 계기로 한층 강력한 침략 행위를 강행할 방법을 강구하였다.

일본은 외무(外務)대신 하야시(林董)와 통감(統監) 이토히로부미(伊藤博文)로 하여금 우선 사건의 책임을 고종에게 물어 퇴위(退位)시키기로 결정했다. 그리고 이와 동시에 순종이 즉위한 4일 후인 1907년 7월 24일 전격적(電擊的)으로 흉계(凶計)를 꾸며, 대한제국(大韓帝國)의 국권(國權)을 완전히 장악할 수 있는 내용의 원안(原案)을 제시하였다.

이완용(李完用) 내각은 즉시 각의(閣議)를 열고 일본 측 원안을 그대로 채택, 순종의 재가(裁可)를 얻은 뒤 이완용(李完用)이 전권위원(全權委員)이 되어 7월 24일 밤 통감(統監) 이토의 사택(舍宅)에서 7개 조항의 신(新) 협약을 체결, 조인(調印)하였다.

이 밖에 각 조항의 시행규칙(施行規則)에 관하여 협정(協定)된 비밀조치서(措置書)가 작성되었는데, 이는 한국 군대 해산(解散), 사법권(司法權) 위임, 일본인 차관(次官) 채용(採用), 경찰권(警察權) 위임 등을 주요 내용으로 담고 있다. 그 중 가장 중요한 항목은 한국 군대의 해산(解散)이었다. 이 조약의 내용은 다음과 같다.

한(韓)일(日) 신(新) 협약(協約) 조항(條項)

제1조 한국정부(韓國政府)는 시정개선(施政改善)에 관하여 통감의 지도를 받을 것.

제2조 한국 정부의 법령 제정 및 중요한 행정상의 처분은 미리 통감의 승인을 거칠 것.

제3조 한국의 사법사무(司法事務)는 보통(普通) 행정사무(行政事務)와 이를 구분할 것.

제4조 한국 고등관리(高等官吏)의 임면(任免)은 통감의 동의(同意)로써 이를 행할 것.

제5조 한국 정부는 통감이 추천(推薦)하는 일본인을 한국 관리에 고용(雇傭)할 것.

6조 한국 정부는 통감의 동의(同意) 없이 외국인을 한국 관리에 임명하지 말 것.

제7조 1904년 8월 22일 조인(調印)한 한일(韓日) 외국인 고문(顧問) 용빙(傭聘)에 관한 협정서(協定書) 제1항(項)을 폐지할 것.

이 조약의 7개조(個條)를 보면, 을사조약(乙巳條約)보다 강력한 통감의 권한(權限)과 일본인 관리 채용 등을 강요, 한국의 내정(內政)에 관한 모든 국권(國權)을 일본에게 넘긴 것을 알 수 있다. 제7조에서 외국인 재정(財政) 고문의 용빙(傭聘)을 폐지한다고 한 것은, 사법권(司法權)과 관리 임용권(任用權)까지 빼앗았기 때문에 이 조항이 무의미하게 되어 폐지한 것이다.

결과 한일신협약의 체결로 한국은 사실상 일본의 식민지가 되었으며, 군대가 해산(解散)됨에 따라 각지에서 무장(武裝) 항일운동(抗日運動)이 전개되었다. 일제는 한국의 사법권(司法權)·행정권(行政權) 및 관리 임면권을 빼앗고 외국인 고문(顧問) 폐지등을 강압적으로 실시하여, 이후 1910년 강제로 병합(倂合)할 때까지 한국에서 이른바 차관(借款) 정치를 실시하였다.

이 결과 1909년 현재 한국 정부에 채용, 배치된 일본인 관리의 수는 2,000여 명으로 모든 행정관청(行政官廳)이 일제의 손아귀에 들어간 꼴이 되었다. 이것은 침략정책을 단계적으로 강행하는 계략이었다

동양척식(東洋拓殖) 주식회사

1908년 융희(隆熙) 2년 일본이 서울에 설립한 독점적 국책회사(國策會社)를 개설했다. 1906년 광무(光武) 10년 통감부(統監府) 개설 이후 일제가 대한제국(大韓帝國)의 토지와 자원(資源)을 수탈(收奪)할 목적으로 설립한 국책회사이다. 이 회사는 주로 토지를 강매(强買)하고 일본인 농업이민(移民)을 장려하는 한편 한국인에게는 높은 소작료(小作料)를 징수(徵收)하고 토지에서 생산(生産)된 미곡(米穀) 등을 일본으로 반출(搬出)하는 일 등을 수행(修行)하였다. 이후 본점(本店)을 동경(東京)으로 옮기고 지점(支店)을 만주 일대까지 확대하였다.

일본은 1908년 3월 제24회 제국의회(諸國議會)에서 '동양척식주식회사법(東洋拓殖株式會社法)'이라는 특수 법을 제정하였다. 통감부(統監府)는 이 법안(法案)을 대한제국 정부에 강요해 1908년 8월 26일 순종의 재가(裁可)를 얻어 다음날인 8월 27일 일본과 대한제국 양국에서 동시에 공포하였다. '동양척식주식회사법(東洋拓殖株式會社法)'은 총(總) 6장 49개조(個條)와 부칙(附則) 6개조(個條)로 구성되어 있다. 법은 1장 총칙(總則), 2장 임원규(任員規定), 3장 영업범위(營業範圍), 4장 증권발행(證券發行) 규정, 5상 준비금(準備金) 조항, 6장 정부감독(政府監督) 및 보조조항(補助條項) 등으로 되어 있다. 이 법령(法令)에 따라 총(總) 84조(條)에 이르는 동양척식주식회사 정관(定款)을 제정해 그해 10월 8일부로 정부의 인가를 얻었다.

1908년 융희(隆熙) 2년 9월 한일(韓日) 양국 정부로부터 116인의 창립 위원이 임명되었는데, 그 가운데 일본 측 위원은 83인, 한국 측 위원은 33인이었다. 설립 위원장에는 일본인 정친정실정(正親町實正)이 선임(選任)되었다. 일본 측 위원은 대장성(臺藏省), 내무성(內務省), 법무성(法務省), 농상무성(農商務省), 육군성(陸軍省) 등의 고위 관리와 통감부 직원들이 임명되었고, 한국 측은 조진태(趙鎭泰), 백완혁(白完爀), 한상룡(韓相龍) 등 금융계(金融界) 인사(人事) 및 귀족과 지주(地主)들이었다. 이렇게 조직 구성을 마친 뒤 12월 28일 이중 국적(國籍) 회사인 동양척식주식회사가 설립되었다.

동양척식주식회사는 창립 자본금을 1,000만 원으로 정했고 이를 20만주(株), 1주당 50원으로 나누었다. 그 중 6만 주는 한국 정부로 하여금 토지에 투자하게 했고 나머지 14만 주(株) 중 일본 황실(皇室)이 5천 주(株), 황족(皇族)이 1천 주를 우선적으로 인수하고 대한제국 황실이 1700주를 인수하도록 했으며, 그 나머지 13만 2,300주(株)는 일본 국내 및 한국 국내에서 공모(公募)키로 하였다.

동양척식주식회사는 1909년 1월 29일부터 서울에 본점(本店)을 두고 사무(事務)를 개시하였다. 창립 당시 총재는 현역 군인인 육군중장(陸軍中將) 우사카와 가즈마사(宇佐川一正), 부총재(副總裁)는 요시하라 사부로(吉原三郎)와 민영기(閔泳綺), 이사(理事)는 이와사(岩佐瑝藏)·하야시 이치조(林市藏)·이노우에(井上季哉)·한상용(韓相龍), 감사(監事)는 마스시타(松下直平)·노다 우타로우(野田卯太郎)·조진태(趙鎭泰)였다.

동양척식주식회사는 설립과 더불어 대한제국 정부로부터 출자분(出資分)으로 토지 1만 7,714 정보(町步), 즉 논 1만 2,523정보, 밭 4,908정보, 잡종지(雜種地) 283정보를 우선 인수받았다. 이 회사의 토지 소유(所有)는 토지조사사업(土地照査事業)이 완료(完了)된 뒤 국유지(國有地) 불하(拂下)의 혜택(惠澤)을 받아 더욱 확대되었다. 토지는 전국에 걸쳐 있었으나, 특히 전라남도·전라북도·황해도·충청남도의 곡창지대(穀倉地帶)에 집중되어 있었다.

이들 토지는 일본인 농업 이민(移民)에 불하(拂下)되었고, 1920년 이후 특히 임야(林野) 경영에 주력해 막대한 면적의 삼림(森林)을 소유(所有)하게 되었다. 그러나 동양척식주식회사의 한국 내의 사업은 1920년대(年代) 후반기(後半期)부터는 토지 경영보다는 부동산 담보 대부(貸付)에 주력하였고, 1930년대 이후 일제의 식민지 공업화(工業化) 정책에 따라 투자 사업도 공업(工業) 건설 부문으로 옮겨졌다.

이 회사는 창립 시 한일(韓日) 양국의 이중 국적 회사 로 발족(發足)했으나 1910년 대한제국의 국권 상실과 더불어 일본 국적 회사가 되었고, 조직에도 변화가 있었다. 대한제국 정부가 출자(出資)했던 6만 주(株)의 주식(株式)도 조선총독부(朝鮮總督府)의 소유(所有)가 되었다. 또한 1917년 7월 동양척식주식회사법(東洋拓殖株式會社法)을 개정하여 부총재 2인을 1인으로 바꾸었다.

이로써 한국인 부총재의 길은 줄어들었고, 한국인은 이후 이사(理事) 및 감사(監事) 직에도 선임될 기회가 적어질 수밖에 없었다. 이 개정법(改定法)에서는 지역 제한을 철폐하고 조선 및 외국에서도 영업(營業)을 영위(營衛)할 수 있도록 하였다. 그 결과 일본이 식민지 조선을 거점(據點)으로 중국 대륙의 진출을 기도하면서 1917년 10월에는 서울 본점(本店)을 동경(東京)으로 이전(移轉)하고 서울에는 지점(支店)을 두었다. 또한 봉천(奉天)과 대련지점(大連支店)을, 1919년 하얼빈 지점, 1925년 간도(間島) 출장소(出張所), 1933년 신경지점(新京支店)을 개설하였다.

동양척식주식회사는 1931년 만주사변(滿洲事變)과 1937년 중일(中日)전생 이후 일제의 중공업(重工業) 집중 투자 정책에 따라 광공업(鑛工業) 등의 부분에도 관심을 기울여 투자하였으나, 사업 중심은 조선의 농업수탈(收奪)이었다. 이들의 활동은 전국 각처(各處)에서 소작쟁의(小作爭議)가 발생하는 등 항상적(恒常的)인 민원(民怨) 대상(對象)이었고, 1926년 12월 28일에는 의

열(義烈) 단원(團員) 나석주(羅碩柱)가 동척(東拓)에 폭탄을 투척하는 사건도 있었다.

제12장

3·1운동~8·15해방

대한제국

　1884년에 일어난 갑신정변(甲申政變)을 계기로 개화당(開化黨)은 국왕의 지위를 중국의 황제(皇帝)와 대등한 지위로 올리려고 하였다. 우선 용어(用語)를 공식적인 칭호(稱號)에서 군주(君主)를 대군주(大君主)로, 전하(殿下)를 폐하(陛下)로 높여 불렀으며, 명령을 칙(勅), 국왕 자신의 호칭을 짐(朕)으로 부르도록 하였다.

　이 노력은 갑신정변(甲申政變)의 실패로 중단되었으나, 1894년 갑오개혁(甲午改革) 때 중국의 연호를 폐지하고 개국기년(開國紀年)을 사용함으로써 1896년 1월부터 연호를 건양(建陽)으로 하였다. 이러한 조치들은 일본의 반대로 무산(霧散)되고 같은 해 2월 아관파천(俄館播遷)으로 중단되었다.

　1897년 2월 고종이 환궁(還宮)한 후 독립협회와 일부 수구파가 연합(聯合)하여 칭제건원(稱帝建元)을 추진 8월에 연호를 광무(光武)로 고쳤으며, 9월에는 원구단(圜丘壇)을 세웠고, 드디어 1897년 10월 12일 황제(皇帝)즉위식(即位式)을 올림으로써 대한제국이 성립되었다. 제국(帝國)을 성립하기까지 서로 연합(聯合)하였던 독립협회와 수구파는 정체(政體) 문제로 대립하였다. 독립협회가 입헌군주제(立憲君主制)로 개혁하여야 한다고 한 반면, 수구파는 고종황제(皇帝)의 조선왕조를 계승하기 위한 전제 조건의 군주제를 유지하여야 한다고 주장을 하였다.

　이 대립은 1898년 절영도(絶影島, 부산 영도)를 러시아에 조차(租借)하는 문제로 격돌(激突)하였다. 독립협회는 조차를 외국이 침략하는 첫 단계라고 판단하고 1898년 3월 10일 한국 역사상 처음으로 1만여 명이 참가한 만민공동회(萬民共同會)를 서울 종로(鐘路)에서 열어 절영도 조차 요구를 반대하고, 일본의 국내 석탄고(石炭庫) 기지 철수, 한로은행(韓露銀行) 철거(撤去) 등을 요구하고 제국(帝國)의 자주독립(自主獨立) 강화를 결의하였다.

이를 계기로 러시아의 절영도 조차 요구가 철회되고 일본도 국내의 석탄고(石炭庫) 기지(基地)를 되돌려 주었으며, 러시아와 일본은 한국의 내정(內政)에 간섭하지 않는다는 니시-로젠(Nishi-Rosen) 협정을 체결하였다. 이로써 한반도를 둘러싼 국제(國際)세력이 균형을 이룸으로써 자주독립국(自主獨立國)으로서의 실천을 이룩할 수 있는 기회를 맞이할 수 있었다.

독립협회는 입헌군주제(立憲君主制)를 계속 추진하여 1898년 11월 2일 중추원신관제(中樞院新官制)를 공포하기에 이르렀다. 이러한 발전적(發展的)인 계획은 수구파들의 모략(謀略)으로 좌절되었다. 그들은 독립협회가 의회(議會)를 설립하는 것이 아니라 고종을 폐위하고 박정양(朴定陽)을 대통령, 윤치호(尹致昊)를 부통령(副統領)으로 한 공화제(共和制)를 수립하려 한다는 전단(傳單)을 뿌렸다. 이에 고종은 경무청(警務廳)과 친위대(親衛隊)를 동원하여 독립협회 간부(幹部)를 체포하고 개혁파(改革派) 정부를 붕괴시킨 다음 조병식(趙秉式)을 중심으로 한 수구파 정부를 수립하였다. 여기에 자주독립 세력을 꺾어버리는 것이 이롭다고 판단한 일본이 수구파에 가담, 독립협회의 운동을 탄압하도록 권고하고 이를 고종이 받아들여 독립협회와 만민공동회(萬民共同會)를 강제 해산(解散)함으로써 독립협회와 수구파의 싸움은 수구파의 승리로 끝났다.

수구파 내각은 1899년 8월 17일 대한국국제(大韓國國制)를 제정·공포하였다. 이에 따르면 국호는 대한제국이고 정체(政體)는 전제군주제(專制君主制)이다. 수구파 정부는 국제(國際)열강의 세력균형을 이용하여 실력(實力)을 기르는 데 힘쓰기보다는 친러시아적)인 경향이 강하였다.

이를 지켜본 일본은 러시아와의 일전(一戰)이 불가피하다고 생각하고, 러일(露日) 전쟁을 준비하기 시작하였으며, 이를 안 정부도 1904년 1월 국외중립(局外中立)을 선언하였다. 그러나 일본은 이러한 중립 선언을 무시하고 러일(露日) 전쟁이 시작되자 서울을 점령하고 2월 23일 대한제국을 위협하여 한일의정서(韓日議定書)를 체결하였다.

이를 시작으로 대한제국의 주권(主權)은 침해되기 시작, 일본은 1904년 7월 20일에는 군사경찰훈령(軍事警察訓令)을 만들어 치안권(治安權)을 빼앗은 데 이어 8월 22일에는 한일외국인고문용빙(韓日外國人顧問傭聘)에 관한 협정서(協定書)로 재정권(財政權)을 빼앗아갔고, 1905년 11월 17일에는 을사조약(乙巳條約)을 체결하여 외교권을 강탈하였다. 1910년 8월 22일 한일병합조약(韓日併合條約)이 강제 체결되고, 같은 해 8월 29일 한일병합조약(韓日併合條約)이 공포됨으로써 대한제국은 역사 속으로 사라졌다.

우리나라 태극기

결론부터 말하자면 태극기를 최초로 만든 사람, 1882년 태극기를 제작하라고 지시한 사람이 고종이다. 1883년 1월 27일 태극기를 조선의 국기(國旗)로 채택하였다.

태극기의 근본은 조국(祖國) 배달국 제5세 태우의(太虞儀) 환웅의 막내아들 태호복희(太嗥伏羲) 우사(雨師)로 있을 때 태극팔괘(太極八卦)를 만들어 우주는 천·지·인의 일체라, 음양(陰陽)에서 만물이 창조되고, 인류의 번식에서 운명은 태극팔괘 속에 담긴 뜻이므로, 천황(天皇)의 한 해 신수(神授)와 국운(國運)을 점치는 데서 시작된 신시(神市) 문화이므로 한민족의 전통적 상징이다.

1882년 5월 조미수호통상조약(朝美修好通商條約) 때 사용된 태극기 도안이 발견되었다. 어떻든 1883년 태극기는 조선의 정식(定式) 국기로 채택되고, 대한민국(大韓民國)은 1949년 10월 태극기를 국기로 지정한다.

일반적으로 흰색 바탕은 평화(平和), 밝음과 순수(順守)를 상징하며 태극(太極)은 우주의 만물이 음양(陰陽)에서 창조되듯 우리 민족의 창조성(創造性)을 나타낸다고 알려져 있다. 그리고 '건(乾)·곤(坤)·리(離)·감(坎)'이라고 불리는 4괘는 우주의 모습을 상징한다고 한다.

4괘는 원래 팔괘 중에서 4를 선택한 것이라고 알려져 있다.

구분	이름(卦名)	자연(卦象)	계절(季節)	방위(方位)	사덕(四德)	가정(家庭)	성정(性情)
☰	건(乾)	천(天, 하늘)	하(夏, 여름)	남(南)	례(禮)	부(父)	강건함(健)
☵	감(坎)	수(水, 물)	추(秋, 가을)	서(西)	의(義)	중녀[女]	빠지는 것(陷)
☷	곤(坤)	지(地, 땅)	동(冬, 겨울)	북(北)	지(知)	모(母)	유순함(順)
☲	리(離)	화(火, 불)	춘(春, 봄)	동(東)	인(仁)	중남[子]	붙는 것(離)

　태극기에서 4괘(四卦)의 위치를 헷갈려 하는 분들이 많은데, 4괘 위치 외우는 법은 왼쪽 위부터 시계 방향으로 건(乾), 감(坎), 곤(坤), 리(離)가 불리며, 왼쪽 위-왼쪽 아래-오른쪽 위-오른쪽 아래 순서대로 3, 4, 5, 6 획수(劃數) 순이다.

　이를 지시받은 역관(曆官) 김홍집(金弘集)이 역관 이응준(李膺準)에게 "국기를 만들라"는 명령을 내린다. 즉 태극기를 직접 제작한 실무자는 이응준이며, 태극기를 도안(圖案)하고 만들라고 지시한 분은 고종황제(高宗皇帝)였다.

태극기의 뜻

    태극기는 흰 바탕에 정가운데 태극 문양과 네 모서리 부분에 위치한 건·곤·감·리, 즉 하늘. 땅. 물. 불 4괘로 구성되어 있다. 태극기의 흰 바탕은 밝음과 순수, 전통적으로 평화를 사랑하는 우리의 민족성 상징, 태극 모양은 음과 양의 조화를 상징(우주 만물이 음양의 상호 작용에 의해 생성하고 발전한다는 대자연의 진리를 형상화한 모양), 태극의 적색은 양, 위, 존귀, 왼쪽을 뜻하고, 태극의 청색은 음. 아래, 희망, 오른쪽을 뜻한다. 그 외 건(乾). 곤(坤). 감(坎). 리(離) 각각의 뜻은 하단 이미지를 참조하기 바란다.

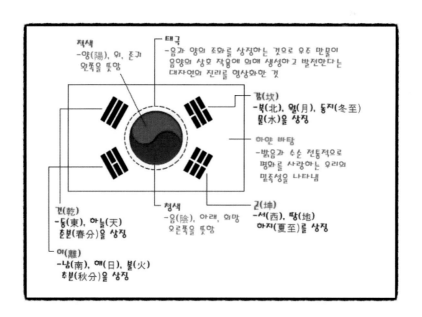

태극기의 변천 과정

1882년 10월 2일자
일본의 사사신보 신문2면에 게재된 태극기.

1885년 고종황제가 당시 외부담당 미국인 데니 씨
에게 선물한 태극기(현재 독립기념관에 전시).

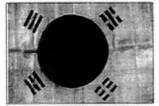

1896년에 발행한 독립신문 제호에 도안된 태극기.

1900년 파리 박람회 장소에 게양했던 태극기.

1949년 10월 42인 대한민국 국기제정위원회에서
결정된 현재의 태극기.

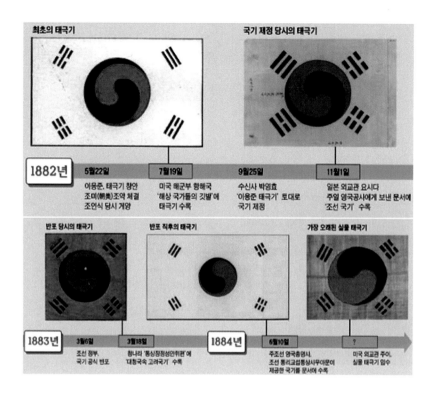

최초의 태극기

국기 제정 당시의 태극기

1882년

5월22일	7월19일	9월25일	11월1일
이응준, 태극기 창안 조미(朝美)조약 체결 조언식 당시 게양	미국 해군부 항해국 '해상 국가들의 깃발'에 태극기 수록	수신사 박영효 '이응준 태극기' 토대로 국기 제정	일본 외교관 요시다 주일 영국공사에게 보낸 문서에 '조선 국기' 수록

반포 당시의 태극기

반포 직후의 태극기

가장 오래된 실물 태극기

1883년

3월6일	3월18일
조선 정부, 국기 공식 반포	청나라 '통상장정성안휘편'에 대청국속 고려국기 수록

1884년

6월10일	?
주조선 영국총영사, 조선 통리교섭통상사무아문이 제공한 국기를 문서에 수록	미국 외교관 주이, 실물 태극기 입수

이준(李儁) 열사

이준(李儁, 1859년 1월 21일~1907년 7월 14일). 선생은 함경남도 북청군에서 대학자(大學者)인 부친 이병관(李秉瓘) 공(公)과 모친(母親) 청주 이 씨(淸州李氏) 사이에서 장남(長男)으로 태어났다. 선생이 세 살 되던 해인 1861년 7월 아버지가 별세한 후 이어 어머니마저 별세하여 졸지에 고아(孤兒)가 되었으나, 당대 대학자(大學者)이며 문장가(文章家)인 조부(祖父) 이명섭과 숙부 이병하(李秉夏)에게서 한학(漢學)을 배우며 성장하였다.

1875년에 큰 뜻을 품고 상경하여 형조판서(刑曹判書)인 김병시(金炳始), 최익현(崔益鉉) 선생 등으로부터 재사(才士)로 인정받기도 하였다. 1884년에는 함경도시(咸境道市)에서 장원급제(壯元及第)하였으며, 1888년 북청(北靑)에서 가재(家財)를 털어 경학원(經學院)을 설립하고 인재 양성에 진력하였다.

1894년에는 함흥(咸興)의 순릉참봉(純陵參奉)이 되었으나 갑오경장(甲午更張)으로 김홍집(金弘集) 등 개화파에 의해 개화당 내각이 수립되자 사직하고 다시 상경하였다.

1895년에 처음으로 설립된 법관양성소(法官養成所)에 입학하여 우수한 성적(成績)으로 졸업하고 한성재판소(漢城裁判所) 검사보(檢事補)로 법관 생활의 첫발을 디디어 대관중신(臺官重臣)들의 비행(非行)과 불법을 들추어내고 올바른 법 집행(執行)을 하여 사회정의(社會正義) 실현에 노력하였으나 탐관오리(貪官汚吏)들의 중상모략(中傷謀略)으로 오래 있지 못하고 2개월 만에 그만두게 되었다.

이후 선생은 미국에서 귀국한 서재필(徐載弼)을 만나게 되고, 협성회(協成會)를 조직하여 구국운동(救國運動)을 전개하였으며 독립협회 평의원(平議員)에 피선(被選)되어 〈독립신문(獨立新聞)〉 간행, 독립문 건립, 가두연설(街頭演說) 등 맹활약을 하게 된다. 개화파가 몰락하자 일본으로 건너가 1898년 동경(東京) 조도전대학(チョドチョン大学)졸업 후 귀국하여 만민공동회(萬民共同會)에서 활동하였다. 만민공동회(萬民共同會)에서는 비정탄핵(秕政彈劾) 등의 내용으로 가두연설을 하였다가 이승만(李承晚), 이동녕(李東寧) 등 17인과 함께 투옥되기도 하였다.

1902년 선생은 효율적인 구국운동(救國運動)을 전개하기 위하여 민영환(閔泳煥), 이상재(李商在), 이상설(李相卨), 이동휘(李東輝), 양기탁(梁起鐸), 남궁억(南宮檍), 노백린(蘆伯麟), 장지연(張志淵) 등과 함께 비밀결사인 개혁당(改革黨)을 조직하였으다. 이때 서대문 밖 독립문 옆에 있는 독립회관에서 '동청사변(東淸事變)이 가져온 영일동맹(英日同盟)'이라는 제목 아래 행한 국민 대연설은 청중들의 열렬한 환호를 받기도 하였다.

일제의 황무지 개척권을 철폐하다

1904년 일제가 노일전쟁(露日戰爭) 승리의 여세를 몰아 제1차 한일의정서(韓日議定書)를 강제로 체결하고 내정간섭을 자행하면서 침략을 강화하자 이에 대한(對韓) 반대시위운동(反對示威運動)을 일으켰으며, 같은 해 일제가 전국의 황무지 개척권을 요구하자 이에 반대하기 위하여 이상설(李相卨),

송수만(宋秀晩), 원세성(元世性) 등과 함께 보안회(保安會), 일명 보민회(保民會)를 조직하여, 격렬한 반대 상소(上疏)와 시위운동(示威運動)을 전개하는 데 주동적인 역할을 하였다. 당시 선생은 안창호(安昌鎬), 이상재(李商在)와 함께 연설과 웅변의 대가(大家)로 널리 알려지게 되었다.

보안회(保安會)가 일제의 강압에 의해 해산 당하자 그 후속 단체의 성격을 띤 대한협동회(大韓協同會)를 조직, 그 회장에 이상설(李相卨), 부회장(副會長)은 선생이 총무(總務)는 정운복(鄭雲復), 평의장(平議長)은 이상재(李商在), 선무부장(宣撫部長)은 이동휘(李東輝), 편집부장(編輯部長)은 이승만(李承晩), 지방부장(地方部長)은 양기탁(梁起鐸), 재무부장(財務部長)은 허위(許蔿) 등이 맡아 일제의 황무지(荒蕪地)개척권(開拓權) 요구를 완강히 반대하여 결국 이를 저지시키는 데 성공하였다.

1904년 8월 일제가 송병준(宋秉畯) 등 친일 분자(鎭子)들로 하여금 일진회(一進會)를 조직하여 매국(賣國) 활동을 시작하게 하자, 12월 12일 선생은 이에 대항하기 위하여 윤하영(尹夏榮), 양한묵(梁漢默) 등의 동지들과 함께 공진회(共進會)를 조직 동회(同會)의 회장에 선임(選任)되었다. 열사는 회장으로서 반일진회(一進會) 투쟁을 전개하다가 일제에 의해 황해도(黃海道) 황주(黃州) 철도(鐵島)에 유배되기도 하였다.

한편 일제가 이토 히로부미(いとうひろぶみ, 伊藤博文)를 서울에 급파(急派), 을사(乙巳) 오적(五賊, 매국노), 즉 박제순(朴齊純), 이완용(李完用), 이지용(李志容), 이근택(李槿澤), 권중현(權重顯) 등과 모의하여 마침내 같은 해 11월 17일 일본 헌병이 황실을 포위한 가운데 소위 을사오조약(乙巳五條約)의 늑결(扐結)을 강행(强行)하였다. 이에 비분강개(悲憤慷慨)하여 자결(自決), 순국(殉國)한 민영환(閔泳煥)의 비보(悲報)를 들은 선생은 구국운동을 전개할 것을 다시 한번 굳게 다짐하고 중국 상해에서 즉시 귀국하였다. 귀국 후 선생은 을사조약(乙巳條約)에 대한 폐기(廢棄)를 상소하는 운동을 펼치고 격렬한 시위운동을 전개하였다.

1906년에는 국민교육회(國民敎育會)를 조직하여 구국운동을 펼치고, 전 재산을 기울여 돈화문(敦化門) 근처에 야학(夜學)인 보광학교(普光學校)를 설립하여 청년 계몽운동을 전개하였다. 또한 오상규(吳相奎), 유진호(劉晉祜), 설태희(薛泰熙) 등과 함께 고향인 함경도(咸境道)에 한북(漢北)흥학회(興學會)를 조직하여 함경도(咸境道) 지방의 애국 계몽운동과 교육 구국운동(救國運動)의 발흥(發興)에 큰 계기를 마련하기도 하였다. 또한 그해 3월 대한자강회(大韓自强會)가 창립되자 선생은 이에 가입(加入)하여 애국 계몽운동을 활발히 전개하였으며 안창호(安昌鎬), 김덕기(金德基), 이동녕(李東寧) 등과 함께 비밀 결사(決死) 신민회(新民會)를 조직하여 장기적(長期的)인 구국(救國)운동을 추진하였다.

헤이그에 특파(特派)

한편 1907년 7월에 네덜란드 헤이그에서 제2회 만국평화회의(萬國平和會議)가 개최된다는 소식을 접하게 된 선생은 주위 도움을 받고 비밀리 고종을 만나 '평화회의(平和會義)에 특사를 파견하여, 을사조약(乙巳條約)이 황제(皇帝)의 의사(意思)에 의하여 이루어진 것이 아니라, 일제의 협박으로 강제로 체결된 조약이므로 무효(無效)라는 것'을 세계 만방에 알리고, '한국 독립에 관한 열국(列國)의 지원을 요청할 것'을 건의하여 윤허(允許)를 받았다. 만국평화회의에 보낼 특사는 정사(政事)에 전 의정부(議政府) 참찬(參纂) 이상설(李相卨), 부사(副司)로는 전 평리원(平理院) 검사(檢事)인 선생과 전 주아공사관(住亞公使官) 참서관(參書官) 이위종(李瑋鍾)으로 구성되었다.

선생보다 먼저 출발한 이상설은 블라디보스톡을 거쳐 러시아 빼재르부르그에 도착하여 러시아 공사(公使) 이범진(李範晉)을 만났다. 이범진은 을사조약으로 한국의 외교권을 박탈 당하였으나 세계 정세를 관망(觀望)하기 위하여 귀국하지 않고 그곳에 체재(滯在)하고 있었다. 한편 선생은 1907년 4월 22일 가족들과의 고별(告別)의 아픔을 간직한 채 서울역을 떠나 부산항을 거쳐 블라디보스톡으로 가, 그곳에서 이상설과 합류하였다. 5월 21일 시베리아 철도편으로 블라디보스톡을 출발하여 6월 4일 빼째르부르그에 도착하였다.

빼째르부르그에 도착한 선생과 이상설은 이범진, 이위종을 만나 그간의 경과)에 대하여 토론하며 『장서(藏書)』의 공고사(控告詞)를 불어(佛語)로 번역한 후 6월 19일 그곳을 출발하여 독일 베를린에 들러 『장서(藏書)』를 인쇄하고 동월 25일에 만국평화회의 개최지인 헤이그에 도착하여 바겐 스트라트(Wagen Straat) 124번지의 일반 호텔에 숙소(宿所)를 정하였다.

6월 28일 『장서(藏書)』와 그 부속 문서인 『일인 불법행위(日人不法行爲)』 책자를 40여 참가국 위원들에게 보냈으며, 그 다음날 러시아 대표이며 평화회의(平和會義) 의장(議長)인 넬리도프(Nellidope) 백작을 방문하였다. 그러나 네덜란드 정부의 소개(紹介)가 없다는 이유로 거절 당하여 만나지 못하였다.

이어 30일에는 부회장(副會長)인 네덜란드 전 외무대신(外務大臣) 포포로(Ppoporo)를 방문하였으나 역시 거절당하였다. 이어 네덜란드 외무대신 반 테츠(M. VanTets)에게 서한(書翰)을 급송(急送)하여 면회를 요청하였으나, 평화회의에서의 발언은 어렵다는 통지(通知)를 받아 거절당하고 말았다.

통탄(痛歎)을 이기지 못하고 순국(殉國)

만국평화회의는 1907년 6월 15일부터 1개월간 개최되었다. 당시 참가국(參加國)은 46개국이고 대표는 약 247명이었다.

이상설(李相卨)을 비롯한 3명의 특사는 만국평화회의 의장(議長)에게 고종의 친서(親書)와 신임장(信任狀)인 공고사(控告詞)를 제출하고 한국의 대표로서 공식적인 활동을 전개하려 하였으나 일본과 영국 대표의 노골적인 방해로 일이 뜻대로 이루어지지 않았다.

이에 세 특사들은 일제의 한국 침략을 폭로, 규탄(糾彈)하고 을사조약(乙巳條約)이 무효(無效)임을 선언하는 공고사(控告詞)를 각국 대표와 언론에 공개하자 각국 언론들은 동정적(同情的)이었으나 열강들은 냉담(冷淡)한 반응(反應)을 보였다. 더욱이 일제는 이러한 특사들의 노력에 위기감(危機感)을 갖고 온갖 방법을 동원하여 특사들의 활동을 저지(沮止)하려고 하였다. 하지만 3명의 특사는 일제의 방해에 굴(屈)하지 않고 한국의 입장과 일본의 부당성(不當性)을 웅변으로 호소하였다.

각국 신문 기자들이 모여들자 그들에게 을사조약(乙巳條約)의 부당(不當)함을 설명(說明)하였으며, 〈평회회의보(CourrierdelaConference)〉에 『장서(藏書)』의 전문(全文)을 게재(揭載)하였다. 7월 9일에는 협회 회합(會合)에 귀빈(貴賓)으로 초대되어 연설할 기회를 얻어 이위종(李瑋鍾)으로 하여금 프랑스어로 연설하도록 하였다.

이위종(李瑋鍾)의 열성적(熱誠的)인 호소는 참석(參席)한 각국의 이름난 언론인(言論人)은 물론 평화회의(平和會義)의 각국대표 및 그들의 수행원(隨行員)들까지도 감명(感銘)을 주어 아낌없는 찬사(讚辭)를 받았다.

하지만 이러한 노력에도 불구하고 각국 대표들이 공례(公例)를 빙자하여 한국의 청원(請援)을 공감(共感)하지 않자, 선생은 분격을 금하지 못하고 연일 애통(哀慟)하다가 1907년 음력 7월 14일 한(恨)을 남긴 채 순국(殉國)하였다.

네덜란드의 헤이그 바겐 스트라트 124번지. 선생이 순국(殉國)한 곳으로, 현재는 선생의 박물관이 세워져 있다.

55년 만에 밟은 고국의 땅

선생의 유해(遺骸)는 순국(殉國) 3일 후 헤이그 공동묘지(共同墓地)에 임시(臨時) 안장(安葬)하였으며, 이상설과 이위종을 윤병구(尹秉求) 목사(牧師)와 선생의 동생인 이운(李耘)이 헤이그에 도착한 뒤인 동년 9월 5일, 이상설의 이름으로 102달러 75센트를 지불하고 에이컨다위넌(NieuwEikenDuinen) 공동묘지를 영구 사용할 수 있는 계약을 하고, 다음 날인 9월 6일 장례식(葬禮式)을 치렀다. 열사(의 장례에 대하여 당시 〈학세 쿠란트(Haggschecourant)〉 7522호의 기사(記事)에 의해 그 대강을 파악할 수 있다.

그의 유해는 에이켄무이넬(EIKEN muinel)에 완전히 매장(埋葬)되었다. 장례식에는 한국 대표단 두 사람과 YMCA의 회장 매케이(McKay) 남작이 참례(參禮)했다. 이상설은 이 무덤 앞에 조화(弔花)를 바치고 "조국(祖國)의 독립을 위해 일하다가 가셨다"고 슬픈 조상(弔喪)을 했다.

동년 8월 9일 일제 통감부(統監府)에서는 궐석재판(闕席裁判)을 하여 이상설은 처교(處絞), 이위종(李相卨)과 선생은 종범(從犯)으로 종신 징역을 선고하였다.

선생의 유해는 순국(殉國) 후 55년 만인 1963년 10월 4일에 조국의 품 안으로 모셔와 온 국민의 애도 속에 국민장(國民葬)을 치른 후 서울 수유리 선열(先烈)묘역(墓域)에 안장하였다.

안중근(安重根) 의사

이등박문(二等博聞)을 살해한 안중근

안중근 의사의 숨은 업적
동양평화론과 유묵(遺墨)

　한말(韓末)의 시기는 우리 역사에서 일찍이 볼 수 없었던 민족 최대의 시련기였다. 유사 이래 우리는 외세(外勢)로부터 끊임없는 침략을 받아 오면서도 나라를 잃어버린 적이 없었으나, 일제의 침략으로 망국(亡國)의 위기를 당하더니 끝내는 나라를 잃어버리는 통한(痛恨)의 역사를 남기고 말았다.

　안중근(安重根)이 태어난 것은 민족의 운명이 이처럼 풍전등화(風前燈火)

와 같은 때였다. 망국의 위기에서 그는 행동하는 지성인(知性人)으로 처음엔 계몽운동에 투신(投身)하다가, 1907년 광무황제(光武皇帝; 高宗)의 강제 퇴위(退位)와 한국 군대의 강제해산(解散) 등 일제의 노골적 침략에 직면(直面)해서는 의병으로 전환(轉換)하여 독립전쟁(獨立戰爭)을 전개하였으며, 마지막 순간에는 한국 침략의 원흉(元兇)이며 동양 평화의 파괴자 이등박문(伊藤博文)을 처단(處斷)함으로써 민족의 구원 앞에 자신을 산화(散華)시켜갔다.

한말(韓末)의 구국운동은 일반적으로 의병과 계몽운동(啓蒙運動), 그리고 외교 및 의열 투쟁(義烈鬪爭) 등을 포함한 반제투쟁(反帝鬪爭)의 세 갈래로 구분되는데, 안중근의 구국운동은 이들 세 범주에 걸쳐 폭넓게 전개되었다. 즉 그는 구국(救國)을 위한 길이라면 이념과 방략(方略)에 구애됨이 없이, 필사(必死)의 각오(覺悟)로 마지막 순간까지 투쟁하였던 것이다.

우리의 역사에는 위기 때마다 지조(志操)와 순결(純潔)을 지키며 자정(自靖) 또는 자결(自決)로서 청사(靑史)에 이름을 빛낸 지사(志士)들이 많았다. 그러나 구국(救國)이란 면에서, 단지(但只) 깨끗한 죽음을 택(擇)한 순절지사(殉節志士)의 길과 비교할 때 안중근의 구국운동이 지니는 의미는 더욱 빛나는 것이라 하겠다. 때문에 안중근의 그와 같은 살신성인(殺身成仁)의 구국관(救國觀)은 이후 간단(間斷)없이 전개된 독립운동의 횃불이 되었고, 오늘날에도 구국정신(救國精神)의 영원한 표상(表象)이 되고 있는 것이다.

그동안 안중근에 대한 연구는 국내와 국외에서 발표된 여러 편(篇)의 학술 연구를 비롯하여 교양 준의 전기 류(傳記類)가 다수 출간(出刊)됨으로써 적지 않은 성과를 거두었다. 그리고 이들 연구를 통해 안중근에 대한 많은 부분이 해명(解明)되기에 이르렀다. 예를 들면, 역사 사실에 대한 철저한 고증(考證)이 결여되거나 또는 안중근의 위대성(偉大性)이 매몰(埋沒)되어 역사적 감각(感覺)을 외면(外面)한 서술(敍述) 등의 문제점이 적지 않았다.

그와 관련하여 먼저 지적할 것은 안중근의 구국운동으로 하여금 이등박문(伊藤博文)의 포살(砲殺)에만 지나치게 초점(焦點)을 맞추어 이해하거나 평가하려는 점이다. 이등박문 포살은 구국(救國)과 동양 평화를 지키기 위한 그의 활동 가운데 최후의 수단(手段)으로 강구(講究)된 것이었다. 그동안 이등박문의 처단(處斷)에만 지나치게 편중된 안중근에 대한 이해와 평가는 올바르게 정립하는 데 오히려 걸림돌로 작용한 면이 없지 않았다.

의거(義擧)에 편중하여 기념비적(紀念碑的) 차원에서 의미를 강조하거나 또는 그의 활동을 이등박문 처단으로만 국한(局限)시킬 경우 안중근에 대한 이해를 좁히는 결과를 가져오게 되는 것이다. 일본의 영웅(英雄)인 이등박문의 암살자(暗殺者)로 단정(斷定)하는 논리는 제쳐놓더라도, 과거 제국주의시대를 새롭게 상기(想起)해볼 때라 할 것이다.

그런데 이와 관련하여 환기(喚起)해 둘 것은, 일본에서는 지금(只今)도 상당수(相當數)의 일본인이 이등박문을 영웅(英雄)으로 추앙하고 있다는 사실이다. 설령(設令) 이등박문이 과거 제국주의 시기 일본의 애국자일는지 모르지만, 그는 제국주의 침략의 상징적 존재로서 한국은 물론(勿論) 동양평화(東洋平和) 나아가 세계 평화의 파괴자였다. 그는 인류 평화의 반역자(叛逆者)였던 것이다.

따라서 이등박문을 영웅(英雄)으로 추앙(推仰)하는 자체는 군국주의적 소산(小蒜)에 다름 아닌 것이며, 과거 제국주의의 반인류성(人類性)을 반성(反省)하지 못한 증좌(證佐)인 것이다. 그리고 이등박문의 영웅화(英雄化)는 일본만의, 그것도 군국주의적 발상(發想)에 불과한 것으로 몰(歿) 역사적 행위에 지나지 않는 것이다.

반면에 안중근은 한국의 의사만이 아닌 동양(東洋)과 세계의 의사였다. 안중근의 의거(義擧)는 당사자(當事者)인 우리 민족 못지않게 중국(당시는 청국)의 입장에서도 절실하게 바라던 쾌거(快擧)였다. 중국은 청일전쟁(淸日戰爭)(1894년) 패배의 대가로 일제에게 영토(領土)를 분할하는 등 굴욕적 수모

(受侮)를 당한 바 있는데다가, 노일전쟁(露日戰爭)(1904년) 당시에는 청(靑)의 발상지(發祥地)인 만주가 전쟁터로 화(化)하게 되자, 중국인들의 수치심(羞恥心)은 이루 말할 수 없었다. 더욱이 이등박문이 러시아 와 야합(野合)하여 만주를 분할 점령하려는 야욕(野慾) 아래 이등박문이 하얼빈(哈尔滨)에 오기에 이르러서는 그들의 분노는 극에 달하고 있었다. 그럼에도 그들은 속수무책이었다.

그럴 때 안중근의 의거(義擧)가 터진 것이었다. 그들의 입장에서는 자신들이 해야 할 일을 안중근이 대신하여 준 것이나 다름없었다. 때문에 그들은 안중근의 의거를 열렬히 찬양(讚揚)하였다. 중국의 각 신문·잡지들이 안중근 의거를 연일 대서특필(大書特筆)함은 물론, 취묵생(醉墨生) 같은 이는 의거를 찬양하는 시(詩)를 짓기도 했고, 학생들은 각처에서 안중근의 의거를 연극으로 꾸민 안중근을 공연하면서 중국인들의 항일(抗日) 투쟁 의식을 고취하였다.

안중근이 순국(殉國)한 여순(旅順) 감옥은 현재 '여순(旅順) 감옥구지전람(監獄舊址展覽)'이라는 이름 아래 중국 항일 투사(抗日鬪士)의 기념관으로 사용되고 있다. 그 간판(看板)의 안내문에는 "이 감옥은 1902년 러시아가 세웠으나 1905년 노일전쟁(露日戰爭)에서 이긴 일본이 1945년까지 이곳을 통치하여 감옥을 확장하고 많은 항일 지사(志士)와 애국 동포를 투옥하고 살해했다.

특히 '조선 저명 민족영웅(朝鮮著名民族英雄) 안중근'이 이곳에서 살해됐다. 전쟁이 끝난 후 감옥을 해체(解體), 항일 투사(抗日鬪士)의 기념관으로 사용하고 있다."고 기록하고 있다. 그리고 이 기념관 복도(複道) 양편에는 중국인 항일 지사의 유물(遺物)을 전시하고 있는데, 중국인의 경우 4명 사진 한 장의 비율로 전시되고 있는 데 비하여, 안중근 관계 전시는 사진 4장 분량의 면적을 할애(割愛)하여 초상화(肖像畵)와 친필(親筆) 유묵(遺墨)·시

(詩)·사진(寫眞) 등을 전시하고 있다. 단편적(斷片的) 예의긴 하나 이를 통해 안중근에 대한 중국인의 평가 의식(意識)을 살필 수 있는 것이다.

이 글에서는 이러한 점에 유의(有意)하면서 가능한 안중근의 생애(生涯)를 빠짐없이 서술하고자 했다. 안중근의 활동을 크게 계몽운동(啓蒙運動)·의병운동(義兵運動)·이등박문 처단(處斷) 의거의 세 단계로 나누어 살펴보았다. 그리고 이러한 구국운동의 전반적(全般的) 조망위(眺望位)에서 안중근 의사에 대한 이해의 폭을 넓히는데 주안점(主眼點)을 두었다. 이 글을 작성하는 데 신용하(愼鏞廈) 교수님의 논문(論文) 〈안중근의 사상(思想)과 계몽운동(啓蒙運動)〉, 『한국사학(韓國史學) 제2집』, (1980; 한국민족(韓國民族) 독립운동사(獨立運動史) 연구, 을유문화사, 1985))에서 교시(敎示) 받은 바 컸음을 밝혀둔다. 안중근은 1879년 9월 9일(음력 7월 16일) 황해도 해주부(海州府) 광석동(廣石洞)에서 아버지 안태훈(安泰勳)과 어머니 조 씨(趙氏) 사이에서 3남 1녀 중 장남으로 태어났다. 그가 태어날 때 마치 북두칠성과 같은 일곱 개의 점이 가슴에 있었으므로, 할아버지 안인수(安仁壽)는 북두칠성의 기운을 받고 태어난 것이라 하여 안응칠(安應七)이란 이름을 지어주었다. 또 아버지 안태훈은 자임(子任)이란 아명(兒名)을 지어주기도 하였다.

안중근이 태어나던 무렵 그의 집안은 수천 석을 하던 해주의 대지주(大地主)였다. 본관(本貫)이 순흥(順興)으로 고려 말의 명유(名儒) 안향(安珦)의 후예이기도 한 그의 집안은 대대로 해주에서 세거(世居)한 향반(鄕班) 계층이었다. 그리고 선조(先祖) 중에는 무반(武班)으로 이름을 높임으로써 해주 일대에서는 명문(名門)에 속하던 집안이었다.

유관순 열사

독립운동가 유관순(柳寬順)은 충남 천안시(天安市) 병천면(竝川面)에서 유중권(柳重權), 이소제(李少悌) 부부의 둘째 딸로 태어났다. 본관(本貫)은 고흥(高興)이고 독실(篤實)한 기독교 집안에서 태어나, 1916년 감리교 공주(公州) 교구(教區)의 미국인 여자 선교사인 엘리스 샤프(Elice Shape)의 도움으로 이화학당(梨花學堂) 보통과(普通科) 3학년에 학비(學費)를 면제받는 교비생(校費生)으로 편입했다. 1919년에는 고등부(高等部)에 진학했다.

이화학당(梨花學堂) 1학년 때 1919년 3·1운동이 일어나자 아우내(竝川) 장터 시위(示威)를 주동했으며, 부모를 시위(示威) 중에 잃고 수감(收監)된 뒤에도 옥중 투쟁을 계속하다가 옥사(獄死)했다.

1919년 3월 1일, 3.1만세운동이 터지자 일제는 학생들의 만세운동 참여를 막기 위해 휴교령(休校令)을 내렸다. 당시 경성(서울)에서 학교를 다니던 학생들이 고향에 내려가면서 만세운동의 불길이 전국으로 퍼져 나가는데

일조하는 결과를 낳게 되어. 유관순 열사도 이 중 하나였다.

　유관순은 일찍부터 교육의 중요성(重要性)을 자각(自覺)한 부친 덕(德)에 당시 여성(女性)으로서는 드물게 서울로 올라와 1916년 이화학당(梨花學堂,지금의 이화여고)에 입학해 보통과(普通科) 고등 과정(高等科程)에 다니게 되었다.

　하지만 일제강점기(日帝强占期)의 암울(暗鬱)한 현실은 학생들을 학업(學業)에만 전념(專念)할 수 없게 했는데. 3.1운동이 일어나자 유관순 열사를 비롯한 이화학당(梨花學堂) 학생들도 참여하게 되었다. 이화학당(梨花學堂) 프라이(Fry) 교장(校長)은 무자비한 일제 경찰(警察)에 어린 여학생들의 피해를 우려해 참여를 만류(挽留)했지만 학생들은 담을 넘어가면서 기어코 만세운동에 동참(同參)하게 되었다.

　조선총독부(朝鮮總督府)는 모든 병력을 동원해 만세시위운동(萬歲示威運動)을 주도한 학생과 시위 참가자들을 연행(連行)했는데, 3월 2일 하루만도 무려 1만여 명이 체포됐다고 한다. 일제는 학생들의 만세운동 참여에 겁을 먹고 10일 휴교령(休校令)을 내리고, 학생들을 해산시키코. 이에 열사도 이화학당 동문(同門)인 사촌(四寸)언니 유예도(柳禮道)와 함께 고향으로 내려온 것이다.

　고향에 내려온 열사는 아버지 유중권(柳重權) 숙부(叔父) 유중무(柳重武) 등과 함께 4월 1일, 천안(天安) 병천시장(竝川市場)에서 만세운동을 벌이기로 계획하고 거사(巨事)를 준비하다가. 이들은 3월 31일 밤 자정에 천안(天安) 수신면(修身面) 산마루와 진천군(鎭川郡) 고갯마루에 거사(巨事)를 알리는 봉화(烽火)햇불을 올려 만세운동을 알렸다.

이윽고 월 1일, 아우내 장터(竝川市場)에는 홍일선(洪鎰善)을 주도로 만세운동이 시작되고, 조인원(趙仁元), 유관순 등의 세력이 오후 1시 장터에 진입하면서 만세운동의 불길은 시장 전체로 타올랐다. 삽시간에 퍼진 만세운동에 당황한 일제는 혹독한 탄압을 가했는데, 무차별적인 폭력 진압으로 19명이 사망하고, 유관순(柳寬順) 등 많은 군중(群衆)들이 크게 다치고, 투옥당했다. 유관순 열사의 아버지 유중권(柳重權)은 일제헌병의 총검(銃劍)에 찔려 끝내 숨지고, 유관순 열사도 일제에 체포당해 혹독한 고문(拷問) 끝에 서대문 형무소에 수감(收監)돼 옥살이를 하게 되었다.

1년 후인 1920년 9월 28일, 유관순 열사는 일제의 모진(耗盡) 고문(拷問)의 후유증(後遺症)으로 결국 옥사(獄死)하고 말았다. 열사의 옥사(獄死) 소식을 들은 이화학당은 시신(屍身)의 인도(引渡)를 요구하였지만, 일제는 고문(拷問) 사실이 드러날 까봐 인도(引渡)를 거부하다 10월 12일 시신을 넘겨주었다. 이틀 뒤 서울 정동(貞洞)교회(敎會)에서 열사의 장례식이 거행되고 시신은 이태원 공동묘지(共同墓地)에 안장(安葬)되었다.

광복(光復) 후, 정부는 1962년 유관순 열사에게 대한민국(大韓民國) 건국훈장(建國勳章) 독립장(獨立章)을 추서(追敍)하였으며, 열사의 모교(母校)인 이화여고에서도 1996년 명예 졸업장을 수여했다. 충청남도(忠淸南道)는 유관순 열사의 애국애족정신을 기려 전국의 여고생을 대상으로 '유관순 횃불상'을 수여(受興)하였으며, 열사가 나고 자랐던 천안시(天安市) 동남구(東南區) 병천면(竝川面) 용두리(龍頭里)의 생가(生家)는 복원돼 1991년 사적(史蹟) 제230호로 지정돼 후손들에게 역사적 교훈의 장(場)으로 활용되고 있다.

상해(上海) 임시정부

정확한 명칭은 상해(上海) 대한민국(大韓民國) 임시정부, 초대 대통령인 이승만(李承晩) 박사(博士)이다. 대한민국은 대통령과 임시정부 사람들이 지은 명칭이다. 그래서, 이승만(李承晩) 대통령도 대한민국(大韓民國) 관보(官報) 제1호에 등재(登載)되어 30연간 재임(在任)하고, 상해 임시정부 후임 대통령은 김구(金九) 선생이다.

1919년 건국과 1948년 건국의 차이점?

1918년 상해에서 여운형(呂運亨)을 당수(黨首)로 하여 조직된 신한청년당(新韓靑年黨). 1919년 3·1운동 이후 일본 통치에 조직적으로 항거하기 위하여 설립하였다. 1919년 4월 11일 임시의정원(臨時議政院)을 구성하고 각 도 대의원(代議員) 30명이 모여서 임시(臨時) 헌장(憲章) 10개 조(條)를 채택하였으며, 4월 13일 한성(漢城) 임시정부와 통합하여 대한민국 임시정부를 수립, 선포하였다. 각료에는 임시 의정원(議政員) 의장 이동녕(李東寧), 국무총리 이승만(李承晩), 내무총장 안창호(安昌浩), 외무총장 김규식(金奎植), 법무총장 이시영(李始榮), 재무총장 최재형(崔在亨), 군무총장 이동휘(李東輝), 교통총장 문창범(文昌範) 등이 임명되었다.

6월 11일 임시헌법(臨時憲法)을 제정 공포하고 이승만(李承晩)을 임시(臨時)

대통령으로 선출하는 한편 내각을 개편하였다. 9월 6일에는 노령정부(老齡政府)와 통합하고 제1차 개헌(改憲)을 거쳐 대통령 중심제(中心制)의 대한민국 임시정부를 수립하였다. 1926년 9월 임시 대통령제(大統領制)를 폐지하고 국무원제(國務院制)를 채택하였으며, 이후 의원내각제(議員內閣制)가 정부 형태의 주류를 이루었다.

1945년 8·15광복까지

상해(1919)·항저우(杭州, 1932)·전장(鎭江, 1935)·창사(長沙, 1937)·광저우(廣州, 1938)·류저우(柳州, 1938)·치장(1939)·충칭(重慶, 1940) 등지로 청사(廳舍)를 옮기며 광복(光復)운동을 전개하였다.

초대 대통령 이승만

우리나라 초대 대통령 이승만(李承晩)은 황해도 평산(平山)에서 가난한 선비(善備)의 집안의 외아들로 1875년 태어났다. 어릴 때 서울로 이사(移徙)와 배재학당(培材學堂, 지금의 배제고)를 나와 개화사상(開化思想)에 눈뜨게 된 후 , 명성황후 시해(弑害)에 대한 복수사건에 관련하고 서재필(徐載弼)이 주도한 협성회(協成會), 독립협회 등에서 활동하는 등 일찍부터 기울어져 가는 나라의 운명을 걱정하였다.

1898년 정부 전복(全伏) 혐의로 독립협회 간부들과 투옥되었고 민영환(閔泳煥)의 주선(注選)으로 7년 만에 석방되어 1904년 미국으로 건너가 조지워싱턴 대학교(George Washington University), 하버드대학교(Harvard University) 등에서 공부하고 1910년 프린스턴 대학교(Princeton University)에서 철학박사(哲學博士) 학위를 받았다. 그해 일본이 대한제국을 강제로 합병(合倂)하자 즉시 귀국하여 조선기독교청년연합회(YMCA)를 중심으로 활동하다가 일제 관헌(官憲)에게 체포되었고, 석방된 후 1914년 미국으로 건너가 한국이 독립하려면 서구 열강, 특히 미국 정부와 여론(輿論)의 지지를 받아야 한다는 신념(信念)으로 독립운동을 외교에 전념(專念)해야 한다고 주장하였다.

1919년 3.1운동 후 국내에서 조직된 한성임시정부(漢城臨時政府)와 상해임시정부(上海臨時政府)에서 각각 최고 책임자인 집정관(執政官) 총재(總裁)와 국무총리(國務總理)로 추대되었고, 스스로도 워싱턴(Washington)에 구미위원부(歐美委員部)를 만들어 위원장이 되었으며 미국 정부와 관리를 상대하기 위해서는 지위가 있어야 한다고 보고 스스로 임시정부의 대통령이 되어 독립운동에 전념하였다. 이 과정에서 독립운동의 노선(路線)을 뒤고 무장(武裝) 독립을 주장하는 파, 그리고 도산(塗山) 안창호(安昌鎬) 선생을 지지하는 세력 등과 갈등을 빚어 독립운동에 분열이 발생하기도 한다.

1945년 광복(光復) 후 10월 귀국하여 우익(右翼) 민주진영의 최고 지도자

(指導者)로 독립촉성중앙협의회(獨立促成中央協議會) 총재가 되고, 좌익(左翼) 세력과 투쟁을 통해 1946년 6월 대한민국 단독정부(單獨政府) 수립 계획을 발표, 1948년 제헌국회(制憲國會)에서 대한민국 초대 대통령에 당선, 8월 15일 대한민국의 대통령에 취임(就任)하였다.

새로 태어난 대한민국을 반석(盤石) 위에 세운다는 것은 쉬운 일이 아니었다. 경제적으로는 세계적인 빈국(貧國)으로 기아선상(飢餓線上)에 있었고 당시 세계를 휩쓸던 공산주의 열풍(熱風)으로 국내에서도 좌익들이 날뛰고 있었다. 철저한 반공주의자인 이승만은 국내의 공산주의 운동을 분쇄(粉碎)하면서 일본의 재침(再侵)을 막기 위하여 반공(反共), 배일(排日) 정책에 주력하였다.

또 정부 수립 후 불과 2년 만에 북한(北韓)의 6,25침략을 맞아 미국과 유엔(United Nations)의 도움으로 공산군을 격퇴하는 데 성공하는 등 나라를 세우고 기틀을 갖추며 지켜내는 데 큰 공을 세웠다. 그러나 자신의 재선(再選)을 위하여 1952년 계엄령(戒嚴令)을 선포하고, 1954년에는 자신의 경우에만 적용되는 개헌안(改憲案)으로 유명한 '사사오입(四捨五入)' 논리로 변칙(變則) 적용하여 통과시켜, 정치적 결정에서 돌이킬 수 없는 잘못을 범한다.

1960년 3월 15일 선거(選擧)에서 대통령에 4선(選) 되었으나, 부정선거를 규탄(糾彈)하는 4.19의거가 전국적으로 일어나자 대통령을 사임하고 하와이(Hawaii)로 망명했다. 그러다가 1965년 7월에 사망하여 현재 국립묘지에 안장되었다.

7

한성(漢城) 임시정부

1919년 4월 13일은 대한민국 임시정부 수립일(樹立日)이다. 대부분의 사람이 독립의 발판이 되었던 3.1 독립만세(獨立萬歲) 운동은 기억하지만, 실질적인 독립운동의 시작인 4월 13일 임시정부 수립일은 기억하지 않는다. 이러한 안타까운 마음에 이날을 기념(紀念)하고 잊지 않으려는 기록이다.

서울 종로(鐘路) 탑골공원(塔骨公園)에서 시작된 1919년 3.1운동 이후 독립운동가뿐만 아니라 모든 시민(市民)도 거리에 나와 일제에 대항하였다. 이를 토대(土臺)로 임시정부의 수립 열망(熱望)이 높아지면서 중국 상해(上海)를 중심으로 다양한 성격의 임시정부가 만들어지게 된다. 기존의 왕 중심정권이 아닌 국민을 주인(主人)인 새로운 나라를 꿈꿨다. 그리하여 대한민국이라고 정하고 헌법(憲法)도 만든다. 이렇듯 대한민국 임시정부의 27연간의 독립 의지를 밝히며 광복(光復)을 맞이하게 된다.

1. 활발한 외교활동을 통하여 전 세계에 현재 상황과 독립 의지를 밝혔다. 이승만(李承晩)을 중심으로 적극적인 외교활동을 전개하여 한국의 상황을 국제적인 문제로 제기(提起)된다.

2. 〈독립신문(獨立新聞)〉을 발행(發行)하여 임시정부와 독립군의 활동을 널리 알렸다. 또한, 자금(資金)을 모아 독립운동을 하는 여러 기관에 지원을 하게 된다.

3. 비밀연락망(聯絡網) 및 조직 결성(結成)하게 된다. 대한민국 임시정부는 흩어진 애국지사(愛國志士)들의 목소리를 한 데 모으는 일을 하게

되었고. 대표적으로 독립을 목표로 한 비밀결사단(決死團)인 한인(韓人) 애국단(愛國團)을 만드는데, 사람들은 이 비밀조직을 통하여 연락하거나 독립운동에 가담할 수 있는 통로 구실을 하였다.

바로 한인(韓人) 애국단을 새운 사람이 백범(白帆) 김구(金九) 선생이다. 김구는 독립운동을 지휘하면서 독립을 위해서는 어떤 일도 마다치 않았다고 한다. 일제의 주요 인물 처단(處斷)을 실질적으로 지휘하며 일제에 강력하게 독립 의지를 밝혔다. 그의 주된 업적으로는 1940년 광복군(光復軍)을 조직하고 1944년 임시정부 주석(主席)으로 활동한 것이다. 백범 김구 선생은 평생을 일제에 투쟁하며 독립 이후 4년 만에 생을 마감하였다.

그 후 대통령 중심제인 대한민국 임시정부를 수립하게 되고, 초대 대통령으로 이승만(李承晩)이 선출(選出)되었다. 대부분의 사람은 이승만을 우리나라 1, 2, 3대 대통령이라고만 기억한다. 그러나 이승만은 상해에서 미국과의 외교 활동을 통하여 독립에 크게 이바지하였다.

매년 임시정부 수립일 기념행사가 열리는 백범김구기념관

　세계적으로 27년 동안 독립운동을 시행한 예는 대한민국 임시정부 외엔 전례(前例)가 없어 세계적으로 갖는 역사적 의미는 아주 크다 할 것이다. 가장 오랜 기간에 거쳐 저항(抵抗)하고 투항한 우리 선조(先祖)들의 노력이 있기에 지금 우리나라가 있는 것이 아닌가 한다.

　우리나라 정부에서는 매년 4월 13일 대한민국 임시정부 수립일을 기념(紀念)하여 목숨 바쳐 희생한 선조(先祖)들의 뜻을 기리는 기념식을 개최하고 있다. 대한민국의 한 국민으로서 이날을 꼭 기억하고 가슴에 새겨야 합니다. 독립운동을 위한 비밀연락망(聯絡網) 결성(結成)하였던 것이다.

　대한민국 임시정부는 독립운동을 위한 비밀연락 조직망인 연통제(聯通制)를 실시하였다. 연통제는 우리나라 임시정부의 비밀 행정 체계였다. 우리나라 사람들은 이 비밀조직망(組織網)을 통하여 임시정부와 연락하거나 독립운동에 가담할 수 있었고, 애국공채(愛國公債)를 발행(發行)하여 군자금(軍資金)도 전달할 수 있었다.

임시정부는 외교총장(外交總長) 김규식(金奎植)을 전권대사(全權大使)로 임명하여 파리 강화회의(講和會議)에서 한국의 독립을 주장하게 하였다. 그리고 구미위원부(歐美委員部)를 두어, 이승만을 중심으로 적극적인 외교 활동을 전개하여 한국의 독립을 국제적인 문제로 제기했다.

초대 대통령 이승만(李承晩)

광복군(光復軍) 창설등 독립운동의 중심지(中心地) 역할을 하였다. 만주와 연해주(沿海州) 지방에서 독자적인 무장(武裝) 항일(抗日) 운동을 하던 독립군들은 통합 조직을 만들기 위해 여러 가지 노력을 기울였으나 주변 국가들의 비협조(非協助)와 일본의 방해로 결실을 보지 못하고 말았다.

그러나 임시정부는 강한 군사력을 지닌 독립군을 양성하여 독립전쟁을 더욱 적극적으로 전개할 필요성에 따라 1940년에 광복군(光復軍)을 창설하게 되었다.

광복군은 임시정부 산하의 정규군(正規軍)으로서, 만주와 시베리아(Siberia) 지역에서 활동하던 신흥무관학교(新興武官學校) 출신의 독립군과 중국 대륙에서 독립운동을 하던 애국(愛國) 청년(靑年)들이 중심이 되었고 이와 같이 대한민국 임시정부는 겨레의 독립을 위한 중심지 역할을 하게 된 것이다.

大韓民國三年一月一日
臨時政府及臨時議政院新年祝賀式紀念撮影

　임시정부는 단절(斷絶)된 국맥(國脈)을 다시 잇고 국혼(國魂)을 지키면서, 윤봉길(尹鳳吉), 이봉창(李鳳昌)같은 의사들을 앞세워 벌인 의열(義烈) 투쟁과 함께 쉼 없는 항일전(抗日戰)을 전개하여, 한민족의 건재(健在)를 세계의 모든 나라에 알렸다. 또한 이렇게 임시정부 안에 광복군을 조직하여 일제에 선전(宣戰)을 포고하고, 연합군의 일원으로 일본 제국주의 세력과 투쟁을 해서, 뮤지컬(musical) '영웅(英雄)'의 주인공(主人公)인 안중근(安中根) 의사도 구 소련의 블라디보스톡에서 선전(宣戰)을 해서 전 세계의 대한제국이 독립을 원하고 있음을 알렸다. 대한민국 임시정부는 중원(中原) 천지(天地)를 전전(前前)하면서 27년 동안이나 국권 회복을 위해 싸워온 우리 망명정부(亡命政府)이고, 일제강점기 한민족의 대표기관이었다.

　임시정부가 존재하고 이와 같은 활동이 있었기 때문에, 이집트(Ijipteu) 수도(首都) 카이로(Cairo)선언이 나왔고, 미국, 영국(英國), 소련(蘇聯), 중국과 같은 국제 열강이 전후(戰後) 처리를 하는 과정에서 한국의 독립을 보장했던 것이다. 카이로 선언은 연합국(聯合國)이 제2차 세계대전 후 일본의 영토(領土) 기본방침(方針)을 처음으로 공식(公式) 성명(聲明)한 것이고 한반도 내에 미국의 개입(介入)이 될 수 있었던 결정적 계기였다.

대한민국 임시정부는 비록 임시정부의 형태를 취하긴 했지만, 우리나라 역사상 최초로 수립된 민주(民主) 공화정(共和政)이었다. 또한 세계 식민지 역사상 가장 오랜 기간에 걸쳐 저항하고 존속한 임시정부라고 보면 된다.

역사적으로 대한민국 임시정부와 이를 위해 힘쓴 순국선열(殉國先烈)들로 인해 오늘날의 대한민국이 존재하는 것이다. 4월 13일 대한민국 임시정부 수립일을 기억하여, 국권 회복과 독립을 위해 헌신하고 공헌한 임시정부 및 순국 선열들을 기리는 시간을 가져야 할 것이다.

독립군 사령관 김좌진(金左振) 장군

독립운동가(獨立運動家) 김좌진(金左振), 본관 (本貫)은 (신)안동 김 씨(安東金氏), 자는 명여(明 汝), 호(號)는 백야(白冶)이다. 충청남도 홍성군 갈산(葛山)면에서 명문(名門) 양반가의 3남 중 차남(次男)으로 태어났다. 3살 때 부친을 여의 었지만, 넉넉한 재산으로 경제적으로 문제는 없었다. 모친(母親)으로부터 엄한 교육을 받으 며 성장했다. 첫째 김경진이 서울에 양자(養子)로 가면서 차남(次男)인 김좌 진이 장남 역할을 했다. 나이 17세에 노비들을 해방시키며 전답(田畓)을 나 눠주고 자신의 집에 학교를 세우는 등, 교육사업에도 활발히 펼쳐 노블리 스 오블리주의 사례(事例)로 꼽힌다. 1905년 대한제국 육군(陸軍)무관학교 (武官學校)에 입학하였지만 대한제국 군대해산(解散)으로 1907년 학교를 열 고 자기 집의 노비를 해방해 전답(田畓)을 나누어주었다.1911년 친척 뻘 되 는 인물에게 자금(資金)을 받으러 갔다가 변절(變節)한 친척의 뒤통수로 미 리 잠입(潛入)한 일본 경찰에 잡혀 서대문(西大門) 형무소에 2년 6개월 수 감(收監)되었다.1918년 만주에 망명(亡命)해 대한광복회(大韓光復會) 부 사령 (司令)을 맡았다. 대한광복회의 와해 이후 간도(間島) 지역으로 건너가 북로 (北路) 군정서군(軍政西軍)을 이끌었으며, 이후 청산리(青山里) 전투 1920년에 서 독립군 연합부대를 이끌었다. 이후 밀산(密山)을 거쳐 북(北)으로 이동하다가 다시 남(南)으로 내려왔다. 이 때 북(北)으로 간 군대들은 자유시(自由市) 참변(慘變) 1921년에 휘말려 무척 큰 피해를 입은 탓에 그나마 다행이라는 평. 이후 1920년대 중후반(中侯班) 북만주(北滿洲) 지역의 독립 운동을 이끌었다.자유시 참변으로 반공(反共) 노선(路線)으로 전향(轉向)한 김좌진은 참변(慘變)으로 불모지(不毛地)나 다름없는 만주에서 다시 시작하면서 방앗간 등으로 동포(同抱)들에게 인심(人心)을 얻으면서 한족(韓族) 총연합회(總聯合會) 주석(主席) 등에 만주의 독립운동에 지도자로 활약했다. 1925년 신민부(新民府) 초기엔 한족연합회(韓族聯合會), 1929년 한족총연합회韓族總聯合會) 등을 창설하고 활동했는데 이 과정에서 공산주의자들을 배제(排除)하고, 항렬(行列)이 같은 아우뻘인 아나키스트 김종진(金宗振) 등 아나키스트들을 받아들였다. 그에 위협을 느낀 공산주의자 박상실에 의해 1930년 41살의 젊은 나이에 피살됐다. 유언으로 "할 일이…, 할 일이 너무도 많은 이 때에 내가 죽어야 하다니. 그게 한스러워서…"라는 말을 남겼다. 그의 유해(遺骸)는 아내 오숙근이 3년 뒤에 만주로 잠입(潛入)해 수습한 후, 홍성(洪城)에 가명(假名)으로 밀장(密葬)되었다가 1957년에 전답(田畓)을 노비들에게 나눠주면서 어머니의 이름으로 남겨진 선산(先山) 보령(保寧)에 김두한(金斗漢)에 의해 안장(安葬)되었다. 1999년 백야(柏冶) 김좌진 장군 기념사업회(記念事業會)가 발족(發足)되어 여러 교육사업 활동을 펼치고 있다. 부인도 여럿이고 축첩(畜妾)도 해서 후손(後孫)이 꽤 많은데, 그 중 서자(庶子)가 조직폭력배, 국회의원 김두한(金斗漢)으로, 김두한의 딸인 전 새누리당 19대 국회의원 김을동에겐 조부(祖父)가 된다.

2013년 8월 대한민국 해군 손원일급 잠수함 4번 함(艦)이 김좌진 함(金左振艦)으로 명명(命名)되었다. 증손자(曾孫子) 김도현(金道鉉)은 육군 병장(兵長)으로 전역(轉役)한 뒤 공군(空軍) 부사관(副士官)이 되었다가 또 다시 해군 장교(將校)로 임관(任官)한 특이한 이력의 소유자로, 증조부(曾祖父)의 유지

(遺旨)를 잇고 있다.

지금까지 김좌진의 암살은 단순히 공산주의자들의 소행으로 여겨졌으나, 암살 사건을 연구한 학자들은 그 뒤에 꽤 복잡한 배경이 있다고 보고 있다.박상실은 김좌진이 운영하던 방앗간에서 일하던 일꾼이었는데, 김좌진을 암살한 뒤에 도망쳤다. 김좌진의 장례식에서 밝혀진 바로는 박상실은 고려공산청년회(高麗共産靑年會)의 회원(會員)이자 재중(在中) 한인청년동맹원(韓人靑年同盟員)으로 알려졌다. 김좌진의 측근들은 박상실이 혼자서 김좌진을 암살했을 리가 없고 그 뒤에 배후가 있을 것이라고 짐작했다. 그 배후로 지목(指目)된 인물은 김봉환(金鳳還)으로, 그는 한 때 김일성(金日省)이라는 가명(假名)을 쓰고 있었던 탓에 북괴(北傀)의 괴수(魁首) 김일성(金日省)이 김좌진 암살의 배후라는 이야기가 떠돌았다. 그러나 이후 연구를 통해 김봉환(金鳳還)과 김일성(金日省)은 다른 인물임이 밝혀졌다.

중국 자료(資料)가 공개되면서 박상실의 정체도 드러났는데 박상실은 가명(假名)이며 진짜 이름은 공도진, 혹은 이복림이라고 한다. 이복림과 박상실이 동일 인물인지를 밝히는 명확한 증거는 없다. 그러나 연변대(沿邊大) 교수 김동화(金東華)는 두 사람이 동일 인물일 가능성이 높다고 말한다. 공산주의자들이 김좌진을 암살한데 대해서는 김좌진이 공산주의자들을 배제(排除)하고 아나키스트들을 받아들이면서 만주 내 한인(韓人)들에게 영향력을 높여가자 공산주의 전파에 방해가 된다는 이유로 그를 제거했다는 것이 일반적 설명이다.

그러나 공산주의계 생존자(生存者) 일각에서 김좌진이 일본과 내통(內通)하여 공산주의자들을 일본에 팔아넘겼고 이 때문에 김좌진을 암살했다는 주장이 제기(提起)되었다. 당시 만주에서 활동하던 조선공산당(朝鮮共産黨) ML파의 일원(一員)이었던 지희겸은 "김좌진이 하얼빈 총영사관 경찰국장(警察局長) 마츠시다(マチュシダ)와 밀담(密談)을 나눈 후 공산당원들을 많

이 잡아 가둬죽였기 때문에 암살된 것"이라고 주장하기도 했다.이러한 소문의 배경은 일본이 조작한 '김좌진 귀순설(歸順說)' 날조(捏造)였다. 일본제국(帝國)은 1923~1924년에 김좌진 장군이 '귀순'했다는 '귀순설(歸順說)'을 조작하여 선전(宣傳)하였고, 김좌진은 한때 억울하게 친일 반역자(叛逆者)로 모욕(侮辱)을 당한 적(的)이 있다 이런 선전(宣傳)과 달리 실제 일제 내부 문서(文書)를 보면 김좌진은 절대 친일 반역자가 아니었다. 1924년 4월 9일 일본 내부 문서(文書)에 따르면 김좌진은 죽어도 일본에 귀순할 마음이 없고, 의지가 확고하며 일본이 다른 국가와 전쟁을 하면 일본과 맞서 싸우기 위해 준비하고 있다고 보고하고 있다. 그래서 공산주의계 생존자들의 주장들도 잘못된 소문에 근거(根據)한 것이라는 게 일반적이다.

이 때문에 일각에서는 실제로는 김봉환이 일본과 밀통(密通)했다고 보고 있다. 즉 지휘 겸 주장한 김좌진과 마츠시다(マチュシダ)의 밀담(密談) 운운은 실제로는 김좌진이 아니라 김봉환이 그랬다는 것이다. 학자들은 김봉환이 일본과 밀통(密通)했다는 결정적(決定的)인 증거는 없으나 여러 정황(情況)으로 미루어 보면 가능성이 크다고 보고 있다. 김봉환은 자신이 공산주의자들을 일본에 팔아넘긴걸 김좌진에게 떠넘겼고 김봉환의 주장을 그대로 믿은 조선공산당(朝鮮共産黨)은 박상실(朴祥實) 공도진(孔道鎭)을 보내 김좌진의 방앗간에서 일하게 하면서 기회를 엿보다가 그를 암살했다는 것이다. 다만 이 주장을 입증(立證)할 명백한 증거가 없다는 문제는 있다. 한편 동료 독립운동가들의 공을 상습적으로 가로채어 원한을 샀다는 설(說)도 있다. 현재도 연변(沿邊) 조선족 자치구(自治區) 거주 조선족들은 김좌진에 대해 상당히 부정적인 인식을 갖고 있다.

윤봉길(尹奉吉) 의사

충남 예산군 덕산면 덕산온천로 182-10 (우)32407 지번덕산면 시량리 135 출신. 아버지는 윤황(尹璜)이고, 어머니는 김원상(金元祥)이다 집안은 몰락양반가(兩班家)로 전형적인 농가(農家)였다 1913년 큰아버지 윤항(尹珦)에게 천자문(千字文)을 배우고 1918년 덕산보통학교(德山普通學校)에 입학했으나 다음 해에 3·1운동이 일어나자 이에 자극(刺戟)받아 식민지 노예 교육을 배격하면서 학교를 자퇴(自退)하였다

이어 최병대(崔秉大) 문하에서 동생 성의(聖儀)와 한학(漢學)을 공부했으며, 192 1년 성주록(成周錄)의 오치서숙(烏峙書塾)에서 사서삼경(四書三經) 등 중국 고전을 익혔다. 1926년 서숙 생활(書塾生活)을 마치고 농민계몽·농촌 부

흥운동에 힘썼다.

다음 해 이를 더욱 이론적으로 뒷받침하기 위해 『농민독본(農民讀本)』을 저술하고, 야학회(夜學會)를 조직해 향리(鄕里)의 불우(不遇)한 청소년을 가르쳤다. 1929년 부흥원(復興院)을 설립해 농촌 부흥운동을 본격화(本格化) 했으며, 그 해 1월 초부터 1년간 『기사일기(己巳日記)』를 쓰기 시작하였다.

그 해 2월 18일 부흥원(復興院)에서 학예회를 열어 촌극(寸劇) 〈토끼와 여우〉를 공연해 성황리에 마치게 되자 일제 당국(日帝當局)의 주목(注目)을 받았다. 그러나 이에 구애지 않고 지방 농민들을 규합해 자활적(自活的) 농촌 진흥을 위해 월진회(月進會)를 조직, 회장에 추대되었다. 또, 수암체육회(修巖體育會)를 설치 운영하면서 건장(健壯)한 신체를 바탕으로 독립정신(獨立精神)을 고취하고자 하였다.

1930년 "장부(丈夫)가 집을 나가 살아서 돌아오지 않겠다"라는 신념이 가득 찬 편지를 남기고 채 3월 6일 만주로 망명(亡命)하였다. 그러나 도중에 선천(宣川)에서 미행(尾行)하던 일본 경찰에 발각되어 45일간 옥고(獄苦)를 치렀다. 그 뒤 만주로 탈출하여, 그 곳에서 김태식(金泰植)·한일진(韓一眞) 등의 동지와 함께 독립운동을 준비하였다.

그 해 12월에 단신(單身)으로 다롄(大連)을 거처 중국 칭다오(青島)로 건너가 1931년 여름까지 현지(現地)를 살펴보면서 독립운동의 근거지를 모색하였다. 이곳에서 세탁소의 직원으로 일하면서 모은 돈을 고향에 송금(送金)하기도 하였다. 1931년 8월 대한민국 임시정부가 있는 상해(上海)로 활동무대를 옮겨야 보다 큰일을 수행할 수 있을 것이라 믿고 상해로 갔다.

상해 프랑스 조계(朝啓) 샤비루화합방(霞飛路和合坊) 동포석로(東蒲石路) 19호 안공근(安恭根)의 집 3층에 숙소를 정하였다. 우선 생계를 위해 동포(同抱) 실업가(實業家) 박진(朴震)이 경영하는 공장의 직공(職工)으로 일하면서 상해 영어학교(上海英語學校)에서 공부하였다. 그러면서 노동조합을 조직해 새로운 활동을 모색하였다. 그 해 겨울에 임시정부의 김구(金九)를 찾아가 독립운동에 신명(身命)을 바칠 각오임을 호소하였다.

1932년 한인애국단(韓人愛國團)의 이봉창(李奉昌)이 1월 8일 동경(東京)에서 일본왕(日本王)을 폭살(爆殺)하려다가 실패하자, 상해 일대는 복잡한 상황에 빠졌다. 더욱이 일제는 1월 28일 고의(故意)로 죽인 일본 승려사건(日本僧侶事件)을 계기로 상해사변(上海事變)을 도발(挑發)하였다. 이 때 일본은 시라카와(白川義則)대장(大將)을 사령관으로 삼아 중국과의 전쟁을 승리로 이끌었다.

윤봉길(尹奉吉)은 이 해 봄 야채상(野菜商)으로 가장(假裝)해서 일본군의 정보(情報)를 탐지(探知)하였다. 4월 26일 한인애국단(韓人愛國團)에 입단해 김구의 주관 아래 이동녕(李東寧)·이시영(李始榮)·조소앙(趙素昻) 등의 협의와 동의(同意) 아래 4월 29일 이른바 천장절(天長節) 겸 전승 축하(戰勝祝賀) 기념식에 폭탄을 투척하기로 하였다.

식장(式場)에 참석(參席)해 왕웅(王雄, 본명(本名)은 金弘一)이 만들어 폭발(爆發) 시험(試驗)까지 했던 수류탄을 투척하였다. 이때 상해 파견군(派遣軍)사령관 시라카와しらかわ, 상해의 일본거류민단장(居留民團長) 가와바다(河端貞次) 등은 즉사(卽死)하고, 제3함대 사령관(第3艦隊司令官) 노무라(野村吉三郎) 중장(中將), 제9사단장(第9師團長) 우에다(植田謙吉) 중장, 주중공사(住中公使) 시게미쓰(重光葵) 등이 중상(中傷)을 입었다.

거사(巨事) 직후 현장(現場)에서 잡혀 일본 군법회의(軍法會議)에서 사형을 선고(宣告)받았다. 그 해 11월 18일 일본으로 호송되어 20일 오사카(大阪) 위수(衛戍) 형무소에 수감(收監), 가나자와(金澤)에서 12월 19일 총살형으로 순국(殉國)하였다.

이봉창(李奉昌) 의사

1932년 일본 천황(天皇) 히로히토ヒロヒト(裕仁)에게 폭탄을 던져 세계를 놀라게 한 이봉창(李奉昌)의사를 기려 동아일보사(東亞日報社)의 후원으로 효창공원(孝昌公園)에 동상(銅像)을 건립하였다.

의사의 본관(本貫)은 전주(全州). 아버지는 진규(鎭奎)이다. 서울 용산(龍山) 문창보통학교(文昌普通學校)를 졸업하고 가정형편상 상급학교에 진학하지 못하고, 1915년 일본인이 경영 상점(商店) 점원(店員)으로 취직했다. 1918년 용산(龍山) 철도국 소속의 만선철도(滿鮮鐵道) 기차 운전 견습생으로 근무했다.

1919년 3·1운동을 목격(目擊)하면서 강렬한 민족의식(民族意識)을 갖게 되었으며, 독립운동에 헌신할 것을 스스로 서약(誓約)했다. 1924년 11월 자기 희생(自己犧牲)을 통해 민족과 국가의 독립을 성취(成就)시키겠다고 각오하고 적을 알기 위해서는 적지(敵地)에 들어가야 한다는 생각으로 형 범태(範泰)와 함께 일본으로 건너갔다.

오사카(大阪)에서 철공소(鐵工所) 직공(職工)으로 일하다가 일본인의 양자(養子)가 되어 기노시타 쇼조(木下昌藏)로 이름을 바꾼 뒤, 도쿄(東京)·나고야(名古屋)·요코하마(橫浜) 등지를 전전(展轉)하면서 일본어(日本語)를 익히고 상점(商店) 점원(店員), 철공소(鐵工所) 직공(職工), 잡역부(雜役夫), 일용(日傭)살이 등을 하며 국내외 정세를 관찰하고 기회를 엿보았다.

그러나 가난과 병고(病苦) 속에서 동지(同志)도 없이 혼자의 힘으로 대사(大事)를 도모한다는 것이 역부족임을 느끼고, 6~7년간에 걸친 일본에서의 긴 방황을 끝내고 독립운동가들의 집결지인 중국 상해에 있는 대한민국 임시정부(大韓民國臨時政府)로 가서 본격적인 독립운동에 헌신하기로 결단을 내린 그는 1931년 1월 상해로 건너갔다.

상해에 도착한 즉시 상해 한인(韓人) 거류민단(居留民團)을 찾아가서 독립운동에 몸을 바치겠다는 뜻을 밝혔으나, 민단(民團) 간부(幹部)들은 일본말과 한국말을 섞어쓰고 임시정부를 가정부라고 일본식으로 부르는 등 그의 언행(言行)이 남다른 데 대해 의심을 품고 그를 믿으려 하지 않았다.

1931년 늦가을 어느 날 김구(金九)가 상해 거류민단 사무실에 있는데 부엌에서 술 먹고 떠드는 소리가 들렸다. 한 청년(靑年)이 "당신네들은 독립운동을 한다면서 왜 일본 천황(天皇)을 안 죽이오?" 하고 목청을 높였다. 누군가 "일개(一介) 문관(文官)이나 무관(武官) 하나도 죽이기 어려운데 천황(天皇)을 어떻게 죽이오?" 하자, 그 청년(靑年)은 분개(憤慨)해 소리쳤다. "내가 작년(昨年)에 천황(天皇)이 능행(陵行) 하는 것을 길가에 엎드려서 보았는데, 나는 그때 내 손에 폭발탄 한 개만 있었으면 천황(天皇)을 죽일 수 있겠다고 생각하였소." 했다. 그 청년의 이름이 이봉창(李奉昌)이었다.

그날 밤 민단(民團) 옆 여관방(旅館房)에서 이봉창(李奉昌)은 김구(金九)에게 말했다. 즉 인생의 목적이 쾌라면 지난 31년 동안 쾌락이란 것을 대강 맛보았다. 이제부터는 영원한 쾌락을 위해서 독립사업에 몸을 바치겠다고 했다.

1931년 12월 이봉창(李奉昌)은 무장항일단체(武裝抗日團體) 「한인애국단(韓人愛國團)」에 가입(加入)하고 김구(金九)로부터 히로히토(裕仁) 일왕(日王) 폭살임무(爆殺任務)를 받았다. 그는 "적국(敵國)의 수괴(首魁)를 도륙(屠戮)하기로 맹서(盟誓)하나이다"라는 선서(宣誓)를 한 뒤 폭탄(수류탄) 두 개를 양손에 하나씩 쥐고 기념사진을 찍었다. 회연(懷然)한 표정의 김구에게 이봉창은 오히려 "나는 영원한 쾌락을 향코자 이 길을 떠나는 터이니 우리 양인(良人)이 희열(喜悅)한 안색(顏色)을 띠고 사진을 찍으시다"고 권하며 미소를 지었다. 1932년 1월 8일 히로히토(裕仁)는 꼭두각시 만주국(滿洲國) 황제(皇帝) 푸이(傅儀)를 데려와 도쿄(東京) 교외에 있는 요요기(代代木) 연병장(練兵場)에서 관병식(觀兵式)을 거행했다. 경시청(警視廳) 앞에서 관중 속에 섞여 있던 이봉창(李奉昌)은 행사를 마치고 돌아오는 히로히토(裕仁)의 마차(馬車)를 향해 폭탄을 던졌다. 폭음과 함께 기수(騎手)와 근위병(近衛兵)이 탄 말 두필이 거꾸러졌다. 그러나 폭탄의 위력은 일왕(日王)에게 까지는 미치지 못했다. 이봉창(李奉昌)은 태극기를 꺼내 "대한독립만세!"를 외쳤다. 이봉창(李奉昌)은 그해 10월 이치가야(市谷) 형무소에서 사형이 집행됐다.

독립투사 이상룡(李祥龍) 외
삼의사전(三義士典)

이 글은 상해 임시정부의 초대 국무령(國務令)을 지낸 석주(石洲) 이상룡 (李祥龍) 선생이 67세인 1924년 당시 만저우(滿洲)에서 순국한 의사 김만수 (金萬秀)·최병호(崔炳鎬)·유기동(柳基東) 세 분의 행적을 기록하고 마무리로 붙인 사론(私論)이다. 그 행적을 요약하면 이렇다. 김만수(金萬秀) 의사는 경상도(慶尙道) 출생으로, 경술국치(庚戌國恥)의 소식을 듣고는 만저우(滿洲) 로 가서 1918년 이상룡(李祥龍) 선생이 지린성(吉林省)의 화뎬(樺甸)에서 모집 한 농병(農兵)으로 들어온 뒤, 1922년 이후 서로군정서(西路軍政署)의 헌병 으로 참여하고 있었다. 최병호(崔炳鎬) 의사는 강원도 출생으로, 어려서 만 저우(滿洲)로 건너가 소학교를 졸업하였고 1919년 3·1 운동 이후 독립운동 에 뜻을 두고 역시 서로 군정서(軍情署)의 헌병으로 활동하고 있었다. 유기 동 의사는 경상도 출생으로, 어려서 만저우(滿洲)로 건너가 1920년 홍업단 (興業團)에 투신(投身)하여 활동하였고, 1922년부터 화뎬(樺甸)으로 와서 김 만수(金萬秀)와 함께 활동하다가 이듬해 하얼빈으로 이사하여 독립운동에 참여하고 있었다.1924년 4월 7일, 세 의사는 하얼빈(哈尔濱) 일본총영사관 (總領事館)의 순사부장(巡使部長) 쿠니요시 세에보(埃沃·三个) 등이 독립군들 을 함부로 해친다는 정보(情報)를 듣고 이들을 없애기 위해 하얼빈(哈尔濱) 의 여관(旅館) 동발잔(同發棧)에 모여 밤새 숙의(宿衣)하고 있었다. 그런데 불 행히도 일경(日警)에게 발각되어 밤 12시에 쿠니요시(國吉)가 10여 명의 일 경을 데려와 이들이 투숙한 방을 에워싸게 하는 한편, 중국의 빈지앙(濱

江) 진사(鎭使)와 도윤(道尹)에게 뇌물을 써서 참모장(參謀長)을 특파(特派)하여 보기병(步騎兵)들을 거느리고 출동하게 하였다.상황이 불리하게 전개되자 김만수(金萬秀) 의사가 먼저 문을 열고 당당히 서서 큰소리로 "나는 한국의 독립군이다. 국가와 민족을 위해 일적(日敵)과 사생결단(死生決斷) 하고자 하니, 중국 군민(軍民)에게는 결코 상해(傷害)를 끼치지 않을 것이다"라 하고 다시 안으로 들어가려는 순간, 쿠니요시(國吉)가 일경(日警)을 데리고 공격하려는 것을 김만수(金萬秀) 의사가 먼저 총을 쏴 쿠니요시(國吉)의 흉부(胸部)에 관통(貫通)시켰다. 이에 놀란 적들이 물러나자, 이번에는 빈지앙(濱江) 진사(鎭使)가 육군(陸軍) 1소대(小隊)를 더 파견하고 한 사람에 300원의 현상금을 걸고 체포하도록 하였다. 8일 저녁부터 500여 발의 총탄을 난사(亂射)하면서 공격해 댔고, 9일 날이 밝자 지붕에 구멍을 내어 폭탄 대여섯 개를 던져 넣고 사방에서 총탄을 퍼부어 끝내 담장을 무너뜨렸다. 정오가 조금 넘은 시간, 안으로 들어가 보니 세 의사는 이미 가슴에 자결(自決)한 총흔(銃痕)을 남긴 채 피를 흘리며 땅에 엎어져 있었다. 유해(遺骸)는 만저우(滿洲)의 한국인 공동묘지에 매장되었다. 이 일로 지린성장(吉林省長)이 빈지앙(濱江) 진사(鎭使)를 꾸짖으며 "외국인의 요청으로 병사를 함부로 출동(出動)시켜 죄명(罪名)이 분명치 않은 자기 영내(營內)의 사람을 대신 체포하려 한 것은 큰 잘못이다. 이후로 정치적 범죄와 관련해서는 만저우(滿洲)에 와 있는 한국 사람을 체포하지 못한다"라고 하였고, 각계에서도 빈지앙(濱江) 진사(鎭使)와 도윤(都尹)을 여지없이 논박하였다. 소식을 들은 사람들은 모두 안중근 의사에 비견(比肩)되는 업적이라 하며 그들의 장렬(壯烈)함을 칭송하였다. 세 의사의 행적은 이상룡(李祥龍) 선생의 이 글 덕분(德分)에 후대(後代)에까지 자세히 전해지게 되었으니, 선생은 안동(安東) 출생의 정통 유학자로 구국(救國)을 위한 계몽운동에 뛰어들었다가 그 한계를 깨닫고 50이 넘은 나이에 만저우(滿洲)로 건너가 독립군의 기지(基地)

개척과 무장(武裝) 투쟁에 헌신하였다. 세 의사는 그런 선생과 뜻을 함께 하며 오직 조국(祖國)의 독립을 위해 젊은 나이에 목숨조차 아까워하지 않았으니, 그 뜻을 누구보다 잘 아는 선생이기에 이러한 사론(私論)을 남겼던 것이다.

12

대한민국 정부 수립

1919년 3·1운동은 일제강점기에 항거한 대한독립만세로 인하여 전국적으로 200여만 명의 인원이 참가한 3·1운동은 그동안의 산발적(散發的)인 독립운동이 전개되어 집결시킨 쾌거(快擧)로 태평양전쟁(太平洋戰爭)에서의 일본의 패망(敗亡)한 것은 연합국이 한국에게 준 선물(膳物)이라 하겠지만, 그동안 대한국인(大韓國人)은 일본 제국주의 통치에 조직적으로 항거하기 위하여 대한민국 임시정부를 설립하였다. 1919년 4월 11일 임시 의정원(臨時議政院)을 구성하면서 각 도 대의원(代議員) 30명이 모여서 임시 헌장(憲章) 10개 조를 채택하였으며, 4월 13일 한성 임시정부(漢城臨時政府)와 통합하여 대한민국 임시정부를 수립, 선포하였다.

각료(閣僚)에는 임시 의정원 의장(議長) 이동녕(李東寧), 국무총리(國務總理) 이승만, 내무총장(內務總長) 안창호(安昌浩), 외무총장(外務總長) 김규식(金奎植), 법무총장(法務總長) 이시영(李始榮), 재무총장(財務總長) 최재형(崔在亨), 군무총장(軍務總長) 이동휘(李東輝), 교통총장(交通總長) 문창범(文昌範) 등이 임명되었다. 6월 11일 임시헌법(臨時憲法)을 제정 공포하고 이승만을 임시 대통령으로 선출하는 한편 내각을 개편하였다. 9월 6일에는 노령정부(老齡政府)와 통합하고 제1차 개헌(改憲)을 거쳐 대통령중심제(大統領中心制)의 대한민국임시정부를 수립하였다. 1926년 9월 임시대통령제(臨時大統領制)를 폐지하고 국무원제(國務員制)를 채택하였으며, 이후 의원내각제가 정부 형태의 주류를 이루었다.

1945년 8·15광복까지 상해 서기 1919년·항저우(杭州, 1932년)·전장(鎭江, 1935년)·창사(長沙, 1937년)·광저우(廣州, 1938년)·류저우(柳州, 1938년)·치장(1939년)·충칭(重慶, 1940년) 등지로 청사(廳舍)를 옮기며 광복운동을 전개하였다.

대한민국 정부 수립

1948년 8월 15일 대한민국의 국가 통치조직(國家統治組織), 즉 입법부(立法部)인 대한민국 국회(國會), 행정부(行政府), 사법부(司法府)를 통틀어 가리키는 말이지만 실제론 대한민국 대통령을 필두로 한 행정부 조직을 일컫는 말로 사용되고 있다. 엄밀(嚴密)한 의미에서의 대한민국 임시정부가 존재했다.예전부터 한반도에서 정부 기능을 해온 것은 조정이나 조선총독부(朝鮮總督府), 미 군정(美軍政) 등이 있었다. 그러나 한국 정부라고 할 때는 1948년 8월 15일에 수립된 '대한민국 정부'를 말한다. 북한(北韓)은 정부보다는 조선노동당(朝鮮勞動黨)이 정부보다 먼저다.

남기고 싶은 한 마디

1) **일본은** 우리 우방(友邦) **아니다**

日本舊有伊國曰 伊勢與倭同隣伊都國在 築紫亦卽日
일 본 구 유 이 국 왈 이 세 여 왜 동 린 이 도 국 재 축 자 역 즉 일
向國也 自是以東屬於 倭其南東屬於 安羅本忽本人
향 국 야 자 시 이 동 속 어 왜 기 남 동 속 어 안 라 본 홀 본 인
也
야

　일본은 옛날에 이국(伊國)에 있었으니 역시 이세(伊勢)라고도 한다. 왜(倭)
와 이웃하여 이도국(伊都國)은 축자(築紫)에 있으며 곧 일향국(日向國)이다.
여기로부터 동쪽은 왜(倭)에 속하고 그남쪽은 안라(安羅) 본홀(本忽) 사람들
이다.

北有阿蘇山安羅後人任那與高句麗早己定親末盧國之
북 유 아 소 산 안 라 후 인 임 나 여 고 구 려 조 기 정 친 말 노 국 지
南曰大隅國有始羅郡本南沃沮人所聚南蠻屠枕彌?夏
남 왈 대 우 국 유 시 라 군 본 남 옥 저 인 소 취 남 만 도 침 미 환 하
比自体之屬皆貢焉南蠻九黎遺種自山越來者也
비 자 체 지 속 개 공 언 남 만 구 려 유 종 자 산 월 래 자 야

　북쪽에 아소산(阿蘇山)이 있고 안라(安羅)는 뒤에 임라(任羅)에 들어갔는
데 고구려와 이미 친교를 맺었다. 말로국(末盧國)의 남쪽을 대우국(大隅國)
이라 한다. 시라국(始羅國)이 있었는데, 본래 남옥저(南沃沮) 사람들이 모이
는 곳이다. 남만(南蠻) 도침미(屠枕彌) 환하(皖夏) 비자체(比自体)는 구려(九黎)

에 조공하는 유종(遺種)으로서 산월(山越)로부터 온 사람들이다.

比自体弁辰比斯伐人之聚落也皖夏高句麗屬奴也時倭
<small>비 자 체 변 진 비 사 벌 인 지 취 락 야 환 하 고 구 려 속 노 야 시 왜</small>
人分據山島各有百有餘國其中狗耶韓國最大本國人所
<small>인 분 거 산 도 각 유 백 유 여 국 기 중 구 야 한 국 최 대 본 국 인 소</small>
治也海上船舶皆會於種島而交易吳魏蠻越之屬皆通焉
<small>치 야 해 상 선 박 개 회 어 종 도 이 교 역 오 위 만 월 지 속 개 통 언</small>
始渡一海千餘里至對馬國方可四百里又一海千餘里至
<small>시 도 일 해 천 여 리 지 대 마 국 방 가 사 백 리 우 일 해 천 여 리 지</small>
一岐國方可三百里本斯彌岐國也
<small>일 기 국 방 가 삼 백 리 본 사 미 기 국 야</small>

비자체(比自体)는 변진(弁辰) 비사벌(比斯伐) 사람의 취락(聚落)이다. 환하(皖夏)는 고구려의 속노(屬奴)들이다. 때에 왜인들은 갈라져서 산도(山島) 각지에 살면서 100여 국이 있었다. 그 가운데 구야한국(狗耶韓國)이 제일 크지만, 본래 구야한국 사람이 다스리던 곳이다.

해상 선박은 모두가 종도(種島)에 모여 교역했으니 오(吳), 위(魏), 만(蠻), 월(越)의 무리들은 모두 통상(通商)했다. 처음 바다를 건너 1,000여 리에 대마국(對馬國)에 이르는데 사방이 400여 리쯤 된다. 또 다시 바다를 건너 1,000여 리쯤 가면 일기국(一岐國)에 이르는데, 여기는 사방300여 리쯤이다. 본래 사미기국(斯彌岐國)이라 하였다.

2) 일본을 명심(銘心)해야!

일본의 원주민(原住民)은 유럽E 계통의 인도게르만 계(Indo, Gereuman, 印歐語族) 에벤키 퉁구스(Evenks, Tungus) 족의 아이누 족(アイヌ族)의 원주민이다. 한때 수면(水面)이 낮아 한반도와 동남아시아 지역에서 육로(陸路)로 걸어서 일본에 들어갈 수 있을 때, 들어간 족속(族屬)들이며, 이후 고구려 부여(夫

餘)의 제후(諸侯) 말갈 여진족들이 들어가서 이들과 혼혈(混血)된 민족이 다수로서, 지금은 그들의 후손들이 일본 사람이 되었다.

일본은 고조선 때부터 교역(交易)을 앞세워 우리나라에 건너와서 도둑질했다. 일본 땅은 화산(火山) 지대인 섬나라로서 토질(土質)이 매우 척박한 땅이다. 그래서 항상 식량 부족으로 육지와 교역(交易)하면서 오가는 길에서 우리나라 해안(海岸) 지역 민가(民家)를 대상으로 도둑질을 일삼았다. 그래서 우리나라는 이들을 토벌하고 평정시킨 다음 조선 사람이 일본 땅에 가서 왕이 되어 다스려도 그들의 도심(盜心)이 몸에 배겨서 거짓말을 잘하고 야욕(野慾)에 찬 사람들이다.

1712년 5월 15일 백두산에 세운 이 비문(碑門)을 번역해보면, 압록강 → 토문강 → 송화강 → 흑룡강이 경계라 하면 북간도(北間島)가 우리 영토로 돼,있다. 청나라 사신 목극등은 제딴에는 청나라에 유리하게 국경을 결정할 생각을 가지고, 조선 관리들을 따돌리고 구색 맞추느라 졸병들 몇 명만 데리고 가서 제멋대로 정계비를 세웠다고 한다. 마치 조선 관리와 합의하에 세운 것처럼 조선 관리들의 이름도 이 비석에 새겨 넣었다. 지금은 없어져버렸지만, 이 비석의 내용은 이미 많이 알려져 있다고 한다.

대청(大淸)

烏喇摠官穆克登奉/旨査邊至此審視/西爲鴨錄/東爲
오 나 총 관 목 극 등 봉 지 사 변 지 차 심 시 서 위 압 록 동 위

土門/故於分水嶺上/勒石爲記, 原熙五十一年五月
토 문 고 어 분 수 령 상 륵 석 위 기 원 희 오 십 일 년 오 월

十五日/筆帖式蘇爾昌通官二哥/朝鮮軍官 李義復 趙
십 오 일 필 첩 식 소 이 창 통 관 이 가 조 선 군 관 이 의 복 조

台相/差使官 許 楔 朴道常/通官 金應憲 金慶門
태 상 차 사 관 허 걸 박 도 상 통 관 김 응 헌 김 경 문

이 비석은 백두산 정상에 세워져 있는 비문이다.

烏喇摠官=오라 총관, 길림성 총관) 穆克登=목극 등이 〈황제의 명을
오 라 총 관　　　　　　　　　　　　목 극 등

〉奉=받들었다.
봉

旨査邊至此審視=아름다운 가장자리 이곳에 올라 살펴보고 조사하
지 사 변 지 차 심 시

다. 西爲鴨錄=서쪽은 압록강이요, 東爲土門=동쪽은 토문강이다. 故
　　　서 위 압 록　　　　　　　　　　　동 위 토 문　　　　　　　　　　고

於分水嶺上=옛 분수령 위에 勒石爲記,=돌에 새겨 기록으로 삼는다.,
어 분 수 령 상　　　　　　　　　　　륵 석 위 기

原熙五十一年五月十五日=원희 51년(1712년=숙종 38년) 5월 15일이라 쓰
원 희 오 십 일 년 오 월 십 오 일

여 있다

筆帖式蘇爾昌通官二哥=비단첩에 소이창(蘇爾昌)이 기준삼아 붓으로
필 첩 식 소 이 창 통 관 이 가

쓰고 통역관 2가라

朝鮮軍官 李義復 趙台相=조선군관 이의복 조태상이고
조 선 군 관 이 의 복 조 태 상

差使官 許 楔 朴道常=차사관 허걸 박도상이며
차 사 관 허 걸 박 도 상

通官 金應憲 金慶門=통역관 김응헌 김경문 이다.
통 관 김 응 헌 김 경 문

백두산 경계 비문(碑文) 내용과 같이 북간도(北間島)는 조선시대 우리 땅
이다. 그런데 일본은 청일전쟁에 승리하고 우리나라 북간도를 만주국(滿洲
國)에 편입시켰던 것이다.

烏喇摠管穆克登奉
旨查邊至此審視西為鴨綠東
為土門故於分水嶺上勒
石為記

康熙五十一年五月十五日

朝鮮
通差使官　金應憲　金慶門
軍官　許義復　朴道常
筆帖式　蘇爾昌　趙台哥
李義復　通官二哥

大清

북간도가 1945년 해방되면서 중국 영토로 싸잡아 넘겨 보냈다. 그래 놓고 일본 아베 수상은 제2차대전의 A급 전범(戰犯) 기시 노부스케(きしのぶすけ)의 외손자(外孫子)이다 그는 외조부(外祖父)가 지은 죄가 모자라서 지도(地圖)를 고쳐서 동해(東海)를 일본해(日本海)로 바꾼 다음 지금은 독도(獨島)까지 자기네들 땅이라고 우기고 있으니, 우리는 강력하게 대처해야 할 것이다.

　지금이라도 자라나는 학도(學徒)들게 왜곡되고 잘못된 역사는 바로잡아 국사(國史)공부를 바르게 가르쳐 커가는 학도(學徒)들께 애국심을 깊이 주입시켜야 할 때라 여겨져 세상에 알리고자 이 책에 올린다.

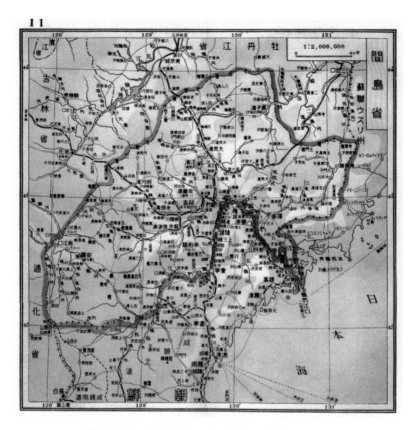

일제강점기 때 발간된 '만주국-간도성' 지도 영남대박물관 소장
[약 63.8 × 62.7cm ~ 107.3 × 62.7 cm

✤ 맺는 글 ✤

1) 고조선 태평성대(太平聖代)

　　고조선 건국은 배달국으로부터 이어받은 방토(邦土) 위에 세웠다. 제14세 치우(蚩尤)천왕(天王)께서 일군 청구(靑丘)의 땅 위에 농경산업(農耕産業)에서 청동기(靑銅器) 문화를 발달시켜 부국강병하여 배달국의 영역은 만주 벌판과 한반도로부터 산동반도(山東半島)를 포함한 요동(遼東), 요서(遼西) 황하(黃河) 하류까지 광역(廣域) 관경(管境)을 차지하여, 제18세 거불단(居弗檀) 단웅(檀雄)은 아들 왕검(王儉)에게 BC 2357년 비왕(卑王)에 책봉하시고, 24년 후 부황(父皇)이 BC 2333년 서거하신 후 비왕 왕검께서 이어 받아 단군조선(檀君朝鮮)인 고조선을 건국하셨다. 그리고 초대 단군 왕검이 나라를 진한(眞韓), 번한(番韓), 마한(馬韓)의 삼한(三韓)으로 나누어 다스린 것을 삼한 관경제(三韓管境制)라 하셨다.

　　고조선은 연맹국가로서 세 개의 조선, 즉 한조선(眞韓朝鮮), 번한조선(番韓朝鮮), 마한조선(馬韓朝鮮) 등의 삼조선(三朝鮮)으로 구성되어 있었다. 삼조선의 비밀을 푸는 열쇠가 바로 번조선(番朝鮮)인데 요서 지역에 위치하여 북방 세력과 중원(中原) 세력을 방어하는 전초 기지로서 문화의 점이지대(漸移地帶)로서의 역할을 하였는데, 이들이 중국역사에서 말하는 바로 그 '조선'이다.

　　서토(西土)의 요(堯) 임금이 BC 2357년 즉위했던 때에. 왕검은 동시 비왕(卑王)으로 세습(世襲)받았다. BC 2333년 단군왕검은 거대한 단군조선을 삼

조선(三朝鮮)으로 나누어 통치하면서 태평성대(太平聖代)를 누리기를 2,090
년간이다.

2) 도학(道學) 수도(修道)로 국정 파탄

고조선의 멸망은 BC 295년 제47세 단군(檀君) 고열가(古列加)는 노자(老
子)의 사상(思想)은 사람이 죽어서 천국(天國) 가고 극락세상(極樂世上) 가는
것이 아니고, 무위(無爲)라는 무신론(無神論)이다. 아름다운 대자연은 무위
자연(無爲自然)이라, 오염(汚染) 없는 자연 속의 인류사회는 모든 탐욕(貪慾)을
버리면 무병장수(無病長壽)하여 영생(永生), 불사(不死), 불멸(不滅)의 신선(神
仙)이 된다는 사상에 빠져들어 신선이 되고자 입산수도(入山修道)하였다.

우리 배달 민족의 신앙은 『천부경(天符經)』 속에 들어 있는 태극팔괘(太極
八卦)의 우주철학의 역학(易學)이다. 『천부경(天符經)』의 원리는 천(天), 지(地),
인의 삼신(三神)이고, 삼신께 올리는 제사(祭祀) 문화이다. 역학(易學)의 역
(易)이라 함은 변역(變易), 불역(不易)의 이원(二原)이다. ① 변역(變易)은 변(變)
하고 바뀐다는 뜻이고 ② 불역(不易)은 바꾸어 고칠 수 없거나 고치지 아
니함의 고정(固定)이라! 역(易)의 원리는 하늘(天)과 땅(地)이다. 즉 하늘은
우주의 삼라만상(森羅萬象, 우주 사이에 벌여져 있는 온갖 사물과 모든 현상)이고, 땅
의 지구는 천태만상(千態萬象, 천 가지 모습과 만 가지 형상) 모두가 음(陰)과 양(陽)

으로부터 만물이 생성하였다는 뜻이다.

이에 『천부경(天符經)』의 역학(易學)을 실어증(失語症)을 느껴서 영생(永生) 불사성(不死性)의 도교 사상에 빠져 들어 아사달(阿斯達)에 입산(入山)하시므로 마침내 하늘의 자손이라고 밝힌 새로운 단군으로 나타난 지배자 해모수(解慕漱)가 B.C 239년 나라를 빼앗아 단제(壇帝)에 오르고 국호를 북부여(北扶餘)라 개칭하였다.

북부여가 분리하여 가섭원(迦葉原)동부여(東扶餘)로 나누고 BC 340년 변조선(弁朝鮮)의 68대 수한왕(水韓王)이 전사하고 기후(箕詡, 기자의 후손)가 69대 왕이 되어 기 씨 왕조(箕氏王朝)가 자리 잡았다. 이로부터 기 씨 왕조가 6대에 이르러 기 씨(箕氏)의 준왕(準王)이 즉위했다.

이때가 서방(西邦)의 진(秦)과 한(漢)의 교체기에 위만(衛滿)이라는 실력자가 무리를 이끌고 고조선으로 망명해 와서 서북쪽 국경(國境) 지역을 방어하는 임무를 맡았다. 그는 실력을 쌓아 준왕(準王)을 몰아내고 왕위를 차지하고, 위만조선(衛滿朝鮮)이라 칭하고 위만(衛滿)의 3세 우거(右渠)왕까지 전했다.

3) 한무제(漢武帝)의 고조선 침략, 원인

BC 109년 한무제(漢武帝)가 사신 섭하(涉何)를 외교사절(外交使節)로 요동(遼東)에 보냈는데 아무 성과가 없는 이유는 한(漢)나라와의 자존심 싸움이었다. 한(漢)나라는 자국(自國)이 대국(大國)이라는 자존심으로, 섭하(涉河)가 돌아가던 길에 봉송(奉送, 배웅) 나온 고조선의 비왕(裨王)을 살해하고 패수(浿水) 건너편으로 도망쳤다.

그렇지만 한무제(漢武帝)는 섭하에게 책임을 묻는 대신 오히려 요동군(遼東郡) 동부도위(東部都尉) 큰 벼슬을 하사해서 책임자로 임명했다. 이에 분노한 고조선의 우거왕은 요동 땅으로 들어가서 섭하(涉河)를 살해했다.

고조선의 멸망 원인은 체제 약화, 왕권 약화 내부 분열이 심화했다. 중국의 견제(牽制) 및 외세(外勢) 침략 연맹(聯盟) 부족국가(部族國家)들의 독립이고. 후기에는 철기(鐵器)가 한층 더 보급되고, 이에 따라 농업과 수공업(手工業)이 더욱 발전했다. 대외교역도 확대되어 나갔다. 이를 바탕으로 고조선은 강력한 정치적 통합을 추진하였지만, 한반도 남부(南部) 지방의 진국, 중국 한(漢)나라 사이에서 중계무역(中繼貿易)을 하면서 경제적인 이익을 얻고 강성해졌다. 그러자 한(漢)나라는 대군을 보내 고조선의 도읍지(都邑地)인 왕검성(王儉城)을 공격했다. 고조선의 멸망 원인은 고조선은 한나라 군대의 집요한 공격과 지배층 내부의 분열 때문에 멸망했다고 한다. 한나라는 전쟁 초기 패배에도 불구하고 일년이나 고조선을 공격했다.

4) 고조선 멸망 원인

고조선은 본격적으로 철기 문화가 발달하여 주변지역을 정복(征服)하고 북쪽의 흉노족(匈奴族)과 대외관계를 맺고 한반도 지금의 평양으로 천도(遷都)하고 한(漢)나라 사이에서 중계무역(中繼貿易)을 하면서 강성한 나라로 성장했다. 고조선 후기에는 철기가 한층 더 보급되고, 이에 따라 농업과 수공업(手工業)이 더욱 발전하였고, 대외(對外) 교역(交易)이 확대되어 나갔다.

이를 바탕으로 고조선은 강력한 정치적 통합을 추진하였지만, 기본적으로 여러 세력의 연합적 성격을 극복하지는 못했다.

각 지배집단(支配集團)은 여전히 독자적인 세력 기반을 보유하고 있었고, 고조선 정권의 구심력(求心力)이 약화되면 언제든지 중앙 정권으로부터 쉽게 이탈(離脫)하는 움직임을 보였다. 고조선 말기 지배층의 분열로 취약한 결속력(結束力)은 고조선 멸망의 원인이 되기도 하였다. 고조선 사회에 대해서는 기록이 전하지 않아 자세하게 알 수 없으나, 팔조법(八條法)를 통해 계급의 분화가 상당히 진전(進展)되었을 뿐만 아니라 사유재산제(私有財産制)와·신분제도(身分制度)가 존재한 사회였음을 알 수 있다.

고조선은 우세(優勢)한 군사력(軍事力)과 경제력을 바탕으로 많은 지역을 정복하면서 세력이 더욱 강대해졌다. 우거왕(右渠王)은 이것을 배경으로 중간(中間) 무역의 이익을 독점(獨占)하기 위해 한강 이남에 있는 진국(辰國) 등 여러 나라가 한(漢)나라와 직접 교통(交通)하는 것을 금지시켰다.

그러나 이러한 행동은 당시 몽골에서 만주로 뻗어오던 흉노(匈奴)가 고조선과 연결될 것을 두려워하고 있던 한나라 조정을 더욱 자극(刺戟)시켜 고조선과 한나라는 정치적으로 서로 대립하기 시작하였다. 이 대립관계를 해소하려는 정치적 교섭(交涉)이 실패로 돌아가자, 한무제(漢武帝)는 BC 109년 마침내 무력으로 침략해왔다.

한무제 유철(劉徹)과 1차 전쟁에서 고조선이 크게 이겼지만, 마침내 수도인 왕검성(王儉城)이 적군(敵軍)에게 포위되면서 고조선 내부는 망국적(亡國的)인 갑론을박(甲論乙駁)으로 화전파(和戰派), 반대파(反對派) 양 파로 분열되었다. 주화파(主和派)는 항복을 건의했지만 우거왕(右渠王)이 이를 거부하자, 주화파(主和派)의 일부는 적군(敵軍)에게 투항하였다. 주화파의 한 사람인 한음(韓陰), 이계상삼(尼谿相參)장군이 왕겹(王唊) 등은 BC 108년 6월 왕검성에 나와 항복하고 자객(刺客)을 보내 우거왕을 살해하여 왕검성이 함락되는 원인이 되었다.

결국 고조선군사는 오합지졸(烏合之卒)에 불과하게 되고 한(漢)나라와 2차 전쟁에서 고조선은 1년 넘게 왕검성 안에서 싸웠지만 중간에 몇몇 귀족들이 나라를 배반해서 왕검성 문을 열어서 한나라에게 승리의 길을 열어 줌으로 BC 108년, 수도인 왕검성이 함락되면서 고조선은 멸망하였다.

5) 한사군(漢四郡) 설치

전쟁이 일년 동안 지속되다가 끝나고 난 뒤, 한무제(漢武帝)는 논공행상(論功行賞)을 한다. 육군 사령관 순체(順遞), 해군 사령관 양복(楊僕), 천자(天子)의 사신인 공손수(公孫遂)가 상을 받았다.

좌장군(左將軍) 순체(順遞?~BC 108년?)는 조(朝)~한(漢) 전쟁에서 빠질 수 없는 인물이다. 육군(陸軍) 5만을 거느리고 조선을 침공하여 위만조선(衛滿朝鮮)을 멸망시키는 데 공을 세운 양복(楊僕)과 순체(順遞)는 왜 토사구팽했는지? 다행히 책사풍후(冊使風后) 누선장군(樓船將軍) 양복은 그 당시 한(漢)나라의 누선(樓船)들을 관리하는 장군이라 선처했다. 이 때 한나라 이반(李槃) 등 5장수가 조선에 귀화하여 그의 후손 이황(李璜)이 고성 이 씨(固城李氏) 시조다.

윤여동설(閏餘同說)에 의하면, 위만조선(衛滿朝鮮)과 한사군(郡)은 북경(北京) 부근에 있었다. 108년 한(漢)나라가 위만조선(衛滿朝鮮)을 무너뜨리고 그곳에는 낙랑(樂浪), 임둔(臨屯), 현도(玄菟), 진번(眞蕃)을 두었다.

6) 잘못된 과거사

고조선의 멸망과 고구려의 멸망은 국론 분열(國論分裂)에서 빚어진 것으로 단정할 수 있다. 우리의 고대사(古代史)를 살펴보면 고조선은 위만(衛滿)이 무력으로 왕권을 탈취(奪取)하여 절대적인 독재(獨裁) 세력으로 군림하고, 세력 앞에 백성은 제왕(帝王) 일인주의(一人主義)에 종복(從僕)했으므로 국가 위기에 처했을 때 불만세력의 분열로 하여금 적과 내통(內通)하여 갈라서서 왕을 시해(弑害)하여 고조선이 망한 것이다.

그래서 우리 민족은 고구려, 신라, 백제로 삼국시대(三國時代)를 겪어야 했고, 삼국이 무력으로 싸우면서 신라는 이럴 수도 저럴 수도 없이 딜레마에 빠져서 거대(巨大) 세력을 가진 당나라와 밀약(密約)하고, 삼국통일의 야심을 품었다.

이때 고구려는 문신 무리들이 무신(武臣)을 업신여기고 강장(强將) 연개소문(淵蓋蘇文)을 없애버리자고 주청(奏請)하여, 강장을 싸움터에 보내지 않고 큰 노역(勞役)으로 16년간 천리장성(千里長城)을 쌓게 했다. 성 쌓고 돌아온 연개소문이 영류왕(榮留王)을 시해(弑害)하고 대막리지(大莫離支)에 오르고, 독재 정치를 자행하고 그가 죽고 간신(奸臣)들의 논관(論關)에 그의 아들을 3형제가 대막리지 쟁탈전 때문에 고구려는 신라와 당나라 연합전선과 맞 대결하여 싸우다가 멸망했다.

당나라와 밀약(密約)하여 고구려를 멸망시킨 신라는 고구려 땅은 당나라에게 빼앗기고 한반도는 또다시 후삼국(後三國) 시대를 맞았다. 이와 더불어 신라역시 수차례 궁실(宮室)안에서 자중지란(自中之亂)의 쿠데타에 시달리다가 신라가 고려에 항복하고 멸망했다.

고려가 삼국을 통합하면서 호족(豪族, 재산이 많고 가병을 가진 세력가들의 빚진 채무자(債務者)이 되어 그들을 귀족으로 우대하므로, 귀족정치를 했으나 모든 전력(戰力)을 소진(消盡)시킨 고려의 발전 진보(進步) 발걸음이 무거웠다. 약할 대로 약해져서 거대 집단인 청나라 세력에게 종복(從服)하게 되었다. 그래서 백성들마저 강대국(强大國)의 세력 앞에 종복(從僕)하는 사대주의(事大主義) 사상이 몸에 배겨왔다. 이런 와중에 간신(奸臣) 무리들은 왕을 등에 업고 자신들만 부패하여 문신정치는 무신(武臣)들을 업신여겨 고려 역시 이성계의 쿠데타로 고려는 멸망하고 새로운 조선시대 문이 열렸다.

처음 조선시대 초창기로부터 세종대왕(世宗大王)의 업적으로 백성들의 찬사(讚辭)를 받았으나, 다음 세대에 이르러 왕권 문제로 부패 정치로 이어졌으며 붕당(朋黨) 정객(政客)들의 분열로 서로 헐뜯고 물고 물리는 당쟁(黨爭)으로 썩을 대로 썩어서 계급주의(階級主義)의 양반 천하(天下)를 만들고 쇄국정치(鎖國政治), 봉건주의(封建主義) 국가로 국가 발전은 제 걸음 치다가 일제강점기를 맞게 되었다.

1945년 일제강점기로부터 해방과 동시 대한제국 왕권정치의 틀을 벗고 새로운 나라를 세우고자 공산사회주의(共産社會主義)와 민주자본주의(民主資本主義) 이념(ideology)으로부터 의제(儀制)를 좁히지 못하고, 결과는 남북 각각 정부를 세워 갈라섰다. 그리고 북한(北韓)의 남침(南侵)으로 1950년부터 1953년까지 싸우다가 대치하고 있다. 이렇게 갈라선 북한의 경제는 파국(破局)을 지나 파탄(破綻) 지경에 이르는 가운데 300만 명이 넘는 주민(住

民)들이 굶어 죽었고, 수십만 명이 기아선상(飢餓線上)에 있다. 주체사상(主體思想)은 사회주의, 공산주의 건설 등 세계 공산혁명 전략을 지침으로 삼지만, 인간 중심 철학은 망각했다.

1960년대부터 80년대 자본주의 진영이 폭발적으로 경제성장(經濟成長)을 이루던 시기에 사회주의(社會主義) 진영에서는 1960년대 초부터는 근 30년을 기아선상(飢餓線上)에서 굶주린 반면에, 우리 대한민국은 1945년 이후 6.25 북한(北韓) 남침(南侵)으로 인해 불바다로 폐허(廢墟)가 된 국토를 새로 가꾸는 새마을 운동으로부터 채 1세기가 되기 전에 세계 10대 경제대국(經濟大國)으로 발전한 것을 보면, 무엇보다 확고한 국가관(國家觀)이 바로 선 나라이다.

문맹인(文盲人) 우리 국민 모두가 한글을 통용하여 문화수준이 높았던 민족으로 과학기술(科學技術) 기반이 바로 선 것이기에 국가 발전에 이바지했고, 자본주의 근본 정의(定意)가 바로 선 경쟁 사회를 주력이 된 것이라 생각된다. 그래서 우리는 고대로부터 중세기(中世紀)에 이르기까지 많은 수난(受難)을 겪었다. 그러나 우리나라 정치인들은 자기 존재를 세우기 위해 갑론을박(甲論乙駁)을 앞세우고 있다. 하여 지난 역사의 전치(前置)를 타산지석(他山之石)으로 삼고 정권 쟁탈로 인한 국론분열만은 안 될 것이다.

2016년 10월

저자 차재우(車在祐)